유라시아의 지정학적 중간국 외교

유라시아의 지정학적 중간국 외교

2022년 7월 17일 초판 1쇄 인쇄
2022년 7월 29일 초판 1쇄 발행

엮은이 신범식
지은이 신범식, 윤민우, 김규남, 최경준, 박정후, 강봉구, 이지은, 정세진

편집 김천희
디자인 김진운
마케팅 최민규

펴낸이 고하영, 권현준
펴낸곳 ㈜사회평론아카데미
등록번호 2013-000247(2013년 8월 23일)
전화 02-326-1545
팩스 02-326-1626
주소 03993 서울특별시 마포구 월드컵북로6길 56

이메일 editor@sapyoung.com
홈페이지 www.sapyoung.com
ISBN 979-11-6707-070-8 93340

유라시아의 지정학적 중간국 외교

Foreign Policy of the Middle Ground States
on the Geopolitical Faults in Eurasia

신범식 엮음

신범식 · 윤민우 · 김규남 · 최경준 · 박정후 · 강봉구 · 이지은 · 정세진 지음

사회평론아카데미

* 본서는 2016년 대한민국 교육부와 한국연구재단의 지원을 받아 수행된 연구입니다 (NRF-2016S1A3A2924409). 이 저서는 2020년, 2021년, 2022년 서울대학교 국제문제연구소의 지원을 받아 수행된 연구입니다.

* 본서는 2020년 대한민국 교육부와 한국연구재단의 지원을 받아 수행된 연구임 (NRF-2020S1A6A3A02065553). 본 연구는 2020년도 서울대학교 아시아연구소의 아시아기초연구사업의 지원을 받아 수행되었습니다.

머리말

탈냉전 이후 세계는 미국 단일패권이 지배적이던 그리 길지 않은 시간을 지냈다. 하지만 2010년대 이후 중국이나 러시아를 비롯한 강대국들의 도전이 점차 거세지면서 강대국 간의 각축이 지역별로 다양한 양상의 갈등이나 도전으로 노정되고 있다. 이처럼 변화하는 지역 질서의 영향을 가장 먼저 느끼는 국가들은 바로 각축하는 두 세력 사이에 끼인 역내 국가들이다.

바로 우크라이나는 이 같은 중간국의 대표적 사례이고, 우크라이나가 서방과 러시아의 각축에 끼여서 외교적 딜레마를 경험했으며, 이를 관리하는 데 성공하지 못하고 전쟁을 치르고 있다.

우리 한국도 예외는 아니다. 이에 필자는 한국 외교의 딜레마적 상황에 대한 비교외교론적 이해를 위하여 유라시아의 중심과 주변을 아우르는 다양한 지역들의 탁월한 전문가들과 함께 지난 수년간 지정학적 중간국 외교 연구 프로젝트를 진행하였다. 이러한 노력의 결과물인 이 책은 탈냉전 이후 국제정치의 변동에 의해 유라시아 중심과 주변부에서 공히 새롭게 활성화되고 있는 지정학적 단층대에 위치한 중간국들의 외교정책을 연구의 대상으로 한다. 특히 지정학적 중간국 외교를 연구하되, 이를 비교지역연구의 관점에서 다루려는 관심을 견지하고 있다.

지정학적 중간국(中間國)이란, 경쟁하는 강대국 내지 지정학적 세력이 맞부딪히는 지대, 즉 "지정학적 단층대"상에 존재하는 국가들을 말하며, "끼인 국가" 혹은 "사이 국가" 등으로도 불린다. 중간국은 지역정치의 지정학적 구조에서 지정학적 단층대 상에 위치하고 있는지 여부에 의해 조건 지어지며, 세력권을 두고 각축하는 두 세력 간의 경쟁이 고조되는 지정학적 단층대의 활성화에 의하여 그 모순적인 외교전략적 특성의 압력에 노출되게 된다. 하지만 이러한 지정학적 단층대의 압력은 각 지역 국제정치의 구조에 따라 상이한 양태로 발현되며, 이에 대한 지역 국가들의 대응도 지역 국제정치에 따라 달라짐을 알 수 있다. 따라서 이 책의 필진은 다양한 지역들의 지역 국제정치의 구조 및 지역 국가들 국내정치에 정통한 지역 전문가들로 구성되었다. 이러한 작업의 결과들을 지역별로 구성하여 출간하게 되었는데, 그 첫 번째 결과물인 『아시아의 지정학적 중간국 외교』에서는 동남아시아와 서아시아 및 남아시아 지역의 지정학적 중간국들의 외교를 분석한 글들을 모았다. 그리고 두 번째 결과물인 이 책 『유라시아의 지정학적 중간국 외교』에서는 중부와 서부 유라시아 지역의 지정학적 중간국들의 외교를 분석하였다. 이 두 권의 책들이 애초 기획하였던 비교외교연구를 위한 목적을 충분히 달성하였다고 자평하기는 어렵겠지만, 적어도 이 결과물들이 공동의 문제의식 하에서 비교외교론적 연구의 진작을 위한 초석을 놓았다는 점에서 학술적 의의를 지닌다고 할 수 있을 것이다.

뿐만 아니라 지정학적 중간국 개념은 현실주의적 사고를 바탕에 두었지만, "중견국"이나 "완충국" 개념보다는 더 지정학적이며 가치중립적이며 분석 가능성을 열어주는 개념으로 볼 수 있다. 기존 "중견국(middle power)" 개념은 국력의 측정과 비교가 지니는 난이성과 규범적 내지 당위적 지향성으로 인하여 분석 개념이 되기 어렵기에 "중간국" 개념 도입의 필요성이 제기된다. 특히 최근 국제정치에서 "지정학의 귀환" 현상이 등장한 이후 미중 경쟁, 미러 경쟁 등 강대국 경쟁이 첨예화되어 지정학적 단층대가 활성화되는 상황은 이른바 중간국들이 처한 국제정치 및 지역정치에서의 지정학적 수압을 증대시킴으로써 그들의 외교전략의 수립과 실현에 딜레마적 과제를 부과하게 된다. 이에 중간국 외교의 딜레마적 상황이 지역별로 어떻게 상이하게 나타나고 중간국의 외교전략은 어떤 유형으로 이에 대응하고 있는지에 대한 연구가 다시 중요해지고 있으며, 이러한 상황이 한국의 대외전략에 대해 지니는 함의를 탐구하는 것은 정책적 차원에서도 시의적절한 함의를 지닌다고 할 수 있을 것이다.

이 책이 나오는 데 큰 도움을 받았다. 무엇보다 서울대학교 국제문제연구소와 아시아연구소에서 연구를 위한 지원을 해주지 않았다면 이 연구가 세상에 빛을 볼 수 없었을 것이다. 그리고 본 프로젝트를 진행하는 데 든든한 지지와 다양한 노력을 기울여주신 서울대학교 아시아연구소의 최경희 교수께 특별한 감사를 표하고 싶다. 그리고 작지 않은 규모의 연구프로젝트를 꾸리며 책자 발간을 위한 궂은일까지 도맡아 애써 준 서울대학교 정치외교학부 외교학전공 석사과정 이수빈 씨 그리고 박사과정 이준석 씨에 대한 감사도 잊을 수 없다. 물론 이 책의 발간을 흔쾌히 수락해 주신 사회평론아카데미와 수고해 주신 김천희 소장께도 감사의 말씀을 드린다.

끝으로 프로젝트가 진행된 기간 내내 만연했던 코로나 팬데믹의 상황에서도 불구하고 진지한 연구의 관심과 열정을 잃지 않으시고 끝까지 연구를 마무리해 주신 필진 선생님들께 심심한 감사와 존경의 말씀을 드리고 싶다. 이분들의 노고를 바탕으로 한국 내에 지정학적 중간국 외교에 대한 관심과 연구가 진작되고, 비교지역연구의 관점에 입각한 지역 국제정치의 이해를 위한 도전이 더욱 왕성해지기를 기대하면서 머리말에 갈음하고자 한다.

2022년 2월 말
우크라이나 전쟁의 종식과 평화를 기원하며
신범식

차례

제1장(서장)

유라시아의 지정학적 중간국 외교 비교연구

—개념, 이론, 설명틀의 모색—

신범식(서울대학교 정치외교학부)

I. 머리말

본 연구는 지정학적 중간국의 대외정책을 비교지역연구의 관점에서 연구하려는 시도로 시작된 프로젝트의 결과물이다. '지정학적 중간국(中間國)'이란, 경쟁 관계에 있는 지정학적 강대국 또는 세력이 맞부딪히는 지대, 즉 "지정학적 단층대(geopolitical fault line)"상에 위치하는 국가들을 말하며, "끼인 국가" 혹은 "사이 국가" 등으로도 불린다. 지정학적 단층대 상에 위치하여, 중간국은 지역 패권을 두고 각축하는 두 세력 간의 경쟁이 고조됨에 따라 (지정학적 단층대의 활성화) 그 모순적인 외교전략적 특성의 압력에 노출된다.

중간국 개념은 현실주의적 사고를 바탕에 두었지만, "중견국"이나 "중소국"의 개념보다는 더 중립적이며 엄밀한 분석을 가능케 하는 개념으로 볼 수 있다. 전통적인 "중견국(middle power)" 개념은 그 근간이 되는 국력의 측정과 비교의 어려움, 그리고 규범적 또는 당위적인 지향성으로 인하여 분석 개념으로 활용하기 어렵기에 "중간국" 개념 도입의 필요성이 제기된다.

중간국의 개념화와 이론화 시도는 최근 국제정치의 변동과 무관하지 않다. 2010년 이후 중국의 본격적인 부상과 2014년 우크라이나 사태는 "진영 질서"의 재구축 및 대립적인 두 세력의 각축이라는 탈냉전 이후 국제정치의 분기점을 형성하였다고 볼 수 있다. 짧았던 미국에 의한 평화("Pax Americana") 이후 나타난 9·11사태, 테러와의 전쟁, 이란 및 북한의 핵개발은 국제 안보의 근간을 흔들었다. 이에 더하여 유라시아 대륙의 색깔혁명, 러시아-조지아 전쟁, 크림반도 합병, 우크라이나 사태는 지역 질서의 혼돈을 가속화하였다. 중국의 부상과 미-중 전략경쟁으로 이어지는 일련의 상황은 미국 중심의 단극 내지 단다극질서를 침식한 결정적 계기가 되었다. 이 과정에서 1990년대 자유주의적 세계질서에 순응해 보려 했던 러시아는 기존 "방어적 방어" 대신 "공세적 방어" 전략으로 전환을 통해 미국과 서방이 주도하는 자유주의적 세계질서에 도전하게 되었다.

이러한 지정학적 경쟁 구도의 귀환은 지정학적 단층대와 구조적으로 연루된 국가들의 외교적 환경을 더욱 악화시키는 계기가 되었다 (신범식 2020). 최근 미-중, 미-러 경쟁의 첨예화는 지정학적 단층대의 활성화로 이어졌고, 결과적으로 지정학적 중간국들이 처한 국제 및 지역정치 차원의 지정학적 압력을 증대시키면서 그들의 외교전략 수립 및 실현상의 딜레마적 숙제를 부여하였다. 이러한 국제정치적 변화는 딜레마적 중간국 외교의 상이한 지역별 전개와 이에 대응하는 중간국 외교전략의 다양한 유형에 대한 연구의 중요성을 배가시키고 있다. 따라서, 이러한 상황이 한국의 대외전략에 대해 지니는 함의를 탐구하는 것은 시의적절하고 긴요하다.

II. 지정학적 중간국 외교의 개념과 이론

1. 지정학적 중간국의 개념

본 연구의 핵심 개념인 지정학적 중간국은 이론적으로는 강대국의 세력 경쟁 또는 지정학적 대립의 '중간'에 위치한 국가를 가리키며, 경험적으로는 2021년 현재 미국-중국 또는 미국-러시아의 패권 경쟁 구도에 '끼인' 국가들을 통칭한다(신범식 2020, 39-41; 김흥규 외 2021, 2-3). 한 국가는 복수의 지정학적 강대국이 지정학적 세력권이 서로

접하는/충돌하는 지역, 즉 '지정학적 단층대'에 위치하며, 그 강대국
간 경쟁과 대립이 고조되는 '지정학적 단층대의 활성화'의 영향에 직
접적으로 노출되었을 때 비로소 지정학적 중간국으로서의 속성과 딜
레마의 압력에 직접적으로 노출된다.

　복수의 지정학적 강대국 사이에 끼여 이들의 갈등과 경쟁에 노출
된 소지역 또는 개별 국가에 대한 학문적 관심은 20세기 초부터 "충돌
지대(crush zone)" 또는 "완충지대(buffer zone)"의 이름으로 근대 역
사학, 국제정치학, 그리고 지리학 분야에서 시작되었다. 충돌지대의
개념은 영국의 지리학자 페어그리브(James Fairgrieve)가 1915년 자
신의 저서[Fairgrieve 1941(1915)]를 통해 처음 소개하였으며, 주로 유
럽 열강 사이의 식민지 쟁탈전과 세력권 다툼이 극에 달했던 19세기
후반부터 20세기 초반(1차 세계대전 이전) 사이의 국제관계를 설명하
는 데 이용되었다(가령, O'Sullivan 1986; O'loughlin 1999). 고전 지정
학적 개념으로서 충돌지대는 당시 전개되고 있었던 대륙-해양 세력의
갈등 구도[1]에 착안, 지리적으로 두 세력 사이에 끼여 그 정치적, 경제
적 대립에서 자유로울 수 없는 일련의 국가들을 일컫는 데 사용되었다
(O'loughlin 1999, 47).[2] 고전 지정학들은 이 충돌지대를 지정학적 강
대국 간 벌어지는 갈등과 분쟁의 주요 무대로 인식하였고, 이 지대에
속한 국가들의 정치적, 경제적 불안정성을 강조하였다.[3]

　한편 완충지대(buffer zone)의 개념은 충돌지대에 놓인 국가들
이 그들을 둘러싼 복수의 지정학적 강대국 간 "전략적 평형(strategic

1　대표적으로 영국(해양)-독일(대륙), 영국(해양)-제정러시아(대륙) 등이다.
2　주로 스칸디나비아반도, 중동부유럽, 발칸반도에 위치한 국가들이다.
3　이로부터 파생된 파편지대(shatterbelt)의 개념은 강대국 간 갈등에 휘말려 직접적인 정
　치적, 경제적 피해를 입은 국가들을 집합적으로 가리킨다(Cohen 1963, 83).

equilibrium)" 상태 아래에서 상대적인 정치적, 경제적 안정을 누리는
상태를 가리킨다(가령, Spykman 1942; O'loughlin 1999; Menon and
Snyder 2017). 따라서 완충지대는 지정학적 강대국 간 경쟁과 갈등을
완화하는 기능을 수행할 수 있으며 이를 둘러싼 강대국들의 입장에서
는 물리적이고 직접적인 대결보다 더 적은 비용으로 상대방을 견제할
수 있는 이점을 가진다(Spykman 1942).[4] 그러나 완충지대는 근본적으
로 강대국 간 평형 상태를 전제로 하는 만큼, 현상의 변경에 따라 충돌
지대로 전환될 수 있는 위험성 또한 내포하고 있다. 충돌지대로 전환
된 완충지대의 대표적인 사례로는 탈냉전 이후 우크라이나가 꼽힌다.
우크라이나는 1991년 독립과 함께 자발적으로 핵무기를 포기한 대가
로 그 영토적 완결성(territorial integrity)을 보장받고 서방(NATO)과
러시아 사이의 완충지대로 남아 있었으나, 2014년 러시아의 크림반도
합병과 동부 돈바스 지역 내전의 결과 두 지정학적 세력이 부딪히는
충돌지대로 전락하였다(Wolff 2015).[5]

　서방과의 안보협력이 여의치 않은 상황에서 나토(NATO)가 지속
적으로 동쪽으로 확장하는 것을 심각한 안보위협으로 받아들이게 된
러시아는 우크라이나까지 나토가 확장하는 것을 수용하지 않기 위해
돈바스를 분쟁지역화하는 것을 넘어 전쟁이라는 수단을 활용하게 되
었으며, 2022년 2월 말 마침내 러시아가 우크라이나 전역을 대상으로
하는 "특수군사작전"을 감행하였다. 지정학적 단층대의 세력권 각축이
잘 관리되지 못하고 전쟁으로 비화된 19세기적 상황이 21세기에 재연

4　완충지대에 대한 전통적 논의는 Spykman(1942, 440~442)을, 최근 지정학적 단층대의
　　활성화에 대해서는 Hafeznia(2017)을 참조.
5　이러한 측면에서, Cohen(1963)은 완충지대와 충돌지대가 본질적으로 다르지 않다고도
　　주장한다.

되고 있는 것이다

충돌지대나 완충지대 등 지정학적으로 "끼인 국가"의 개념에 대한 논의는 1980년대 중반 이후 동서 냉전의 완화와 소멸에 뒤이은 미국 단일패권(unipolarity) 시대의 개막으로 잠시 소강상태에 접어들었으나, 2000년대 중반 이후 중국과 러시아 등 이른바 현상타파(revisionist) 국가들의 등장에 따라 다시 활성화되었다.

중국은 2000년대 중반 이후 경제성장의 가속화와 해군력을 비롯한 군사력의 확장에 따라 남중국해와 동아시아에서 그들의 정치, 경제적 영향력을 급속도로 확대하고 있다. 이에 더불어 중국 정부는 2013년 이래 일대일로 구상(一帶一路, Belt and Road Initiative)의 추진을 통해 동남아시아에서 동유럽으로 이어지는 유라시아 지역에서 경제적인 영향력을 제고하려는 종합국가전략을 추구하고 있다. 한편 2000년대 중반 이후 러시아는 대외정책으로 "방어적 방어"를 버리고 "공세적 방어" 전략을 기본적 입장으로 채택하면서 구소련 지역과 중동에서 군사력을 동원하여 세력을 확대하고 부분적으로는 현상 변경을 시도하는 모습을 보여왔다. 러시아 정부는 2008년 남오세티아, 2014년 돈바스와 크림반도에 대한 군사적 개입을 통해 이들 지역을 정치적 영향력 투사를 위한 지렛대로 유지하고 있다. 또한 러시아는 2015년 시리아 내전에 개입, 권위주의적 아사드 정부를 군사적으로 지원하면서 소련 이후 상실했던 중동 지역에서의 영향력 회복을 꾀하고 있다.

미국과 서유럽 주도의 자유주의 국제질서에 대한 중국과 러시아의 도전은 냉전 해체 이후에도 여전히 한 국가의 지리적 위치와 이를 바탕으로 한 경제적, 군사적 역량이 그 대외적인 행위의 중요한 결정 요인임을 나타낸다. 이른바 '지정학의 귀환(return of geopolitics)'은 여전히 국제제도 또는 국제기구가 한 국가의 안전을 보장할 수 없다는

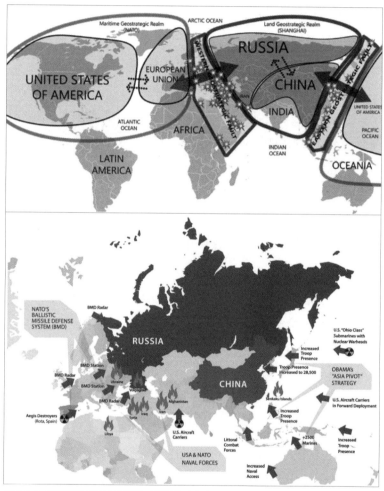

그림 1-1. 유라시아 주변에 형성된 지정학적 단층선

국제관계의 현실주의적 냉혹함을 반영한다. 2014년 러시아의 크림반도 병합은 지정학적 강대국의 물리적인 현상 변경 시도 앞에서 국제사회의 무력함을 보여준 대표적인 사건으로 회자되고 있다.[6] 또한, 지정학의 귀환은 세계 각 지역 차원 권력 구조의 변화를 불러일으키고 있다

(Mead 2014, 73-77). 유럽연합은 러시아의 군사적 압력에 직면하고 있으며, 미국은 단일패권 체제의 중요한 두 축인 중동과 동아시아에서 각각 러시아와 중국의 군사적이고 경제적인 도전을 목격하고 있다.

　미국을 위시한 자유주의 진영과 중국, 러시아 간 지정학적 경쟁 구도는 지정학적 단층대[7]와 충돌지대 또는 완충지대 개념의 장점과 한계를 동시에 드러낸다. 정치체제, 이념과 이를 바탕으로 하는 정치적 진영(political alignment)이 지난 10년 동안 국제정치의 가장 근본적이고 구조적인 변화를 주도해 왔다는 사실은 지정학적 단층대의 분석적 시의성을 대변한다. 그러나 전통 지정학은 19세기 후반-20세기 전반의 국제정치 환경을 반영, 충돌지대-완충지대 안에 놓인 국가들을 그 주변 지정학적 강대국의 영향력이 일방적으로 투사되는 공간으로 간주하는 경향성을 보인다. 이와 반대로, 2010년 이후 미-중, 미-러 간 지정학적 경쟁은 그 갈등과 대립의 최전선에 위치한 국가들에 대한 포섭과 연계의 전략을 중심으로 이루어지고 있다. 일례로, 중국의 일대일로 프로젝트에 대한 각 국가의 참가 여부와 그 정도는 이들의 중국과의 관계, 그리고 중국으로부터 얻을 수 있는 경제적 이익을 고려한 정책 결정의 산물이다(Cai 2018, 837-841). 2008년 이후 유럽연합은 동방파트너십(Eastern Partnership)을 통해 러시아 접경의 구소련 6개국[8]에서 자신들의 정치적, 경제적 영향력 증대를 추진한 바 있다. 이에 대항하는 러시아의 대(大)유라시아(Greater Eurasia) 프로젝트는 동유럽과 중앙아시아에 산재한 구 동맹국들을 하나의 거대한 안보·경

6　다만, 여러 연구자들은 '지정학의 귀환'이라는 용어와 개념 자체가 NATO와 EU가 구 사회주의권 유럽 국가들을 회원국으로 받아들인 2002년 이후 본격적으로 제기되기 시작하였음을 지적한다. 예를 들어 Diez(2004), Kuus(2007) 참조.

7　지정학적 단층대에 대한 간략한 정의는 Gentile(2019, 131)을 참조.

8　라루스, 우크라이나, 몰도바, 조지아, 아르메니아, 아제르바이잔.

제공동체로 포섭하려는 시도이다.

중간국 논의는 위와 같은 전통 지정학적 충돌지대와 완충지대 논의의 한계를 극복할 수 있다는 점에서 연구의 적실성을 가진다. 중간국 외교에 대한 이론화는 미국, 중국, 러시아의 지정학적 경쟁 구도 사이에 적지 않은 나라들이 놓여 있는 오늘날의 국제정치적 현실을 반영하면서도, 이들을 구조적인 제약에 능동적이고 다양한 방법으로 반응하는 국제정치 행위자로 전환할 것으로 기대된다.

2. 지정학적 중간국과 다른 개념들(중견국, 중소국, 중추국)의 비교

지정학과 국제정치학 분야에서 강대국–약소국 이분법으로 충분히 설명되지 않는 국가들에 대한 분석은 중견국, 중소국, 또는 중추국의 개념화와 이론화로 이어졌다. 중견국과 중소국은 1950년대 이후 비강대국(non-great powers) 연구의 연장선상에서 소개, 발전되어 온 개념들로 주로 특정 분야 또는 지역 차원에서 영향력 있는 행위자를 가리킨다.[9] 이들은 일반적으로 지정학적 강대국의 주요한 지역 파트너, 동맹, 또는 경쟁자로 기능하거나 지역 수준 안보·경제공동체의 형성과 유지에 중요한 역할을 담당한다. 주로 전간기(interwar period, 1919~1939)와 2차 세계대전 직후의 유럽과 북아메리카 사례들을 중심으로 발전해 온 중견국, 중소국, 중추국 논의는 이후 냉전과 탈냉전이라는 시대적 변화 속에서 아시아, 오세아니아, 라틴아메리카, 그리

---

9   중견국과 중소국 이외에도 중간급(middle-tier) 국가, 2등(secondary) 국가, 중진(intermediate) 국가 등 이를 가리키는 많은 개념과 용어가 산재함. 자세한 내용은 Nolte(2010)을 참조. 다만 본고에서는 연구의 현실성과 단어 사용의 빈도를 감안하여 중견국과 중소국을 그 주된 분석의 대상으로 한다.

고 탈사회주의 유럽 등을 그 경험적 분석의 대상에 추가하였다.

오늘날 일반적으로 통용되는 중견국(middle-power state)은 그 개념적 효시를 1940년대 캐나다의 외교전략에서 찾는다(Chapnick 1999).[10] 당시 캐나다 정부는 힘 있고 책임감 있는(powerful and responsible) 국제정치적 행위자의 역할을 자임하면서,[11] 이를 바탕으로 세계대전에 참전하지 않았던 국가들이 전후 국제질서 수립 과정에 중견국의 자격으로 참전국(강대국)들과 다른 목소리를 낼 수 있음을 강조하였다. 이후 중견국의 개념은 크게 물질적 역량, 국가 행태, 국가 정체성의 세 가지 측면에서 논의의 발전을 이루었다(강선주 2015). 기존의 논의를 종합하자면 중견국은 ① 물질적으로는 강대국을 압도하지는 못하나 그에 상당하거나 심각한 피해를 줄 수 있는 경제력과 군사력을 보유하며, ② 행태적으로는 국제 규범을 옹호하고 강대국-약소국 간 이해관계를 중재하며, ③ 정체성의 측면에서는 강대국 중심 정치로부터 상대적으로 자유로우면서 국제정치적 정책결정과정에 참여할 수 있는 국가 정도로 정의될 수 있다(가령, 김치욱 2009; 강선주 2015). 오늘날 많은 나라들이 이 중견국 개념에 의거하여 자신의 국익을 적극적으로 정의하려는 노력을 기울이고 있지만, 사실 이 개념은 국력 및 위상 측정의 기준 설정의 모호성과 그 규범적 함의 때문에 분석적 개념으로 활용하기에 적지 않은 어려움이 있는 것이 사실이다.

중소국(small state, second-tier state)은 기존 연구에서 크게 두 가지 방향으로 정의되는 것으로 보인다. 우선, 2차 세계대전 또는 냉전

---

10 다만 중견국이라는 용어의 기원에 대해서 멀게는 15세기, 가깝게는 1648년 베스트팔렌 체제 출범 이후 전근대 유럽까지 거슬러 올라가는 연구들이 존재한다. 자세한 내용은 김치욱(2009) 참조.

11 이를 초기 연구에서는 '중견국성(middlepowerhood)'이라는 용어로 개념화했다(Chapnick 1999, 74).

체제에 주목하는 연구들은 중소국을 당시의 유럽과 북아메리카 열강 사이에서 생존을 도모하는 '작은 국가(small state)'로 정의한다(가령, Fox 1959; Vondenbosch 1964; Rothestein 1968).[12] 더 구체적으로, 작은 국가로서 중소국은 "강대국을 상대로 전쟁을 수행할 능력이 없으며 외교적으로 취약한"(Vondenbosch 1964, 294) 국가들을 일컫는다. 중소국을 강대국의 힘이 투사되는 공간으로 인식하였다는 측면에서, 전통적인 중소국 연구는 전통 지정학의 충돌지대–완충지대 논의와 유사하다. 이후 냉전의 해체와 더불어 중소국은 1급(first-tier) 지정학적 강대국의 반열에 포함되기에는 모자라지만 특정 대륙 또는 지역에서 영향력을 행사할 수 있는 '준(準)강대국(second-tier state)'을 가리키는 개념으로 이해된다(가령, Geeraerts and Salman 2015; Vennett and Salman 2018). 준강대국의 연장선상에서, 연구에 따라 중소국은 특정 기존 체제에 대한 도전자와 동일시되기도 한다(가령, Dittmeier 2013).[13]

　한편 중추 중견국(pivotal middle power state) 또는 중소 중추국 (small pivot state)[14]은 고전 지정학의 중추국(pivot state) 논의를 발전적으로 계승하였다. 중추국은 20세기 초반 영국의 지리학자인 매킨더 (Halford MacKinder)가 처음 주장한 것으로 알려져 있으며, 주로 강대국 분쟁의 중심에 위치, 제한된 역량을 바탕으로 다양한 안보적 역할을 수행할 수 있는 국가나 지역을 의미한다(Sweijs et al. 2014; 이수

12　조동준(2009, 10-11)에서 재인용.

13　예를 들어 핵 비확산(nuclear non-proliferation)체제에 대한 Dittmeier(2013)의 연구는 중소국을 핵확산금지조약(NPT)의 발효 이전 핵무기 개발에 성공한 보유국(first-generation proliferator)에 도전하는 잠재적 핵 개발국(potential proliferator)과 동일시하고 있다.

14　엄밀히 말하자면 "pivot states"는 중추국으로 번역되지만, 전봉근(2018)에서는 이를 중소중추국으로 지칭하고 있다.

형 2012). 여러 후속 연구를 거쳐, 최근의 한 연구에서는 중추국을 "강대국들의 영향력이 겹치는 곳에 위치, 그들과 연계되어 있으면서 그들이 탐내는 군사적, 경제적 또는 이념적 전략자산을 보유한 국가"로 정의하고 있다(Sweijs et al. 2014, 8). 이러한 논의를 바탕으로, 이수형은 '중추적 중견국'을 강대국이 상호 대립하는 지정학적 구도에서 상대를 누르기 위한 최소승자연합(minimum winning coalition)을 구성하기 위해 반드시 포섭해야 하는 중견국으로 정의하고 있다(이수형 2021, 476). 한편 전봉근이 제시하는 '중소 중추국' 개념은 그 지역 안보와 국제 안보에 대한 영향력과 전략자산에 대한 언급으로 보아 위의 중추국 개념을 원용하는 것으로 보인다(전봉근 2018, 14). 기존의 논의를 정리하자면, 중추적 중견국 또는 중소 중추국은 ① 강대국 사이 대립의 중심에서 ② 강대국이 탐낼 만한 전략자산을 보유하고 ③ 특정 강대국과의 연계가 지역과 국제적 차원 안보에 영향을 준다는 세 가지 측면으로 정의할 수 있다. 엄밀히 말하면 이는 중추 중견국 또는 중소 중추국 자신보다 강대국의 전략적 판단(활용 가치)에 따라 정의되는 개념으로, 고전 지정학의 강대국 중심 시각을 계승한다고 볼 수 있다. 중추국의 위상은 강대국의 전략적 활용 가치에 따라 판단된다는 점에서 해당 국가에 대한 강대국 이익의 크기와 비례한다고 볼 수 있다.

전체적으로, 중견국, 중소국, 그리고 중추국에 대한 논의는 2차 세계대전 이후 국제정치적 힘의 배분 변화와 국제정치적 행위자의 다양화에 따라 개념적, 이론적, 그리고 경험적인 발전을 이루었다. 우선, 중견국 개념이 주로 해당 국가의 객관적인 군사·경제적 역량과 외교 활동의 형태에 주목한다면, 중소국 개념은 해당 국가를 둘러싼 안보적 환경과 그에 대한 대응에 주목한다. 그러나 중견국과 중소국 개념에 대해 현재까지도 학문적으로 합의된 정의가 부재하다는 사실은 그 개념의 적용에 있어 적지 않은 문제점을 야기하고 있다. 중견국 개념은 그 구성요소에 대한 학문적 합의가 존재하지 않으며, 따라서 연구주제와 시기에 따른 자의적인 해석이 만연한다는 비판에 직면해 왔다(김치욱 2009, 16). 한편 중소국의 경우 기존 체제적 강대국(system leader) 바로 아래 단계의 정치경제적 역량을 가졌으며, 특정 안보 위협 이슈에 노출된 국가라는 비교적 명확한 가정이 많은 연구를 통해 공유되고 있다. 그러나 2000년대 이후의 논의는 미국 단일패권 아래 미국의 동맹 또는 경쟁자를 모두 중소국으로 분류, 최근 미-중 또는 미-러 경쟁 구도와 관련 동학을 제대로 반영하지 못한다는 문제점이 있다.[15] 중추국은 중견국이나 중소국보다 '끼인 국가'가 지정학적 강대국의 대결 구도에 미칠 수 있는 영향에 초점을 맞춘다는 점에서 본서의 '중간국' 개념과 상통하는 측면이 있다. 또한, 중추국의 개념은 국제정치에서 상대적 약소국이 강대국에 대하여 외교적 성과를 얻어낼 수도 있다는 가정에 기반을 둔다는 점에서 유용한 분석의 틀이기도 하다.

　본 연구가 주목하는 지정학적 중간국(middle-ground state)[16]은 중견국, 중소국, 그리고 중추국과 다음과 같은 개념상 차이점을 보인다. 우선, 중간국은 복수의 지정학적 강대국이 대립하는 단층대라는 정치적이며 지리적인 선행 조건을 포함한다는 점에서 중견국과 다르다. 중견국이 그 개념적 모호성으로 인해 연구자의 자의적 기준이 개입할 여지를 남기는 데 반해, 중간국은 지정학적 단층대의 존재 여부

15　예를 들어 Vennet and Salman(2018)에서는 미국의 동맹인 영국, 호주, 일본뿐만 아니라 경쟁자인 중국, 러시아, 그리고 중립적인 관계로 평가받는 브라질 등이 모두 중소국으로 분류되어 있다.

16　신범식(2020)은 지정학적 중간국을 'middle-ground state'로 번역, 기존 중견국(middle state)과 용어상 차별화를 시도한다.

라는 비교적 객관적인 전제 조건을 가지고 있다는 장점을 지닌다. 또한 일정 수준 이상의 경성 권력(군사력 및 경제력)이 그 중요한 구성요소인 중견국과는 달리, 중간국은 외부적 압력을 제외하고는 그 국가의 물리적 규모 또는 국력의 크기에 구애받지 않으므로 이 기준의 단순성으로 인해 오히려 개념의 엄밀한 적용에 유리하다.[17]

중소국과 중간국은 그 개념적인 유사성으로 인해 혼용되는 모습을 보인다(가령, 전봉근 2018). 두 개념은 외부적인 안보 위협이라는 가정을 공유하며 이에 대한 해당 국가의 대응을 연구 대상으로 한다는 점에서 매우 유사하다. 따라서 본고는 중소국의 개념과 안보 위협에 대한 이론적 논의가 상당 부분 중간국 이론화에 기여할 수 있을 것으로 기대한다. 다만 기존 연구에서 드러나는 중소국의 개념이 강대국의 주변부, 준강대국, 그리고 강대국(기존 질서)에 대한 도전자 등을 포괄하는 데 반해 지정학적 중간국 개념은 그 국력이나 성향보다는 강대국의 주변부로서 해당 국가의 위치성과 그 구조적 제약성에서 유래하는 개별 국가들의 대응에 더 주목한다는 차이가 있다.

중추국과 중간국은 강대국 간 경쟁 구도에 영향을 줄 수 있는 '끼인 국가'의 존재에 주목한다는 점에서 유사성을 가진다. 그러나 중추국의 개념이 강대국들의 '평가'에 의해 규정되는 반면, 중간국은 끼인 국가에 좀 더 주목한다는 차이가 있다.

정리하자면, 지정학적 중간국의 이론적 개념은 전통 지정학의 충돌지대-완충지대 개념을 계승하면서도, 중견국 또는 중소국 개념에 비해 그 개념 구성의 전제 조건이 뚜렷하고 단순하며 그 정의에 있어 개별 사례 국가의 자체적인 국력이나 성향 등 자의성이 개입할 만한 요

---

17   이와 관련하여 신범식(2020, 39)은 강대국 또한 더 강한 세력 간 충돌 사이에 낄 경우 중간국으로 분류될 수 있다고 지적하기도 함.

소를 최소화한다는 장점이 있다. 그러나 중간국, 중견국, 그리고 중소국의 비교는 이와 같은 장점의 극대화를 위해 지정학적 단층선에 대한 명확한 조작적 정의가 필수적임을 보여준다.

3. 지정학적 중간국 외교의 선택지

지정학적 중간국은 자신을 둘러싼 지정학적 단층대의 활성화로 인해 제기되는 외교·안보적 도전에 어떻게 대응하는가?[18] 중간국은 일반적으로 회피(hiding), 초월(transcending), 특화(specializing), 헤징(hedging), 균형(balancing), 편승(bandwagoning) 등의 다양한 전략을 선택지로 고려할 수 있는데, 이런 전략적 개념은 세분화의 과정을 거쳐 외교정책으로 실현된다.[19] 이러한 전략적 선택지 중에서 중간국가들은 특히 "편승과 균형 사이의 선택"을 해야 하는 경우를 자주 맞닥뜨리게 되는데, 양자 간 적절한 균형점을 선택하는 것은 실로 고난도의 외교적 과제가 된다. 냉전 시기 진영 간 대결 구도 하에서 중간국 외교의 선택지가 좁았다. 하지만 탈냉전기에 들어 아시아와 유라시아 전역에 펼쳐지고 있는 지정학적 단층대의 활성화로 중간국 외교의 선택은 다양한 지역정치적 조건 및 특성과 결합되면서 더욱 다양해지고 있다. 하지만 탈냉전 이후 비교적 넓은 전략적 자율성의 공간을 향유하던 중간국 외교의 "기회의 창"은 최근 지정학의 귀환, 미-중 패권경쟁의 심화 등과 같은 국제정치적 변동과 함께 다시 줄어들고 있다.

18   중간국의 외교적 선택지 등의 이하 논의와 관련된 국내외 학자들의 논의의 정리를 위해 서울대 정치외교학부 대학원 박사과정 이준석 군이 수고해 주었다.
19   가령, 균형 전략은 '내적 균형(internal balancing)'과 '외적 균형(external balancing)', '제도적 균형(institutional balancing)' 등으로 나뉠 수 있으며, 편승은 양해적 편승, 호선적 편승, 암묵적 편승 등으로 구분해 볼 수 있다.

일반적으로 외부 안보 위협에 대한 개별 주권국가의 대응은 국제
정치학 분야의 핵심적 연구주제 중 하나로, 주로 현실주의 또는 자유
주의적 이론에 그 설명의 근거를 두고 있다. 현실주의와 자유주의 이
론은 각각 외부 위협에 대한 세력 균형(power balancing) 또는 관여
(engagement)를 선택하도록 하는 이론적 배경을 제공한다.

　전통적인 신현실주의적 관점에서 상대적으로 약한 국가는 위협
적인 강대국의 부상에 대해 균형과 편승의 두 가지 선택지를 가진다
(Waltz 1979). 위협적인 강대국에 적극적으로 맞서는 균형은 다시 자
신 스스로 역량을 강화하는 내적 균형과 다른 강대국과 협력 또는 동
맹관계를 맺는 외적 균형으로 나눌 수 있다. 부상하는 강대국의 편에
서는 편승 또한 관여, 특화, 유화 등 여러 다른 강도와 차원에서 논의
되어 왔다. 조동준(2009)은 일련의 논의를 종합하여, 중간국(중소국)
의 외부의 안보 위협(부상하는 강대국)에 대한 외교적 대응을 다음과
같이 세부적으로 분류한 바 있다. 그에 따르면 중간국(중소국) 외교는
부상하는 외부 안보 위협(강대국)에 대한 적극적인 대응 여부, 그리고
부상하는 강대국의 요구 수용 여부에 따라 뒤따르는 특정 전략의 채택
여부가 결정된다. 따라서 중간국은 외적인 도전에 대하여 대응으로부
터 회피하거나, 요구를 수용하거나, 요구에 불응하는 커다란 대응방향
을 정하고, 각각의 방향에 따라 소극적 또는 적극적인 성격의 수단을
동원하여 전략적 옵션을 선택하게 되는데, 다양한 전략적 옵션은 〈표
1-1〉에서 정리된 바와 같다.

　한편 전봉근(2018)은 조동준(2009)이 제시한 여러 외교적 선택지
들이 실제 역사적 사례에서 실현되었던 유형을 중립, 외적 균형, 위험
분산, 비동맹, 공동안보의 다섯 가지로 구분하였다(표 1-2 참조).

　위협적인 강대국에 대한 상대적 약소국(중소국, 중견국, 중추국,

표 1-1. 외부 안보 위협에 대한 중간국 외교적 대응의 이론적 논의

대응 여부		전략 옵션	기본 원칙
대응 포기		숨기 / 중립	- 안보 위협국과 접촉 최소화
요구 수용		편승 특화 유화	- 안보 위협국에 적극 동조 - 안보 위협국에 특정 재화나 기능 제공 - 안보 위협국과 관계 개선
요구 불수용	관여	제도화 경제적 상호의존 사회화	- 안보 위협국과 제도를 통한 상호작용 - 안보 위협국과 경제 교역 증대 - 안보 위협국과 인적 교류 증대
	세력 균형	내적 균형 외적 균형	- 국내 자원을 활용한 균세 (내적 균세) - 군사동맹과 제도를 활용한 균세 (외적 균세)
	제도 활용	초월 / 제도적 균형	- 안보 위협국에 대항하는 다자주의 제도 협력

참조: 조동준(2009, 19-24)의 내용을 재정리함.

표 1-2. 외부 안보 위협에 대한 중간국(중소 중추국)의 외교전략 실현

외교전략 실현	정의	역사적 사례
중립 (neutrality)	안보 위협국과 접촉 최소화	양차 세계대전 시기 스위스
외적 균형 (external balancing)	외부 군사동맹을 이용한 균형	한–미 동맹
비동맹 (non-alignment)	중소국 간 제도적 연대 추진	반둥 아시아–아프리카 회의
공동안보 (common security)	대화를 통한 상호 긴장 완화	미–소 핵전쟁 위협에 대한 유럽의 대응

참조: 전봉근(2018, 17-19)의 내용을 정리함.

중간국)의 외교전략에 대한 기존의 이론적 논의는 서로 양립할 수 없는 선택지(중립, 균형, 편승) 사이에서 한 국가가 어느 한 노선만을 따른다는 가정에 기반을 두고 있다. 그러나 실제로 적지 않은 수의 국가들은 위협적인 강대국의 부상에 대해 의도적으로 모호한 태도를 취하

거나, 둘 이상의 전략을 동시에 활용할 가능성에 대한 논의가 전개되었다. 일찍이 국제정치학에서는 부상하는 국가의 전략적 의도와 이익에 대한 불확실성(uncertainty)이 기존 강대국 및 역내국들의 복합적인 대응을 부른다는 논의가 전개된 바 있다. 주로 1990년대 중후반의 중국을 바라보는 미국을 그 경험적 사례로 삼아, 워싱턴이 베이징에 대해 일관되게 경쟁적인(competitive) 입장을 취하지는 않음을 지적한다(가령, Edelstein 2002; Medeiros 2005).

이 같은 논의를 경험적으로 확장하여, 기존 강대국과 부상하는 강대국 사이에서 어느 한쪽으로 일방적으로 기울어지지 않고 소극적인 중립을 추구하지도 않는 '전략적 헤징(strategic hedging)'이 중간국의 안보 전략으로서 연구의 대상이 되어 왔다. 전략적 헤징은 본래 외부 위협에 대한 복합적인 대응 전략을 가리키는 개념으로 도입되었으나, 점차 세계 또는 지역 차원의 패권국에 대한 준강대국 또는 중소국의 복합적인 대응 전략을 가리키는 개념으로 소개되었다(Kuik 2008; 이수형 2012).[20] 기존의 논의를 종합하자면, 전략적 헤징은 ① 탈중앙화하는 (쇠퇴하는) 단일패권(decentralizing unipolarity)의 구조 하에서, ② 패권국에 도전할 만한 역량을 갖춘 국가들이 ③ 패권국과 정면 대결을 회피하는 '관여'의 입장을 견지하면서 동시에 그 경제·안보적 역량 내지 그 상대적 자율성을 확충하는 '균형'의 입장도 확보해 나가는 '위험 분산(hedging)'의 행위로 정의될 수 있다(가령, Tessman and Wolfe 2011; Tessman 2012; Vennet and Salman 2018).

전략적 헤징은 주로 2000년대 중반 이후 미국 단일패권 체제의 점진적인 쇠퇴에 대한 준강대국들의 대응을 그 경험적 사례로 다루었

---

20   전략적 헤징의 기존 논의 및 각 구성요소에 대해서는 이수형(2012, 3-8)을 참조.

으며, 이러한 맥락에서 중국, 러시아, 프랑스, 브라질, 인도 등이 분석
의 주 대상이 되었다(가령, Salman 2017; Vennet and Salman 2018). 그
러나 2000년대 후반 이후 중국과 러시아 등이 미국 주도의 국제체제
를 위협할 만한 본격적인 경쟁자로 부상하면서, 전략적 헤징을 미-중
또는 미-러 간 경쟁 구도 속에서 이해하려는 시도가 이어졌다. 이러
한 맥락 속에서 지역 강대국(러시아, 중국, 이란 등)에 대한 역내 중간
국(중견국, 중소국, 중추국)들의 전략적 헤징을 관찰, 분석, 그리고 이
론화하려는 일련의 연구가 발표되었다(가령, 이수형 2012; Kuik 2016;
Binhuwaidin 2019; Hwang and Ryou-Ellison 2021).

　이처럼 탈냉전 시기 외교전략의 중요한 특징으로 부상한 '헤징'에
대한 이해는 본 연구의 관심 대상인 중간국 외교, 특히 중간국의 선택
지에 대해서도 깊은 연관을 가진다. 중간국 외교전략으로서 전략적 헤
징에 대한 논의는 다음과 같은 특징을 가진다. 첫째, 이는 전통적인 미
국 단극 패권체제 하에서 헤징의 주체였던 중국, 러시아 등의 지역 강
대국들을 헤징의 대상으로 보고 그보다 더 약한 국가들을 헤징의 주체
로 새롭게 정의한다. 둘째, 한 국가의 자체적 역량(경제력, 군사력 등)
못지않게 이를 둘러싼 세력 구도와 안보 상황을 헤징 전략 채택의 중
요한 요인으로 규정한다. 구체적으로 이수형은 중견국(중간국)의 헤징
전략이 부상하는 강대국으로부터 직접적이고 임박한 위협이 존재하지
않으며 지역의 안보 환경이 경직되지 않았을 때만 가능하다는 외부적
성립 조건을 제시하고 있다(이수형 2012, 16-17). 마지막으로 헤징이
이루어지는 영역(경제, 군사, 정치 등), 부상하는 강대국에 대한 인식,
또는 기존 강대국과의 관계 등에 따라 전략적 헤징은 여러 다른 유형
으로 분류할 수 있다(이수형 2012; Kuik 2016). 일례로 이수형(2012)
은 부상하는 강대국(중국)에 대한 인식과 기존 강대국(미국)과의 관계

표 1-3. 부상하는 강대국에 대한 전략적 헤징의 유형

외교전략 실현	역사적 사례
경성 헤징	부상하는 지정학적 강대국에 대한 협력적 관여와 기존 지정학적 강대국과의 협력 관계 유지
연성 헤징	부상하는 지정학적 강대국에 대한 제한적/경쟁적인 관여와 기존 지정학적 강대국과 협력 관계 강화
이중 헤징	부상하는 지정학적 강대국과 기존 지정학적 강대국 양측 모두에 대한 적극적 관여 동시 추구

참조: 이수형(2012, 17-19)의 내용을 정리함.

를 변수로 중간국의 전략적 헤징 유형을 〈표 1-3〉과 같이 분류한다.

정리하자면, 부상하는 강대국에 대한 중간국 외교의 유형화와 이론화는 전통적인 중립, 균형, 또는 편승에 입각한 논의로부터 중립과 편승 사이의 모호성과 위험 분산을 주제로 하는 전략적 헤징으로 그 무게중심이 옮겨오고 있는 것으로 보인다. 따라서 중간국 외교의 대응 패턴을 분석하는 연구들은 지정학적 단층대의 활성화라는 도전에 대하여 대외적 대응의 유형으로서 중간국 외교를 다양한 선택지에 따라 분류하고 각 선택의 이유를 설명하려는 노력을 진행할 필요가 있다. 본 연구는 이를 위해 유라시아와 아시아의 다양한 층위의 중간들을 선택하여 이들이 보여주는 대외전략의 특성을 외부적 환경 변화에 대한 반응의 관점에서 분석해 보는 일차적 목표를 지닌다. 하지만 이것만으로 충분하지 않다.

4. 중간국 외교의 국내정치적 기원

앞서 살펴본 바와 같이 중간국 외교를 이해하는 외부환경에 대한 대응의 측면에 대한 이해는 중간국 외교의 객관적 조건과 주관적 판단 및

대응의 측면을 분석하고 설명하는 데 유용한 개념적 도구가 될 수 있다. 하지만 중간국의 주관적 조건에 대한 탐구가 없다면 이는 절반의 설명에 그친다. 따라서 중간국 외교의 국내정치적 기반에 대한 적절한 이해가 필수적으로 요청된다.

시기적인 차이에도 불구하고 아시아와 유라시아 신생 독립국들의 대부분은 독립과 더불어 "국가(혹은 국민)건설"(state/nation building) 이라는 매우 복잡한 과제에 직면하게 되었다(가령, Smith et al. 1998; Kuzio 1998). 물론 이들 중 몇몇은 양차 대전 이후 독립국가를 형성했었던 경험이 있지만, 탈냉전과 더불어 새롭게 등장한 국가들은 국제정치적 환경의 차이에 따라 국가 건설 과정의 배경에서 큰 차이가 있었다. 또한 탈냉전기 독립 이전에 독립국가의 경험을 가지고 있었던 국가들[21]과 완전히 새롭게 국가를 형성한 국가들 사이의 차이도 존재한다. 이러한 역사적 경험의 차이에도 불구하고, 미국, 중국, 그리고 소련/러시아 등 강대국들과의 관계를 (재)설정하는 문제는 이들의 국가(재)건설 과정에서 핵심적 과제였으며, 이는 결국 자신에 대한 규정, 즉 국가 정체성(national identity)에 대한 질문과 연관될 수밖에 없다.[22]

개인을 넘어선 집단정체성 문제와 관련하여 하버마스(Jurgen Haberbas)는 사회가 개인에게 "정체성을 지키는 해석체계"를 제공한다는 점에 주목하여 정체화(identification)에 대한 심리적 욕구는 개인 및 사회적 차원의 행동의 주요한 동인임을 주장하였으며, 블룸

---

21 예를 들어 같은 구소련 국가들 안에서도 소련에 병합되기 이전 국민국가(nation-state)를 형성했던 경험이 있는 에스토니아, 리투아니아, 라트비아의 발트 3국과 그러한 경험이 없는 다른 연방 구성국들을 비교할 수 있다.

22 이하 정체성과 국내정치의 동학에 대해서는 신범식(2020, 48-52)과 신범식(2006, 279-282)의 내용을 재정리하였다.

(Bloom 1990)은 이를 국민정체성의 동학으로 발전, 논의하였다. 국민정체성의 동학은 탈소비에트 국가들의 국가(재)건설 과정의 핵심적인 국내정치적 배경이 되었는데, 이는 이들 국가의 정체성 위기는 즉각적으로 정당성의 위기(legitimacy crisis)로 연결될 수 있었기 때문이다.[23] 특히 블룸의 국민정체성 동학에 대한 논의는 주목할 만하다. 그는 정체성의 안정은 심리적 안전과 행복의 필수적인 조건이기에 이에 대한 도전과 불안정성의 증대는 그 반작용으로 집단적 정체성의 안정화를 위한 집단적 행동을 가져올 수 있음에 주목하였다. 근대 국민국가의 탄생 과정에서 전쟁의 정체화(identification)에 대한 효과에서 볼 수 있듯이, 외부타자와의 관계가 집단적 정체성 형성의 동인임이 지적되어 왔다. 최근에는 국내정치적 전환기에 나타나는 민주화 등의 과정이 국민의 주인의식을 강화함으로써 가장 강력한 집단정체성인 국민정체성을 강화한다는 논의가 대두되었다. 자신의 이익을 보호하고 국가 정체성을 강화하기 위한 가장 강력한 정치적 동학을 형성하는 과정을 국민정체성의 동학이라 부를 수 있을 것이다. 따라서 국민정체성의 경험을 함께 한 집단은 그 정체성을 위협하는 외부의 조건이 있거나, 그를 고양할 필요가 있다고 느끼는 경우 강력한 집단행동을 분출할 수 있다. 이에 따라, 정치엘리트들의 국가이익과 국가 위신에 대한 호소나 대중 매체를 동원한 정서적 호소로 한 국가나 정치세력이 통제하기 어려운 수준의 정치적 동학을 형성하게 되는 경우가 나타난다(Bloom 1990, 61-88).

이와 관련하여 스나이더(Snyder 2000)의 연구는 큰 시사점을 지닌다. 그는 낙관적 자유주의자들이 사회주의권의 붕괴를 민주주의

---

23 이 같은 상황은 탈소비에트 국가로서 러시아의 사례에도 해당된다. 탈소비에트 러시아가 경험한 정당성 위기에 대해서는 Holmes(1994)와 신범식(1998)을 참고.

의 승리와 체제경쟁의 종식 —후쿠야마 식 "역사의 종언(end of his-
tory)"—으로 받아들였으나, 1990년대 이후 진행된 민주화가 일반적
기대와는 달리 민족주의의 부흥을 가져왔다고 주장한다(Snyder 2000,
17-19). 이미 1991년의 걸프전과 유고슬라비아 내전, 1999년 코소보
사태 등은 민주주의의 전파가 평화를 진작시킬 것이라는 명제에 도전
하였다. 또한 1993년 러시아의 "지리놉스키 현상"[24]과 탈공산주의 국
가들의 선거에서 나타난 공산당의 재기, 그리고 1994년 르완다사태
등은 민주화 과정이 낙관적 자유주의자들의 기대와는 다른 방향으로
전개되고 있음을 보여주었다.

　　민주화 이행기에 놓인 탈공산주의 지역과 아시아 국가들에서 민
족주의의 발흥을 목격하던 1990년대의 상황으로부터, 스나이더는 민
주화 과정 자체가 민족주의와 인종 갈등의 토양을 제공할 수 있음을

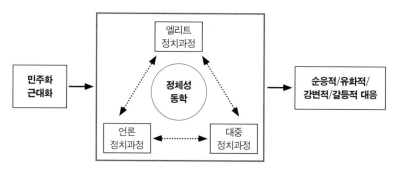

그림 1-2. 민주화, 정체성의 정치, 대외정책

24　극우 포퓰리즘 성향의 정치인 블라디미르 지리놉스키(Vladimir Zhirinovsky)가 이끄는
　　러시아 자유민주당(Liberal Democratic Party of Russia)이 신생 러시아연방의 첫 총선이
　　었던 1993년 국가두마(하원) 선거에서 22.9%의 득표율로 64석을 석권, 원내 제1당으로
　　올라섰던 사건이다. 다만 당시 총선은 두마 전체 450석 중 130석(28.9%)이 무소속 의원
　　들로 채워지고 무려 13개 정당이 최소 1석 이상을 얻는 등 극도로 파편화된 선거였다.

경고하였다. 민주화 과정에서 민족주의의 발흥은 해당 국가의 대외정
책 불안정성을 가중시키고, 민주주의 퇴행이 관찰되는 국가들에 대해
이웃 국가들이나 주변 강대국이 가하는 압력의 이유가 되기도 한다.
따라서 탈냉전 이후 유라시아와 아시아 국가들의 민주화 과정은 대외
정책에서 정체성의 정치가 가지는 파괴력과 영향력에 대해 깊은 관심
을 가져야 함을 촉구하고 있다.

　　하지만 스나이더는 민주화 단계에서 호전적인 대외정책으로 분쟁
에 빠지는 이유와 관련해서 "정치엘리트의 조작"이라는 위로부터의 설
명 방식에 의존함으로써 고전적 설명의 한계를 벗어나지 못한다.[25] 즉
민주화를 통하여 기득권의 위협을 받게 된 정치엘리트들이 새로운 제
도적 장치를 이용하여 수동적 대중을 선동, 대내적 혹은 대외적 분쟁
에 빠지게 된다는 것이다. 그는 이 과정에서 나타나는 민족주의 이데
올로기의 역할을 엘리트의 대중선동 및 조작을 위한 도구적 성격의 측
면에서 주목하고 있다.

　　민주화를 통해 형성된 지배 엘리트가 불안한 정세를 돌파하기 위
해 민족주의적 대외정책을 추진한다는 스나이더식의 가설은 대중이
소외된 채 엘리트 간의 타협으로 민주화가 진행될 경우, 아래로부터
발생하는 압력에 대응하기 위하여 지배 엘리트들이 대중을 동원할 시
민족주의적 요소들을 강조할 수 있다는 점에서는 타당성을 가진다.

　　하지만 민주화의 정치변동은 외부 압력에 대한 대중의 민감한 정
서적 반응을 형성하는 한편, 공세적이거나 수세적인 민족적 자의식을

25　이런 외교정책 연구로는 국가 위기 시 '깃발 아래 뭉치기(rally-'round-the Flaground-the
　　Flag)'나 대외 분쟁을 통해 국내정치를 돌파하는 엘리트의 수법으로 '관심 전환(diver-
　　sion hypothesis)' 관련 논의가 대표적이다. 이에 대해서는 Ostrom & Simon(1985):
　　Ostrom & Job(1986) 등을 참조.

강화하여 민족의 새로운 지위에 대한 요청을 대내외적으로 고양시킨다. 이는 '색깔혁명'을 경험한 탈소비에트 지역 국가들의 대러시아 관계 악화를 설명하는 효과적인 틀이 될 수 있다. 우크라이나와 조지아는 러시아와 무력 충돌을 겪었다는 점에서 강력한 경험적 사례가 될 수 있을 것이다. 아시아의 경우, 태국, 대만 그리고 홍콩 등지의 민주화 요구가 대외적 위신을 추구하는 국민(시민) 정서와 결부되는 상황 또한 이를 뒷받침한다. 이러한 중간국들의 대외적 반응이 순응 또는 유화적 대응이 아니라 강변적(assertive)이거나 경쟁적인 대응으로 표출될 경우, 이들과 주변 강대국과의 갈등 또는 이 과정에 영향력을 행사하려는 강대국들 사이의 갈등으로 비화할 수 있다는 점은 유라시아와 아시아의 지정학적 단층대 상에서 자주 발견되는 현상이다.

결국 중간국의 국내정치 차원에서 민주화와 같은 변화는 대중 자의식의 변화와 맞물려 정체성의 정치라는 동학을 수반하게 되며, 이는 새로운 자의식과 새로운 "국제적 지위"나 "국가적 위신"에 대한 요구로 발전, 집권 세력 대외정책 노선의 급격한 변화, 그리고 지역 국제정세의 불안정 요인으로 작용할 수 있다. 정체성 정치의 활성화는 향상된 국가 위신을 추구하는 요구와 맞물려 공격적이고 민족주의인 대외정책으로 발전할 수 있다. 민족주의적 대외정책의 발현은 중간국 외교에 요청되는 균형적이며 복합적인 전략("전략적 헤징")을 추구하기에 대단히 어려운 국내정치적 환경을 조성한다. 따라서 지정학적 단층대가 활성화되는 상황에서 대외정책적 딜레마에 봉착할 수 있는 중간국들은 국내정치적으로 정체성의 정치가 활성화되면서 나타나는 급격한 변동을 잘 관리하는 것이 중요하다. 하지만 국내정치적으로 새로운 변화를 추동하는 것이 지역정치의 변화를 추동하는 새로운 조건이 될 수 있다는 점에서, 각 지역에서 전개되는 중간국 외교의 국내정치적 기반에 대한 사례 연구의 축적과 유형화, 이론화의 과정이 필요하다.

III. 책의 구성

이 책의 저자들은 탈냉전 이후 국제정치의 변동에 의해 유라시아 중심과 주변부에서 공히 새롭게 활성화되고 있는 단층대에 위치한 중간국들을 대상으로 연구를 진행하였으며, 그 결과를 지역별 구성에 따라 1권에서는 동남아시아와 서아시아 및 남아시아 지역의 지정학적 중간국들의 외교를 분석하였으며, 2권에서는 서부와 중부 유라시아 지역의 지정학적 중간국 외교의 비교연구를 수행하였다. 미중 전략경쟁이 고조되어 가고, 최근 들어 더욱 높아가는 중간국 외교에 대한 연구 요구에 부응하기 위하여 이 연구서에서는 다양한 지역정치의 구도 하에서 지정학적 중간국들이 어떤 노력을 기울이고 있는지를 분석하기 위하여 다음과 같은 질문들을 공통 질문으로 설정하였다. 지정학적 단층대 상에 위치한 특정한 중간국은 어떤 외교전략적 딜레마를 가지는가? 이들은 자신의 외교적 딜레마 상황을 극복하기 위하여 어떤 대외전략적 지향을 선택하였는가? 그러한 대외적 전략을 선택하도록 만든 대내적 및 대외적 요인은 무엇인가? 이런 질문들은 중간국 외교를 결정하는 각 지역의 국제정치가 개별 국가들 내부정치에 대해 미치는 영향뿐만 아니라 개별 국가의 국내정치적 동학이 대외정책으로 발현되는 과정에 대한 질문을 포괄하는 것이다. 이 책의 저자들은 이 연구 질문들 모두에 대해 일일이 답하고 있지는 않지만, 적어도 이런 질문에 답하기 위하여 필수적으로 살펴야 할 각국의 내외적 정황 및 핵심적인 현상에 주목하면서 지정학적 중간국의 맥락에서 각국의 외교전략에 대한 연구를 진행하였다.

1부는 서부 유라시아 지역 국가인 아르메니아와 아제르바이잔, 우크라이나와 벨라루스, 폴란드와 헝가리, 핀란드와 에스토니아 여덟 나라의 지정학적 중간국 외교를 분석한다. 서부 유라시아는 구소련의 공화국 및 소련의 영향권에 있던 동부유럽 및 북유럽을 다루며 서부 유라시아의 국가들 중 중간국 외교의 모습을 보여주고 있는 대표적인 국가들을 소개한다. 특히 1부에서는 비교외교론적 함의를 가지는 것으로 판단되는 두 나라를 선택하여 비교연구를 진행함으로써 유사한 조건 하에 있는 두 지정학적 중간국이 왜 상이한 외교전략적 지향을 가지게 되는지에 대한 답을 구하고자 하였다. 서부 유라시아의 지역 국제정치가 미중 전략경쟁의 구도 속에서 갈등이 고조되고 있는 상황은 이 지역에서 중간국 외교가 얼마나 긴요한지 잘 보여주며, 한국의 중간국 외교전략에도 함의를 줄 수 있으리라 보인다.

2장 "아르메니아와 아제르바이잔의 지역정치와 중간국 외교"(윤민우)는 아르메니아와 아제르바이잔의 중간국 외교전략에 관한 글이다. 이 연구는 서부 유라시아 지역에 위치한 아르메니아와 아제르바이잔의 지역정치와 중간국 외교를 조사하고 비교분석한다. 두 나라는 모두 남캅카스 지역에 위치한 지정학적 중간국이라는 특성을 공유한다. 최근 러시아와 미국-서방의 충돌로 지정학적 단층대가 다시 활성화되고 있다. 아르메니아와 아제르바이잔의 외교정책은 국내적, 지역, 세계적 수준의 요인들이 통합적으로 영향을 미친 결과이다. 이와 같은 요인들로 인해 아르메니아는 상대적으로 더 러시아에 의존적인 러시아 편승 또는 친러시아 외교정책을 선택했다. 반면에 아제르바이잔은 러시아와 미국-서방, 그리고 터키 사이에서 상대적으로 더 균형 잡힌 외교정책을 선택할 수 있었다. 이 글은 국내적 수준, 지역 강국 수준, 그리고 강대국 수준에서 시기별 아르메니아와 아제르바이잔의 중간국 외교전략에 대해 살펴보았다. 아르메니아의 외교정책을 친러시아적 편승외교로 보고 그 배경을 대내외적으로 살펴보았고, 아제르바이잔의 외교정책을 균형외교정책으로 파악하여 그 배경 또한 대내외적 요인을 중심으로 살펴보았다. 비슷한 상황에 놓인 아르메니아와 아제르바이잔 외교정책의 비교분석을 통해 중간국 외교전략의 대내외적 조건에 대해 심도 있게 분석했으며, 이를 통해 또 다른 중간국인 한국에 주는 함의 또한 분석해, 중간국 외교정책 연구에 있어서 좋은 참고가 될 것으로 보인다.

　3장 "우크라이나와 벨라루스의 지정학적 중간국 외교: 대러시아 관계와 국내정치 동학의 연관성"(신범식)은 우크라이나와 벨라루스의 중간국 외교전략에 관한 글이다. 유라시아 서부 지정학적 단층대에 위치해 러시아와 서방 세력이 경쟁하는 사이에 자리한 중간국 우크라이나와 벨라루스는 러시아와 서방과의 관계 설정이 역사적으로 중요한 과제 중 하나였다. 하지만 동일한 지정학적 숙명과 과제를 가지고 출발했음에도 두 국가는 서로 다른 길을 걸어왔다. 우크라이나는 정권 변화에 따라 친서방과 친러시아적 성향을 큰 폭으로 오가는 불안정한 모습을 보였고, 벨라루스는 일관된 친러시아 외교노선 안에서 크고 작은 변화를 경험했다. 이러한 차이는 우크라이나와 벨라루스의 국내정치 동학의 차이에서 비롯되었다. 동과 서로 극명한 대립각을 구축하고 있는 우크라이나와 균일하고 소극적인 국내정치적 특성을 가진 벨라

루스는 외부 위기에 대한 반응과 태도에서 차이를 보였고 이는 궁극적
으로 외교정책 지향점의 상이한 노선을 만드는 결정적 요소가 되었다.
우크라이나는 국내에 형성된 강한 민족 균열로 인해 서방과의 관계 설
정이 러시아와의 관계 설정과 항상 대등한, 경쟁적 위치에 놓여 있었
고, 분열된 국내정치적 동학과 맞물려 외교정책도 정권 변화에 따라
함께 변화했다. 또한 우크라이나 내부에서 계속되는 정체성의 정치는
친서방과 친러시아 노선 사이를 큰 폭으로 오가는 대외정책의 변화로
발현되었고 안과 밖의 균열이 상호 연계되어 파국을 경험하게 되었다.
반면 벨라루스는 균질적인 국내정치 특성을 가지고 있고 민족 정체성
발달도 제대로 이루어지지 않아 서방과의 관계 설정보다 러시아와의
관계가 외교전략의 우위를 차지하고 있었다. 그들에게는 서방과의 관
계 개선을 통해 얻을 수 있는 이득이나 기대보다 부담이 더 컸으며, 러
시아로부터 단기간에 취할 수 있는 실질적 이득이 더 매력적인 안이었
다. 또한 고유한 국가 정체성 형성에 대한 아래로부터의 요구가 더디
게 진행되었기 때문에 러시아로의 정치, 경제, 문화적 편승에 대한 대
중 반발도 크지 않았다. 즉 벨라루스에는 대러관계를 전환시킬 내부
동학이 부재했다. 최근 벨라루스 내부에서 일어나고 있는 다층적 변화
와 본격적으로 활성화되기 시작한 국내정치적 동학이 유라시아를 둘
러싼 신냉전 구도라는 외부적 상황과 맞물려 앞으로의 벨라루스 외교
정책을 어떻게 변화시켜나갈지에 관해서도 지속 점검해봐야 할 것이
다. 이러한 우크라이나와 벨라루스의 서로 다른 중간국 외교의 경험은
유라시아 국제정치를 설명하는 세 차원(상층부 강대국정치와 신거대게
임, 중층부 지역주의와 다자협력의 동학, 하층부 역내 국가들의 국내정
치) 중 국내정치의 중요성을 잘 드러내 주는 사례이다. 이는 향후 유라
시아 질서 변동에서 역내 국가들의 국내정치 변동이 대단히 중요한 영

향을 미치게 될 것이라는 점을 보여준다. 이 글은 우크라이나와 벨라루스의 중간국 외교 동학을 상층부의 강대국정치, 중층부의 지역주의, 하층부의 역내 국가들의 국내정치로 나누어 분석한다. 이러한 이론틀은 향후 다른 국가들의 중간국 외교를 분석할 때도 활용할 수 있을 것으로 보인다.

4장 "탈냉전기 폴란드와 헝가리의 중간국 외교"(김규남)는 폴란드와 헝가리 중간국 외교전략에 관한 글이다. 폴란드의 외적균세형 외교는 지역 단층선을 강화시켜 동서 간 분절을 일으킬 수 있는 여지를 안고 있는 동시에 유로대서양 네트워크 강화의 측면도 있다. 헝가리의 경제적 관여형 외교는 지역 단층선을 약화시킬 수 있는 동시에 유라시아 네트워크 강화를 유도할 수 있다. 다만 헝가리의 민족주의적 성향은 유럽 내 분절을 일으킬 수 있는 여지를 안고 있다. 폴란드는 역내 중심 권력을 장악하려는 이니셔티브 선호적 열망을 지니고 있고, 우크라이나를 중간국화시킬 수 있는 요인을 안고 있다. 폴란드에 러시아와 백러시아는 역내 구도를 변환시킬 수 있는 역할을 하고 있고, 이들 지역이 폴란드에는 구조적 공백지역이라 볼 수 있다. 헝가리는 폴란드에 비해 상대적으로 구조적 공백지역이 적을 수 있고, 역내 중개자로서 기회를 안고 있다. 결국 폴란드 외교는 역내 중견국 이상 국력의 강점을 지니고 있고, 역내 패권을 전환시킬 수 있는 기회를 안고 있지만, 지정학적 단층선의 약점과 패권의 위협을 감당할 위험을 동시에 갖고 있다. 헝가리 외교는 지리적으로 패권과 인접하지 않은 강점과 중간자의 역할을 행할 수 있는 기회를 지니고 있지만, 역내 국력의 미비한 약점과 패권구도 변화에 따른 강요된 선택의 위험을 안고 있다. 오늘날 유럽연합의 공동체성보다 국가의 독립성이 강화되는 중부유럽의 흐름과 지역협력의 공백이 발생하는 상황에서 폴란드와 헝가리 외교의 주권, 동맹, 다자협력체제의 균형점 모색은 외교적 과제로 떠오를 것이다. 이 글은 중간국가로서 폴란드와 헝가리 외교의 특징과 과제를 시대적 환경과 내외적 배경을 중심으로 통찰력 있게 분석했다. 폴란드와 헝가리의 역내 구조적 공백을 활용한 다자협력체제 균형점 모색은 다른 중간국 외교전략에도 함의를 줄 것으로 보인다.

5장 "핀란드와 에스토니아의 중간국 외교: 국가 정체성과 대외정책"(최경준)은 핀란드와 에스토니아의 중간국 외교전략에 관한 글이다. 이 논문은 핀란드와 에스토니아가 보여주는 중간국 외교의 특성을 내부적으로 공유되는 국가 정체성이 탈냉전 이후 두 국가의 외교정책에 미치는 영향을 중심으로 분석한다. 특히 지정학적 위치, 역사적 경험, 국내적 민족구성 등의 요인에 의해 형성되는 국가 정체성이 어떻게 국제체제와 주변 강대국의 외교정책이라는 구조적 환경 속에서 구체적인 안보와 대외 경제정책으로 발현되는가를 비교분석한다. 서방과 러시아 양대 세력을 가르는 단층선에 놓인 두 국가는 강대국들을 상대하는 외교정책에서 차이점을 보여주고 있다. 냉전기 동안 친소적 중립외교를 취하였던 핀란드는 탈냉전 이후에는 러시아를 자극하지 않으면서 서구와 안보 및 경제협력을 모색하는 점진적이고 신중한 헤징 전략을 취하고 있다. 반면 소련 붕괴와 함께 독립한 에스토니아는 EU 가입과 유로화 도입에서는 핀란드와 유사하나 NATO에 가입함으로써 안보와 경제 부문에서 보다 명확한 친서방·반러시아주의 외교정책을 추진하고 있다. 이 논문은 유사한 지정학적 위치에 놓인 두 국가가 보여주는 외교정책상의 차이를 국가 정체성의 내부적 취약성에서 야기되는 강한 저항이라는 취약성의 역설로 설명한다. 이는 흥미로운 표현이지만, 실제로 에스토니아가 국가 정체성 측면에서 취약했는지, 반면 핀란드는 국가 정체성이 강했는지는 더 살펴봐야 할 것으로 보이며, 그 인과관계에 대한 추가적인 논의가 필요해 보인다. 또한 에스토니아는 소련의 공화국이었고, 핀란드는 그렇지 않았으며, 영토 크기를 비롯한 국력 차이 등을 고려할 때 두 국가를 동일선상에서 비교할 수 있는지에 대해서는 더 근거가 필요해 보인다.

2부는 중부 유라시아 지역 국가인 몽골, 우즈베키스탄, 카자흐스탄, 조지아 5개국의 중간국 외교전략에 관해 다룬다. 중부 유라시아는 중앙아시아 국가들과 몽골을 다루며, 중부 유라시아의 국가들 중 중간국 외교의 모습을 보여주고 있는 대표적인 국가들을 소개한다. 중부 유라시아의 지역 국제정치가 미중 전략경쟁의 구도 속에서 갈등이 고조되고 있는 상황은 이 지역에서 중간국 외교가 얼마나 긴요한지 잘 보여주며, 한국의 중간국 외교전략에도 함의를 줄 수 있으리라 보인다.

6장 "몽골의 지정학적 중간국 외교: 경제·안보 연계 전략"(박정후)은 몽골의 중간국 외교전략에 관한 글이다. 오늘날 몽골은 중국과 러시아 사이의 완충국 역할을 넘어, 독자적인 안보보장 및 경제발전 전략을 추진하고 있다. 뿐만 아니라, 소련 붕괴 이후에는 여러 국제기구에 참여하는 한편 한반도 비핵화를 지지하고, 울란바토르 대화를 주최하는 등 동북아 지역에서 평화체제 구축을 위한 역할을 자임하고 있다. 몽골은 중국으로부터의 독립을 위해 제정러시아 및 소련에 기댄 적극적인 외교정책을 펼쳐 결국 독립을 쟁취하였고 냉전 시기 소련에 대한 경제의존성을 줄이기 위해 중국과 경제협력을 시작하는 등 자국의 이익을 극대화하기 위한 매우 실용적인 외교정책을 펼쳤다. 민주헌법 채택 이후, 몽골의 정치행태는 점차 회고적 투표성향이 강화되었다. 이에 따라 경제발전과 안보 유지에 대한 국민들의 선호를 정치권이 적극 반영하면서, 현재 중국과 러시아를 중심으로 추진되고 있는 다자경제협력 프로젝트에 강한 참여 유인이 되고 있다. 현재 동북아 지역에서는 몽골의 지리적 이점을 활용할 수 있는 대규모 인프라 구축사업이 펼쳐지고 있으며 몽골은 이 사업의 중심국으로서 자국의 경제발전과 국제적 위상 제고를 추구하고 있다. 이 글은 러시아와 중국 사이에 끼인 몽골의 중간국 외교전략을 다뤘다. 몽골은 중국의 영향력이 강할 때는 소련에, 소련의 영향력이 강할 때는 중국과 관계를 강화하며 중간국 외교전략을 추진했고, 현재에도 대규모 인프라 구축사업을 활용해 적극적인 경제정책을 펴고 있다. 다만, 현대 러시아와 중국이 역내에서 경쟁 관계를 보이고 있는 점도 주지의 사실이지만, 몽골에서 러시아와 중국이 충돌하며 몽골이 지정학적 단층대의 활성화를 경험했는지 잘 드러나지 않아 보인다. 몽골이 지정학적 강대국인 러시아와 중국 사이에서 어떤 외교·안보적 딜레마에 노출되었는지를 보다 명확하게 짚어준다면 중간국 외교정책에 있어 몽골의 사례를 참고하는 데 더 도움이 될 것으로 보인다.

7장 "지정학적 중간국으로서 우즈베키스탄의 대외전략: 헤징의 시각"(강봉구)은 우즈베키스탄의 중간국 외교전략에 관한 글이다. 복수의 강대국의 영향력 경쟁 구도에 처해 있는 지정학적 중간국으로서 카리모프 시기 우즈베키스탄의 대외정책은 일관되게 '방어적 자립(defensive self-reliance)' 노선의 지속이었다. 러시아, 중국 및 미국 등 강대국의 영향력 경쟁구도 속에서 자립 노선을 실천하기 위한 카리모프 정권의 대외정책 접근방식은 주로 전략적 '헤징(hedging)'에 의존하였다. 소국이 강대국과의 관계에서 직면하는 다면적 리스크를 관리·완화하기 위한 헤징의 경험적 징표는 제휴 상대(경쟁하는 복수의 강대국들)의 다변화, 상충되는 정책 선호들의 혼용, 모호한 제휴신호의 지속적 발신 등이다. 이슬람 카리모프(Islam Karimov) 대통령의 서거(2016년 9월) 이후, 샤프카트 미르지요예프(Shavkat Mirziyoyev) 정부의 대외정책에서 여러 변화의 움직임이 나타나고 있다. 미르지요예프 정부의 대외정책은 전임 카리모프 대외정책의 지속과 변용이라는 안정적인 접근 방법 속에서 형성되어 왔다. 이 안정적 진화의 요체는 과거의 유산 가운데 변화된 현실에 적용가능하고 그래서 실천적으로 유의미한 부분은 계승하며, 21세기 우즈베키스탄의 국가발전 전략의 추진에 요구되는 인식의 전환과 새로운 접근방법이 필요한 경우에는 이를 변용하는 데 있다. 이러한 미르지요예프 정부의 대외정책은 오랜 시간의 검증을 거친 카리모프 노선의 유산을 계승하면서 향후 상당기간 동안 새로운 환경에 대한 적응과 도전의 접근방법을 지속할 것으로 보인다. 이 글은 우즈베키스탄의 중립국 외교전략을 '전략적 헤징'이라고 규정하고, 이에 의거해 카리모프 시기와 미르지요예프 시기 대외정책의 공통점 및 차이점을 통찰력 있게 분석한다. 특히 비교적 독자노선을 걸었던 카리모프와 달리 미르지요예프는 지역 국가들과의 역내 협력을 강화하고 있어, 우즈베키스탄의 변화가 중앙아시아 역내 정치에 미칠 영향력 또한 예의 주시할 필요가 있어 보인다.

    8장 "중간국 카자흐스탄의 외교정책"(이지은)은 카자흐스탄의 중간국 외교전략에 관한 글이다. 카자흐스탄은 독립 후 전방위 실용외교를 통해 러시아에 한정됐던 외교 지평을 대폭 확대했다. 또한 다자기구를 조직하거나 참여를 독려하여 역내외 주요 이슈들에 목소리를 내면서 자국의 역내, 글로벌 수준에서의 위상을 높여 중견국으로의 부상을 꾀하고 있다. 전방위 실용외교, 다자주의로 특징지을 수 있는 카자흐스탄의 외교정책은 중앙아시아 국제관계의 구조적 속성이라는 외적 요인과, 자국의 '국가 속성(자원의 규모와 활용능력)'과 '국가 정체성(지정학적/지리적 위치, 역사적 경험, 민족 구성 등)'이라는 내적 요인이 복합적으로 작용한 결과물이다. 카자흐스탄의 외교정책에 영향을 미쳐온 외적 조건, 즉 소련 붕괴 후 현재까지 다극화된 중앙아시아 역내 환경은 중앙아시아 국제관계의 구조적 속성으로 그 하부의 개별 국가인 카자흐스탄의 전방위 외교, 외교 다각화를 가능하게 한 주요 배경이다. 내적 요인인 '국가 속성(national attributes)'과 카자흐스탄 유라시아주의(Kazakhstan's Eurasianism)로 상징되는 '국가 정체성' 역시 카자흐스탄의 대외정책 기조와 목표 설정에서 나타나는 주요 특징들을 설명할 수 있는 요인들이다. 국가 속성 측면에서 독립 초기 낮은 행위능력을 가진 카자흐스탄은 자국이 가진 한정된 자원과 활용능력을 안보, 경제 노선 다각화라는 주요 쟁점에 집중하게 했다. 카자흐스탄 유라시아주의로 대변되는 국가 정체성은 소연방 시기 구축된 연계성을 인정하며 러시아와의 관계는 유지하면서도, 개방적, 포용적, 매개적 성향의 유라시아주의를 내세워 전혀 다른 성향의 국가들과의 협력을 촉진했다. 이 글은 카자흐스탄의 외교정책을 전방위 실용외교, 다자주의로 규정하고, 이를 가능하게 한 배경으로 다극화된 중앙아시아의 역내 환경을 외적 요인으로, 국가 속성 및 국가 정체성을 내적 요인으로 분석하며 카자흐스탄의 중간국 외교전략을 복합적으로 살펴보았다. 카자흐스탄은 저자의 평가대로 중앙아시아 국가들 중 가장 성공적으로 중간국 외교를 펴고 있는 것으로 보이며, 이를 가능하게 한 요인들을 다른 중간국들의 외교전략 수립에 참고해도 좋을 듯하다.

9장 "조지아 대외정책의 방향성: 조지아의 對EU, 러시아 관계 및 나토 가입 이슈를 중심으로"(정세진)는 조지아의 중간국 외교전략에 관한 글이다. 조지아는 1991년 독립 이후 줄곧 나토 가입을 추진해왔으며, 2003년 장미혁명 이후 친서방 대외정책을 추진해왔다. 그러나 2008년 러시아-조지아 전쟁으로 영토 통합성 문제가 발생하며 나토가 조지아의 가입을 수용하기에는 어려운 상황이 되었다. 이후 사카쉬빌리는 탈러시아, 친EU 정책을 강력히 추진하였다. 2012년 이바니쉬빌리가 GD 정당을 새로이 창당하고 정권 교체에 승리하면서 조지아 민주주의는 비교적 순항 중이라는 평가를 받고 있다. GD당의 총재였던 이바니쉬빌리는 친러시아 경향을 가진 인물이지만, GD당은 전임 정권의 친서방 대외정책을 따르고 있다. 이처럼 조지아의 과거 정권도, 새로운 정권도 대외정책의 방향성은 친서방 기조였으며, 특별한 변수가 작동하지 않는 한 이 기조는 오랫동안 이어질 것으로 보인다. 국민도 정부의 대외정책에 공감하고 있다. 조지아 대외정책의 변수는 서방, 러시아 등 국제정치 행위자들의 국제관계에 연동받을 것이다. 이는 조지아 대외정책의 불안정성 요소가 될 것이다. 이런 점에서 조지아의 EU와 나토 가입은 여전히 불투명하며, 이는 국가 역량의 한계점이라고 볼 수 있다. 이 글은 조지아 대외정책의 변수로 서방과 러시아를 비롯한 국제관계에 주목한다. 조지아의 나토 가입 추진이 2008년 조지아-러시아 전쟁의 빌미가 된 사례에서 볼 수 있듯이, 중간국이 강대국 사이에서 신중한 대외정책을 펴지 못하면 전쟁으로까지 이어질 수 있기에 조지아 사례는 명민한 중간국 대외전략의 필요성을 잘 드러낸다고 할 수 있다.

• • •

이상의 글들을 통해 우리는 유라시아의 중부와 서부에 위치한 지정학적 중간국들이 보여주는 다양한 외교적 선택과 대응에 대한 풍부한 이해를 도모할 수 있었다. 물론 필자들에 따라서 각국의 외교전략을 이해하는 데 필요한 핵심적인 요인들에 대한 강조의 측면이 다르며, 또한 대외환경에 대한 반응 측면에 대한 강조나 국내정치적 기원에 대한 강조 간의 비중 또한 상이한 것이 사실이다. 하지만 분명한 것은 중간국 외교를 이해하는 데 대외적 환경에 대한 대응의 측면과 국내정치적 기반을 동시에 살펴보는 작업이 매우 중요하다는 점을 보여준다. 물론 이론적 발전의 요청에 따르자면 이론적 단순성의 미학을 위해 특정 측면에 대한 강조가 필수적이기도 하지만 중간국 외교에 대한 대안 이해를 위해서 대외적 측면과 국내적 측면을 동시에 살펴보아야함을 이 연구의 다양한 사례들이 보여주고 있다고 할 수 있을 것이다. 향후 이러한 필요를 바탕으로 한 다양한 중간국 외교의 사례들이 연구되고 축적되면서 대외적 대응과 국내정치적 기원이 결합되는 다양한 경로와 과정에 대한 연구도 진행되어야 할 것이다.

참고문헌

강선주. 2015. "중견국 이론화의 이슈와 쟁점."『국제정치논총』 55(1): 137-174.

김치욱. 2009. "국제정치의 분석단위로서 중견국가(Middle Power): 그 개념화와 시사점」.
　　『국제정치논총』 49(1): 7-36.

김흥규 외. 2021.『신국제질서와 한국외교전략』. 서울: 명인문화사.

신범식. 1998. "현대 러시아 이념과 정치과정에 나타난 '서양'과 '동양'의 문제."『슬라브학보』
　　14(2): 383-411.

＿＿＿. 2006. "민주화, 민족주의 그리고 대외정책: 러시아 사례를 중심으로."『슬라브학보』
　　21(4): 275-305.

＿＿＿. 2020. "지정학적 중간국 우크라이나의 대외전략적 딜레마."『국제·지역연구』 29(1):
　　37-69.

손열 외. 2016.『한국의 중견국 외교: 역사, 이론, 실제』. 서울: 명인문화사.

이근욱. 2009.『왈츠 이후: 국제정치이론의 변화와 발전』. 파주: 한울아카데미.

이민정. 2018. "아세안, 남중국해 분쟁에도…"중국 포괄적 전략적 동반자 관계로 격상"."
　　『중앙일보』 2021년 10월 28일. https://www.joongang.co.kr/article/25019090#
　　home (검색일: 2022.1.17).

이수형. 2012. "동아시아 안보질서에서 강대국과 중견국의 헤징전략."『한국과 국제정치』
　　28(3): 1-29.

이승주. 2016. "연합 형성과 중견국 외교."『국제·지역연구』 25(2): 91-116.

전봉근. 2018.『중소 중추국 외교전략과 한국 외교』. 서울: 국립외교원 외교안보연구소.

조동준. 2009. "안보위협에 대처하는 중소국의 선택."『세계정치』 11: 7-29.

Binhuwaidin, Mohammed. 2019. "Oman's Response to a Rising Iran: A Case of Strategic
　　Hedging." *Journal of Arabian Studies* 9(1): 1-12.

Bloom, William. 1990. *Personal Identity, National Identity and International Relations*.
　　Cambridge: Cambridge University Press.

Cai, Kevin G. 2018. "The One Belt One Road and the Asian Infrastructure Bank: Beijing's
　　New Strategy of Geoeconomics and Geopolitics." *Journal of Contemporary China*
　　27(114): 831-847.

Chapnick, Adam. 1999. "The Middle Power." *Canadian Foreign Policy Journal* 7(2): 73-
　　82.

Cohen, Saul B. 1963. *Geography and Politics in a World Divided*. New York: Random
　　House.

Diez, Thomas. 2004. "Europe's Others and the Return of Geopolitics." *Cambridge
　　Review of International Affairs* 17(2) (July): 319-335.

Dittmeier. 2013. "Proliferation, Preemption, and Intervention in the Nuclearization of

Second-Tier States." *Journal of Theoretical Politics* 25(4): 492-525.

Edelstein, David M. 2002. "Managing Uncertainty: Beliefs about Intentions and the Rise of Great Powers." *Security Studies* 12(1): 1-40.

Fox, Robert B. 1959. "The Function of Religion in Society." *Pracitcal Anthropology* 6(5): 212-218.

Geeraerts, Gustaf and Mohammad Salman. 2015. "Measuring Strategic Hedging Capability fo Second-Tier States under Unipolarity." *Chinese Political Science Review* 1: 60-80.

Gentile, Michael. 2019. "Geographical Fault Line Cities in the World of Divided Cities." *Political Geography* 71: 126-138.

Hafeznia, Mohammad Reza. 2017. "Active Geostrategic Faults in the World." *Geopolitics Quarterly* 12(4): 1-12.

Holmes, L. 1994. "Normalisation and Legitimation in Postcommunist Russia." in S. White, A. Pravda, and Z. Gitelman(eds.), *Developments in Russia and Post-Soviet Politics*. London: Macmillan.

Hwang, Wonjae and Hayoun Jessie Ryou-Ellison. 2021. "Taking a Side between the United States and the People's Republic of China: Strategic Hedging of South Korea and India." *International Area Studies Review* 24(2): 60-78.

Kuik, Cheng-Chwee. 2008. "The Essence of Hedging: Malaysia and Singapore's Response to Rising China." *Contemporary Southeast Asia* 30(2): 159-185.

_____. 2016. "How Do Weaker States Hedge? Unpacking ASEAN States' Behavior towards China." *Journal of Contemporary China* 25(100): 500-514.

_____. 2018. "Keeping the Balance: Power Transition Threatens ASEAN's Hedging Role." *East Asia Forum Quarterly* 10(1): 22-23(January-March).

Kuus, Merje. 2007. *Geopolitics reframed: Security and Identity in Europe's Eastern Enlargement*. London: Macmillan.

Kuzio, Taras. 1998. *Ukraine: State and Nation Building*. London: Routledge.

Mead, Walter Russell. 2014. "The Return of Geopolitics: The Revenge of the Revisionist Powers." *Foreign Policy* 93(3): 69-79.

Medeiros, Evans S. 2005. "Strategic Hedging and the Future of Asia-Pacific Stability." *The Washington Quarterly* 29(1): 145-167.

Menon, Rajan and Jack L. Snyder. 2017. "Buffer Zones: Anachronism, Power Vacuum, or Confidence Builder?" *Review of International Studies* 43(5): 1-25.

Nolte, Detlef. 2010. "How to Compare Regional Powers: Analytical Concepts and Research Topics." *Review of International Studies* 36(4): 881-901.

O'loughlin, John. 1999. "Ordering the 'Crush Zone': Geopolitical Games in Post-Cold War Eastern Europe." *Geopolitics* 4(1): 34-56.

Ostrom, Charles W., Jr. and Dennis M. Simon. 1985. "Promise and Performance: A Dynamic Model of Presidential Popularity." *American Political Science Review*

79(2): 334-358.

Ostrom, Charles W., Jr. and Brian L. Job. 1986. "The President and the Political Use of Force." *American Political Science Review* 80(2): 541-566.

O'Sullivan, P. 1986. *Geopolitics*. New York: St. Martin's Press.

Rothstein, William G. 1968. "The American Association of Engineers." *Industrial and Labor Relations Review* 22(1): 48-72.

Salman, Mohammed. 2017. "Strategic Hedging and Unipolarity's Demise: The Case of China's Strategic Hedging." *Asian Politics & Policy* 9(3): 354-377.

Smith, Graham, Vivien Law, Andrew Wilson, Annette Bohr and Edward Allworth. 1998. *Nation-building in the Post-Soviet Borderlands*. Cambridge: Cambridge University Press.

Snyder, Jack. 2000. *From Voting to Violence: Democratization and Nationalist Response*. New York: W.W. Norton & Company.

Spykman, Nicholas John. 1942. "Frontier, Security, and International Organization." *Geographical Review* 32(3): 436-447.

Sweijs, Tim, Willem Theo Oosterveld, Emily Knowles, and Menno Schellekens. 2014. *Why Are Pivot States so Pivotal? The Role of Pivot States in Regional and Global Security*. The Hague, Netherlands: The Hague Centre for Strategic Studies.

Tessman, Brock. 2012. "System Structure and State Strategy: Adding Hedging to the Menu." *Security Studies* 21(2): 192-231.

Tessman, Brock and Wojtek Wolfe. 2011. "Great Powers and Strategic Hedging: the Case of Chinese Energy Security Strategy." *International Studies Review* 13: 214-240.

Vennett, Nikolas Vender and Mohammad Salman. 2018. "Strategic Hedging and Changes in Geopolitical Capabilities for Second-Tier States." *Chinese Political Science Review* 4: 86-134.

Vondenbosch, Amry. 1964. "The Small States in International Politics and Organization." *Journal of Politics* 26: 293-312.

Waltz, Kenneth. 1979. *Theory of International Politics*. Reading, MA: Addison-Wesley.

Wolff, Andrew T. 2015. "The Future of NATO enlargement after the Ukraine Crisis." *International Affairs* 91(5): 1130-1121.

제1부   서부 유라시아의 지정학적 중간국 외교

제2장

아르메니아와 아제르바이잔의 지역정치와 중간국 외교

윤민우(가천대학교 경찰안보학과)

I. 머리말

미-중 사이의 세력충돌이 본격화되면서 그 가운데에 끼인 지정학적 중간국으로서의 한국은 외교전략의 수립과 실현에 어려움을 겪고 있다. 신범식은 이를 강대국의 세력이 맞부딪히는 지정학적 단층대가 활성화되면서 해당 지역에 위치한 중간국이 보편적으로 겪게 되는 압력이라고 본다(신범식 2020, 38). 지난 몇 년간 국내에서 미-중 세력충돌에서의 한국의 외교전략 방향에 대한 모색과 관련된 여러 주요한 논쟁들은 이와 같은 맥락에서 이해될 수 있다. 이 연구는 지정학적 중간국으로서의 한국의 외교전략 모색을 위한 노력의 일환으로 지정학적 단층대가 활성화된 해외의 다른 지역에 위치한 유사한 중간국들의 사례를 살펴본다. 이와 같은 사례연구는 한국 외교전략에 주요한 함의를 제공할 수 있을 것이다.

이 연구는 서부 유라시아 지역에 위치한 아르메니아와 아제르바이잔의 지역정치와 중간국 외교를 조사하고 비교분석한다. 두 나라는 모두 남캅카스 지역에 위치한 지정학적 중간국이라는 특성을 공유한다. 남캅카스 지역은 전통적으로 북쪽으로부터 남하하는 소련/러시아와 미국-서방의 두 강대국 세력과 터키와 이란 등의 지역강국들이 충돌하는 지정학적 단층대에 해당한다(강윤희 2018; 브레진스키 2000). 최근 들어서 이 전통적인 지정학적 단층대는 러시아와 미국-서방의 충돌로 다시 활성화되고 있다. 미국-서방에 대항해 러시아는 이 지역을 자신의 전통적인 세력권 내에 포함되는 근외지역으로 인식한다. 특히 러시아는 남캅카스를 자신의 남쪽 국경인 체첸을 포함한 북캅카스 지역을 보호하기 위한 주요한 전략적 완충지대로 간주한다. 반면에 미국-서방은 이 지역을 러시아-중국세력과의 전 세계적 지정학적 세력

충돌에서 주요한 핵심지역 가운데 하나로 이해한다. 미국-서방은 특히 카스피해의 원유와 가스를 러시아를 거치지 않고 유럽과 서방으로 공급하는 문제와 관련하여 이 지역에 주요한 관심을 가진다. 러시아가 원유와 가스를 미국-서방에 대한 주요한 전략적 영향력을 투사하는 지렛대로 활용한다는 점에서 미국-서방에 대한 남캅카스의 지정학적 가치는 크다(브레진스키 2000).

남캅카스 지역은 러시아의 취약한 남쪽 국경인 북캅카스와 국경을 맞대고 있다. 이 지역은 과거 소련에 속했다가 1990년대 초반 소비에트연방 해체 과정에서 조지아, 아르메니아, 그리고 아제르바이잔 세 개의 독립국가로 출범하였다. 러시아는 여전히 이 지역을 자신의 세력권 내로 간주하며 특히 미국-서방 세력이 이 지역 내로 진출하는 것에 강하게 반대한다. 이 때문에 지난 2008년 러시아는 조지아와 이미 한 차례 전쟁을 치른 바 있다. 러시아는 현재 아르메니아와 아제르바이잔 두 나라 모두에 대해 영향력을 행사한다. 아르메니아는 러시아의 우방이며 아제르바이잔 역시 러시아와 좋은 관계를 유지하고 있다(BBC 2020b).

아르메니아와 아제르바이잔은 두 나라 간의 무력 충돌로 인해 최근 들어 다시 한 번 국제사회의 관심을 끌었다. 이와 같은 두 나라 사이의 군사적 충돌은 2008년 러시아-조지아 전쟁에 이어 지정학적 단층대로서의 남캅카스 지역이 갖는 불안정한 속성을 잘 보여준다. 두 나라는 나고르노-카라바흐 지역을 두고 수십 년째 갈등을 계속해오고 있다. 이 지역은 국제적으로 아제르바이잔 영토로 인정되고 있지만 실질적으로는 아르메니아인들이 지배하고 있다. 이 지역을 둘러싸고 두 나라는 이미 1980년대 말과 1990년대 초 치열한 전쟁을 벌인 바 있다(이진희 2020; BBC 2020b). 아르메니아 국방부에 따르면 2020년 7월 아제르바이잔은 나고르노-카라바흐 지역의 수도 스테파나케르트를 비롯한 나고르노-카라바흐의 민간인 거주지역에 대한 공격을 시작했다. 아제르바이잔 일함 알리예프 대통령은 아제르바이잔이 나고르노-카라바흐 지역의 통제권을 회복할 수 있음을 자신한다고 주장했다(BBC 2020a). 두 나라 사이의 교전은 사실상 아제르바이잔의 완승으로 끝났으며, 러시아의 중재로 현지시간으로 2020년 11월 9일에 전투와 모든 군사 활동을 완전히 중단하는 평화협정에 서명했다. 협정에 따라 아르메니아는 나고르노-카라바흐의 아그담 지역과 아제르바이잔 가자흐 지역의 점령지를 2020년 11월 20일까지 아제르바이잔에 반환하기로 하였다. 또 켈바자르와 라친 지역을 각각 11월 15일과 12월 1일까지 아제르바이잔에 반환해야 한다. 이로써 아제르바이잔은 미승인국 나고르노-카라바흐공화국의 수도인 스테파나케르트를 제외한 주요 지역 대부분을 수복했다. 러시아는 양측의 충돌 방지를 위해 해당 반환지역에서 아르메니아군의 철수와 함께 향후 5년간 평화유지군을 배치하기로 했다(김소연·신기섭 2020).

이 연구의 주요 목적은 세 가지를 포함한다. 먼저 이 연구는 본격적인 논의에 앞서 아르메니아와 아제르바이잔을 둘러싼 남캅카스의 지역정치의 맥락을 소개한다. 이와 관련하여 이 연구는 두 나라에 대한 역사적 배경과 국제정치적 조건, 그리고 두 나라 사이의 주요한 갈등 요인인 나고르노-카라바흐 문제에 대한 이해를 제공한다. 다음으로 이 연구는 두 나라의 외교정책에 영향을 미친 주요한 요인들에 대해 살펴보고 그와 같은 요인들이 두 나라 외교정책에 어떻게 영향을 미쳤는지를 비교분석한다. 이를 위해 주요한 요인들을 ① 국내적 요인들, ② 지역 강국들, 그리고 ③ 지역 내에서 세력충돌을 벌이는 세계적 강대국들(러시아와 미국-서방)의 세 수준으로 나누어 각기 다른 수준의 요인들이 어떻게 개별적, 통합적으로 각국의 외교정책에 영향을 미쳤는지를 살펴본다. 마지막으로, 이 연구를 통해 파악된 분석결과를 토대로 한국의 외교전략에 대한 함의를 도출한다. 한국이 이들 사례들과 유사하게 지정학적 단층대에 위치한 중간국으로서의 성격을 갖는다는 점을 감안하면 이와 같은 함의점 도출은 의미가 있다.

이 연구의 시기는 두 나라가 새로운 독립국가로 출범한 1991년부터 2020년 현재까지이다. 두 나라의 지역정치와 중간국 외교 사례비교를 위해 종단적인 접근을 함으로써 시기별로 각기 다르게 나타나는 세 수준별(국내적 수준, 지역 강국 수준, 그리고 강대국 수준) 주요 요인들과 각국의 외교정책 사이의 관계를 살펴볼 수 있다. 이 연구는 각 시기별로 각기 다른 세 수준별 주요 요인들의 조합이 각국의 외교정책에 다르게 영향을 미쳤을 것이라고 가정한다.

두 나라는 비교연구를 위한 적절한 사례에 해당한다. 타당성 있는 사례비교를 위해서는 비교대상이 되는 요인들 이외의 다른 여러 주요한 특성들이 유사할 것이 요구된다. 아르메니아와 아제르바이잔은 이런 점에서 적절한 비교대상이 된다. 한편으로 두 나라는 이 연구에서 주목하는 주요한 국내정치적 속성들과 지역 국가들과 강대국들과의 관계, 그리고 외교정책에서 주요한 차이를 보여준다. 다른 한편으로 두 나라는 다음과 같은 점에서 주요한 유사성을 보여준다. 첫째, 아르메니아와 아제르바이잔은 러시아와 미국-서방 등의 강대국과 터키와 이란 등의 지역 강국들의 세력이 충돌하는 지정학적 단층대인 남캅카스에 위치하고 있다는 유사점을 가진다. 둘째, 두 나라는 모두 러시아 제국과 구소련에 한 세기 이상 속해 있다가 미처 준비가 되지 않은 상태에서 1990년 초반 소련 붕괴 이후 신생국가로 출발했다는 점에서 유사하다. 이 때문에 두 나라는 제정러시아와 소비에트연방의 지배와

낡은 공산주의 시대의 정치구조와 정치적 이해와 이념의 압도적 잔존
등과 같은 것들을 공유한다. 효과적인 사례비교를 위해서는 연구에서
주목하는 주요 요인들의 비교를 위해 다른 여러 다른 조건들을 통제할
필요가 있는데 두 나라의 사례는 비교적 이러한 점을 잘 충족시켜준다
(Omelicheva 2007).

II. 중간국 외교의 결정요인과 동학: 이론적 분석의 틀

1. 남캅카스 지역정치의 배경과 특징

아르메니아와 아제르바이잔이 위치한 남캅카스 지역의 지정학적, 역
사적, 민족적, 종교적 배경은 오늘날 이 지역 국가들의 지역정치와 외
교정책의 특성을 형성하는 데 주요한 대내적 영향을 미쳤다. 첫째, 남
캅카스 지역은 늘 강대국들 사이의 지정학적 세력충돌의 한가운데에
있어왔고, 지역 국가들과 민족들 사이의 정치적 경계가 불안정한 상태
로 지속되어 왔다. 역사적으로 이 지역은 러시아, 터키, 페르시아, 아
랍, 몽골 등과 같은 주변 여러 제국들이 세력을 확장하는 경로에 위치
하였다(Zurcher 2007, 15). 이로 인해 이 지역은 이들 팽창하는 여러
제국들의 변방으로 편입되어 왔다. 이는 지역 내 토착국가가 발전하는
것을 억제했고 동시에 국경의 끊임없는 불안정성을 초래했다. 이와 같
은 지정학적 경험들 때문에 이 지역 국가들 간의 국경선은 작위적이
고, 갈등의 여지가 있으며, 불안정한 상태로 남아 있다(Zurcher 2007,
16).
　특히 아르메니아와 아제르바이잔의 불안정한 국경은 소련 통치

의 유산이다. 오늘날의 아르메니아와 아제르바이잔의 정치적 국경과
지도는 스탈린 시대 소련에 의해 최초로 작위적으로 그어진 결과물이
며, 1990년대 초반 소련 해체와 지역 국가들의 독립 과정에서 합의되
지 않은 채 불안정하게 남겨진 유산이다(Zurcher 2007, 15). 소련은 소
비에트연방 전역을 소비에트 에쓰노연방주의(ethnofederalism)의 원
칙에 따라 국가 단위로 통합하고 높은 수준의 중앙집권화된 관료적 구
조로 조직화하였다(Zurcher 2007, 24-25). 이 연방위계구조의 가장 상
층부에는 구성 공화국(Soviet Socialist Republics, 또는 SSRs)이 위치
했다. 남캅카스의 아르메니아와 아제르바이잔은 이 구성 공화국의 지
위를 부여받았다(Zurcher 2007, 25). 이 과정에서 소련 지도부는 통치
의 편의와 효율성을 위해 민족구성과 행정단위의 조직화가 일치하지
않도록 설계하였다. 예를 들면, 아르메니아인들이 다수인 나고르노-
카라바흐 지역을 아르메니아가 아니라 아제르바이잔 내에 속하게 작
위적으로 조정하였고 이 지역에 자율성과 특권이 구성 공화국에 비해
상대적으로 매우 제한적인 형태의 행정단위인 자치주(Autonomous
Okrug, AO)의 지위를 부여하였다. 구성 공화국과 자치주는 소비에트
헌법에 따르면 문서상 또는 형식상의 주요한 차이가 있었다. 구성 공
화국은 소비에트 헌법에 따라 연방으로부터 탈퇴를 할 수 있는 권리를
가졌던 데 반해 자치주는 그러한 헌법상의 권리를 부여받지 못했다.
이러한 차이는 소련 시절에는 크게 문제가 되지 않았다. 연방으로부터
의 탈퇴가 사실상 불가능했고 모스크바 중앙정부의 지역정치에 대한
통제가 높은 수준으로 행사되었기 때문이었다.

　하지만 1990년대 초반 소련 붕괴와 남캅카스 국가들의 독립 과정
에서 이와 같은 차이는 주요한 문제가 되었다. 아르메니아와 아제르바
이잔은 구성 공화국의 지위였기 때문에 연방으로부터 탈퇴해서 독립

국가로 출범하는 데 법적인 문제가 발생하지 않았다. 하지만 아제르바이잔 내에 속해 있던 나고르노-카라바흐 지역은 자치주의 지위를 가지고 있었다. 따라서 나고르노-카라바흐의 아르메니아인들은 소비에트연방헌법에 따르면, 연방으로부터 탈퇴할 법적 권리가 없었다. 1988-90년 사이에 구성 공화국들이 소비에트연방으로부터 탈퇴하려는 주권화(sovereignization) 움직임이 일자 1990년 4월에 구성 공화국들의 연방탈퇴와 관련된 권리에 관한 입법을 통해 구성 공화국 내의 자치주들에게 자신들이 속한 구성 공화국과 함께 연방으로부터 탈퇴하거나 아니면 구성 공화국으로부터 탈퇴하여 소비에트연방에 남을 수 있는 권리를 부여하였다. 하지만 이 법이 실제로 적용되기 전에 소비에트연방 자체가 사라지면서 나고르노-카라바흐 자치주는 법적으로 애매모호한 상황에 처했다. 이에 나고르노-카라바흐의 아르메니아인들은 자신들이 아제르바이잔으로부터 탈퇴하여 독립국가를 세우거나 아르메니아로 편입될 수 있는 권리가 있다고 주장했고 반대로 아제르바이잔 정부는 연방 자체가 사라졌기 때문에 나고르노-카라바흐는 신생국가인 아제르바이잔에 남아 있어야 한다고 주장했다. 이와 같은 국경획정을 둘러싼 주장과 갈등은 나고르노-카라바흐를 둘러싼 내전과 아르메니아-아제르바이잔 분쟁으로 이어졌다(Zurcher 2007, 23-35).

둘째, 남캅카스 지역의 가장 주요한 역사적 경험으로는 아르메니아인들과 터키 사이의 민족갈등과 지역 내 민족국가 건설의 실패가 지적될 수 있다. 우선 1915년 터키에 의해 자행된 아르메니아인의 대학살(Armenia Genocide)은 오늘날까지 지역정치에 깊은 상처를 남기고 있다. 1차 세계대전 당시 독일 편에 섰던 오스만투르크 제국은 연합군의 일원인 러시아와 치열한 전투를 벌였다. 이 과정에서 당시 오스만투르크로부터 독립을 갈망하던 아르메니아인들이 러시아군에 참여하

여 게릴라활동을 벌이자 그에 대한 보복으로 오스만 제국은 1915년 4
월 자국의 동아나톨리아(Anarolia) 지방에 살고 있던 수많은 아르메
니아인들을 조직적으로 제거하였다. 그 결과 1915-1917년 사이에 집
단학살과 사막으로의 강제추방 등으로 약 150만 명의 아르메니아인
들이 희생되었다. 이 아르메니아인 대학살은 20세기 최대의 홀로코스
트 가운데 하나로 기록되었다(홍완석 2016, 252-253). 이와 같은 아르
메니아인들의 집단적 상처는 터키계 국가들인 터키와 아제르바이잔에
대한 집단적인 반감과 적대적 정서를 형성하고 지속시키는 원동력이
되고 있다.

　한편 강대국에 의한 오랜 지배 경험과 지역 내 민족들 간의 차별
과 폭력, 학살, 그리고 민족들의 잦은 자발적, 강제적 이주 등은 20세
기 초반까지도 남캅카스 지역에서 독립된 주권국가의 개념이 사회 내
에 깊이 뿌리를 내리지 못하게 했고, 민족국가가 발전하는 것을 가
로막았다. 이 지역은 1639년부터 오스만투르크 제국이 점령해 왔으
며 이후 18세기에 팽창하는 러시아 제국에 완전히 복속되었다. 1801
년에 러시아는 동부 조지아를 합병하고 이후 20년 동안 점차 남동쪽
의 페르시아인들과 남서쪽의 오토만인들을 남캅카스에서 몰아냄으로
써 남캅카스 전역을 러시아 제국으로 편입시켰다(홍완석 2016, 252;
Zurcher 2007, 20-23). 이후 1914년에서 1923년 사이에 남캅카스 사
회는 집합적 재앙을 경험했다. 1917년 러시아 제국의 붕괴와 1918년
오토만 제국의 붕괴로 인한 힘의 공백상태에서 이 지역은 민족 간 폭
력과 실패한 국가건설 등과 같은 수년에 걸친 재앙적 경험을 겪었다.
또한 1923년 소비에트 정부에 의해 남캅카스 전역이 통합될 때까지
종교와 종족으로 복잡하게 분열되어 있었다(Zurcher 2007, 20-23). 하
지만 이와 같은 민족갈등과 민족국가 건설 실패의 영향은 여전히 오

늘날까지 지역정치의 안정을 위협하는 주요 요인으로 남아 있다(Erol 2013, 68-69).

셋째, 민족적-종교적 배경 역시 남캅카스 지역정치에 영향을 미치는 주요한 요인으로 작용한다. 먼저 아르메니아인들은 아르메니아와 아제르바이잔 내 나고르노-카라바흐 지역에 집중적으로 거주하며 약 324만 명 정도의 인구가 있다. 특히 아르메니아의 경우 민족적으로 매우 높은 동질성을 보인다. 나고르노-카라바흐 지역은 아르메니아인들이 다수를 차지하며 소수의 아제르바이잔인들이 거주한다. 아르메니아인은 인구의 92.5퍼센트가 아르메니아 사도 교회를 믿는 크리스천들이다. 아르메니아는 세계 최초로 기독교를 국교로 수용하고 독자 문자를 사용할 정도로 강하고 고유한 민족적, 종교적 정체성을 가진다. 이들은 역사적으로 오랫동안 국권을 상실한 채 그리스, 로마, 비잔틴, 셀주크투르크, 몽골, 페르시아, 오스만투르크, 제정러시아, 소련에 이르기까지 여러 이민족들의 지배를 받아왔지만 기독교 종교성을 구심점으로 1,700년 넘게 독자적인 국가체제 없이도 강한 민족적 결속력과 정체성을 유지해왔다. 특히 이들은 주변의 페르시아와 터키 같은 이슬람 세력의 위협으로부터 포위되어 있다는 "포위된 요새(sieged fortress)" 관념과 강한 아르메니아 민족적 단일성에 근거한 대아르메니아 민족국가에 대한 열망을 갖고 있다(홍완석 2016, 251-252).[1]

한편 오늘날 아제르바이잔 지역에는 오랫동안 여러 다양한 민족들이 거주해왔다. 그 가운데 주류 민족은 터키인들이다. 터키인들은 셀주크투르크 제국의 진출과 함께 아제르바이잔 지역으로 유입되

---

1   대아르메니아 민족주의는 지금의 아르메니아에 더해 아르메니아인들이 인구의 다수를 차지하는 아제르바이잔 내 나고르노-카라바흐 지역과 터키 내에 있는 옛 아르메니아 왕국 수도인 아니를 비롯하여 성지인 아라라트산과 인근의 영토를 되찾자는 운동이다.

었다. 이 때문에 터키인들이 주류인 아제르바이잔은 터키와 강한 민족적, 정서적 연대감을 가진다. 또한 이들은 같은 무슬림이라는 종교적 일체성도 공유한다. 한편 아제르바이잔에는 러시아인들과 아르메니아인들, 인길로이(Ingiloi), 우디(Udi), 유태인(Jews), 레즈기스(Lezghis), 아바르스(Avars), 탓(Tat), 탈리쉬(Talysh), 그리고 여러 다른 소수민족들이 함께 거주한다. 이 때문에 높은 민족적 동질성을 나타내는 아르메니아와 달리 아제르바이잔에서는 소수민족들이 국내정치에서 주요한 역할을 행사한다. 특히 레즈기스와 탈리쉬, 그리고 나고르노-카라바흐 지역의 아르메니아인들은 해당 지역에서 민족적 다수를 차지하며 강한 분리 독립 성향을 보인다(Erol 2013, 68-69).

2. 아르메니아와 아제르바이잔 외교정책과 주요 요인들: 인과적 모델

아르메니아와 아제르바이잔 등과 같은 중간국 외교정책에 영향을 미치는 주요 요인들은 ① 국내적 수준, ② 지역 수준, 그리고 ③ 세계적 수준으로 구분될 수 있다. 이 가운데 국내적 수준의 요인들은 대내적 요인에 해당되며 지역 수준과 세계적 수준의 요인들은 대외적 요인들에 해당한다. 이와 같은 서로 다른 수준의 요인들은 복합적으로 한 국가의 외교정책에 영향을 미친다(Erol 2013).

　먼저, 아르메니아와 아제르바이잔 외교정책에 영향을 미치는 국내적 수준의 요인들은 해당 국가의 국민정체성과 국가능력/역량, 그리고 대통령과 같은 국가리더십의 국가전략/의지를 포함한다. 국민정체성은 민족주의적 열망이나 대중의 자의식, 역사적 경험, 민족적-종교적 배경, 유럽과 같은 특정한 중요한 타자(significant other)에 대한 환상, 민주화 요구, 그리고/또는 국가위신에 대한 요청 등과 같은 여러 요소들이 상호작용하여 대중의 감정/정서를 자극하는 과정을 거쳐 대중의 주체적 동학으로 형성된다(신범식 2020, 48-55; Tsygankov 2013, 14-21). 국가능력/역량은 한 국가가 갖는 객관적, 물질적 조건이다. 일반적으로 국가능력/역량은 군사력과 경제력으로 이루어진다(Erol 2013). 군사력은 강요(coercion)를 통해, 경제력은 지불(payment)을 통해 외교정책 수행의 수단으로 활용된다. 여기에 제한적으로 문화나 인도주의, 인권, 민주주의 등과 같은 소프트 파워가 추가될 수 있다. 소프트 파워는 군사력이나 경제력과 같은 하드 파워와 달리 매력과 설득, 신뢰성 등을 통해 외교정책 수행의 수단으로 이용된다(이숙종 2020). 국가리더십의 국가전략/의지 역시 외교정책에 영향을 미치는 주요한 요인이다. 국가리더십이 국제환경에서 오는 자극에 대해 어떻게 상황정의(definition of the situation)하고 대처하는가에 따라 국가전략/의지가 결정되며 이는 한 국가의 외교정책에 주요한 영향을 미친다. 국가리더십의 상황정의는 지도자 개인의 주관적 상황인식과 판단을 의미하는데 지도자 개인의 인생 초기 경험과 지식을 바탕으로 형성되는 주관적인 신념체계에 강하게 영향을 받는다(이수진·이신화 2019, 45). 이와 같은 국내적 수준의 요인을 구성하는 국민정체성과 국가능력/역량, 그리고 국가리더십의 국가전략/의지는 서로 상호작용한다. 예를 들면, 국가전략/의지는 국가리더십이 국가이익과 국가위신에 대해 호소하거나 대중언론매체를 통해 정서적 측면을 자극함으로써 국민정체성에 영향을 미칠 수 있다. 반대로 민족주의 열망이나 영토회복, 민주화 요구 등과 같은 대중의 집합적 동학은 국가리더십의 국가전략/의지의 방향에 주요한 마찰이나 자극요인으로 영향을 미칠 수 있다. 국가능력/역량 역시 국가전략/의지에 주요하게 영향을

미치는 조건이 된다. 이는 국가전략/의지가 국가능력/역량이라는 수
단을 통해 외교정책으로 나타나기 때문이다(신범식 2020, 49).

　　다음으로, 아르메니아와 아제르바이잔 외교정책에 영향을 미치는
지역 수준의 요인들은 ① 나고르노-카라바흐 문제와 ② 터키와 이란
등과 같은 지역 강국들의 영향을 포함한다. 나고르노-카라바흐 문제
는 아르메니아와 아제르바이잔 두 나라 사이의 직접적인 갈등요인이
다. 두 나라는 나고르노-카라바흐를 둘러싼 민족갈등과 분리주의, 영
토분쟁으로 인해 서로를 직접적인 안보-군사적인 위협으로 인식한다.
따라서 나고르노-카라바흐는 두 나라의 외교정책을 결정하는 가장 주
요한 조건으로 작용한다. 터키와 이란 등과 같은 지역 강국들은 아르
메니아와 아제르바이잔과 관련된 이해관계들 때문에 남캅카스 지역에
서 다른 국가 행위자들과 협력-경쟁한다. 이 때문에 아르메니아와 아
제르바이잔의 외교정책은 터키와 이란의 국가전략에 주요한 영향을
받는다(김연규 2009, 155-197).

　　마지막으로, 아르메니아와 아제르바이잔의 외교정책에 영향을 미
치는 세계적 수준의 요인들로 세계적 수준의 강대국인 러시아와 미
국-서방의 영향이 지적될 수 있다. 러시아와 미국-서방은 세계적인 수
준에서 패권을 둘러싼 세력충돌을 벌이고 있다. 이러한 경향은 특히
2000년대 중반 색깔혁명과 2008년 러시아-조지아 전쟁, 그리고 2014
년 우크라이나 사태를 통해 더욱 격렬해졌다. 아르메니아와 아제르바
이잔을 포함한 남캅카스 지역에서 러시아와 미국-서방이 벌이는 패권
경쟁은 이와 같은 전 세계적 수준에서의 세력경쟁의 한 부분이다. 러
시아는 이 지역을 자신의 근외지역으로 인식하며 자신의 영향력을 유
지하려고 한다. 반면 미국-서방은 가능하다면 이 지역으로 세력을 확
장시키려고 시도한다. 이런 맥락에서 남캅카스 지역에서 러시아는 패

권유지세력으로 미국-서방은 패권도전세력으로 정의될 수 있다(브레진스키 2000).

외교정책은 균형(balancing), 편승(band-wagoning), 헤징(hedging), 회피(hiding), 초월(transcending), 특화(specializing) 등의 다양한 선택지로 구현된다. 중간국은 일반적으로 다양한 선택지 가운데 특히 "편승과 균형" 사이의 선택을 해야 하는 경우를 자주 맞닥뜨리게 된다. 탈냉전 직후인 1990년대에는 중간국들이 비교적 넓은 전략적 자율성의 공간을 향유하였으나, 2000년대 이후 미국-서방 대 러시아-중국의 패권경쟁이 심화됨에 따라 중간국들의 외교정책의 선택의 폭은 냉전시기와 마찬가지로 다시 좁아지고 있다. 아르메니아와 아제르바이잔의 외교정책 선택지 역시 이와 같은 지정학적 중간국이 일반적으로 직면하는 대외전략적 딜레마와 관련이 있다(신범식 2020, 40-41).

III. 아르메니아와 아제르바이잔의 외교정책과 주요 요인들: 국내적 수준의 요인들과 외교정책

1. 아르메니아

아르메니아의 국내적 수준의 요인들과 외교정책 사이의 관계를 살펴보면 다음과 같다. 첫째, 아르메니아의 국민정체성은 러시아와 미국-서방에 대한 편승전략과 터키와 아제르바이잔에 대한 균형전략에 대중적, 정서적 동력을 제공했다. 이와 같은 아르메니아의 외교정책은 (친러시아, 친미국-서방, 반터키, 반아제르바이잔) 아르메니아의 국민정체성에 깔려 있는 러시아와 미국-서방에 대한 우호적 정서와 연대의식 그리고 이슬람과 터키, 아제르바이잔에 대한 반감과 적대의식이 상호 증식작용을 한 결과이다.

아르메니아 국민정체성은 높은 수준의 민족적 동질성을 바탕으로 유럽-기독교 문명의 일원이라는 문화-종교적 연대의식, 그리고 이슬람과 터키에 대한 강한 반감 등이 상호증식작용을 하면서 형성되었다. 아르메니아인들은 높은 수준의 민족적 동질성을 가진다. 아르메니아 인구구성에서 아르메니아인 비율이 약 98퍼센트에 이른다. 이들 아르메니아인들은 아르메니아 인구의 약 94퍼센트가 믿는 아르메니아 정교를 중심으로 같은 언어와 동질적인 역사적 경험을 공유하며 강하게 결속되어 있다.[2] 아르메니아인들의 이와 같은 강한 민족적 동질성은 아르메니아에 거주하는 약 305만 명의 아르메니아인들을 넘어 미국, 프랑스 등 세계 도처에 흩어져 있는 약 500만 명의 아르메니아 디아스 포라에서도 발견된다. 이들은 현지 국가에서 아르메니아 모국을 위해 강력한 로비 활동을 전개한다(김연규 2009, 190-191; Shirinyan 2019).

아르메니아인들은 유럽-기독교 문명의 일원이라는 강한 자의식과 연대의식을 가지며 동시에 유럽-기독교 문명의 일원으로 인정받고자 하는 강한 열망을 가진다(Terzyan 2016, 145-150). 아르메니아인들은 근대국가의 건설보다도 종족-종교적 집단(ethno-religious group)의 정체성을 먼저 형성하였다. 이 과정에서 아르메니아 사도교회(Armenian Apostolic Church)는 핵심적인 역할을 하였다. 적어도 19세기 말 이래로 아르메니아 교회를 중심으로 이와 같은 종교적 정체성을 민족정체성으로 전환시켜 지속시켜왔다(김정훈 2016, 202). 아르메니아

---

2 아르메니아. 한국민족문화대백과사전. http://encykorea.aks.ac.kr/Contents/Item/
E0034270 (검색일: 2021.1.5).

의 이와 같은 유럽의 일원이라는 자의식은 1990년대 초반 독립 직후
부터 친서방 외교정책으로 구현되었다. 예를 들면, 아르메니아의 코차
리얀(Kocharyan) 대통령은 총체적인 유럽으로의 통합을 외교전략의
주요한 핵심과제로 삼고 아르메니아의 유럽기구들에의 통합을 강하
게 강조하였다(Terzyan 2016, 149-150). 아르메니아의 엘리트들은 아
르메니아의 외교정책의 지향점을 유럽-서방으로 이동시키는 것을 자
신들의 문명적 선택(civilizational choice)으로 이해했다. 2001년 아르
메니아가 유럽평의회(the Council of Europe)에 회원국 자격을 획득하
였을 때, 아르메니아 사회와 정치 엘리트들은 이를 유럽문명권으로 편
입되는 역사적 진보라고 찬양했다. 2004년 EU가 '유럽 이웃 정책 이
니셔티브(European neighborhood Policy Initiative)'에 아르메니아를
포함시켰을 때, 코차리얀 정부는 '유럽 가족으로 아르메니아가 돌아오
는 홈커밍'이라고 환영했다(Terzyan 2016, 150-152). 아르메니아의 이
와 같은 친유럽 정체성은 사르그샨(Sargsyan) 정부에서도 지속되었
다. 대부분의 아르메니아 정당들과 정부, 의회 역시 이러한 역대 정부
의 친유럽 외교정책을 지지한다. 사르그샨 정부의 수상인 아브라함얀
(Hovik Abrahamyan)은 아르메니아 외교정책의 유럽행은 공통된 가
치체계와 풍부한 문화적, 기독교적 유산 등에 뿌리를 둔 합리적인 선
택이며 아르메니아는 유럽 문명의 일원이라고 지속적으로 주장하였다
(Terzyan 2016, 156). 이와 같은 사례들은 아르메니아의 유럽의 일원
이라는 자의식과 연대의식이 어떻게 친서방적 외교정책으로 이어지는
지를 보여준다.

아르메니아의 유럽-기독교적 자의식과 연대의식은 러시아에 대한
우호적인 정서로도 연결된다. 16-17세기부터 아르메니아인들은 이슬
람 세력인 터키와 페르시아로부터의 독립을 위해 같은 기독교 문명권

인 유럽과 러시아에 도움을 요청하였다(김연규 2009, 160). 역사적으로 아르메니아인들은 같은 기독교권인 러시아를 이슬람 위협으로부터의 보호자 또는 구원자로 인식하였다(Terzyan 2016, 145). 1877-1878년 러시아-투르크 전쟁에서 동아르메니아인들은 자발적으로 의용군 부대를 조직하여 러시아군에 합류하였으며 러시아의 군사력을 이용하여 서아르메니아를 오스만투르크로부터 해방시키는 데 희망을 걸었다(강윤희 2018, 19-20). 1차 대전 시에 아르메니아 용병들은 오토만제국에 대항에 러시아군에 가담하여 참전하였다(김연규 2009, 161). 소련 시절에도 아르메니아인들은 아제르바이잔 문제를 제외하고는 비교적 소련 제국에 잘 융합되었다(김연규 2009, 163). 이러한 경향은 소련해체와 독립 이후에도 지속됐다. 아르메니아는 여전히 러시아와 심리적, 역사적으로 연대하고 있으며, 러시아를 주변의 아제르바이잔과 터키 등과 같은 이슬람-터키세력의 위협으로부터 자신을 보호해줄 후원자로 본다(김연규 2009, 182). 하지만 아르메니아의 이와 같은 친러시아 성향은 친유럽/친서방 성향과 비교할 때 상대적으로 덜 선호된다. 아르메니아의 정치엘리트들은 아르메니아를 러시아의 일원이라기보다는 유럽의 일원으로 규정하기를 더 선호하며 러시아에 대한 의존이 아르메니아가 유럽으로 편입되는 데 근본적인 걸림돌이라고 인식한다. 하지만 아르메니아 주변의 적대적인 이슬람 국가들에 비해서는 상대적으로 더 유럽적이고-기독교적인 러시아와의 연대를 선호하며 친러시아 성향을 보여준다. 이와 같은 아르메니아의 국민정체성에 내포되어 있는 친러시아 성향은 독립 이후 지속적으로 아르메니아가 친러시아적인 외교정책을 유지하도록 하는 토대가 되어왔다(Terzyan 2016, 146).

　반면, 아르메니아인들은 이슬람과 터키, 아제르바이잔에 대한 강한 적대감을 갖고 있으며 이는 아르메니아 저항적 민족주의의 정서적 동력이 된다. 아르메니아인들의 이와 같은 반감은 두 가지 요인에 의해 영향을 받았다. 먼저 아르메니아의 정체성은 자신들이 아제르바이잔, 터키, 그리고 이란 등의 이슬람 세력들에 의해 포위되어 있다는 의식에 영향을 받았다. 적어도 15세기부터 아르메니아는 남쪽의 두 이슬람 세력인 오토만 제국(터키)과 페르시아 제국(이란)에 의해 양분되어 지배를 받고 끊임없이 이들 이슬람 세력들에 의해 박해와 차별을 받아왔다. 오늘날에도 아르메니아인들은 나고르노-카라바흐 문제를 둘러싼 아제르바이잔과의 갈등에서 아제르바이잔-터키의 대아르메니아 적대정책과 국경봉쇄에 의해 포위되어 있다. 이와 같은 역사적 경험은 아르메니아인들이 기독교적 정체성에 대한 인식을 강화시켰다 (김연규 2009, 160-161). 또한 아르메니아인들은 특히 터키로부터 박해와 차별, 학살의 대상이 되었던 피해경험을 집단적으로 공유하며 이는 아르메니아의 저항적 반터키 민족주의에 주요한 영향을 미쳤다(홍완석 2016, 252-253). 이에 더불어 1990년대 초반 아제르바이잔의 독립과 함께 나고르노-카라바흐 지역과 아제르바이잔 내 다른 지역에서 조직적으로 이루어진 아르메니아인들에 대한 박해와 차별, 강제이주, 그리고 학살 등은 기존의 반터키 정서에 더해 터키계 국가인 아제르바이잔에 대한 강한 적대적 민족주의로 진화하였다. 아르메니아인들은 터키와 아제르바이잔을 두 개의 독립된 국가들로 보지 않으며 분리될 수 없는 동일한 전체의 두 부분으로 인식한다(Terzyan 2016, 163).

둘째, 아르메니아의 제한된 국가 능력/역량은 아르메니아로 하여금 현실적으로 친러시아 외교정책을 추진하도록 영향을 미쳤다. 먼저, 아르메니아는 적대적인 관계에 있는 이웃국가들인 아제르바이잔-터키에 비해 상대적으로 매우 제한적인 군사력을 보유한다. 병력의 경

우에도 아르메니아가 45,000명의 상비군을 포함해 전시에 동원 가용
한 병력수가 약 81만 명에 불과한 데 반해 아제르바이잔은 66,940명
의 상비군을 포함해 동원 가용한 병력 수는 300만 명에 달한다. 지상
군 및 공군의 무기와 장비 면에서도 질적, 양적 측면에서 아제르바이
잔은 아르메니아에 상당한 우위를 보인다.[3] 이와 더불어 아르메니아와
국경을 맞댄 아제르바이잔의 강력한 동맹국인 터키의 군사력은 압도
적이다. 이 때문에 아르메니아는 아르메니아 안보의 후원자로서의 강
대국 러시아의 보호에 편승하는 의존적인 외교정책을 선택할 수밖에
없다(Erol 2013, 62). 러시아는 아르메니아 영토에 군대를 주둔시킴으
로써 아르메니아 안보를 지원한다. 이러한 아르메니아 안보에 대한 러
시아의 영향은 푸틴 정권 출범 이후 더욱 강화되었다(Erol 2013, 61).
아르메니아의 군사안보에서의 러시아 의존성은 친러시아적인 외교정
책에서 확인된다. 페트로샨과 코차리얀 대통령은 모두 러시아에 대
한 의존성을 줄이고 아르메니아–EU, 아르메니아–NATO의 협력을 강
화하려는 시도를 하였으나 이는 러시아 우선정책의 필요 때문에 무산
되었다. 반대로 아르메니아는 러시아 주도의 EEU(Eurasian Econmic
Union)와 CSTO(Collective Security Treaty Organization)에 가입하였
다. 사르그샨 대통령은 그러한 결정이 안보적 고려 때문이라고 정당화
했다. 아르메니아와 러시아 사이에는 포괄적인 안보 파트너십이 존재
한다. 아르메니아가 2013년 EU협력협약(EU Association Agreement)
에 사인하기 직전에 갑자기 유라시안 유니온(Eurasian Union)에 가입
하는 결정을 내렸는데 이는 러시아가 아르메니아의 적대국인 아제르
바이잔에 40억 달러 가치의 군사 장비를 제공하는 군사협력을 강화할

---

3   ArmedForces.eu. https://armedforces.eu/compare/country_Azerbaijan_vs_Arme-
nia (검색일: 2021.1.6).

것이라는 사실에 영향을 받은 것이다. 이는 아르메니아의 친러시아 외
교정책(유라시안 유니온 가입)에 주요한 영향을 미쳤다(Terzyan 2016,
158). 2020년 발발한 아르메니아-아제르바이잔 전쟁에서도 아제르바
이잔의 압도적 군사력에 고전하던 아르메니아는 러시아의 중재로 겨
우 군사적 붕괴를 수습하고 평화협정으로 봉합할 수 있었다(김소연·
신기섭 2020).

　다음으로, 아르메니아의 취약한 경제력 역시 러시아에 의존적인
외교정책에 영향을 미친다. 2018년 기준으로 아르메니아의 연간 GDP
는 124억 3300만 달러이며 1인당 GDP는 4,193달러에 불과하다. 이
는 경쟁국가인 아제르바이잔의 연간 GDP 469억 4천만 달러와 1인당
GDP 4,722달러에 비해서도 작다.[4] 아르메니아는 비교대상인 아제르
바이잔과는 달리 원유와 천연가스와 같은 에너지 자원이 전혀 없다.
또한 아르메니아는 지리적으로도 조지아, 아제르바이잔, 터키, 이란
등에 둘러싸인 고립된 내륙 국가이다. 이 때문에 중앙아시아-카스피
해-흑해-유럽으로 연결되는 교통로에서 벗어나 있어 카스피해 연안의
풍부한 원유와 천연가스에 대한 접근과 국제적인 운송, 무역 등이 이
웃한 주변 국가들을 거치지 않고서는 이루어지기 어렵다(김대성 2011,
14-15). 특히 아르메니아는 나고르노-카라바흐 분쟁 때문에 이웃한 아
제르바이잔과 아제르바이잔을 지원하는 터키가 국경을 봉쇄함으로써
육로를 통한 에너지 자원에 대한 접근과 국제무역에 상당한 타격을 입
었다. 아르메니아는 대안으로 북쪽의 조지아와 남동쪽의 이란을 통한
육로 교역 루트를 이용할 수 있으나 이는 아르메니아 경제에 의미 있
는 영향을 줄 수 있을 정도의 충분한 교역량을 가져다주지 못한다. 이

4　countryeconomy.com. https://countryeconomy.com/countries/compare/azerbai-
　jan/armenia (검색일: 2021.1.6).

때문에 아르메니아로서는 군사 부문에 더불어 경제 부문에서도 러시아에 의존하지 않을 수 없다. 아르메니아는 러시아 이외에는 저렴한 에너지 공급을 확보할 대안이 없으며 교역에서도 러시아를 대체할 다른 파트너가 없다. 아르메니아는 소련경제체제 내에서도 소련 정부에 대한 의존이 매우 컸으며 이러한 경향은 푸틴 정부가 출범한 2000년 이후에 더욱 강화되었다. 예를 들면 2002년 12월 4일 아르메니아 정부는 러시아에게 지고 있는 9,500만 달러의 빚을 탕감하기 위해 5개의 아르메니아 기업을 러시아 정부에 인도하기로 하였다(김연규 2009, 187-188; 홍완석 2017, 255). 러시아는 아르메니아의 가장 중요한 교역 파트너이다. 러시아는 아르메니아 수출의 20%를 차지하며 해외 송금의 70%가 러시아로부터 온다(Terzyan 2016, 159). 아르메니아의 EEU 가입 결정에 주요한 영향을 미친 요인으로 러시아의 아제르바이잔에 대한 군사협력과 더불어 2013년 4월에 아르메니아에 판매하는 가스 가격을 50% 높인 것이 지적된다. 공교롭게도 아르메니아의 EEU 가입 결정과 함께 가스 가격은 상당히 낮아졌다. 아르메니아 에너지부 장관인 아르멘 모브시스얀(Armen Movsisyan)은 자국의 유라시안 유니온의 선택이 가스 가격의 급등에 대한 방어를 위한 것이라고 직접적으로 진술했다(Terzyan 2016, 158-159).

　미국, 프랑스 등 서방국가들을 포함한 해외의 아르메니아 디아스포라의 현지국가에서의 로비력은 아르메니아가 활용할 수 있는 소프트 파워에 해당한다. 이 소프트 파워와 관련된 아르메니아의 국가역량은 아르메니아가 미국, 유럽 등 친서방 외교정책을 추진하는 데 활용되었다. 탈냉전 직후 남캅카스 지역에 전략적인 주요 이해가 없었던 미국이 아르메니아의 정치에 개입하기 시작한 가장 중요한 요인은 아르메니아 디아스포라의 미국 내 영향력 때문이었다. 1992년 중반 미국의 캅카스 정책을 규정하는 자유지원법이 미국 의회를 통과하였으며, 이 법의 907조 a항(Section 907(a))은 아르메니아에 대한 경제제재를 하고 있다는 이유로 미국의 아제르바이잔에 대한 경제지원을 금지했다. 이는 미국 내 아르메니아 디아스포라의 로비력에 힘입은 것이다. 미국과 프랑스 등 서방국가들에 거주하는 아르메니아 디아스포라들은 서방국가들에게 아르메니아가 민주국가라는 이미지를 확산시켰고 나고르노-카라바흐 문제와 관련하여 아제르바이잔은 도발국이며 아르메니아는 억압받는 국가라는 홍보를 효과적으로 전개하였다. 20세기 초반 터키에 의한 아르메니아 제노사이드와 관련되어 형성된 이미지 역시 서방국가들에서 아르메니아 디아스포라가 효과적으로 로비하고 홍보한 결과로 평가받는다(김연규 2009, 190-191). 이와 같은 아르메니아의 디아스포라를 통한 소프트 파워의 활용은 미국과 서방국가들이 캅카스 지역정치에서 민주주의 발전과 연계하여 아르메니아를 외교적으로 지지하도록 영향을 미쳤다(Shirinyan 2019). 하지만, 아르메니아의 소프트 파워의 영향력은 일시적이며 제한적이었다. 미국-서방이 남캅카스 지역에서 카스피해의 에너지 자원의 문제와 대러 세력 균형과 같은 보다 본질적인 안보문제에 적극적인 관심을 갖게 되면서 이들 국가들의 아르메니아에 대한 관심과 지지는 눈에 띄게 감소되었다(Aliyev 2009).

셋째, 국가리더십의 국가전략/의지는 아르메니아의 외교정책의 방향에 영향을 미친 또 다른 주요한 대내적 요인이었다. 예를 들면, 1990년대 초반 아르메니아 독립 직후 출범한 테르-페트로샨(Ter-Petrosyan) 대통령은 외교정책에서 정체성, 규범, 믿음 등의 중요성을 절하시키면서 실용주의적 외교전략을 추진하였다. 페트로샨 정부는 민족주의적 레토릭을 톤 다운시키면서 두 나라 사이의 관계 회복의 걸림돌인 터키의 1915년 아르메니아 제노사이드의 인정 문제를 회피하면서 터키와의 관계 회복에 주력하였다(Eorl 2013, 20-21; Terzyan 2016, 147-148). 하지만 두 번째 대통령인 코차리안 정부(1998-2008)에서는 터키의 제노사이드 인정 문제와 완전한 유럽통합을 핵심기조로 강조하였다. 비록 코차리안이 제노사이드 인정 문제가 터키와 관계 회복의 전제조건은 아니라고 강조하였지만 이 문제는 터키와의 관계 회복에 걸림돌이 되었다. 또한 코차리안 정부의 강한 친서방(친유럽) 통합 전략은 1999년 4월 코차리안의 NATO 50주년 기념식에 참석하는 것과 2001년 아르메니아의 유럽평의회(the Council of Europe) 멤버십 획득, 그리고 유럽 이웃(European Neighborhood)에 참여 등으로 구체화되었다(Terzyan 2016, 149-155). 이는 러시아의 강한 저항에 부딪혔다. 2008년부터 현재까지 지속되는 사르그샨(Sargsyan) 대통령은 아르메니아의 유럽피언 정체성과 유럽으로의 통합을 강조하면서도 상대적으로 보다 친러시아적인 외교전략을 추진하였다. 러시아와 유럽사이의 균형외교를 추구한다는 수사에도 불구하고 사르그샨 정부는 EU 연대 협약(EU Association Agreement)에 서명하는 대신에 러시아 주도의 유라시안 관세동맹(Eurasian Custom Union)과 CIS(the Commonwealth of Independent States) 그리고 CSTO(the Collective Security Treaty Organization)에 회원국으로 참여하였다(Terzyan 2016, 155-158). 세 개의 서로 다른 정권 모두 공통적으로 러시아와 미국-서방, 그리고 터키와 아제르바이잔 등 지역 국가들과 균형외교를 한다는 레토릭을 유지했지만 각 개별 정권별로 실제적인 무게중심은 정권의 의지에 따라 차이가 있었다. 국가리더십의 국가전략/의지에 따라 ① 터키와의 관계 회복, ② 미국-서방에의 편승, 그리고 ③ 러시아에의 편승 등과 같은 서로 다른 외교정책이 시도되었다. 하지만 이와 같은 국가전략/의지가 외교정책으로 실제로 구현되는 것은 국민정 체성이나 국가능력/역량과 같은 다른 대내적 요인들과 러시아의 반발 등과 같은 다른 대외적 요인들에 의해 제약되거나 조건지어졌다(Konarzewska 2018 ; Shirinyan 2019).

2. 아제르바이잔

아제르바이잔의 국내적 수준의 요인들과 외교정책 사이의 관계를 살 펴보면 다음과 같다. 첫째, 아제르바이잔의 국민정체성은 아제르바이 잔의 외교정책에 영향을 미친다. 아제르바이잔인들이 가지는 터키와 의 연대의식과 반러시아 정서는 아제르바이잔이 친터키, 친서방 외교 정책을 추진하도록 하는 동력이 된다. 하지만 이 반러시아 정서는 반 러시아 외교정책으로 이어지지는 않는다. 이는 아제르바이잔의 외교 정책에 영향을 미치는 다른 국내적 수준의 요인들과 대외적 요인들의 제약 또는 조건적 영향 때문이다.

　현재 아제르바이잔의 인구구성에서 아제르바이잔인이 약 91%를 차지해 상당히 높은 정도의 민족적 단일성을 보인다. 하지만 아르메니 아와 비교할 때 상대적으로 그러한 단일성의 정도가 낮은 편이고 특 히 아르메니아인(1.5%)과, 러시아인(1.8%), 레즈기스(2.2%)와 탈리시 (1.0%) 등 소수민족이 일정 정도의 비율을 차지하고 있어 국내정치적 불안요인이 된다. 이들 소수민족들은 나고르노-카라바흐, 레즈기스, 탈리시 등 특정지역에 집중 분포되어 있어 분리주의 주장에 따른 국내 정치적 위험이 된다. 또한 아제르바이잔 내 러시아인의 존재는 국경을 맞댄 강대국 러시아가 아제르바이잔에 강한 영향을 미칠 수 있는 발판 이 된다.[5]

아제르바이잔의 국민정체성 형성에 투르크적 요소는 중요한 역할을 한다(Erol 2013, 46). 아제르바이잔은 이웃한 터키와 언어, 민족, 및 종교적으로 긴밀한 유대를 가진다. 이는 두 나라의 관계를 결속시키는 요인으로 작용한다(김대성 2011, 5). 이와 같은 두 나라 간의 언어적, 민족적, 종교적 공통점에 근거한 연대의식은 1990년대 초반 아제르바이잔 독립 직후 출범한 엘치베이(Elchibey) 정권이 범터키주의를 강조하면서 아제르바이잔과 터키 간에 연방정부를 구성하자는 주장을 포함한 친터키 외교정책으로 구현되었다(김대성 2011, 9).

반면 아제르바이잔의 국민정체성 형성에 러시아는 중요한 반대와 저항의 타자(other)로서 영향을 미쳤다. 역사적으로 제정러시아의 아제르바이잔 칸국들의 점령과 지배는 저항적인 아제르 민족주의를 낳았다. 아제르 민족주의는 문화적이며 정치적인 성격을 가진다. 아제르바이잔 사람들의 반러시아 감정은 소설과 시 등에서 강조되었다. 그러한 문화적 민족주의는 아제르 무슬림들에 대한 러시아의 차별과 억압 그리고 강요된 러시아화(Russification)에 대한 저항이다. 이러한 반러시아 감정은 과거에 자신들의 역사적인 아제르 무슬림 칸국들에 대한 자부심과 영광과 결합되어 문화-정치적 민족주의로 통합되고 이는 아제르바이잔 정체성의 토대를 형성한다(Erol 2013, 47).

한편 러시아 제국과 소련 시기 모스크바 중앙정부의 아제르 무슬림들에 대한 차별정책과 이주정책, 그리고 분리-지배 통치에 따른 임의적 국경분할 등은 아제르바이잔의 국민정체성을 약화시키는 요인으로 작용하였다. 이는 특히 1990년대 독립 이후 새로운 국민국가로 아제르바이잔이 출범하는 과정에서 두드러졌다. 이 시기 아제르바이잔

---

5   Azerbaijan. Britannica. https://www.britannica.com/place/Azerbaijan/People (검색일: 2021.1.7).

은 오늘날의 아제르바이잔과 당시 아르메니아와 비교할 때 상대적으로 매우 허약한 국민정체성을 가졌었다. 이 때문에 상당수의 아제르바이잔인들은 나고르노-카라바흐 분쟁에서 강렬한 민족주의에 의해 동원된 아르메니아인들에 비해 분열되어 있었고 이 문제에 대해서 무관심했다. 이는 1988-1994년 나고르노-카라바흐 분쟁에서 아제르바이잔이 아르메니아에 일방적으로 패전하게 되는 주요 요인 가운데 하나로 작용했다. 또한 국가 수립의 초창기에 나고르노-카라바흐의 아르메니아인들 이외에도 레즈기스(Lezghis)와 탈리쉬(Talysh) 등의 분리주의나 실지회복운동(irredentism)과 같은 여러 소수민족문제가 나타나게 되는 배경이 되었다. 이와 같은 특히 신생국가 초기에 나타난 상대적으로 약한 국민정체성은 신생국가인 아제르바이잔의 영토적 안보와 국내정치적 안정에 심각한 위협이 되었다(Erol 2013).

아제르바이잔의 이와 같은 민족구성과 국민정체성은 아제르바이잔이 친터키적-친서방적-친러시아적인 균형 전략을 선택하도록 영향을 미쳤다. 독립 직후 옐치베이 정권은 친터키적이면서 친서방적인 동시에 반러시아적인 외교정책을 강하게 추진했다. 이는 아제르바이잔인 다수의 친터키적-반러시아적 국민정체성을 반영한 것이었다. 하지만 이와 같은 외교정책은 러시아의 강한 반발뿐만 아니라 아제르바이잔 내 소수민족들의 분노를 초래했다. 러시아는 이와 관련하여 아제르바이잔 소수민족들의 실지회복운동을 지원하였다. 이러한 상황 전개는 옐치베이 정권의 붕괴로 이어졌다. 이후 아제르바이잔은 1993년에 자국 영토 내에 러시아군이 주둔하지 않는다는 조건으로 러시아 주도의 CIS와 CSTO에 가입하였다. 이와 동시에 아제르바이잔은 1994년에 서방 국가들과 아제르바이잔 원유를 개발하는 '세기의 계약(Contract of the Century)'을 체결하고, 1997년에 반러시아 성향의 친서방

기구인 GUAM(Georgia, Ukraine, Azerbaijan, Moldova)에 가담하였다. 그와 함께 아제르바이잔은 터키와 전통적인 긴밀한 유대관계를 지속하였다. 이러한 일련의 움직임은 아제르바이잔이 러시아-서방-터키 사이에서의 균형외교정책을 선택하였다는 것을 의미했다(신범식 2005, 107; Erol 2013, 35-36, 69). 이와 같은 아제르바이잔의 균형외교전략은 지금까지 대체로 지속되어 오고 있으며 다자주의외교로 표현되고 있다(Mazziotti, Sauerborn, & Scianna 2013).

둘째, 아제르바이잔의 국가 능력/역량은 아제르바이잔의 미국-서방과 러시아, 그리고 터키 사이에서의 균형 외교정책에 영향을 미친다. 먼저 나고르노-카라바흐 문제를 둘러싼 아르메니아와의 군사적 갈등과 대치는 아제르바이잔으로 하여금 친터키와 함께 친러시아 외교정책을 선택하지 않을 수 없게끔 만든다. 이는 분쟁 당사국들인 아제르바이잔과 아르메니아나 지역 강국들인 터키나 이란의 군사력에 비해 국경을 맞댄 강대국인 러시아의 군사력이 압도적이기 때문에 러시아의 군사적 지원 또는 개입 여부가 아르메니아-아제르바이잔 군사력 균형에 결정적인 독립변수로 작용하기 때문이다. 한편 미국-서방은 그와 같은 러시아를 상대로 이 지역에 군사력을 투사할 의지가 없어 보인다. 이는 또 다른 남캅카스 지역에 위치한 조지아에 대한 2008년 러시아의 군사적 침공과 최근인 2020년 아르메니아-아제르바이잔 전쟁에서 미국-서방이 보인 소극적 태도에서 유추해 볼 수 있다(Rumer et al. 2017; Shimoni-Stoil 2020).

1988-1994년 나고르노-카라바흐 문제를 둘러싼 내전과 아르메니아-아제르바이잔 전쟁 과정에서 러시아는 아르메니아를 터키는 아제르바이잔을 외교적, 군사적으로 지원하였다. 당시에 미국과 EU 등은 이 지역에 주요한 이해당사자로 직접적으로 개입하지 않았다. 이 때문

에 아제르바이잔으로서는 터키 이외에는 다른 선택지를 갖지 못했다. 하지만 터키로서는 아르메니아에 대한 국경봉쇄 이외에는 아제르바이잔에 실질적인 군사적 지원을 할 수 없었다. 이는 당시 터키가 러시아를 상대로 군사적 개입을 할 수는 없었으며, 심지어 역내에서 범터키주의의 확산을 경계했던 이란을 의식했기 때문에도 아제르바이잔을 군사적으로 지원할 수는 없었다. 반면 분쟁에 적극적으로 군사 개입할 수 있는 의지와 역량을 갖춘 유일한 강대국이었던 러시아는 아제르바이잔 엘치베이 정권의 반러시아-범터키주의 노선에 대한 경계와 아제르바이잔을 통한 터키의 남캅카스에 대한 영향력 확대 우려 때문에 무기/장비 공급이나 용병지원, 그리고 러시아군 366연대의 직접 개입 등을 통해 아르메니아를 군사적으로 적극 지원하였다. 이는 1988-1994년 아르메니아-아제르바이잔 전쟁에서의 아르메니아가 일방적으로 승리하고 휴전협정을 맺는 주요 요인이 되었다(김대성 2011, 11-12; Zurcher 2007, 169-170).

이후 아제르바이잔은 이와 같은 패전의 교훈 때문에 친러시아 외교정책 기조를 일관되게 유지해왔으며 동시에 아르메니아에 대한 군사적 우위를 유지하기 위해 노력해왔다. 나고르노-카라바흐 문제와 관련하여 러시아의 아르메니아에 대한 군사적 지원과 협력에 대응하고 러시아로부터 무기와 군사 장비를 조달할 현실적인 필요성 때문에 아제르바이잔은 지속적으로 러시아와 견고한 이웃관계를 건설하려는 의지를 표명했다. 러시아 정부는 2010년 8월 아르메니아와 아르메니아 러시아 주둔군의 연장을 결정하는 서명과 동시에 CIS 회원국들의 가장 비싼 무기구매품목인 3억 미국달러 상당의 S-300 파보리트 대공방어시스템(S-300 Favorit air defense system)을 아제르바이잔에 판매하였다(Valiyev 2010). 아제르바이잔은 러시아와의 양자관계에서 러시아를 자극할 요인들을 피하고 부드럽고 존중하는 태도로 러시아에 접근했다. 그러한 외교정책은 러시아가 나고르노-카라바흐 문제와 관련하여 아제르바이잔에 대해 지나치게 적대적인 행보를 보이지 않도록 예방한다. 아제르바이잔의 그와 같은 외교정책은 나고르노-카라바흐 갈등을 해소하지는 못하더라도 이를 현상유지하고 아베르바이잔 국내 안정과 지역 안보를 확보하는 효과가 있었다(Valiyev 2010). 또한 아제르바이잔의 친러시아 외교 옵션은 터키와 아르메니아가 외교적으로 접근할 경우에 아제르바이잔이 러시아와의 접근을 강화함으로써 터키와 아르메니아의 관계 회복을 억제하고 이러한 위험을 헤징하는 효과가 있었다(김대성 2011; Mazziotti et al. 2013).

　이와 같은 아제르바이잔의 친러시아 외교정책 노선과 군사력 강화는 최근 벌어진 아르메니아-아제르바이잔 전쟁에서 아제르바이잔의 일방적인 승리로 결실을 맺었다. 이전 전쟁에서 자국의 영향력 아래에 있던 아르메니아를 일방적으로 군사 지원한 것과는 달리 최근 전쟁에서 러시아는 두 전쟁 당사국의 군사적 충돌을 지켜보았고 평화협정의 중재자로 전쟁의 결과를 확인시키고 마무리 지었다. 이는 아르메니아와 아제르바이잔 모두 러시아의 우방국으로 러시아의 세력권 내에 있었기 때문에 러시아로서는 적극적으로 군사개입할 이유가 없었기 때문이었다(이철재 2020; BBC 2020).

　한편 아제르바이잔은 나고르노-카라바흐 갈등과 관련하여 친미-친서방 옵션도 활용한다. 미국은 1990년대 중반이 되면서 남캅카스를 미국 국익에 중요한 지역으로 인식하면서 아르메나아가 아니라 아제르바이잔을 주요 관심국가로 간주했다(김연규 2009, 189-192). 이는 아제르바이잔이 보유하고 있는 카스피해 에너지 자원과 러시아-중국에 대한 미국의 지정학적 세계전략에서 한국, 우크라이나, 터키, 이란 등과 함께 아제르바이잔이 차지하는 지정학적 가치 때문이다(브레 진스키 2000, 64). 아제르바이잔은 이러한 미국의 자국에 대한 관심을 이용하여 미국-서방과 연대하고 있다(김연규 2009, 175). 아제르바이 잔은 2012년 미국과의 안보 대화에서 정치적-군사적 이슈들을 논의 하였으며, 이를 기점으로 미국과 군사적, 외교적 관계를 강화했다. 여 기에는 카스피해에서의 러시아와 이란의 영향력을 견제하기 위한 해 상안보에서의 자문과 협력강화 그리고 NATO와 아제르바이잔군의 상 호작전능력 강화(inter-operability) 등이 포함되었다(Mazziotti et al. 2013). 이 밖에도 아제르바이잔은 나고르노-카라바흐 갈등과 관련해 다양한 부문에서 미국-서방과 협력을 추구했다. 아제르바이잔은 나 고르노-카라바흐 갈등을 아르메니아의 군사적 도발과 인종청소정책 과 영토의 불법 점령, 강제 이주 등의 문제로 규정하고 이의 해소를 위 해서는 1992년에 만들어진 OSCE 민스크 그룹의 결의안과 2008년의 UN총회 결의안 822, 856, 874와 884 등에 따라 아제르바이잔의 주권 과 영토적 온전성, 그리고 국제적으로 인정되는 국경을 존중하는 방식 으로 해결되어야 한다고 주장한다(Habibbeyli 2017, 42-43). 이를 위 해 아제르바이잔은 NATO와 협력을 강화하고 EU의 동방 파트너십 프 로그램(Eastern Partnership Program)에 참여하는 등 EU와의 협력을 강화함으로써 서방국가들의 외교적 지지를 이끌어내고자 시도했다 (Aliyev 2009).

아제르바이잔이 미국-서방과 러시아 사이에서 균형외교를 추진 할 수 있도록 하는 가장 주요한 동력은 아제르바이잔이 보유한 에너 지 자원과 러시아를 우회하여 중앙아시아-캅카스-유럽을 이을 수 있 는 운송-교통의 요충지라는 역량과 조건 때문이다. 아제르바이잔은 세 계 20위 수준의 원유와 세계 25위 수준의 천연가스의 생산 및 경유지

로서 국제 에너지 시장에서 중요한 지위를 가진다. 이와 같은 아제르
바이잔의 에너지 자원과 지리적 중요성은 이 지역 에너지 자원을 확
보하고 러시아를 거치지 않고 서방으로 에너지를 공급하려는 미국-서
방의 관심을 환기시켰다. 예를 들면, 독립 직후 초창기에는 아르메니
아를 지지하는 미국의 입장 때문에 미국과 아제르바이잔의 관계가 좋
지 않았다. 하지만 아제르바이잔의 알리예프(Aliyev) 대통령은 카스
피해의 풍부한 에너지 자원으로 미국과 서방 기업들을 유혹하였다.
1994년에 세기의 계약(Contract of the Century)이라고 불리는 BP,
Amoco, Statoil, Shell 등 많은 주요한 서방 에너지 기업들과 컨소시
엄을 형성하는 생산공유협정(Production Sharing Agreement, PSA)
을 체결하였다(Erol 2013, 93). 또한 카스피해 원유와 천연가스뿐만 아
니라 중앙아시아의 원유와 천연가스를 러시아를 거치지 않고 우회하
여 유럽으로 공급하는 BTC(Baku-Tbilisi-Ceyhan)라인과 BTE(Baku-
Tbilisi-Erzurum)을 건설하여 미국과 서방의 아제르바이잔에 대한 전
략적 관심을 높였다(Aliyev 2009). 이와 같은 아제르바이잔의 에너지
자원과 지리적 가치는 아제르바이잔의 대미-대EU 외교정책의 주요한
지렛대 역할을 하며 미국-서방이 남캅카스에 전략적 관심을 갖고 이
지역에 적극적으로 개입하도록 영향을 미친다. 이러한 아제르바이잔
이 갖는 전략적 중요성은 미국-서방이 아제르바이잔 정권의 권위주의
적 속성에도 불구하고 아제르바이잔을 전략적으로 지원하도록 이끈다
(Cheterian 2010).

　　하지만 아제르바이잔은 이와 같은 에너지 자원을 이용한 친미-친
서방 외교정책이 러시아를 지나치게 자극하지 않도록 주의한다. 아제
르바이잔은 1994년 서방 석유기업들과의 '세기의 계약'에서도 러시아
에 10%의 지분 참여를 보장하였다. 2008년 러시아-조지아 전쟁 이후

에 아제르바이잔은 러시아와의 관계를 더욱 비중 있게 다루었다. 아제르바이잔은 에너지 외교의 일환으로 자신의 가스 자원을 러시아에 판매하는 계약을 러시아 가스 회사인 가스프롬과 체결하였다. 이와 같은 아제르바이잔의 러시아와의 화해 노력은 아제르바이잔의 친서방 에너지 정책에 러시아가 걸림돌이 되는 것을 예방하고 나고르노-카라바흐 갈등과 아제르바이잔 내 소수민족 문제와 관련하여 러시아의 아제르바이잔에 대한 영향력을 고려한 조치였다(Erol 2013, 92-93).

셋째, 아제르바이잔 역시 아르메니아와 마찬가지로 국가리더십의 국가전략/의지가 외교정책에 영향을 미쳤다. 예를 들면, 1991년 독립 이후 최초로 선출된 대통령은 아야즈 무탈리보프(Ayaz Muttalibov)였다. 그는 친러시아 성향을 가졌으며 많은 사람들이 그가 모스크바에 의해 임명되었다고 생각했다. 그는 아제르바이잔 의회가 동의하지 않았지만 러시아 주도의 CIS와 CSTO에 참여하는 결정을 내렸다. 그는 아제르바이잔이 나고르노-카라바흐 갈등과 관련하여 러시아의 지원을 받을 수 있다고 믿었다. 두 번째 대통령인 야쿱 마무도프(Yaqub Mahmudov)를 거쳐 1992년 아제르바이잔의 첫 번째 비공산주의자 대통령이 된 아불파즈 엘치베이(Abulfaz Elchibey)는 급진적 민족주의자였다. 그는 친터키, 친서방 정책을 강하게 추진하였으며 이는 러시아와 아제르바이잔 내 소수민족들의 분노를 가져왔다. 이 때문에 그는 1993년 6월에 러시아가 주도한 것으로 의심되는 쿠데타에 의해 물러났다. 이후 1993년부터 대통령이 된 하이다르 알리예프(Heydar Aliyev)는 실용주의적 외교정책의 중요성을 강조하며 러시아와 미국-서방 사이에서 균형외교전략을 추진했다(Erol 2013, 33-34). 이와 같은 아제르바이잔의 균형외교전략은 현재 대통령인 일함 알리예프(Ilham Aliyev)에서도 지속되어 오고 있다. 아제르바이잔은 이와 같은 자신들의 균형외교전략을 동–서를 연결하는 다리(East-West Bridge) 역할로 정의한다(Habibbeyli 2017; Konarzewska 2018). 이러한 사례들은 개별 리더십의 국가전략/의지가 외교정책으로 반영되는 것을 보여준다. 하지만 동시에 아제르바이잔이 가지는 제한된 군사적 역량과 같은 다른 국내적 요인들과 강대국 영향력과 같은 대외적 요인들에 의해 리더십의 국가전략/의지가 외교정책에 미치는 영향이 제한된다는 사실도 확인할 수 있다.

IV. 아르메니아와 아제르바이잔의 외교정책과 주요 요인들: 대외적 수준의 요인들과 외교정책

1. 지역 수준의 요인들과 외교정책

1) 나고르노-카라바흐 문제

나고르노-카라바흐는 아르메니아와 아제르바이잔 두 나라 관계를 결정하는 가장 핵심적인 쟁점이다. 1988-1994년 이후로 지난 30년간 나고르노-토카라바흐 문제는 아르메니아와 아제르바이잔 두 나라의 외교정책을 결정하는 상수로 작동해왔다. 지난 2020년 7-9월에도 나고르노-카라바흐 지역을 두고 두 나라는 다시 분쟁을 벌인 바 있다. 소련 시기에 이 지역은 인구 구성에서는 아르메니아인이 대다수를 차지하지만 행정구역상으로는 아제르바이잔에 속하여 아제르바이잔 영토의 일부가 되었다. 이는 소련이 해체되고 신생 독립국가인 아르메니아와 아제르바이잔이 출범하는 시기인 1988년에서 1994년 사이에 나고르노-카라바흐 전쟁이 발발하는 직접적인 요인이 되었다. 아르메니아인들은 이 전쟁을 '아르차흐 해방 전쟁'으로 부르며 정당한 아르메니아의 영토를 되찾는 영토회복 노력으로 이해한다. 실제로 1980년대 말에서 1990년대 초에 벌어진 이 전쟁에서 아르메니아는 대승을 거두었고, 나고르노-카라바흐 지역은 아제르바이잔 중앙정부의 통치에서 벗어나 사실상의 독립국가가 되었다. 반면, 아제르바이잔은 이 전쟁을 정당한 주권국가의 영토를 무단으로 침탈하고 해당 지역에서 아제르바이잔인들을 모두 내쫓은 아르메니아의 침략행위로 이해한다. 이 전쟁은 이후 30년 동안 두 나라 사이의 관계를 적대적으로 만드는 주요한 요인이 되었다. 최근 재발된 두 나라 사이의 군사적 분쟁은 나고르노-카라바흐 지역을 둘러싸고 그간 잠복되어 있던 갈등이 다시 발현된 것이다. 최근 분쟁은 아제르바이잔의 완승으로 끝난 것으로 평가되었다. 러시아의 중재로 종료된 이번 분쟁으로 아제르바이잔은 지난 1988-1994년 전쟁에서 빼앗겼던 지역 가운데 나고르노-카라바흐 지역의 수도인 스테파나케르트를 제외한 주요 지역 대부분을 되찾았다 (김소연·신기섭 2020; 임명묵 2020; Erol 2013, 56). 오늘날 나고르노-카라바흐 지역 갈등의 가장 직접적인 기원은 이 지역을 오랫동안 통치한 제정러시아와 소련의 관리정책에서 찾을 수 있다. 제정러시아는 아르메니아인의 이주를 오스만투르크 등의 남쪽의 이슬람 제국들의 세력 확장을 차단하고자 하는 억제정책의 일환으로 이용하였다. 제정러시아의 입장에서는 기독교도인 아르메니아인들을 나고르노-카라바흐 지역과 다른 남캅카스 지역에 이주시킴으로서 터키계 무슬림들인 아제르인들을 통한 오스만투르크의 세력 확장을 차단하기 위한 전략적인 방어선을 구축할 수 있었다. 1826-1828년 5차 러시아-페르시아 전쟁의 결과로 맺어진 투르크멘차이(Turkmenchai) 조약 이전까지 나고르노-카라바흐에서 아르메니아인들은 소수였다. 예를 들면, 1823년에 나고르노-카라바흐 전체 인구의 9%만이 아르메니아인이었다. 나머지 91%는 무슬림으로 등록되었다. 하지만 이후 제정러시아 당국이 주도한 이 지역에 대한 아르메니아인의 이주정책으로 나고르노-카라바흐의 인구구성은 상당히 변화된다. 1832년에 나고르노-카라바흐에서 아르메니아인은 인구의 35%를 차지했고 이후 1880년에는 53%를 구성하여 나고르노-카라바흐 지역의 다수인구가 되었다(Erol 2013, 49-50).

　소련 역시 남캅카스 지역을 효과적으로 통치하기 위해 아르메니아인들과 아제르인들 사이의 민족적 차이를 이용하였고 이는 오늘날 두 나라 사이의 나고르노-카라바흐 지역을 둘러싼 갈등의 직접적인 요인이 되었다. 오늘날의 아르메니아와 아제르바이잔은 1920년대 소련의 일부인 구성 공화국으로 건국되었다. 이때 나고르노-카라바흐 지역은 인구 구성 면에서 아르메니아 구성 공화국에 속해야 했으나 소련 중앙정부는 이 지역을 아제르바이잔 구성 공화국 내에 포함시켰다. 이는 소련 정부의 분할통치(divide-and-control) 정책에 따른 것이었다. 이 결정으로 아르메니아와 아제르바이잔 사이에 나고르노-카라바흐의 지위를 둘러싼 갈등이 발생했고 1년 뒤인 1922년에 나고르노-카라바흐는 아제르바이잔 구성 공화국 내에서 자치주의 지위를 갖는 것으로 최종 결정되었다. 하지만 이후에도 나고르노-카라바흐를 둘러싼 갈등은 소비에트 체제 내에서 지속되었다. 나고르노-카라바흐의 아르메니아인들은 수십 년간 여러 차례 소련 중앙정부에 아르메니아 구성 공화국으로 편입시켜 달라고 청원했다(BBC 2020b; Erol 2013, 50).

　수면 아래로 가라앉아 있던 나고르노-카라바흐를 둘러싼 아르메니아와 아제르바이잔 사이의 갈등은 1998년에서 1994년 사이 소련 해체와 아르메니아와 아제르바이잔이 신생독립국가로 출범하는 체제

이행 과정에서 본격적으로 대두되었다. 이 시기에도 나고르노-카라바흐 지역의 인구 중 다수는 아르메니아인들이었다. 1989년 통계에 따르면, 나고르노-카라바흐 지역의 전체 인구는 189,085명이었는데 이 가운데 아르메니아인이 77%를 구성했고, 아제르바이잔인은 22%를 구성했다(Zurcher 2007, 157-158). 1980년대 후반 나고르노-카라바흐 지역의 수도인 스테파나케르트에서 나고르노-카라바흐의 아르메니아와의 재통합을 요구하는 대규모 시위가 발생했고 이는 아르메니아 수도인 예레반에서 약 백만 명이 참여하는 시위로 발전했다. 또한 나고르노-카라바흐 지방의회는 공식적으로 아르메니아의 일부가 되기로 표결했다. 이와 같은 일련의 사태 이후 아르메니아인들과 아제르인들 사이의 충돌은 더욱 빈번해졌다. 이 과정에서 양측의 무력충돌로 강요된 대규모 인구이동과 살인, 방화, 약탈, 강간 등이 발생했다. 1990년에는 아제르바이잔 수도인 바쿠에서 약 25만 명이 참여한 나고르노-카라바흐 독립에 반대하는 시위가 발생했으며 바쿠와 아제르바이잔 도처에서 아직 아제르바이잔에 남아 있던 아르메니아인들에 대한 폭력이 가해져 수백 명이 다치고 수십 명이 살해됐다. 1991년에는 아르메니아가 군 병력과 민병대를 동원하여 아제르인 마을을 습격했다(BBC 2020b; Erol 2013, 51-52; Zurcher 2007, 165-167).

소련의 해체와 아르메니아와 아제르바이잔의 독립국가로서의 출범은 나고르노-카라바흐 분쟁의 성격을 내전에서 국제전으로 변모시켰다. 내전의 성격을 가졌던 1988년에서 1991년 여름 사이에는 중화기를 보유하지 못한 민병대들 사이의 충돌이었지만, 국제전으로 변모된 이후에는 중화기와 자동화기, RPG(Rocket propelled grenades), 박격포, 다연장 로켓, 무장장갑차량과 탱크, 전투헬기와 전투기 등이 동원되는 아르메니아와 아제르바이잔 정규군들 사이의 군사적 충돌이 되었다(Zurcher 2007, 169). 전쟁 과정에서 양측이 서로에게 저지른 학살과 인종청소에 대한 보고가 쏟아졌고 수만 명이 죽고 100만 명 가까운 난민이 발생했다. 한편 양측의 분쟁에 또 다른 당사자인 소련/러시아가 개입하였고 분쟁의 결과에 중요한 영향을 미쳤다. 분쟁 초기에 소련 중앙정부는 현상변경 세력으로 판단한 아르메니아인들에 대항해 아제르바이잔을 지원하였다. 하지만 새로 출범한 러시아 정부는 아르메니아를 적극 지원하였다. 이는 터키 세력이 아제르바이잔을 통해 남 캅카스로 확장되는 것을 차단하기 위한 완충지대로서의 아르메니아의 지정학적 가치평가에 따른 러시아의 전략적 판단 때문이었다. 러시아 정부는 아르메니아에 집중적으로 무기와 장비를 지원하였을 뿐만 아니라 아르메니아군의 작전에도 함께 참여하였다(BBC 2020b; Zurcher 2007, 169-170).

1988-1994년 사이의 나고르노-카라바흐 분쟁은 아르메니아의 일방적인 승리로 1994년에 휴전되었다. 1988-1994년 전쟁에서 아르메니아인들과 아제르바이잔인들 서로 간에 대학살과 인종청소, 강제이주, 방화, 강간 등의 참상이 일어났다. 이는 서로에 대한 과도한 민족주의적 열망과 증오와 복수에 따른 결과였다. 1988-1994년 전쟁은 또한 두 나라 사이에 국경의 불안정성을 야기했다. 아제르바이잔 영토의 일부였던 나고르노-카라바흐는 사실상 분리독립하여 아르메니아의 영향권으로 편입되었다. 아르메니아는 이와 함께 나고르노-카라바흐와 아르메니아를 연결하는 라친 회랑지대를 포함해 켈바자르(Kelbajar), 피줄리(Fizuli), 아그담(Aghdam), 제브라일(Jebrail), 그리고 쿠바틀리(Kubatly)와 같은 주요 전략거점을 장악했다. 전쟁의 결과 아르메니아군이 실효 지배하게 됐던 아제르바이잔 영토는 아제르바이잔 전체 영토의 약 20%에 달했다(Erol 2013, 56; Zurcher 2007, 170-175).

1988-1994년 전쟁은 휴전으로 마무리되었지만 이로 인한 상대방에 대한 부정적 경험은 두 나라의 국민정체성이 서로에 대해 적대적으로 형성되는 데 주요한 동력이 되고 두 나라의 외교정책에 주요한 영향을 미쳤다. 또한 지역정치에서 아르메니아와 아제르바이잔-터키 사이의 적대적 대치가 고착화되는 데 주요한 상수로 작용하였다. 아르메니아와 아제르바이잔 양측은 나고르노-카라바흐의 국제법적 지위와 아르메니아가 점령한 아제르바이잔 영토의 반환문제를 두고 팽팽한 대치를 지속해왔다(김연규 2009, 168; BBC 2020b; Erol 2013, 56; Zurcher 2007, 170-175).

휴전협정에도 불구하고 아르메니아와 아제르바이잔의 갈등은 계속되었다. 러시아, 프랑스, 그리고 미국 등의 중재로 평화협정 체결을 위한 협상이 계속되었지만 결렬되었다. 양측은 지난 30년간 갈등과 충돌을 계속했다. 아르메니아인들은 나고르노-카라바흐 문제를 민족해방운동으로 정의하며 점령지역으로부터 아르메니아군 철수 이전에 나고르노-카라바흐의 국제적 지위를 법적으로 인정해 줄 것을 요구한다(김연규 2009, 168; BBC 2020b). 반면 아제르인들은 분쟁이 아르메니아인에 의한 불법적 침공의 결과라고 본다. 아제르바이잔은 자신들이 국제법상으로 인정받은 영토를 아르메니아가 불법적으로 점령하고 있다고 주장하며 국제법에 따라 나고르노-카라바흐의 독립은 무효이며 자신들의 정당한 영토를 돌려받아야 한다고 주장한다(Erol 2013, 56). 아제르바이잔 측은 아르메니아와 나고르노-카라바흐군이 점령하고 있는 나고르노-카라바흐와 주변 7개 지역으로부터 아르메니아군의 우선 철수와 점령지역에서 살던 아제르바이잔 난민의 복귀를 주장한다(김연규 2009, 168). 이와 같은 두 나라의 상충되는 분쟁에 대한 인식은 나고르노-카라바흐 갈등을 해소하기 위한 합의를 도출하는 데 중요한 걸림돌로 작용한다. 이 때문에 나고르노-카라바흐 갈등은 휴전 상태로 지속되었다. 하지만 이와 같은 휴전상태는 때때로 군사적 충돌로 돌변했다. 2016년에 양측의 소규모 군사적 충돌로 수십 명의 사상자가 발생하였으며, 최근 2020년에는 아제르바이잔이 아르메니아를 공격하여 빼앗겼던 아르메니아 점령지역의 대부분을 되찾고 러시아의 중재로 평화협정이 체결되었다(김소연·신기섭 2020; 이진희 2020; BBC 2020b). 그럼에도 불구하고 나고르노-카라바흐를 둘러싼 양측의 갈등과 분쟁이 완전히 종식된 것으로 보기는 어렵다.

특히 2020년 7월 발생한 아르메니아-아제르바이잔 전쟁은 해결되지 않은 나고르노-카라바흐 문제와 아르메니아 점령 지역 반환을 둘러싼 두 나라 사이의 갈등이 다시 폭발한 것이었다(이진희 2020). 앞서 언급한 바와 같이 이번 전쟁은 아제르바이잔의 완승으로 끝났다. 두 나라는 지난 11월 10일부터 러시아의 중재로 평화협정에 합의하고 휴전하였다. 러시아는 5년간 분쟁재발 방지를 위해 평화유지군을 배치하기로 하였다. 아르메니아는 나고르노-카라바흐의 아그담 지역과 아제르바이잔 가자흐 지역의 점령지를 11월 20일까지 아제르바이잔에 반환하기로 했으며, 또한 켈바자르와 라친 지역을 각각 11월 15일과 12월 1일까지 아제르바이잔에 반환하기로 하였다. 이로써 아제르바이잔은 미승인국인 '나고르노-카라바흐 공화국'(아르차흐 공화국)[6]의 수도인 스테파나케르트를 제외한 주요 지역 대부분을 수복했다(김소연·신기섭 2020). 하지만 이로 인해 아르메니아-아제르바이잔 외교관계의 적대적 성격이 바뀌지는 않을 것이다. 또한 두 나라 사이의 군사적 충돌 역시 언제든지 다시 재발할 위험성이 있다.

---

6   나고르노-카라바흐 공화국은 2017년 아르차흐 공화국으로 이름을 바꾸었으며, 이를 국가로 인정한 나라는 세계에서 아르메니아뿐이다(김소연·신기섭 2020).

2) 지역 강국들: 터키와 이란

지역 강국으로서 터키는 아르메니아와 아제르바이잔의 외교정책에 주요한 영향을 미치는 대외적 요인 가운데 하나이다. 터키는 아르메니아-아제르바이잔 갈등에서 아제르바이잔을 적극적으로 지지하고 아르메니아에 적대적이다. 터키는 아르메니아와 ① 1915년 터키의 아르메니아인 학살에 대한 인정과 보상, ② 국경 획정, ③ 터키의 아르메니아 국경 봉쇄, 그리고 ④ 터키의 캅카스 지역에서의 범터키 정책에 대한 아르메니아의 경계 등의 문제들과 관련해 불편한 관계를 유지해오고 있다. 터키는 아르메니아가 주장하는 1915년 대학살을 인정하지 않고 있는데 이는 학살에 대한 인정이 터키-아르메니아 사이의 국경 획정 문제와 연관되기 때문이다. 아르메니아는 현재의 두 나라 사이의 국경을 획정한 1921년 소련-터키 간의 조약을 인정하지 않고 터키 북동부 지역과 카스지역(Kars Region)에 대한 영유권을 주장해왔다. 터키는 학살을 인정하게 되면 이와 같은 아르메니아의 영토 요구를 정당화시켜줄 수 있는 가능성을 우려한다(김연규 2009, 170-171). 터키는 또한 아제르바이잔 편을 들어 아르메니아의 나고르노-카라바흐와 인근 지역 점령에 대한 대응으로 아르메니아에 대한 국경을 봉쇄하는 조치를 취했다. 이는 국경 봉쇄를 통해 아르메니아를 경제적으로 압박하여 아르메니아가 나고르노-카라바흐를 포함한 아제르바이잔 내 점령지역으로부터 철수하도록 의도한 것이었다(김연규 2009, 171). 이 밖에도 터키는 소련 해체 이후 적극적으로 중앙아시아와 캅카스 지역에서 범터키주의에 기초한 문화-정치적인 영향력을 확장하는 외교정책을 추진하였는데 특히 캅카스 지역에서 이러한 정책은 상당한 성과를 거두었다. 이 과정에서 터키와 역사, 인종, 문화, 언어적으로 밀접이 연결된 아제르바이잔은 가장 핵심적인 국가에 해당했다. 이와 같은 터키의 영향력 확장에 대해 아르메니아는 상당한 경계심을 드러낸다. 아르메니아는 터키가 범터키 연대를 내세워 캅카스와 그 주변지역에서 세력 확장을 하는 과정은 그 중간에 위치한 아르메니아에 대한 말살 정책으로 이어질 것이라고 염려한다. 이에 대항해 아르메니아는 러시아, 이란 등과 연대하여 반터키-반아제르바이잔 전선을 형성하는 외교정책을 추진한다(김연규 2009, 172-173).

반면 터키는 범터키 민족주의에 따라 아제르바이잔과는 긴밀한 관계를 유지해오고 있다. 터키의 캅카스에 대한 세력 확장에서 아제르바이잔은 중요한 전략적 거점국가에 해당한다. 이 때문에 터키 정부는 아르메니아-아제르바이잔 갈등에서 아제르바이잔 측에 가담하여 적극적으로 개입했다. 터키는 독립 직후 1991년 11월 9일 가장 먼저 아제르바이잔을 공식적으로 인정했으며, 다른 어느 국가들에 비해서 먼저 아제르바이잔과 외교 관계를 맺었다. 터키-아제르바이잔 관계는 군사 분야까지 확대되었다. 1996년에 터키는 아제르바이잔 장교 훈련 프로그램을 운영하였으며, 아제르바이잔의 NATO 프로그램 참여를 적극 도왔다(김연규 2009, 174). 최근 2020년 전쟁에서도 아제르바이잔은 아르메니아의 T-72탱크와 BMP-2 보병 전투차량 등을 파괴하는 데 주력 무기로 터키제 드론인 TB2 바이락타르를 활용했다. TB2 바이락타르는 터키의 방산업체인 칼레바이카르가 2014년부터 생산하는 드론으로 4곳의 하드 포인트에 터키제 대전차미사일과 70mm 로켓, 정밀유도무기를 장착했다(이철재 2020). 이는 터키-아제르바이잔 간 긴밀한 군사협력의 대표적인 사례로 지적될 수 있다. 경제 분야에서도 터키-아제르바이잔 협력은 긴밀하다. 아제르바이잔은 2001년 터키에 천연가스를 공급하기로 협정을 체결하였으며, 아제르바이잔 석유를 조지아를 통과해 터키의 흑해 항구를 통해 서유럽에 공급하기로 두 나라 간에 에너지 협력을 체결하였다. 터키의 아제르바이잔에 대한 직접투자액은 87억 달러에 달해 미국, 영국에 이어 터키는 아제르바이잔의 3대 수출국 가운데 하나이다(김연규 2009, 174). 아제르바이잔은 이처럼 터키의 반아르메니아-친아제르바이잔 기조를 활용하여 대아르메니아 견제를 위한 연대와 러시아 의존에 대한 균형전략의 일환으로 터키와의 협력을 강화하는 외교정책을 일관되게 유지해오고 있다.

이란은 또 다른 주요한 대외적 요인으로 아르메니아와 아제르바이잔 외교정책에 영향을 미친다. 우선 이란은 아르메니아의 주요한 우호적이고 신뢰할 만한 파트너이다. 이란과 아르메니아는 국경을 공유하며, 역사적이고 문화적인 유대가 있고, 상호 경제적인 이해를 공유하기 때문에 전통적으로 우호적인 관계를 지속해오고 있다. 반면 이란은 터키-아제르바이잔과 불편한 관계를 맺고 있으며 지역 내에서 범터키주의를 통해 터키의 영향력이 확장되는 것에 대해 경계한다. 이 때문에 터키-아제르바이잔과 적대적인 관계에 있는 아르메니아는 이란의 자연스러운 파트너이다. 아르메니아 역시 터키-아제르바이잔에 의해 국경이 봉쇄되어 경제적, 안보적 어려움에 처해 있는 상황에서 국경을 맞댄 이란은 중요한 경제-무역의 통로이다(Terzyan 2016, 161). 또한 아르메니아는 러시아에 전적으로 의존해 있는 에너지 공급을 다변화하기 위해서도 이란을 주요한 파트너로 인식한다. 1990년대 초반 아르메니아와 아제르바이잔 신생국가 독립 이후 이란은 두 나라 사이에서 비교적 균형적 입장을 취하기 위해 노력했으나 특히 아제르바이잔의 엘치베이 대통령이 이란에 적대적인 정책을 취하면서 이란과의 국경 문제를 거론하면서부터 이란은 아르메니아를 본격적으로 지지하기 시작하였다. 1994년 나고르노-카라바흐 전쟁 중 아르메니아군이 이란의 군용기를 실수로 격추시키는 사건이 발생했음에도 두 나라 사이의 관계는 아르메니아의 사과 이후 더욱 견고해졌다. 이와 같은 사실은 두 나라 정상 간의 상호 방문 횟수와 기타 장관급 회담 숫자에서도 드러난다(김연규 2009, 193-194). 아르메니아 대통령 사르그샨은 이란의 자국 영토 내에 있는 아르메니아 공동체에 대한 우호적인 정책과 아르메니아 문화유산에 대한 배려뿐만 아니라 나고르노-카라바흐 갈등에서 이란이 취한 균형 잡힌 접근에 대해 반복적으로 이란에 감사를 표시했다. 그는 이란이 기꺼이 역사적으로 어려운 시기에 아르메니아와 아르메니아인들을 지원했다는 사실을 강조했다(Terzyan 2016, 161).

이란은 반면 인종-종교적 유대를 가진 아제르바이잔과는 오히려 적대적 관계를 갖고 있다. 이와 같은 적대적 이란의 존재는 아제르바이잔의 반이란 성향의 외교정책에 영향을 미친다. 이란과 아제르바이잔은 과거 페르시아 제국에 같이 속해 있었다. 이러한 사실에도 불구하고 이란과 아제르바이잔은 국경 획정과 국경지역 민족문제와 관련하여 긴장관계를 유지하고 있다. 아제르바이잔은 북부이란과 아제르바이잔의 병합을 주장하는데 이는 이란-아제르바이잔 긴장관계의 주요 요인 가운데 하나이다. 이란은 아제르바이잔이 북부 이란에 거주하는 아제르바이잔 인구의 2배에 달하는 1,700만 명의 아제르인들을 자국에 편입시키려 한다고 비난한다(김연규 2009, 194).[7] 아제르바이잔의 입장에서는 현재의 아제르바이잔은 자신들이 실제로 아제르바이잔이라고 인식하는 지역의 북쪽 절반에 불과하다. 아제르바이잔 정부는 이란 북서부의 아제르바이잔인들과 그들의 거주 지역이 진정한 아제

---

7   이란 내 아제르바이잔인들은 이란 인구구성에서 두 번째로 큰 민족집단이다(Coffey 2020).

르바이잔의 남쪽 절반이라고 인식한다. 그리고 그들은 자신들의 형제인 이란 내 아제르바이잔인들이 이란 내에서 차별을 받으며 진정한 국민적 권리를 누리지 못한다고 주장한다. 이와 같은 아제르바이잔인들의 분단은 근대국가와 국민의식이 생겨나기 이전에 제정러시아가 오늘날의 북부 아제르바이잔을 제국 내로 편입시키고 이후 해당 지역이 오랫동안 소련의 영향을 받으면서 고착화되었다. 소련 해체 이후 소련에 속해 있던 북부 아제르바이잔이 새로 신생독립국가로 출범하면서 아제르바이잔 정치지도자들은 이란 내 남부 아제르바이잔을 가장 신뢰할 만하고 강력한 신생국가의 동맹으로 인식하였고 이를 바탕으로 통일 아제르바이잔(United Azerbaijan)에 대한 생각들을 공유하고 주창하였다. 현재의 이란 정부는 이와 같은 아제르바이잔의 의도에 대해 경계한다. 이란은 새로 독립한 아제르바이잔을 이란의 정치적 영향권 내로 편입시키고 이란 내 아제르바이잔인들에 대한 아제르바이잔의 영향력을 제거하려고 노력한다. 이와 더불어 이란 내 아제르바이잔인들의 존재를 인정하지 않으며 이들에 대한 억압적 조치들과 경찰력을 사용한 통제를 강화시켰다. 카스피해의 에너지 자원 역시 이란-아제르바이잔 관계를 적대적으로 만드는 또 다른 주요한 요인이다. 이란은 카스피해의 석유와 가스에 대한 지정학적 경쟁에 매우 적극적인 참여자이다. 이란은 특히 우수한 기술과 풍부한 자본을 가진 미국-서방이 카스피해의 에너지 자원경쟁에 침투하여 영향력을 확장해나가는 것을 극도로 경계한다. 이와 관련하여 이란은 러시아와 공조하여 미국-서방에 대응하려고 한다. 반면 이란은 아제르바이잔이 미국-서방을 역내 에너지 자원경쟁에 끌어들이고 있다고 비판하면서 불편한 기색을 드러낸다. 특히 이란은 BTC(Baku-Tbilisi-Ceyhan) 파이프라인과 인근 지역 개발을 위협으로 인식하여 이에 적대적으로 대응했다(Coffey 2020; Nassibli 1999). 최근 아제르바이잔의 일방적 승리로 끝난 아제르바이잔-아르메니아 전쟁의 결과는 이란에게 상당한 전략적 어려움을 안겨주었다. 이란은 더욱 강해진 아제르바이잔의 민족주의 영향력에 직면하게 되어 국경과 국내정치적 불안정성이 증대되었다. 또한 이란은 이 때문에 북쪽 국경의 이란-아제르바이잔 문제에 더욱 관심과 자원-역량을 쏟을 수밖에 없게 되어 걸프 지역과 시리아, 이라크 등과 같은 다른 지역에 대한 이란의 개입전략에 부담이 가중되었다(Coffey 2020).

2. 세계적 수준의 요인들과 외교정책: 러시아와 미국-서방

남캅카스 지역에 영향력을 행사하는 세계적 수준의 강대국인 러시아와 미국-서방은 아르메니아와 아제르바이잔의 외교정책에 영향을 미치는 주요한 대외적 요인이다. 이들 강대국 사이의 세력균형은 지역 국가들인 아르메니아와 아제르바이잔의 외교정책에 직, 간접적으로 주요한 영향을 미친다. 하지만 러시아와 미국-서방 두 강대국 세력은 지역에서의 세력투사의 의지와 역량 면에서 차이를 보인다. 러시아는 이전 소련 연방의 일부였던 남캅카스 지역을 러시아 국가 이해를 위한 포기할 수 없는 핵심 이익지역으로 인식하고 이 지역에 미국-서방의 세력 진출이나 터키 등 지역 강국의 세력 확장을 극도로 경계한다. 러시아 시각에서 남캅카스 지역의 안정은 국경을 맞댄 러시아 영토인 북캅카스의 안정에 중요한 완충역할을 한다. 러시아는 이와 같은 이 지역에 대한 전략적 이해를 관철시키기 위해 군사력을 포함한 적극적 개입을 할 의지와 역량을 갖추고 있다(김연규 2009, 179; Remler 2020). 반면 미국-서방은 이 지역에 대한 세력투사에 있어 제한적인 의지와

능력만을 갖고 있다. 미국-서방이 남캅카스 지역에 대한 주요한 지정
학적 이해를 가진다고 하더라도 그 이해를 관철하기 위한 의지와 역
량 면에서 세력경쟁의 상대방인 러시아의 그것에 비해 상대적으로 매
우 제한적이다. 미국-서방의 이 지역에 대한 주요한 관심은 러시아의
영향으로부터 자유롭게 카스피해와 중앙아시아 에너지 자원을 미국-
서방으로 안정적으로 공급 받는 것이다. 이와 함께 러시아와 터키, 이
란 등에 대한 세력균형과 이슬람 극단주의 테러리즘 확산에 대한 억제
와 같은 지전략적 관심이 있다. 이와 관련하여 미국-서방은 이 지역에
민주주의와 인권, 시장경제 등을 확산시키려는 의도를 갖고 있다. 하
지만 미국-서방은 이 지역을 전통적인 러시아의 영향권으로 인식한다.
따라서 미국-서방은 러시아와의 군사적 충돌을 감수하면서까지 이 지
역에 군사력 사용을 포함한 적극적 세력투사를 하고자 하는 의지는 없
으며 실제로 그러한 역량도 매우 제한적이다(Novikova 2019). 이러한
미국-서방의 남캅카스 지역에 대한 태도는 최근 아르메니아-아제르바
이잔 전쟁에서 미국-서방이 보여준 사실상의 무관심에서도 나타났다
(김소연·신기섭 2020; BBC 2020b).

　　러시아는 아르메니아의 외교정책에 주요한 영향을 미친다(Ато
ян & Atoyan 2015). 이는 아르메니아로서는 러시아 이외에는 실효적
인 도움으로 받을 수 있는 다른 대안적 강대국의 선택지가 없기 때문
이다. 아르메니아는 나고르노-카라바흐 갈등과 관련하여 아제르바이
잔-터키로부터 포위되어 있으며 직접적인 안보위협에 직면하고 있다.
경제/에너지 문제와 관련해서도 아르메니아는 고립되어 있다(김연규
2009; Galstyan 2013; Konarzewska 2018; Shirinyan 2019). 러시아의
군사적 지원과 경제/에너지 협력은 따라서 아르메니아로서는 사활적
이해에 해당한다. 한편 미국-서방은 지정학적으로 고립되어 있어 카스

피해 에너지 자원에 접근성이 없는 아르메니아에 대해 그다지 관심이 없다. 지역 강국인 이란은 역량의 한계로 인해 의미 있는 군사적, 경제적 지원을 기대하기 어렵다.

러시아는 아르메니아와의 관계에 매우 적극적이었다. 러시아는 아르메니아를 자국의 영향권 안에 묶어둠으로써 남캅카스에서 미국-서방과 터키, 이란 등의 영향력이 확대되는 것을 차단하려고 한다(Атоян & Atoyan 2015). 특히 2008년 러시아-조지아 전쟁 이후로 조지아가 친서방적인 노선을 분명히 하고 있고 아제르바이잔이 터키와는 민족적-종교적 유대를 가지며 에너지를 지렛대로 미국-서방과 러시아 사이에서 균형전략을 취하고 있는 현실을 고려할 때 역사적, 종교적 유대를 가지며 안보적, 경제적으로 러시아 의존이 심한 아르메니아의 전략적 가치는 러시아에게 매우 크다(Erol 2013). 러시아는 1997년 8월 아르메니아와 우호협력조약(Treaty of Friendship, Cooperation and Mutual Support)을 체결하였으며 두 나라가 제3국에 의해 공격당하면 자동 개입한다는 조항을 포함했다. 러시아는 아르메니아 예레반(Yerevan)과 귬리(Giumri)에 각각 3,000명과 5,000명의 군대를 주둔시키고 있다. 러시아와 아르메니아는 1995년 3월 16일 아르메니아에 러시아 군사기지를 25년 동안 주둔시킨다는 조약을 체결하였다(김연규 2009, 181-182).

이와 같은 러시아의 대아르메니아 개입정책은 아르메니아 외교정책에 영향을 미쳤다(Атоян & Atoyan 2015). 특히 2014년 우크라이나 위기 이후 푸틴의 러시아는 아르메니아에 대한 압력을 강화했다. 푸틴은 아르메니아에 대한 압박의 일환으로 아제르바이잔 바쿠를 방문했고 무기 판매에 관해 논의했다. 이에 아르메니아 대통령인 사르그샨은 EU 연대협정(EU Association Agreements)을 폐기하고 대신에 러시아 주도의 EAEU에 참여하였다. 2017년 아르메니아는 EU와 무역협정에 대한 논의를 재개했고 포괄적이고 강화된 파트너십 협정(Comprehensive and Enhanced Partnership Agreement)에 서명했다. 2018년 아르메니아에서 색깔혁명을 연상시키는 시민적 저항을 통해 친러시아 성향의 사르그샨이 대통령이 물러났다. 이후 오랜 민주화 요구를 이끈 파신얀 총리가 주도한 새로운 아르메니아 정부는 아르메니아가 민주주의를 추구할 것이라고 선언했다. 이는 색깔혁명을 미국-서방의 세력 확장으로 이해하는 푸틴의 러시아에게는 탈러시아-친서방 전략으로 비쳐질 수도 있었다. 하지만 이와 같은 아르메니아의 친서방 스텝은 제한적이었다. 푸틴은 아르메니아가 친러시아적인 전략적 지향성을 근본적으로 변화시켜 러시아 주도의 진영에서 벗어나려고 시도하지 않는 한 아르메니아의 제한적 친서방 노선에 전략적 자제로 대응했다. 새로운 아르메니아 정부 역시 러시아와의 간격이 벌어지는 것을 나고르노-카라바흐 문제와 관련하여 아제르바이잔이 이용함으로써 안보적 취약성이 증대될 수 있다는 것을 잘 이해했다. 이 때문에 그는 아르메니아가 여전히 러시아 주도의 EAEU와 CSTO에 잔류하는 것을 결정했다(Remler 2020).

아제르바이잔의 외교정책에 영향을 미치는 주요한 대외적 요인으로서의 강대국 세력균형의 조건은 아르메니아의 그것과 비슷하다. 아르메니아와 마찬가지로 러시아는 미국-서방, 그리고 터키나 이란 등과 같은 지역 강국에 비해 아제르바이잔에 대한 영향력을 실효적으로 행사할 수 있는 의지와 역량을 모두 갖춘 유일한 강대국이다. 러시아는 아제르바이잔 정권의 친러시아 성향을 확보하기 위한 목적으로 아제르바이잔 정권 형성과 교체에 개입한 사례가 있으며 아제르바이잔 내 소수민족의 실지회복운동을 후원하여 아제르바이잔의 탈러시아 외교전략을 좌절시킬 수 있다. 또한 아제르바이잔에 대한 무기지원과 아제르바이잔의 대러시아 경제의존을 높임으로써 아제르바이잔이 친러시아적 외교전략을 유지하도록 영향을 미칠 수 있다. 특히 아르메니아와 아제르바이잔 사이에서 군사적 지원을 양자 모두에게 지원하고 조율하는 '분리-통제(divide and control)'하는 방식으로 아제르바이잔과 아르메니아 모두에 대한 영향력을 극대화할 수 있다. 이러한 방식으로 러시아는 아제르바이잔과 아르메니아 모두를 러시아의 영향권 아래로 포획하려고 시도한다. 이 때문에 러시아는 아르메니아와 아제르바이잔 사이에서 중립적인 태도를 유지한다. 러시아는 공식적으로 나고르노-카라바흐 문제를 아르메니아-아제르바이잔 갈등으로 보는 것이 아니라 나고르노-카라바흐와 아제르바이잔 사이의 갈등으로 규정한다. 이와 같은 러시아의 태도는 특히 아르메니아와의 갈등을 야기하고 아르메니아 내에서 반러시아 성향을 자극한다. 러시아의 영향력은 아제르바이잔의 친러시아 외교정책으로 연결되었다. 아제르바이잔은 반러시아적인 외교정책이 러시아를 자극하여 러시아-아르메니아 관계를 강화시키고 이는 결국 나고르노-카라바흐 문제를 둘러싼 대아르메니아 관계를 더 어렵게 만들 것이라는 것을 잘 알고 있다. 특히 2018년 아르메니아 정권교체 이후 푸틴의 러시아는 민주주의를 강조하는 아르메니아 정부와 달리 오랜 권위주의 통치체제를 유지해오고 있는 아제르바이잔에 대해 심정적으로 더 편안하게 느낀다. 특히 2014년 우크라이나 위기 이후 권위주의 체제가 안정적으로 작동하는 아제르바이잔은 러시아에게 더 신뢰할 만한 국가로 인식되었다(Remler 2020). 최근 아르메니아-아제르바이잔 사이에서 러시아가 중립을 유지한 것은 아제르바이잔의 친러시아 외교정책의 결과로 이해할 수 있다.

　　하지만 아제르바이잔의 외교정책에는 아르메니아의 그것과는 달리 러시아에 비해서는 상대적으로 제한적이지만 그럼에도 불구하고 미국-서방과 터키 등 다른 강대국과 지역 강국의 영향력이 영향을 미친다(Novikova 2019; Remler 2020). 아제르바이잔의 에너지 자원과 중앙아시아-중동-유럽을 연결하는 지정학적 가치는 미국-서방의 전략적 관심을 환기시킨다. 비록 미국-서방의 아제르바이잔에 대한 전략적 관심이 아제르바이잔을 지지하고 러시아를 견제하기 위한 적극적인 군사적 지원과 개입으로 이어질 개연성은 매우 낮지만 미국-서방은 외교적 개입이나 에너지 개발협력과 같은 비군사적 방식으로 적극적으로 개입하고 아제르바이잔을 지원한다. 이러한 러시아 이외의 미국-서방이라는 대안적인 강대국 세력 또는 터키와 같은 지역 강국의 존재는 아제르바이잔이 보다 적극적으로 미국-서방/터키와 러시아 사이에서 균형외교 전략을 추진하도록 하는 동력이 된다(김대성 2011; Erol 2013; Mazziotti et al. 2013; Valiyev 2010). 최근 아제르바이잔의 대아르메니아 군사공격은 영토회복의 목적과 함께 아제르바이잔이 지역의 불안정성과 분쟁의 지역적 확산을 협상의 지렛대로 삼아 러시아를 압박한 것으로 이해된다. 아제르바이잔은 친러시아 외교정책을 통해 아르메니아-아제르바이잔 관계에서 러시아의 중립을 유도하고 동시에 미국-서방과 터키와의 긴밀한 관계협력을 통해 러시아를 압박하는 균형외교 전략을 추구한다(Remler 2020).

V. 맺음말: 종합분석 및 함의점

아르메니아와 아제르바이잔의 외교정책은 ① 국내적 수준의 요인들과

② 지역 수준의 요인들, 그리고 ③ 세계적 수준의 요인들이 통합적으로 영향을 미친 결과이다. 이와 같은 결과로 인해 아르메니아는 상대적으로 더 러시아에 의존적인 러시아 편승 또는 친러시아 외교정책을 선택했다. 반면에 아제르바이잔은 러시아와 미국-서방, 그리고 터키 사이에서 상대적으로 더 균형 잡힌 외교정책을 선택할 수 있었다. 이를 구체적으로 살펴보면 다음과 같다.

아르메니아의 대내외적 요인들은 통합적으로 아르메니아가 친러시아적(또는 러시아에 편승하는) 외교정책을 선택하도록 영향을 미친다. 우선 아르메니아의 나고르노-카라바흐 문제로 인한 아제르바이잔과의 적대적 관계는 아르메니아 외교정책에 있어서 상수로 작용했다. 아르메니아의 국민정체성과 아제르바이잔의 대아르메니아 적대정책은 아르메니아의 이와 같은 대아제르바이잔 적대정책을 결정 지었다. 다음으로 아르메니아의 국민정체성은 아르메니아가 서방으로의 편입이라는 친서방적 외교정책을 지향하도록 하는 강한 동력이 되었다. 국가리더십이 주도한 국가전략/의지는 코차리안 정권의 경우처럼 이와 같은 국민정체성의 친서방 열망을 친서방 외교정책으로 구체화하였다. 또한 아르메니아가 가지는 해외 디아스포라와 같은 소프트 파워는 이러한 친서방 외교정책을 추진하기 위한 도구로 활용되었다. 하지만 아르메니아의 제한적인 국가능력/역량과 강한 러시아의 영향력과 미국-서방의 아르메니아에 대한 제한적인 관심과 역량은 아르메니아가 친서방 외교정책을 추진하는 데 주요한 걸림돌이 되었다. 아르메니아가 가지는 군사안보적 조건과 역량의 한계, 경제/에너지의 조건과 역량의 한계 등으로 인해 미국-서방의 아르메니아에 대한 관심을 제고할 수가 없었다. 한편 아르메니아 국가리더십은 경제적, 외교적 필요에 의해 터키와의 화해와 관계개선을 추구하는 국가전략/의지를 선택하기도 하였다. 하지만 이와 같은 친터키 정책은 터키에 대한 강한 반감과 적대감을 갖고 있는 국민정체성과 러시아의 영향력에 의해 좌초되었다.

결국 아르메니아는 친러시아 외교정책 이외에는 다른 선택지가 없었다. 이는 여러 국내적 요인들과 지역 수준의 요인들, 그리고 세계적 수준의 요인들이 통합적으로 작용하여 영향을 미친 결과이다. 아르메니아의 친러시아적인 국민정체성과 아제르바이잔-터키와의 적대적 대치, 그리고 아르메니아의 약한 국가능력/역량은 강대국 러시아에 편승하는 외교정책을 선택하도록 영향을 미쳤다. 여기에 강대국 미국-서방의 아르메니아에 대한 무관심과 지역 강국으로서의 이란의 군사적, 경제적 역량의 한계로 인해, 아르메니아는 사실상 러시아 이외에는 아르메니아를 후원할 의지와 역량을 갖춘 다른 강대국 선택지가 없었다. 아르메니아의 국민정체성은 러시아보다는 미국-서방에 대한 편승을 더 선호하였지만 아르메니아는 다른 대내외적 요인들의 영향 때문에 러시아에 대한 편승이라는 차선을 선택하였다. 아르메니아는 서방의 일원이 되고자 하는 열망과 현실적 조건과 이해 사이의 깊은 틈새를 합리화하고자 러시아와 미국-서방을 모두 담아내고 균형을 유지한다는 의미에서 보완적(complementary) 외교를 표방한다. 하지만 실제로는 러시아에 경사된 외교정책을 독립 이후 거의 일관되게 지속해오고 있다(김연규 2009, 158). 아르메니아의 이러한 국민정체성의 열망과 현실적 조건과 한계 사이의 긴장(strain)관계는 가장 최근의 외교정책 논의에서도 계속되고 있다(Konarzewska 2018; Shirinyan 2019).

아제르바이잔의 대내외적 요인은 통합적으로 아제르바이잔이 미국-서방과 러시아 사이에서 균형외교 전략을 선택할 수 있도록 영향을

미친다. 아제르바이잔의 범터키주의와 탈러시아적 저항민족주의 국민
정체성은 아제르바이잔이 친터키, 탈러시아, 그리고 강대국 러시아에
대한 대안으로서의 친미-친서방 외교정책을 지속적으로 모색할 수 있
도록 하는 강한 사회문화적, 역사적, 집단심리적 동력이다. 아제르바
이잔이 보유하는 국가능력/역량에 해당하는 에너지 자원과 높은 지정
학적 가치 등은 미국-서방의 아제르바이잔에 대한 관심과 지지를 이끌
어낼 수 있다. 이 때문에 아르메니아와 달리 아제르바이잔은 제한적인
수준에서 강대국 러시아에 대한 세력균형으로 미국-서방과 연대를 모
색할 수 있다. 또한 지역 강국으로서의 터키와의 긴밀한 협력 역시 러
시아에 대한 균형정책의 외교적 자산으로 활용될 수 있다. 나고르노-
카라바흐 문제를 둘러싼 아르메니아의 적대적 대치는 아르메니아와
마찬가지로 아제르바이잔의 외교정책을 규정하는 상수로서 영향을 미
친다. 이와 같은 조건 때문에 아제르바이잔은 아제르바이잔을 직접적
으로 군사적으로 지원할 수 있고 러시아-아르메니아의 군사적 협력관
계를 약화시킬 수 있는 외교정책을 선택하지 않을 수 없다. 이 때문에
아제르바이잔은 국민정체성과 국가리더십의 국가전략/의지, 그리고
미국-서방과의 관계강화와 같은 요인들이 반러시아 또는 탈러시아 외
교정책 방향으로 영향을 미침에도 불구하고 현실적으로 친러시아적인
외교정책 방향으로 움직일 수밖에 없었다. 이와 같은 아제르바이잔의
꾸준한 친러시아 외교정책은 1988-1994년 전쟁에서 아르메니아에 일
방적으로 패퇴한 것과는 달리 최근 2020년 전쟁에서 아르메니아를 상
대로 일방적으로 승리를 거두게 된 주요 동력이 되었다. 터키와의 군
사협력이 아제르바이잔의 군사력 강화에 일정 정도 긍정적인 영향을
미치기는 하지만 현실적으로 러시아만이 남캅카스 지역에 군사력의
직접 사용을 포함한 실질적인 의미의 군사협력을 제공할 수 있는 유일

한 국가이다. 이 때문에 아제르바이잔으로서는 러시아와의 협력을 강화함으로써 적어도 러시아-아르메니아 군사협력의 대아제르바이잔 영향력을 상쇄(cancel-out)시키는 효과를 기대할 수 있다. 한편 이란은 군사적, 경제적 역량의 한계로 인해 아제르바이잔의 외교정책에 주요한 영향을 미치는 요인으로 작용하지는 못했다.

결국 아제르바이잔은 친러시아 외교정책과 친터키, 친서방 외교정책 사이에서 균형을 잡는 균형외교 정책을 선택하였다. 국민정체성의 반러시아 또는 탈러시아 경향은 러시아에 대한 견제와 터키와 미국-서방으로의 일방적 경사로 이어지지는 않았다. 경우에 따라서는 엘치베이 정권의 경우처럼 국가리더십의 국가전략/의지에 따라 반러시아 또는 탈러시아적 외교정책을 추진하기도 하였으나 이는 강대국 러시아의 개입에 의한 국가리더십의 교체나 대아르메니아 관계에서의 국가안보의 위협으로 이어졌다. 이 때문에 아제르바이잔은 러시아와의 우호적인 관계의 유지를 포기할 수 없었다. 그럼에도 불구하고 아르메니아와는 달리 아제르바이잔의 에너지 자원과 지정학적 중요성은 미국-서방의 이 지역에 대한 개입 의지와 비군사적 역량을 높였다. 또한 터키와의 긴밀한 연대는 아르메니아와 러시아에 대항한 효과적인 지렛대로 활용될 수 있었다. 이는 일정 정도 아제르바이잔이 친미-친서방, 친터키 외교정책을 추진할 수 있는 대안적 옵션을 제공했다. 아제르바이잔은 이를 다자외교(Mazziotti et al. 2013) 또는 동-서 다리외교(East-West bridge diplomacy)라고 표명한다(Habibbeyli 2017).

이 연구는 아르메니아와 아제르바이잔의 사례를 비교하여 지정학적 중간국의 대내외적 요인이 어떻게 해당 국가들의 외교정책에 영향을 미치는지를 살펴보았다. 남캅카스라는 공간적 조건과 소련체제의 유산과 역사적 경험 등에서의 공통점에도 불구하고 두 나라의 각기 다른 대내외적 요인들은 두 나라의 각기 다른 외교정책으로 연결되는 것을 비교적 관점에서 살펴보았다. 이를 통해 이 연구는 다음과 같은 한국에 대한 함의점들을 도출할 수 있다.

첫째, 중간국의 국민정체성과 국가리더십의 국가전략/의지와 같은 정서적, 심리적, 주관적 요인들이 외교정책에 미치는 영향은 해당 국가가 갖춘 국가능력/역량과 같은 객관적, 물질적 조건과 해당 국가가 처한 지역 강국들과 강대국들과의 관계라는 대외적 요인들에 의해 영향을 받게 된다. 이 경우에 국민정체성과 국가리더십의 선호도와 같은 주관적 요인들이 해당 국가의 국가능력/역량과 주변국들과 강대국들 사이의 세력경쟁이라는 객관적 요인들과 충돌할 경우에는 후자에 무게중심을 두고 외교정책의 방향을 결정할 필요가 있다. 만약 이와 같은 객관적 조건들을 무시하면서 주관적 요인에 의해 추동된 외교정책을 고집할 경우, 정권교체와 같은 국내정치적 불안정이나 적대적 관계에 있는 경쟁국가나 세력 확장을 노리는 강대국으로부터 주요한 안보위협에 직면할 수 있다. 이를 한국의 사례에 적용하면 중간국으로 한국의 외교정책은 국가능력/역량과 실제로 한국을 위해 군사력과 경제적 지원을 제공할 의지와 역량을 갖춘 미국과의 관계 설정을 가장 우위에 두고 외교정책을 결정해야 한다는 함의점을 도출할 수 있다. 이 경우 이와 같은 한국의 외교정책적 좌표설정과 충돌할 수 있는 반일감정과 같은 국민정체성 형성에 주요하게 동원된 정서적, 심리적 요인들이나 특정 정치 이데올로기에 편향된 정권리더십의 주관적 선호도 등의 요인들이 과도하게 외교정책에 영향을 미치지 않도록 경계하고 관리할 필요가 있다. 반러시아 또는 탈러시아 성향의 국민정체성을 효과적으로 관리·통제하고 친러시아 외교정책을 꾸준히 유지한 아제르바이잔이 아르메니아와의 최근 전쟁에서 완승을 거둔 것과 반터키 성향의 국민정체성이 터키와의 관계개선과 경제협력을 가로막는 것을 효과적으로 관리·통제하지 못한 아르메니아가 아제르바이잔에 비해 상대적으로 경제적, 군사적 열세에 직면함으로써 최근 전쟁에서 사실상의 완패를 당한 사례는 중요한 교훈을 준다.

둘째, 나고르노-카라바흐 문제를 둘러싼 아르메니아-아제르바이잔의 적대적 관계는 두 나라 외교정책에 영향을 미치는 상수로 작동한다는 점이다. 이 때문에 어떤 지역 강국 또는 강대국과 동맹관계를 맺고 세력균형을 할 것인가는 이와 같은 상수를 중심으로 선택해야 할 필요가 있다. 한국의 경우 북한과의 적대적 대치를 상수로 설정하고 주변 지역 강국들과 강대국 관계를 설정할 필요가 있다. 적대적 양자관계는 일방의 의지와 노력만으로 변화되지 않는다. 두 당사자의 합의가 공동의 노력이 필요한 것이지만 이는 단기적, 중기적으로 한국 일방의 노력으로 변화되지 않는다. 이 때문에 적대적 양자관계를 상수로 설정할 필요가 있다. 특히 최근 북한이 핵무장을 상수화하고 핵보유국 인정과 경제발전을 병행하겠다는 의지를 확고히 하는 점을 고려할 때 적어도 단, 중기적으로 한국-북한 관계는 적대적 대치가 상수로 유지될 것이라고 보아야 한다. 이 때문에 한국의 외교정책은 이를 상수로 설정한 기반 위에서 추진될 필요가 있다. 상대방의 의지를 변수로 설정하고 이를 변화시키겠다는 노력은 종종 무의미하고 소모적이며 위험하다.

셋째, 중간국이 외교정책에 영향을 미치는 스스로 통제할 수 있는 가장 주요한 변수는 스스로의 국가능력/역량이다. 아제르바이잔이 아르메니아와의 최근 전쟁에서 사실상의 완승을 거두게 되고 러시아와 미국-서방, 그리고 터키 사이에서 균형정책을 추진할 수 있게 된 가

장 주요한 동력은 아제르바이잔의 군사력과 경제력이다. 이는 중간국
으로서의 한국에 주요한 함의점을 준다. 한국 스스로의 군사력과 경제
력 강화는 강대국과 주변국들의 한국에 대한 관심을 환기시킬 수 있으
며, 동맹과 편승, 세력균형 사이에서의 선택의 옵션을 넓힌다. 또한 적
대적 대치 국가인 북한으로부터의 안보위협도 상쇄할 수 있다. 군사
적·경제적 힘이 없는 중간국은 세력균형을 추구하는 강대국들과 주변
국들에게는 분할의 대상이지만 반대로 힘이 있는 중간국은 세력균형
의 파트너이다. 아제르바이잔은 아르메니아에 대한 군사적·경제적 힘
의 우위를 바탕으로 나고르노-카라바흐 문제를 자국에 유리한 방향으
로 돌려놓았다. 북한은 스스로 군사력을 강화함으로써 자신들의 외교
정책의 선택지를 넓히고 주변국들과의 협상에서 유리한 환경을 조성
하였다. 또한 이를 통해 북한이 분할의 대상이 될 위기에서 벗어나고
있다. 따라서 한국 역시 북한에 대해 압도적 경제력의 우위를 바탕으
로 군사력에서 북한 핵에 맞서 상호확증파괴능력을 확보하는 것은 중
요하다.

넷째, 중간국의 외교정책 추진에 있어 소프트 파워의 도구적 한계
를 명확히 인식해야 할 필요가 있다. 해당 국가의 군사적, 경제적 힘의
뒷받침 없는 소프트 파워 사용의 영향력은 단기적이며 제한적이다. 한
국은 해외거주 한국계들의 네트워크를 이용한 소프트 외교나 K-POP,
한류 등의 문화적 역량을 이용하거나 인도적 지원/교류, 공공외교, 또
는 경제/문화적 교류 등과 같은 소프트외교의 효용성을 과도하게 강
조하는 경향이 있다. 하지만 소프트 파워를 뒷받침할 군사력과 경제력
과 결합되지 않는 소프트 파워에만 의존한 외교정책의 효과는 분명히
의심스럽고, 단기적이며, 제한적이다. 아르메니아가 해외 디아스포라
의 로비를 이용한 외교정책이 분명한 한계를 보였던 것과 아르메니아

의 소프트 파워가 아제르바이잔의 군사적·경제적 힘의 우위 앞에서는 무력했던 사례를 주목할 필요가 있다.

참고문헌

강윤희. 2018. "아르메니아 문제와 유럽 강대국 외교: 1877-78 러시아-투르크 전쟁과 베를린
　　회의를 중심으로."『러시아연구』28(2): 1-48.
김대성. 2011. "터키의 아제르바이잔과 아르메니아 외교 관계 및 딜레마."
　　『한국중동학회논집』31(3): 1-30.
김소연·신기섭. 2020. "'민족갈등' 아제르바이잔-아르메니아, 평화협정 합의."『한겨레』
　　2020년 11월 10일. http://www.hani.co.kr/arti/international/asiapacific/969413.
　　html (검색일: 2021.1.1).
김연규. 2009. "아르메니아 문제와 아르메니아 균형외교의 한계."『중소연구』120: 155-197.
김정훈. 2016. "아르메니아 민족정체성의 중추, 아르메니아 교회: 문제점과 미래에 대한
　　모색."『한국 시베리아연구』20(1): 199-219.
브레진스키, Z. 2000.『거대한 체스판: 21세기 미국의 세계전략과 유라시아』. 김명섭 옮김.
　　서울: 삼인.
신범식. 2005. "푸틴 러시아의 근외정책: 중층적 접근과 전략적 균형화 정책을 중심으로."
　　『국제·지역연구』14(2): 103-139.
＿＿＿. 2020. "지정학적 중간국 우크라이나의 대외전략적 딜레마."『국제·지역연구』29(1):
　　37-69.
이수진·이신화. 2019. "외교정책결정자의 개인적 특성과 미국의 군사적 개입격차: 오바마
　　대통령의 크림반도 및 남중국해 대응 비교."『국제관계연구』24(1): 39-79.
이숙종. 2020. "포스트 코로나 시대의 중견국 외교와 행정." 제2차 KIPA 글로벌 행정포럼.
　　2020년 한국행정연구원 국제개발협력센터, 2020년 6월 16일.
이진희. 2020. "구소련 시절부터 '최악의 앙숙' 아제르바이잔-아르메니아 또 국경 충돌."
　　『바이러시아』7월 15일, 2020년.
이철재. 2020. "드론이 탱크 박살냈다. 세계가 무시한 이 전쟁서 벌어진 일."『중앙일보』
　　2020년 11월 8일. https://news.joins.com/article/23914558 (검색일: 2021.1.7).
임명묵. 2020. "32년 만에 '다시' 전쟁: 아르메니아-아제르바이잔 전쟁의 기원(상)."『Slow
　　News』2020년 10월 21일. https://slownews.kr/78067 (검색일: 2021.1.2).
홍완석. 2016. "한국의 대 아르메니아 외교, 새로운 협력의 모색."『중소연구』40(4): 247-
　　277.
BBC. 2020a. "아르메니아와 아제르바이잔 국경 지역에서 무력 충돌 발생."『BBC News』
　　2020년 9월 28일. https://www.bbc.com/korean/international-54322076 (검색일:
　　2021.1.1).
BBC. 2020b. "아르메니아와 아제르바이잔이 전투를 벌이는 까닭: 짧은 버전과 긴 버전."
　　『BBC News』2020년 9월 29일. https://www.bbc.com/korean/international-
　　54337262 (검색일: 2021.1.1).

Aliyev, Ilham. 2009. "Foreign Policy Challenges for Azerbaijan." Transcript, Monday 13
    July 2009, Chatham House, London: UK.

Cheterian, Vicken. 2010. "Azerbaijan", in Donnacha O Beachain and Abel Polese, eds.,
    The Colour Revolutions in the Former Soviet Republics: Successes and failures.
    New York: Routledge, pp. 101-117.

Coffey, Luke. 2020. "Iran the big loser in Nagorno-Karabakh war." *Arab News.*
    November 13, 2020. https://www.arabnews.com/node/1762626 (검색일:
    2021.1.8).

Cornell, Svante E., S. Frederick Starr, and Mamuka Tsereteli. 2015. "A Western Strategy
    for the South Caucasus." *Silk Road Paper* February 2015, Central Asia-Caucasus
    Institute Silk Road Studies Program. https://www.silkroadstudies.org/resources/
    pdf/publications/1502Strategy.pdf (검색일: 2021.1.3).

Erol, Guliyev. 2013. "The Southern Caucasus Countries' Policy toward Russia (1993–
    2011): reassessing identity and interests." Master's Thesis, Department of
    International Relations, Graduate School of Seoul National University, Seoul, The
    Republic of Korea.

Galstyan, Narek. 2013. "The main dimensions of Armenia's foreign and security policy."
    NOREF(Norwegian Peacebuilding Resource Centre) Policy Brief, March 2013.

Habibbeyli, Arastu. 2017. "Reconsidering Azerbaijan's Foreign Policy on the 25th
    Anniversary of Restored Independence." *PERCEPTIONS* 22(1): 29-48.

Jonsson, Oscar. 2019. *The Russian Understanding of War: Blurring the Lines between
    War and Peace.* Washington, D.C.: Georgetown University Press.

Konarzewska, Natalia. 2018. "Is Armenia's foreign policy changing?" *CACI Analyst,*
    September 25, 2018.

Mazziotti, M., D. Sauerborn, and B. M. Scianna. 2013. "Multipolarity is key: Assessing
    Azerbaijan's foreign policy." CESD (Center For Economic and Social Development)
    Working Papers, Baku, Azerbaijan.

Nassibli, Nasib L. 1999. "Azerbaijan-Iran Relations: Challenges and Prospects." Harvard
    Kennedy School, Belfer Center for Science and International Affairs, November 30,
    1999.

Novikova, Gayane. 2019. "The Policy of the United States in the South Caucasus."
    European Security & Defence. 14 May 2019. https://euro-sd.com/2019/05/articles/
    13228/the-policy-of-the-unitedcstates-in-the-south-caucasus/ (검색일: 2021.1.9).

Omelicheva, Mariya Y. 2007. "Combating Terrorism in Central Asia: Explaining
    differences in states' responses to terror." *Terrorism and Political Violence* 19:
    369-394.

Remler, Philip. 2020. *Russia's Stony Path in the South Caucasus. The Return of Global
    Russia,* Carnegie Endowment for International Peace.

Rumer, Eugene, Richard Sokolsky, and Paul Stronski. 2017. "U.S. Policy toward the

South Caucasus take three." Carnegie Endowment for International Peace. https:// carnegieendowment.org/files/CP_310_Rumer_Sokolsky_Stronski_Caucusus_Final_ Web.pdf (검색일: 2021.1.7).

Shimoni-Stoil, Rebecca. 2020. "Armenia-Azerbaijan violence shows danger of U.S. diplomatic indifference to foreign conflicts." *NBC News*. 2020년 10월 9일. https:// www.nbcnews.com/think/opinion/armenia-azerbaijan-violence-shows-danger-u- s-diplomatic-indifference-foreign-ncna1242337 (검색일: 2021.1.7).

Shirinyan, Anahit. 2019. "Armenia's foreign policy balancing in an age of uncertainty." Russia and Eurasia Programme Research Paper, March 2019, Chatham House, London: UK.

Sushentsov, Andrey and Nikita Neklyudov. 2020. "The Caucasus in Russian foreign policy strategy." *Cacasus Survey* 8(2): 127-141.

Terzyan, Aram. 2016. "The evolution of Armenia's foreign policy identity: the conception of identity driven paths. friends and foes in Armenian foreign policy discourses." *Slovak Journal of Political Sciences* 48(2): 155-179.

Tsygankov, Andrei P. 2013. *Russia's foreign policy: Change and continuity in national identity*. 3rd ed. Lanham, Maryland: Rowman & Littlefield Publishers, Inc.

Valiyev, Anar. 2010. "Finlandization or Strategy of Keeping the Balance?: Azerbaijan's Foreign Policy since the Russian-Georgian War." *PONARS Eurasian Policy Memo*, No. 112.

Zurcher, Christoph. 2007. *The Post-Soviet Wars*. New York: New York University Press.

Атоян В.К. and Atoyan V. K. 2015. "ВНЕШНЕПОЛИТИЧЕСКИЙ ВЫБОР АРМЕНИИ: ПОЛИТИКА ОБЕСПЕЧЕНИЯ МАКСИМАЛЬНОЙ БЕЗОПАСНОСТИ." Проблемы постсоветского пространства. No 3: 96-120.

제3장

우크라이나와 벨라루스의 지정학적 중간국 외교
― 대러시아 관계와 국내정치 동학의 연관성 ―

신범식(서울대학교 정치외교학부)

I. 머리말: 지정학적 중간국 우크라이나와 벨라루스의 상이한 여정

이 연구는 서부 유라시아의 대표적 지정학적 중간국(中間國)인 우크라이나와 벨라루스의 '중간국 외교' 전략을 비교하려는 목적을 가진다. 두 국가는 특히 지정학적 조건의 유사성에도 불구하고, 대러 관계에서 완전히 상이한 외교노선을 걷게 된 것으로 알려져 있다.

우크라이나의 탈러시아 자주외교 노선이 현재와 같은 파국을 노정하여 벨라루스의 대러 의존적 외교노선과 대조가 되는 상황에도 불구하고, 양국의 대러 외교노선의 변화는 서방과의 관계 설정에서 나타나는 부담감과 국내정치적 동학이 작동하면서 만들어진 상이한 조건과 경로의 결과라는 점에서 비교의 가치를 충분히 지닌다. 따라서 본 연구는 우크라이나와 벨라루스의 외교정책 변화 과정을 역사적으로 검토하여 어떤 차이를 보이는지 비교할 것이며, 이를 바탕으로 유사한 지정학적 중간국인 두 국가가 상이한 외교노선을 선택한 근본 원인을 탐구할 것이다.

주지하다시피 우크라이나와 벨라루스는 유라시아 내 강대국인 서구(미국과 유럽)와 러시아 사이에 존재하는 대표적인 서부 유라시아의 '지정학적 중간국'[1]이다. 역사적으로 우크라이나와 벨라루스는 동슬라브 3국으로서의 강한 연대감을 가지고 있었으며, 정치적으로는 러시아 제국 및 소련의 일부로서의 경험을 공유하고 있다. 양국은 독립 이후에도 민주주의, 시장경제로의 체제 전환, 러시아 및 유럽 사이에서 국가발전 노선을 결정해야 하는 등 유사한 과제에 직면하면서 이들에

---

1   이 개념에 대해서는 이 책의 1장에서 제시된 개념적 검토를 참조.

게 국내 및 대외 정책적 노선 선택은 중요한 국가생존의 과제로 떠올랐다.

우크라이나 입장에서 러시아와 서구는 중요한 타자였으며, 이들과의 관계 설정이 우크라이나 외교정책결정 과정에서 중요한 외재적 요인으로 작용하였다. 또한 우크라이나 내부에는 우크라이나어, 러시아어 사용자의 거주 지역, 해당 지역의 산업 등 내부적 요인에 따라 대외관계의 선호 또한 변화하는 강력한 동학이 발생하였다. 독립 이후 우크라이나는 다면 정책(Multi-Vector Policy)을 구사하면서 각 정권 별로 친서구 및 친러시아적 노선 사이를 크게 오가는 모습을 보였고 2013년 11월 시작된 유로마이단 사태 이후 러시아와의 관계가 최악으로 악화되는 사태를 맞았다.

벨라루스의 경우 우크라이나와 마찬가지로 러시아와 서구는 중요한 타자였고 이들과의 관계 설정이 중요한 국가적 과제였다. 하지만 벨라루스는 비교적 균질적인 국내정치의 특성이 보수적인 친러 외교노선의 선택에 대한 지지가 형성되면서 외교노선의 커다란 진폭을 경험하지는 않았다. 도리어 벨라루스에서는 루카셴코(Alexandr Lukashenko) 정권이 성공적으로 추진한 포퓰리즘적 정책과 지정학 특성에 기초해 러시아 및 서방과의 실용주의적 외교를 추진하여 왔다. 비록 2000년대 이후 러시아와 가스분쟁을 겪으면서 탈러시아 경향도 나타나고 있지만 국가발전의 원동력으로서 러시아와 통합에서 오는 기회와 이익을 극대화하고 관세동맹에도 참여하는 등 전반적으로 친러시아 대외정책을 유지했다. 또한 2010년 대선과 민주화 시위에 대한 강압적 탄압 이후 대서방 관계가 악화되면서 권위주의적 연대의 진영으로 외교노선이 더욱 기울게 된 것은 서방의 자유와 민주주의를 진전시키기 위한 노력의 역설적 결과로 보인다.

이러한 두 나라의 차이를 규명하기 위해 이 글은 다음의 질문에 주목한다. 유사한 지정학적 배경을 가진 우크라이나와 벨라루스의 중간국 외교정책은 어떤 차이를 보이는가? 이러한 차이의 근본 원인은 어디에 있는가? 이후 본문에서 이 두 질문에 대한 답을 찾아볼 것이다.

II. 우크라이나와 벨라루스의 외교노선 변동

1. 우크라이나의 중간국 외교와 균형점 변동

중간국 우크라이나 외교의 균형점 변동을 살펴보기 위해서는 우크라이나를 둘러싼 지역질서와 서구 및 러시아와의 관계, 우크라이나의 정체성 정치의 활성화, 외교지향성의 변동을 차례로 관찰하여야 한다. 우크라이나 입장에서 러시아와 서구는 "중요한 타자(significant other)"였으며,[2] 이들과의 관계 설정이 우크라이나 외교정책결정 과정의 주요한 외생적 요인으로 작용한다. 또한 우크라이나 내부에 우크라이나어 및 러시아어 사용자의 거주 분포, 해당 지역의 산업 등 내부적 요인과 이러한 내부적 요인에 기반한 정치세력의 변화에 따라 대외관계의 선호 또한 차별화되었다. 독립 이후 우크라이나는 다면 외교정책 (Multi-Vector Foreign Policy)을 구사하였으나, 각 정권별로 친서구 및 친러시아적 성향 사이를 오가는 모습을 보여왔다.

먼저, 크라프추크(1991~1994) 정권은 냉전 붕괴 후 우크라이나

---

2   우크라이나의 엘리트와 대중이 러시아를 중요한 타자로 인식한다는 연구가 있다(Kuzio 2001). 우크라이나 내 유럽에 대한 인식과 정체성에 대한 논의는 White and Feklyunina(2014)를 참조.

의 정체성 형성, 외교정책 지향성이 결정된 시기였다. 냉전 시기 소
련 치하의 우크라이나는 주변 소비에트 공화국들과 높은 수준의 상호
의존을 보였으며, 이데올로기, 안보 차원에서 갈등하던 서구와 인접
한 최전선이었다. 하지만 이러한 구도는 소련의 붕괴 이후 변화하였
다. 서구는 탈소비에트 공간 내 국가들에게 영향력을 확대하고자 하
였으며, 소련의 국제적 위상을 승계한 러시아는 IMF, 세계은행 가입,
NATO와의 협력 등을 통하여 서방 선진국의 일원이 되고자 하였다.
이러한 상황에서 신생국 우크라이나는 국가 체계와 정체성을 확립하
여야 하는 상황에 직면하였다. 우크라이나는 소련 시기를 재해석하
고 자국을 서구 사회의 일원으로 표명하면서 새로운 정체성을 형성하
는 작업에 착수하였다. 당시 우크라이나 정치인과 대중들은 소련 시기
를 소련의 우크라이나 점령(occupation)으로 이해하였다(White and
Feklyulina 2014). 이러한 이해와 더불어 서구 국가들과의 관계 형성
이 진행되면서 우크라이나의 정체성은 "소련의 일부"에서 "서구 사회
의 일원"으로 전환되었으며, 유럽을 지향하는 유럽에 대한 환상(Euro-
pean Myth)을 지닌 것으로 보였다. 이러한 새로운 정체성과 외교정책
적 지향성이 반영된 것이 〈우크라이나 주권 선언〉(Declaration of State
Sovereignty of Ukraine, 1990)이다(Verkhovna Rada 1990.07.16.). 우
크라이나는 주권 선언을 통하여 소련으로부터 우크라이나의 분리와
독립을 주장하였다. 또한 1993년 발표된 〈외교정책의 기본 방향〉(Ba-
sic Directions of Ukraine's Foreign Policy)에서는 인접 지역 국가들과
의 양자 관계 수립, 서유럽 국가 및 서유럽 국제기구들과 관계 발전 모
색에 입장을 피력하였다. 한편 우크라이나는 1993년 작성된 CIS 헌장
에 서명하지 않음으로써 탈(脫)소비에트 공간 내에서 러시아가 주도
하는 국제기구에 불참하거나 소극적인 형태의 참여만 하는 모습을 보

였다. 하지만 국내적으로 우크라이나는 통일된 정체성의 형성과 국가 건설, 경제 위기 극복, 국민과 지역 통합이라는 과제에 직면하였다. 일례로 당시 우크라이나 내부에서는 국가적 인식이 상당히 낮았던 것으로 나타났다(Kuzio 1996). 이러한 통일된 국가정체성의 부재, 미진한 국민 및 지역 통합은 향후 정체성의 정치가 활성화될 수 있는 기반이 되었다.

쿠츠마 정권은 친서방 정책을 추진하였던 1기(1994~1999), 친러 정책으로 전환되었던 2기(1999~2004)로 나누어 볼 수 있다. 쿠츠마 정권이 있던 시기 우크라이나를 둘러싼 서구와 러시아의 관계가 변화하였다. 당시 유럽 내에서는 EU 통합이 진행되고 있었다. 또한 NATO의 코소보 전쟁(1999)은 탈소비에트 공간 내 국가들의 경각심을 일으켰다. 이후 러시아는 서구주의적 노선에서 수세적 방어전략으로 전환하였으며, CIS 내에서 자국의 영향력을 보존하는 것을 목표로 삼았다. 이러한 변화 속에서 초기 쿠츠마 정권도 자신만의 독자 외교노선을 마련해야 했다. 쿠츠마 정권은 유라시아적 시각에서 우크라이나를 슬라브 정교회 문명의 대표라는 정체성을 새로이 설정하였다. 서구적 정체성을 강조하고 서구 사회의 일원이 되고자 하였던 이전 크라프추크와 확실한 차이를 보인다. 쿠츠마 정권이 내세운 정체성은 서구 기독교가 아닌 슬라브 정교를 내세움으로써 우크라이나의 독자성을 비롯하여 러시아와의 관계를 긴밀히 하는 외교정책의 기반이 되었다(White and Feklyunina 2014; Shyrokykh 2018). 하지만 이러한 기조 아래서도 쿠츠마 정권은 서구와의 관계를 강화하기 위해 EU의 준회원국 자격을 희망하면서 서구와의 관계를 지속적으로 확대하는 정책도 추진하였다. 하지만 국내에서 점차 지지를 잃게 된 쿠츠마 정권은 러시아와의 관계를 강화함으로써 국내 정치적 위기를 해결하고자 하였다. 당시 쿠츠마 정권은 공산주의 및 민족주의 성향을 지닌 양측 정치 엘리트들의 위협을 받았는데, 특히 크림 자치공화국의 분리주의 움직임은 본질적 도전이 되었다. 이러한 상황에서 쿠츠마 정권은 러시아와 현안 해결을 위한 차원에서 〈우-러 우호·협력·동반자조약〉(Treaty of Friendship, Cooperation and Partnership between Ukraine and Russia)을 맺고 경제 교류 활성화 정책을 추진하였다(Sorokowski 1996). 이를 통하여 우크라이나-러시아 간의 사회경제적 상호의존이 긴밀해졌으며, 우크라이나 외교정책에서 동향(東向) 벡터가 강화되었다.

쿠츠마 정권 2기 국내 경제 상황 악화와 개혁 부진, 통제 강화 등이 악재로 작용하여 국내 지지가 하락하는 한편 서구로부터 비난을 받으며 정치적으로 고립되었다(Kuzio 2014). 이 시기 우크라이나 입장에서 러시아는 우크라이나의 주권을 유지하는 데 불가결한 동반자로 여겨졌으며, 이에 따라 우크라이나는 CIS 내에서 자신의 위치를 지킬 필요성을 인식하게 되었다(홍완석 2010; 고재남 2017). 쿠츠마 정권 2기에는 러시아, CIS와의 협력 정책으로 우크라이나 외교정책의 동향 벡터가 강화되면서 CIS 회담에 적극 참가하였고, 친서방 성향의 협력 기구인 GUUAM에 대한 관심은 저하되었다. 국내 측면에서 쿠츠마 정권은 경제 상황 악화와 체제개혁 부진으로 강력한 저항에 직면하게 되었으며, 이러한 저항은 오렌지혁명으로 이어졌다.

쿠츠마 정권의 다면 외교정책 및 러시아와의 관계 강화의 기조는 오렌지혁명(Orange Revolution, 2004)을 거쳐 유셴코 정권(2004~2008)이 등장하면서 변화하였다. 당시 유라시아 전역에서 발생한 색깔혁명을 새로운 민주주의 시민운동으로 보는 시각과, 유라시아 내 권위주의 정권에 대한 서구의 공세라는 시각이 공존한다. 색깔혁명 이후 러시아는 서구의 일방주의를 비판하면서 적극적 대서방 균

형정책을 추구하는 전략을 추진하게 된다. 이 상황에서 우크라이나의
유셴코 대통령과 오렌지 혁명의 주역들은 정치개혁 및 유럽 정체성을
강조하면서 일방적 서향(西向) 벡터를 강화했다(White and Feklyunina
2014). 이에 따라 우크라이나는 유럽과 유로-대서양(Euro-Atlantic) 연
대로의 통합이 필연적이라는 점을 일방적으로 선언하고 서구와의 통
합에 박차를 가하였다(Gorenburg 2011). 유셴코 정부는 2008년 세계
무역기구(WTO)에 가입하였으며(The Foreign Ministry of Ukraine),
안보 차원에서도 NATO 가입 의사를 천명하였다. 또한 EU의 유럽근
린정책에의 참여를 통해 서구 기준에 맞춘 정치 및 경제적 개혁을 시
도하였다. 이러한 우크라이나의 서구 지향적 정책에 러시아는 강력한
보복 조치를 시행하였다. 러시아는 유셴코 정권의 강력한 서구 지향적
정책에 제동을 걸기 위하여 천연가스 공급가 인상, 수출 물자 엠바고
등 실질적 제재 조치를 단행했으며, 가즈프롬은 대우크라이나 천연가
스 공급 중단을 선언하였다. 물론 국내적으로 서구 지향적 외교정책이
국민들의 전적인 지지를 받은 것은 아니었다. 엘리트 사이에서도 오렌
지혁명을 이끌었던 티모셴코(Timoshenko) 등이 유셴코와 대립하면
서 친서방 혁명파의 국내적 지지 기반이 침식되었으며. 이는 2006년 3
월 총선에서 야누코비치가 이끄는 지역당이 제1당으로 올라서면서 확
인되었다(홍완석 2010). 총선 이후 진행된 갤럽(Gallup) 조사에서도
우크라이나의 당시 외교정책과 지도부에 대한 국민들의 회의가 드러
났다. 2008년 진행된 우크라이나의 외교정책에 대한 설문조사에서 현
재 우크라이나 지도부가 국가를 잘못된 방향으로 이끌고 있다고 답한
응답자는 전체의 65%였으며, 옳은 방향으로 나가고 있다고 답한 응답
자는 14%에 그쳤다. 또한 "미국과 러시아 사이에서 어떤 국가와 더 긴
밀한 관계를 맺어야 하는가?"라는 질문에 7%만이 "러시아와 관계가

악화되더라도 미국과 가까워져야 한다"고 답하였으며, 39%는 "미국과 관계가 악화되더라도 러시아와 가까워져야 한다"고 답했다. 42%는 양쪽 모두와 가까워져야 한다고 응답하였다. 유럽과 러시아와의 관계를 묻는 질문에서도 EU와 가까워져야 한다는 응답자는 전체 13%, 러시아와 가까워져야 한다는 측은 32%, 양측과 모두 가까워져야 한다는 측은 45%를 기록하였다(Esipova and English 2008). 2009년 갤럽이 진행한 지지도 조사에 따르면, 지도부에 대한 국민들의 지지율은 4%, 유셴코에 대한 지지율은 7%, 총리였던 티모셴코의 지지율은 20%를 기록하였다(Ray and Esipova 2009).

유셴코 정권 이후 동부 지역의 지지를 받고 등장한 야누코비치 정권(2010~2014)은 서구 일변도의 정책에서 벗어나 다시 쿠츠마 정권 시기에 보였던 다면 외교정책으로 회귀하였다(Shyrokykh 2018). 이 시기 미-러 간 전략적 갈등이 고조되면서, 우크라이나는 지정학적 단층대의 활성화에 따른 중간국 외교의 영민한 선택을 요구받게 되었다. 야누코비치 정권은 "동-서의 교두보"라는 정체성을 표방하였으며(Kropacheva 2011), 이에 따라 야누코비치 정권의 외교정책도 서구와의 우호적 관계를 재확인하면서 과거 러시아와의 관계를 회복하고 개선하는 데 역점을 두게 되었다. 특히 이 시기 EU와의 FTA, 비자면제 협정 체결 절차를 이행함으로써 과거 정권이 추진하였던 친서구적 정책을 유지하였다. 동시에 야누코비치 정권은 러시아와의 관계 개선 노력에도 적극적이었다. 2008년 러시아-조지아 전쟁 발발이 러시아-우크라이나 간 관계에 걸림돌로 작용하였음에도, 2010년 4월 메드베데프 대통령과 정상회담을 통해 관계 개선을 추진하였다. 양국 정상은 유럽 안보, 트란스니스트리아 갈등 해결, 흑해 지역 안보, 양국 간 위원회 회담 등 다양한 분야에서의 협력에 합의하였다(President of

Russia 2010.05.17.). 나아가 야누코비치 정부는 유셴코 정부가 선언한 NATO 가입을 유보하겠다는 뜻도 밝혔다. 중간국 외교의 균형을 위한 노력을 기울이는 듯했다.

하지만 문제는 경제였다. 세계경제위기와 그에 따른 유로존 위기의 여파로 어려워진 국내 경제 상황이 야누코비치 정권의 발목을 잡았다. 그는 서방과 러시아 모두와 경제적 부분에서 협력을 확장하려 했다. 먼저 유럽과 관계를 강화하여 2012년 '동방 파트너십' 제휴 협상에 나서면서, 동시에 러시아가 추진하는 관세동맹 '유라시아경제연합' 가입도 추진하였다. 하지만 정적인 티모셴코의 구금과 경제 위기의 심화로 그의 국내적 지지도는 계속 하락하여 2011년 10월 국정 수행 지지는 10%, 반대는 54.6%에 달하였다(허승철 2012). 낮은 지지율의 야누코비치 정권은 초기 EU와의 자유무역협정 체결 등을 통한 협력 확대를 약속하였으나, 그것을 이행할 어떠한 성공적 조치도 취하지 못했다. 급박한 경제 상황을 잠재울 러시아로부터의 차관 약속을 받은 야누코비치의 유럽연합 가입 협상 중단 발표는 국민들을 거리로 나서게 만들었으며, 경찰, 정부군 등과 충돌하면서 2014년 유로마이단(Euromaidan) 사태가 촉발되었다(France 24, 2010.05.11).

유로마이단 광장에 모인 집회 참가자들은 야누코비치 정권에 EU와 협력을 강화하는 서안에 서명하고 실질적 조치를 촉구하였다. 야누코비치 정권은 이러한 집회를 유혈 진압하였으며, 집회 참가자들은 광장에 바리케이트를 쌓고 대치하였다. EU 측은 야누코비치 정권의 비인권적 대응을 비판하며, 제휴 협정을 조속히 체결할 것을 요구하였다. 한편 유로마이단 집회로 우크라이나 국내 상황이 혼란에 빠진 가운데, 우크라이나 동부 친러시아계 주민들은 분리·독립을 주장하면서 무장투쟁에 나섰으며, 러시아는 크림반도 내에서 국민투표를 실시하여 합병하였다. 이에 따라 유로마이단 집회 참여자들, 서부 지역에서 반러시아 정서는 격화되었다.

우크라이나 사태와 러시아의 크림반도 합병 이후 서구와 러시아 간 협의채널이 중단되었으며, 우크라이나를 둘러싼 서구와 러시아 간 갈등이 고조되었다. 우크라이나 내부에서도 서구와 러시아에 대한 입장 차이가 극명하게 드러났다. 유로마이단 집회 이후 탄생한 포로셴코 정권(2014~2019)은 당연히 우크라이나 민족주의와 유럽 지향성을 크게 강화하였다. 포로셴코 대통령은 취임 이후 강력한 반러시아 외교를 표방하였으며, 우크라이나 민족주의를 강조하면서 영토 회복을 역설하였다. 서구와의 협력을 넘어 경제·안보적 통합을 시도하였다. 그는 EU와 동방파트너십을 체결하여 정치와 경제 개혁을 위한 지원을 받았으며, 'EU–우크라이나 간 깊고 포괄적 FTA(Deep and Comprehensive FTA, DCFTA)'의 시행과 우크라이나인들의 유럽 비자 면제는 이러한 포로셴코 정부의 서구 지향성이 빚어낸 성과이다(고재남 2017). IMF, EBRD도 우크라이나의 정치, 경제 개혁을 위한 지원금과 융자를 지속적으로 지원하였다. 안보 분야에서도 우크라이나는 NATO와의 협력을 강화하여 효율적 안보체계를 수립하고자 하였다. 이 시기 우크라이나 정부 입장에서 러시아 및 자국 동부에서 분리·독립을 주장하며 러시아의 지원을 받는 러시아어 사용 주민들은 자국의 주권과 영토적 온전성을 훼손하는 위협요인으로 여겼다(RadioFreeEurope/RadioLiberty, 2017.09.20). 또한 포로셴코 정부는 러시아의 크림반도 합병과 우크라이나 동부 분리주의자 지원을 우크라이나의 주권을 훼손하는 적대행위로 인식하여 2018년 자국 내 CIS 사무소를 폐쇄하고, 러시아와 체결한 우호조약을 파기하였다(RadioFreeEurope/RadioLiberty, 2018.08.28). 이러한 포로셴코 정권의 외교정책 지향성은 일부 국민들로부터 지지를 받았다. 2014년 당시 갤럽 조사에 따르면, 러시아와의 관계가 악화되더라도 EU와의 관계를 강화하여야 한다고 답한 사람은 43%였으며, 지역별로는 중부와 북부 46%, 남부와 동부 24%, 서부 66%에 달하였다. 한편 EU와의 관계가 악화되더라도 러시아와의 관계를 강화하여야 한다는 쪽은 응답자 중 14%를 기록하였으며, 지역별로 중부와 북부 7%, 남부와 동부 26%, 서부 6%를 기록하였다. 정체성의 정치가 활성화되면서 포로셴코 정권에 대한 지지도가 지역별로 상이하게 나타나는 점을 확인할 수 있다(Keating and English 2014).

2019년 5월 취임한 젤렌스키(Volodymyr Zelensky) 대통령은 포로셴코 전임 대통령과는 또 다른 노선을 추구하고 있는 것으로 보인다. 젤린스키 대통령은 유럽 일변도의 외교정책에서 벗어나 동부 지역의 무장 갈등을 해소하고, 러시아와도 협상할 의사가 있음을 피력했다. 먼저, 그는 10월 브뤼셀을 방문하여 고위 EU, NATO 관계자들과 회담하고 우크라이나 내 정치개혁과 동부 상황에 대한 논의를 이어갔다. 특히 스톨텐버그 사무총장, 터스크 EU 위원장과의 개별회담에서 젤렌스키 대통령은 우크라이나가 EU와 NATO 가입을 희망하고 있다는 점을 재확인하였다(Euronews, 2019.10.24). 한편 반군 및 러시아와 협상하겠다는 그의 의도는 2019년 10월 초부터 동부 지역에서 정부군의 철군을 시작하면서 실질적 행동으로 나타났다(BBC, 2019.10.04). 국제적으로도 12월 파리에서 진행된 노르망디 4국 정상회담에서 젤렌스키 대통령은 푸틴 대통령, 메르켈 총리, 마크롱 대통령과 만나 동부 지역의 분쟁 종결 및 휴전, 포로 교환 및 병력 철수, 인도주의 지원 등에 대해 논의하고 공동성명을 발표하였다(Gorchinskaya, 2019). 이러한 발표에는 회의적 반응도 있었으나, 12월 29일 우크라이나 정부와 친러시아 분리주의자들 간 포로교환이 실질적으로

표 3-1. 우크라이나 대외 전략적 지향성의 변동

	레오니드 크라프추크	레오니드 쿠츠마			빅토르 유센코	빅토르 야누코비치		페트로 포로센코
	1991-1994	1994-1999	1999-2004		2004-2008	2010-2014		2014-2019
정체성 전환	느슨한 유럽 정체성, '유럽에 대한 환상'	유라시아 관점에서 우크라이나를 슬라브 정교회 문화의 대표로 인식			'부여된' 유럽 정체성	동-서의 교두보		우크라이나 민족주의 및 유럽 지향성의 강화
외교정책 수립	지역 통합을 위한 목표를 설정하지만 이를 달성하기 위한 도구나 제도적 메커니즘이 결여됨	- 다면 외교정책 • 무역 파트너로서 러시아와의 관계 개선 • 서구와의 관계 강화 - 2002년에서 총선에서 동부 지역 산업 엘리트들이 승리하면서 동방(러시아 측) 벡터의 강화		오렌지 혁명	유럽 및 유로-대서양 통합의 필요성 선언	서구와의 관계 재확인 + 러시아와의 관계 개선 진행	유로마이단	유럽과 경제적, 안보적 통합 시도 + 영토 통합성의 회복, 효율적 안보 체계의 수립
러시아 이미지	소비에트 점령의 해방에 대한 낭만적인 감성	우크라이나의 주권 유지 등 다양한 측면에서 무시할 수 없는 동반자로 인식 → CIS 내 입지 유지의 필요성 인정			러시아 공세적 정책으로 국가이익을 훼손당한다는 반감	내부 여론 분열로 긴장 존재(러 공세적 정책에대한 반발 vs. 서구로의 통합의 높은 가격에 대한 우려)		러시아와 러시아의 지원을 받는 동부 분리주의자들을 위협으로 분류

진행되면서 나름의 성과를 보이고 있다(Euronews, 2019.12.30).

정리하면, 우크라이나 외교정책 노선은 소비에트연방 해체 이후 지금까지 친러시아와 친서방 노선 사이를 큰 폭으로 오가는 변화를 보였다. 이는 우크라이나를 사이에 두고 펼쳐진 러시아와 서방세력의 국제정치적 대립구도를 반영한 결과였으며, 우크라이나의 국내정치적 균열과 맞물려 더 큰 진폭의 변화를 수반하게 되었다. 즉 대립하는 외부환경과 균열된 내부정치 상황이 요구하는 전략적 선택에 대한 과제를 동시에 부여받으면서 우크라이나는 혼란의 외교노선 변동 과정을

거쳤다.

2. 벨라루스의 중간국 외교와 균형점 변동

벨라루스는 역사적, 지정학적으로 우크라이나와 많은 공통분모를 가지고 있다. 러시아와 동유럽 사이, 러시아와 서방이 충돌하는 지정학적 단층대에 위치하고 있으며, 키예프 공국의 일부로 출발해 폴란드-리투아니아 연방, 폴란드 제2공화국, 러시아 제국의 통치를 받은 역사를 공유한다. 하지만 소비에트연방 해체 이후 두 국가는 확연히 다른 길을 걸어왔다. 앞서 살펴본 바와 같이 우크라이나는 외교정책의 균형점이 정권 변화에 따라 친러 노선과 친서방 노선 사이를 큰 폭으로 오가는 불안정한 양상을 보였다면, 벨라루스는 초기 3년을 제외하고선 루카셴코라는 한 명의 대통령의 통치 하에 러시아의 형제국이라는 안정적이고 일관된 관계를 유지해왔다. 벨라루스도 우크라이나와 마찬가지로 소비에트연방 해체 이후 러시아와 서방과의 관계를 사이에 둔 전략적 선택과 고민의 과정이 지속적으로 존재했지만, 러시아와의 형제국 관계라는 명확한 노선 안에서 변화를 경험한 수준이었다.

　1991년 소비에트 해체 직후 벨라루스는 다른 주변국과 마찬가지로 러시아로부터 벗어나려함과 동시에, 무너진 경제를 안정화시키기 위한 방법으로 서부와의 관계를 강화하려 했다. 또한, 1991년에서 1994년 사이 벨라루스에서는 러시아인을 해방자가 아닌 침입자로 규정하고 벨라루스어와 벨라루스 법을 채택했던 리투아니아 대공국 시대를 가장 중요한 역사적 시기로 규정하는 움직임이 일었다(이지연 2014). 하지만 실질적인 서부와의 관계 구축이나 관계 개선의 성과는 이루어지지 않았고, 소련 존속 여부에 대한 소비에트 국민투표에서 80% 이상의 찬성표를 얻은 결과는 이제 막 소비에트로부터 독립한 벨라루스 대중에게도 러시아와의 유대가 강하게 남아 있었음을 추측해볼 수 있다(CSCE Report 1994). 당시 러시아 옐친 대통령도 서방과의 관계 회복을 위해 인근 구소련 연방 국가들에 대한 개입을 자제했지만, NATO의 점진적 동진은 서구의 영향력 확대에 대한 위협을 인식하게 했다. 이에 러시아는 집단안보조약기구(Collective Security Treaty Organization, CSTO: 이하 집단안보조약기구)의 전신인 독립국가연합 집단안전보장 조약 체결을 주도했고, 벨라루스도 이에 가입한다(CSTO 홈페이지). 따라서 이 시기는 벨라루스와 러시아 모두 새로운 체제에 적응해나가던 시기로, 친서방 정책의 의지를 가지고 있으면서도 공동의 위협에 대해선 양국 간 협력을 시도하는 '관계 탐색기'의 시기로 읽혀진다.

1994년 루카셴코 대통령의 등장으로 러시아와 벨라루스의 형제국 관계가 본격적으로 형성되고 발전하기 시작한다. 루카셴코는 당시 기본적으로 친러시아 성향을 가진 인물로, 소련의 역사 교과서 복원을 통해 벨라루스와 러시아 간 역사 차이를 최소화하려 애썼다(이지연 2014). 루카셴코는 러시아와의 관계를 통해 국내의 안정을 도모했는데, 정치적으로는 소비에트 시기에 대한 향수를 제도화하여 통치 철학의 기반으로 활용해 국가 정체성을 강화했고, 경제적으로는 러시아로부터의 값싼 에너지 자원과 융자 특혜를 통해 경제성장을 이끌어나갔다. 이후 러시아와 더 밀접한 협력 관계를 맺기 위해 국가연합 창설을 적극 추진했다. 러시아도 소연방의 회복을 바라는 보수파 인사들의 주장과 양국 간 경제, 정치적 차이와 갈등을 해소하는 방편으로 연합조약 협상에 응했다(허승철 2019). 당시 러시아는 NATO의 동진과 유럽연합의 통합 진행으로 구소련 공간에서의 서방의 영향력 확대에 위협을 느끼고 있었고, CIS 내 자국의 영향력 유지를 목표로 삼았기 때문에 벨라루스와의 국가통합 논의는 당시의 러시아에게도 매력적인 안이었다. 즉, 러시아의 지역 내 영향력 보존 목표와 벨라루스의 국내정치적 목표가 합쳐져서 양국은 '연합국가' 창설조약을 통한 형제국 관계를 공식적으로 맺게 된다. 따라서 이 시기는 벨라루스와 러시아가 '형제국으로서의 초석'을 다지고 '경제적, 안보적 측면 모두에서 협력을 강화해나가는 단계'라고 볼 수 있다.

하지만 2000년대에 이르러 실용주의 외교를 내세우는 러시아 푸틴 대통령의 등장으로 양국 관계는 '동맹국 관계의 양면화'를 겪게 된다. 즉, 벨라루스와 러시아는 앞서 체결한 조약을 바탕으로 기본적으로는 협력과 우호의 틀 안에서 관계를 전개해나가지만, 양측 모두 균형외교에 입각하여 각자의 실리를 내세우기 시작한 것이다. 우선 푸틴은 1999년 연합국가 조약에 대한 구체적인 내용을 논의하자고 제안하며 통합을 강화하려 했고, 이에 대한 벨라루스의 반발이 있기는 했으나 곧이어 통합국가 협정 발효로 이어졌다. 하지만 9·11 사건 이후 포스트소비에트 공간에서 미국의 군사 행동이 시작되고 동유럽 국가의 서양화, 색깔혁명이 확산되자 러시아의 대외적 위협과 비용이 커지게 되었다. 이에 러시아는 벨라루스와의 경제적 통합은 유보하고 군사적 통합을 강화하겠다는 태도로 전환한다(허승철 2019). 즉, 러시아는 벨라루스에게 부여한 경제적 혜택을 줄임으로써 비용 부담을 줄이려는 한편, 옛 소련 공화국 6개국의 집단안보조약기구 창설을 추진하는 등 군사적 협력은 강화하여 서방세력에 대항하고자 한 것이다. 반면, 벨라루스의 주요 관심사는 러시아로부터 받을 수 있는 경제적 혜택에 있었고 2000년대 불거진 러시아와 벨라루스 사이 가스, 에너지 갈등은 이러한 충돌하는 입장 차이를 단적으로 보여주는 예이다(황성우 2013). 정리하면, 2000년대 러시아와 벨라루스의 관계는 형제국으로서의 관계를 세부적으로 조율하는 시기로 실리에 따라 군사적 통합은 강화하는 한편, 경제적 협력에서는 지속적인 갈등을 겪는, '형제국 관계의 양면화'가 드러나던 시기이다.

2010년대 가장 중요한 사건은 2014년에 시작된 우크라이나와 러시아의 분쟁이다. 비록 우크라이나 사태에서도 벨라루스는 러시아와의 우호 관계를 안정적으로 이어왔으나, 이전과 비교했을 때 상당한 변화의 계기가 되었다. 일례로, 루카셴코 대통령이 처음으로 "우리는 벨라루스인이다"라는 발언을 하며 러시아로부터 독립된 벨라루스 고유 정체성을 강조하기 시작했는데(Kozlovsky 2017). 이는 우크라이나 사태를 통해 벨라루스 주권에도 위협이 생길 수 있다는 인식이 벨라루스 엘리트 사회에 퍼지기 시작했음을 보여준다. 하지만, 러시아를 향한 전 세계적 비난에도 불구하고 벨라루스는 중립적이고 신중한 태도를 견지했다. 2014년 러시아 크림반도 병합에 대한 그의 발언을 보면, "크림반도는 러시아의 일부가 되었기 때문에 위험하지 않다. 하지만 좋지 않은 선례가 생겼다."(RadioFreeEurope/RadioLiberty, 2014.04.23)라고 하는데 이는 러시아의 독자적 행동에 반감을 표하면서도 사실상 현재의 지정학적 상황을 이해하고 받아들여야 한다는 현실주의적이고 이중적인 판단을 보여준다. 한편, 러시아는 우크라이나 사태 이후 높아진 서방의 압박과 제재로 인해 자국 경제상황에 어려움을 겪었고, 이에 벨라루스가 동맹국으로서 제 역할을 다해주고 있는지에 대한 논의가 진행되며 벨라루스에 대한 경제 혜택을 줄이겠다는 정책으로 이어진다. 따라서 이 시기는 굳건했던 양국 관계가 외부 환경의 변화와 복합적으로 연계되어 흔들리기 시작하는 시점이라고 볼 수 있다. 하지만 이러한 관계 위기의 조짐들에도 불구하고, 2017년 9

월 러시아와 벨라루스는 초대형 합동군사훈련 '자파드 2017'(뉴시스, 2017.09.10)을 실시함으로써 두 국가는 여전한 동맹국임을 대외적으로 확인시켜주었고 관계 정상화의 길로 나아갔다. 따라서 2010년대의 벨라루스와 러시아의 관계는 형제국 안에서의 '충돌의 진폭이 커진 시기'이자 '형제국 관계의 위기와 회복'으로 정리할 수 있다.

하지만 2020년 이후 양국 관계에서 나타나는 변화의 진폭이 어느 때보다도 커졌으며 새로운 국면에 들어설 수 있는 대내외적 동력이 생겨나고 있다. 벨라루스 내부적으로는 고유한 민족 정체성에 대한 대중 의식이 성장했고 그와 함께 반러시아 정서도 커지고 있다. 또한, 벨라루스와 러시아 각국의 실리에 입각했을 때 서로가 원하는 것이 교차되어 무조건적 형제국 관계를 유지해야 할 유인책이 이전보다 줄어들고 있다. 우선 경제적 측면에 있어, 벨라루스가 러시아로부터 특혜를 받는 과정에서 발생한 갈등은 양국 간 협의로 해결되지 못하고 외부로부터 해결책을 구하는 모습을 보였다. 2019년 말 양국은 원유 공급가 문제를 두고 협상을 벌였으나 합의에 이르지 못했고 결국 2020년 새해 첫날부터 러시아는 벨라루스에 대한 원유 공급을 전면 중단했다(조선일보, 2020.01.04). 이는 벨라루스에게 러시아에 대한 경제 의존성의 심각한 위험을 알리는 계기가 되었고 벨라루스는 원유 수입 다변화를 추진하고 있다. 벨라루스는 유럽에 이어 미국산 원유를 수입하기 시작했다. 정치적 측면에 있어서는 냉탕과 온탕을 오가는 두 지도자 간 갈등 고조가 부각된다. 2020년 벨라루스 대선을 앞두고 러시아 민간용병업체 '바그네르' 소속 요원 33명이 수도 민스크 외곽과 남부 지역에서 체포되었는데, 벨라루스는 이를 대선을 앞둔 공동체에 위협을 가할 목적으로 러시아에 의해 조직된 일종의 테러로 보고 있다. 루카셴코는 매 선거 때마다 외국 간섭 혐의를 내세웠는데, 이때의 외국은 늘 서방

표 3-2. 벨라루스 대외 전략적 지향성의 변동

	슈스케비치	루카셴코	루카셴코	루카셴코
	1991-1994	1994-1999	2000년대	2010년대
정체성 전환	소비에트연방 해체 이후 벨라루스 국가 내 정체성의 공백	위로부터 주입된 친러시아 정체성 형성	색깔혁명의 물결도 전달받지 못한 미약한 민족주의	- 지도자의 벨라루스 고유의 정체성 강조 현상 최초 대두 - 아래로부터의 정체성 형성의 움직임 포착
정체성 전환	위로부터 주입된 친러시아적 정체성 벨라루스 고유의 정체성 발달이 더디게 이루어짐			
외교 정책 수립	서부와의 관계 강화 시도하나 실질적 성과는 없었음. 외교관계 탐색기	- 루카셴코 취임과 함께 슬라브 국가들의 국가연합 창설 제안 - 서방의 경제개발 방식 거부, 소련 경제 시스템 유지, 친러시아 노선 선택 - 러시아와 형제국 관계 형성	- CSTO 가입 - 러시아의 구체적 통합 진행 요구 거부. 현 상황 유지 주장 - 러시아와의 형제국 관계의 양면화 발생 (안보와 경제의 분리), 사안에 따른 실용주의적 외교	러시아의 크림반도 병합으로 인해 위협의식 높아졌으나 이내 회복, 형제국 관계의 위기와 회복
외교 정책 수립	러시아로의 편승전략, 러시아와의 형제국 관계라는 틀 안에서의 균형점 이동			
러시아 이미지	러시아를 해방자이자 침입자로 규정하는 움직임이 동시에 존재	역사적 뿌리, 소비에트 시기에 대한 역사적 향수	실리주의에 입각해 러시아를 바라봄. 안보에서는 동맹, 경제에서는 갈등	러시아로부터의 실질적 위협을 인식하기 시작

을 가리키는 것이었고, 러시아가 혐의의 대상이 된 것은 이 해가 처음이다. 이에 러시아는 오히려 '루카셴코의 공작'이라고 맞받아치고 있다(연합뉴스, 2020.07.30). 하지만 루카셴코의 6번째 취임에 대항하여 일어난 대중 반란은 루카셴코가 자신의 국내정치적 입지를 지키기 위해 다시금 러시아의 힘에 의지하게 만드는 결과를 낳았다. 이와 같이 러시아에 대한 루카셴코의 빠른 태세전환으로 대표되는 벨라루스의 대러 외교정책은 최근 들어 그 변화의 진폭이 커졌음을 알 수 있다.

〈표 3-2〉에서 정리한 바와 같이, 벨라루스는 소비에트연방 해체 직후 외교전략 탐색기, 루카셴코 집권 이후 러시아와의 형제국 관계 형성, 2000년대 형제국 관계의 양면화, 2010년대 관계 위기와 회복을 거쳤다. 비록 벨라루스 외교정책에도 지속적인 변화의 과정이 있었으나, 이는 기본적으로 러시아로의 편승이라는 친러 외교노선 안에서 이루어진 변화였으며 이를 통해 국가 발전의 정치적, 경제적 안정을 도모하였다. 벨라루스는 이와 같은 외교전략을 통해 유라시아를 둘러싸고 벌어지는 신냉전 구도에 영향을 크게 받지 않았고, 외부의 균열과 충돌에 대한 직접적 선택을 요구받지 않은 채 현상유지를 해올 수 있었다.

지금까지 살펴본 우크라이나와 벨라루스의 대외정책 균형점 변동은 아래와 같은 그림으로 나타낼 수 있다. 외교정책 지향을 x축, 국내 통합 정도를 y축에 두고 각 국가의 시기별 외교노선 변화를 추적해보면, 우크라이나는 〈그림 3-1〉에서와 같이 모든 사분면을 아우르는 큰 폭의 변화를 겪어왔다. 우크라이나 외교노선은 국내정치적 통합 수준과 함께 그 변화의 폭이 크고 불규칙하여 예측이 어려웠다. 반면, 벨라루스의 외교정책은 균질적인 국내정치적 특성을 기반으로 한 일관된 친러시아 노선을 유지해왔고 〈그림 3-2〉와 같이 제1사분면 안에서의 완만한 변화를 겪었다. 즉, 벨라루스의 외교정책 변화는 우크라이나와 달리 예측 불가능한 수준은 아니었던 것이다. 이와 같이 유사한 지정학적 숙명과 역사를 가진 두 국가가 취해온 상이한 외교정책에 대한 이해를 바탕으로, 다음 절에서는 각 국가를 둘러싼 안과 밖의 상황을 검토함으로서 그 차이의 근본 원인이 어디에 있는지 밝혀내고자 한다.

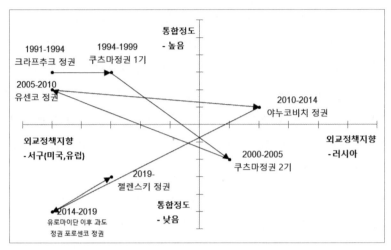

그림 3-1. 우크라이나 중간국 외교 균형점 변동

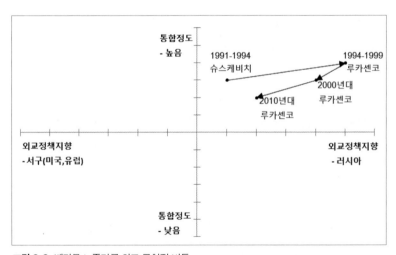

그림 3-2. 벨라루스 중간국 외교 균형점 변동

III. 우크라이나와 벨라루스의 상이한 외교노선의 원인과 결과

1. 우크라이나 안과 밖의 결합방식과 균형의 파국

우크라이나는 미국과 EU가 연대하여 러시아와 대립하는 지정학적 단층대에 위치하고 있어, 우크라이나의 외교정책을 설명할 때 러시아 요인과 서구 요인은 중요한 변수로 자리하고 있다. 우크라이나는 러시아와 서방의 대결구도 속에서 양측 모두에게 중요한 전략적 요충지였고, 그를 둘러싸고 펼쳐지는 신냉전 구도에 대한 적극적 선택을 요구받았다. 우크라이나에게 러시아와 서방세력은 경쟁적인 외교 선택지로 존재했고, 어느 한 측에 대한 고정적 선호를 가지지 않고 양측을 자유자재로 오가는 전략적 선택을 해왔다. 이는 가장 표면적으로는 우크라이나의 지정학적 숙명 때문이겠지만, 앞서 비교분석한 벨라루스가 같은 지정학적 배경을 두고도 우크라이나와 상이한 길을 걸어왔다는 점에서 다른 근본적 원인이 존재한다는 판단을 내릴 수 있다.

따라서 우크라이나 외교노선을 설명하기 위해선 지정학적 각축이라는 외부 환경적 요인이 아니라 우크라이나의 내부동학을 살펴봐야 하며, 역사 속에서 형성된 동–서 지방 간 격차는 우크라이나의 중간국 외교를 설명하는 결정적인 배경이 된다. 〈그림 3-3〉에서 보이듯이 우크라이나 동–서 지방은 언어, 문화, 역사적 측면에서 상이한 모습을 보인다. 하리코프(Kharikov)와 돈바스(Donbass) 등 동부 지역은 17세기부터 러시아 제국의 통치를 받아 러시아와 역사, 종교, 문화, 경제적 상호의존을 형성하였다. 특히 우크라이나 동부 지역에는 광업과 철강 산업, 군수 산업 등이 발전하였으며, 동부의 러시아어 사용자 인구는 90%가 넘는 곳도 있다. 한편 리비우(Lviv)를 중심으로 하는 우크라

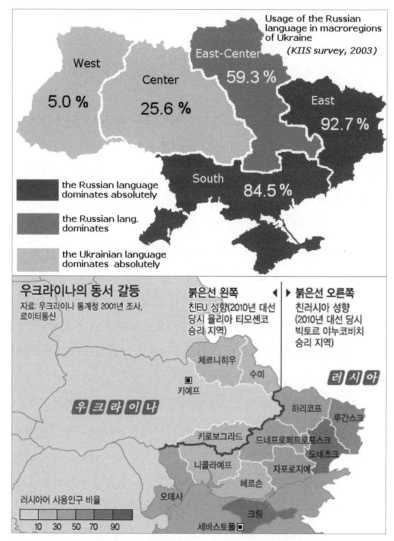

그림 3-3. 우크라이나 내 러시아어 인구 분포와 동서분열 구도

출처: *The McGil International Review*; 『세계일보』

이나 서부는 폴란드, 오스트리아-헝가리 제국의 영향을 받아 서구적인

역사, 사회, 문화적 전통이 자리 잡았다. 서부 지역은 경제적 측면에서

소련 시기부터 소외되어 독립 이후 지금까지도 산업이 낙후되었으며, 농업이 주를 이루고 있다. 따라서 동-서의 차이는 단순히 지역 간 차이에서 그치는 것이 아니라, 각 지방에 기반한 지역주의, 각 지역의 정치적 선호가 지지 정당, 정치 엘리트, 정부의 국내외 정책에 영향을 끼치는 모습을 보인다. 서부의 경우 강력한 우크라이나 민족주의 색채를 띠며, 반러시아, 유럽 지향적인 외교정책을 선호한다. 반면 러시아와 언어, 문화적으로 유사성과 경제적 상호의존성이 높은 동부 지역의 경우 우크라이나-러시아 이중 국적 허용, 러시아어 공용화, 대러 경제통합 등 러시아 지향적인 모습을 보인다(홍완석 2010).

결국 우크라이나의 동-서 지방 간 차이는 역사·문화적으로 오랜 기간 고착화되어 온 내부적 균열구도이다. 내부 균열구도는 우크라이나 중간국 외교의 균형적 지향의 원천이 될 수도 있지만 국내정치의 균열적 구도를 형성하는 근원이 될 수도 있다는 점에서 양가적이며, 국내 수준에서 이루어지는 국가건설 과정과 민주화 및 정체성 정치도 함께 고려되어야 했다. 문제는 이 균열구도가 지정학적 단층대가 활성화되는 외부 환경적 요인과 맞물리게 되면서 우크라이나 국내정치를 치명적 분열로 이끌었다는 것이다. 이미 우크라이나는 선거 및 국내정치 과정에서 "탈러시아 정치"가 활성화될 때에 파괴적 정체성의 정치가 재연되는 경험을 하였다. 탈소비에트 국가건설 과정에서 늘 복병으로 자리 잡고 있는 '정체성의 정치'의 활성화는 국내 정치엘리트들의 어설픈 활용과 대응을 넘어선 파괴력을 가지는데, 이 과정 자체가 내부적 동력으로 자가발전하는 단계로 쉽게 발전하기 때문이다. 결국 우크라이나에서 "정체성의 정치"[3]의 활성화는 민주화에 따른 대외정책

---

3   우크라이나 내 정체성의 정치에 대해서는 Pop-Eleches and Robertson(2018)을 참조.

의 강성화(assertiveness)와 맞물리면서 국내정치적 균열구도를 더욱 악화시킴으로써 우크라이나는 외부적 및 내부적 지정학적 단층대가 교차하는 열점(熱點)이 되고 말았다.

정리하면, 국내정치적으로 활성화된 "정체성의 정치"는 민주화 시기에 흔히 나타나는 "외교의 강성화"로 연결되면서 오렌지혁명과 유로마이단 사태를 전후로 중간국 우크라이나 대외정책의 동-서 사이에서의 균형점을 크게 변화시켰다. 특히 정치 엘리트들의 지향성과 민주화 이후 내부 지지자들의 여론과 지지 등의 변동 같은 국내정치적 요소는 지정학적 단층대의 활성화 같은 외적 조건보다 더 크게 우크라이나 중간국 외교의 변동에 영향을 미쳤다. 중간국 우크라이나의 대외적 지향의 균형점 이동을 성공적으로 관리하는 데 실패한 이유도 국내적 요인, 특히 엘리트의 관리 실패와 대중정치의 폭발에 더 크게 기인한다. 초기 쿠츠마 정권이 러시아와의 관계를 재강화한 점, 오렌지혁명 연대였던 유셴코와 티모셴코 등의 갈등으로 인하여 실각 이후 야누코비치 정권이 서구 일변도의 정책에서 다면주의 정책으로 회귀한 점, 유로마이단 전후 동-서 지방의 대외정책 지향에 대한 균열을 보인 점 등은 이같은 국내정치적 변동의 결정적인 계기가 되었다.

따라서 우크라이나 국내정치의 구조적 분열과 정체성의 정치는 큰 변동폭을 가진 우크라이나 외교노선의 결정적인 설명이 되며, 국내의 균열과 외부의 충돌이 맞물려 상호 영향력, 상호 파괴력을 행사해왔다. 우크라이나가 중간국 외교에서 적정 균형점을 모색하는 과정을 평가해보면 다음과 같은 결론에 도달할 수 있을 것으로 보인다. 탈냉전 이후 서구와 러시아 사이의 경쟁에 따른 지정학적 단층대가 이동하고 활성화되면서 그 위에 위치하게 된 우크라이나는 외부로부터 발생한 압력에 대응하면서 자신의 정체성을 모색하게 되었는데, 국가의 외교적 지향을 결정할 정체성의 안정화는 국내정치의 구조적 분열에 의해 달성되지 못하였다. 따라서 국내정치에서 대외적 지향성 논쟁으로 분출되는 정체성의 정치가 활성화되면서 그에 따른 외교정책 지향도 큰 폭으로 변동해 왔다. 중간국 외교의 적절한 균형은 고사하고 커다란 진폭을 가진 대외전략적 변화는 외부 세력에 의한 개입의 조건을 마련해 줌으로써 생존과 번영을 위협하게 되었으며, 그 결과 정부와 동부 분리주의자들 간의 무장투쟁 등으로 영토적 통합성과 국가 주권이 크게 훼손되는 뼈아픈 대가를 치르게 되었다.

2. 벨라루스 안과 밖의 결합방식과 균형의 유지 및 변화

러시아와 벨라루스의 양국 관계는 상하 위계질서를 바탕으로 한 비대칭적 동맹관계로 러시아의 경제적 지원과 벨라루스의 외교적 충성의 교환이었으며 벨라루스는 러시아에 상당 부분의 자율성을 이양해야 했다. 러시아는 때때로 벨라루스에 대한 정치, 경제, 외교적 압박을 가했지만, 이는 벨라루스가 자신의 영원한 동맹국이자 지지자라는 강력한 믿음 속에서 이루어진 행동이었으며, 궁극적으로는 벨라루스를 자신의 영향력 범위 안으로 더 깊숙이 끌어들이려는 의도가 밑바탕에 자리했다. 러시아로서는 자신과 일관된 우호관계를 이어온 유일한 국가인 벨라루스와의 관계를 전환할 동인이 없었다. 벨라루스 역시 국가 내부를 구성하는 다층적인 요소, 경제 상황, 대중, 지도자를 고려할 때 러시아와의 동맹국 관계를 이탈할 강력한 동기나 추동력이 없었고, 오히려 기존의 관계를 뒤로하고 친서방 노선으로 전환했을 때 감당해야 할 부담이 더 컸다. 이에 벨라루스는 러시아 대 미국과 EU가 대립하는 지정학적 단층대에 위치하고 있었음에도 신냉전구도에서의 새로운 선택을 요구받지 않고 일관된 대러 의존적 외교노선을 취해왔다. 따라서 벨라루스의 일관된 친러 외교정책은 국내정치의 균질성에서 비롯된다고 볼 수 있으며 그 세부 요인으로 경제, 대중, 지도자가 있다.

우선 벨라루스가 친러시아 노선을 유지해온 근본적 원인인 경제 상황부터 살펴보면 다음과 같다. 동서로의 균열 대 국내정치적 통합, 정체성 정치의 활성화 대 비활성화라는 우크라이나와 벨라루스를 가르는 극명한 대립 구도를 유지하고 강화해온 원인은 각국의 경제 상황에 있으며, 이는 소비에트 해체 이후 지금까지의 GDP 변화를 비교해봄으로써 확인할 수 있다(표 3-3 참고). 소비에트 시절 중앙정부의 보조금으로 공화국 재정의 대부분을 충당해왔던 벨라루스는 1991년 독립 이후 마이너스 경제성장을 기록해왔다. 벨라루스는 소비에트로부터 독자적인 경제 플랜조차 세울 수 없는 허약한 경제를 물려받아 경제적 독립에 뚜렷한 한계를 지니고 있었다. 하지만 지속된 경제 위기와 정치 불안정 속에서 루카셴코의 친러시아 정책은 벨라루스의 경제성장률을 마이너스에서 플러스로 돌아서게 하고 2007년 일인당 국민소득이 1만 달러를 넘어서는 경제적 성과를 이룩하게 했다(김선래 2019). 러시아 보조금의 정확한 가치는 추산하기 어려우나 일반적으로 1년에 20조에서 60조인 것으로 추정되며 지금까지의 누적 가치는 1000조에 달한다(Bennett 2020). 이러한 벨라루스와 러시아의 관계를 두고 후원자-고객 관계(Newnham 2019)라고 표현하기도 한다. 이후에도 벨라루스는 유럽연합국으로부터 '유럽에 남아 있는 유일한 독재국가'라는 비판을 받으며 서방세계로부터 무역과 교류에 제한을 받는 입장이었기 때문에 러시아와의 교역에 더욱더 의존할 수밖에 없었다(김선래 2019). 2017년 기준, 러시아의 값싼 원유와 가스의 형태로 지급되는 보조금은 벨라루스 GDP의 10~15%를 차지했고 벨라루스 수

표 3-3. 벨라루스, 우크라이나 GDP 성장률(%), 일인당 GDP(US$)

연도	벨라루스		우크라이나	
	GDP 성장률	일인당 GDP	GDP 성장률	일인당 GDP
1992	-9.6	1,668	-9.7	1,418
1994	-11.7	1,460	-22.9	1,012
1996	2.8	1,452	-10	873
1998	8.4	1,512	-1.9	835
2000	5.8	1,276	5.9	636
2002	5	1,479	5.2	879
2004	11.4	2,379	12.1	1,366
2006	10	3,847	7.4	2,301
2008	10.2	6,377	2.3	3,887
2010	7.8	6,029	3.8	2,965
2012	1.69	6,940	0.2	3,855
2014	1.73	8,319	-6.6	3,105
2016	-2.53	5,023	2.2	2,188
2018	3.15	6,330	3.4	3,097
2020	-2.9	6,134	-7.2	3,425

출처: https://www.macrotrends.net/countries/BLR/belarus/gdp-gross-domestic-product; https://www.macrotrends.net/countries/UKR/ukraine/gdp-gross-domestic-product

출 중 41%가 러시아 시장에 의존하고 있었다(Köngeter 2017). 즉, 경제적 관점에서 벨라루스의 러시아 의존도는 절대적이며, 러시아와의 형제국 관계를 지속하는 중요한 이유 중의 하나가 경제적인 측면에서 발견된다. 〈표 3-3〉에서 보이듯이 같은 역사적 뿌리를 두고 서로 다른 대외노선을 취해온 우크라이나와 비교해보았을 때, 벨라루스는 러시아의 혜택에 힘입어 소비에트연방 해체 이후의 경제 침체를 빠르게 극복할 수 있었던 반면, 우크라이나는 2000년 이전까지 마이너스 경제성장률을 벗어나지 못했고 불안정한 경제성장률은 동-서 간의 균열

구도를 더욱 공고하게 만들었다. 따라서 벨라루스의 친러시아 노선을 추동한 주요 동인 중의 하나는 경제적 안정에 대한 지향이었으며, 이를 통해 벨라루스 내부 안정과 통합을 유지해 올 수 있었던 것으로 보인다.

다음으로는 벨라루스 대중이다. 벨라루스 대중은 주체적인 민족 정체성 형성 시도를 더디게 이루어왔고 그간 벨라루스는 민족, 정치, 역사, 문화적으로 독자적인 민족 정체성과 민족주의 운동에 대한 지지, 민족주의자들의 정치 입지와 영향력이 상당히 미약한 수준이었다. 또한, 벨라루스는 구소련 붕괴 이후 체제전환기에 러시아와 우크라이나와의 CIS 창설을 주도했지만 독립국가 사이에서 자본주의 경제와 민주주의 정치개혁에 가장 소극적인 국가로 간주되어왔다. 벨라루스 국민들은 국가, 지도자가 주입한 정체성을 자기인식으로 수용했고 민족 정체성 형성에 있어 주체적 역할을 해내지 못했다. 이런 배경을 바탕으로 성장한 수동적이고 순응적인 벨라루스인은 구소련 국가들의 민주화, 서방화 운동인 색깔혁명의 물결도 전달받지 못했으며, 벨라루스에서는 지배와 피지배 계층과 사회계약 포퓰리즘 양상이 계속될 것이고 민주화혁명은 항상 시기상조라는 평가가 내려졌다(윤영미 2011).

마지막으로는 26년간의 통치를 이어오고 있는 루카셴코라는 지도자이다. 벨라루스의 친러노선은 루카셴코의 강력한 의지가 바탕을 이루고 있는데, 그가 독재정권을 유지해올 수 있었던 권력의 기반에는 러시아와의 동맹 관계가 자리하고 있기 때문이다. 그는 자신의 국내정치적 입지를 지키기 위한 하나의 수단, 개인적이고도 실리적인 이유로 러시아와의 관계를 활용해왔으며 이는 최근 그의 6번째 연임에 대항하여 일어난 전국적 대중 반란에 맞서기 위한 방편으로 러시아의 도움에 기대는 모습을 통해 한 차례 더 확인되었다.

이처럼 벨라루스 국내정치를 구성하는 세 개의 큰 축인 경제, 대중, 지도자는 일관된 친러시아 노선을 이어오게 했으며 그중에서도 경제적 요인은 벨라루스의 국내정치적 통합을 유지, 강화해온 중요한 동력이었다. 비록 그 과정에서 러시아에 대한 과도한 의존도가 지닌 경제적, 정치적 위험성을 종종 경험하긴 했으나, 친러시아 노선을 버리고 새로운 외교전략을 수립할 내부 동학이 활성화되지 못했으며, 이 지점이 우크라이나와 벨라루스가 동일한 지정학적 숙명을 지니고도 서로 다른 길을 걸어온 이유이다.

하지만 2020년대에 들어서 포착된 벨라루스의 내부 변화는 지금까지의 일관된 친러시아 노선을 버리고 새로운 외교 노선을 취할 수 있는 국내정치적 동력이 커지고 있는 것으로 해석된다. 이전까지 벨라루스는 국내정치적 동학이 크지 않아 외부의 충돌에 휘말리지 않고 러시아로의 일관된 편승정책을 통한 안정을 도모해왔다. 하지만 최근 친러시아 노선의 안정성을 구성한 벨라루스 내부 요인들이 반러시아 감정과 함께 기존과 역행하는 방향으로 커지고 있어 외교정책 전환에 대한 가능성이 발견된다. 이와 같은 국내정치적 동학의 활성화는 앞서 언급한 국내정치의 세 축인 경제, 대중, 지도자 모두에서 일어나고 있다.

2014년 우크라이나 사태 이후 서방의 제재로 자국 경제에 큰 타격을 입은 러시아는 벨라루스에게 경제 지원의 대가를 본격적으로 요구하기 시작했다. 2000년대 푸틴 정권이 들어선 이후 러시아의 실리주의 정책으로 벨라루스와 에너지, 가스 분야에서 지속적 갈등을 겪어오긴 했으나, 이는 기존에 이어오던 동맹국 내에서의 의견 조율에 가까웠다. 하지만 우크라이나 사태 이후에 전개된 양국 사이의 경제 갈등은 단순히 양국 간의 문제에 머물지 않고, 주변으로 퍼져나가고 있

다. 즉, 러시아가 벨라루스에게 자신이 제공하는 경제적 혜택에 상응
하는 대가를 요구하게 되면서 벨라루스는 러시아로의 과도한 의존에
대한 위험을 경제라는 가장 직접적인 문제로 겪게 되었다. 이는 다면
화된 외교의 필요성을 알리는 결정적 동기로 작용할 것이다.

또한 루카셴코의 6번째 임기에 대항하여 일어난 대중운동은 소비
에트연방 해체 이후 최고 수준으로 최장기간 지속되고 있으며 벨라루
스의 풀뿌리 운동은 소비에트연방 시기로 돌아가지 않으려는 독립성
에 대한 강한 의지를 바탕으로 벨라루스 고유의 문화와 언어를 기반으
로 한 국가 정체성을 장려하고자 한다(Washingtonpost, 2020.07.08).
또한 이들은 위로부터 주입된 러시아 기반의 역사인식을 탈피한 새로
운 역사인식을 시도하며, 벨라루스가 무스코비에서 분리되어 리투아
니아대공국에 의해 통치되던 시기를 벨라루스의 황금기라고 생각한
다(Bennett 2020). 이와 같은 일련의 대중운동은 여전히 정부의 가혹
한 탄압에 시달리고 있지만, 국가가 완전히 통제할 수 없는 수준에 이
르렀으며, 역으로 시민사회가 국가에 영향력을 행사할 수 있는 저력
을 키워나가고 있는 것으로 평가된다. 이와 함께 대중들 사이에서 반
러시아 정서도 높아지고 있는데 '벨라루스 분석협회(Belarusian Aana-
lytical Association)'에서 행한 통계조사에 따르면, 2019년 9월에서 12
월, 4개월 만에 친러시아 정서는 54.8%에서 40.4로 급격히 하락했
고 반대로 유럽연합 가입을 지지하는 것으로 대표되는 친서방 정서는
24.4%에서 32%로 상승했다(Belsat, 2020.02.05). 이처럼 최근 벨라루
스 대중이 보여주는 민족 정체성 형성의 시도, 시민사회의 발달, 대외
정책에 대한 주체적 판단 등은 벨라루스 대중이 기존에 당연하게 수용
해온 것에 문제의식을 가지며 적극적 행위자로 성장하고 있음을 보여
준다. 이는 반러시아 정서와 결합되어 러시아에 대한 무조건적 편승전

략을 구사해온 벨라루스 대외정책 노선에 변화를 요구하는 하나의 힘
으로 작용할 것으로 보인다.

러시아와의 형제국 지속에 강한 의지를 가졌던 루카셴코도 기존
의 러시아와의 관계를 무조건적으로 유지하려 하기보다 자신이 처한
상황에 따라 유동적으로 대하는 태도를 보인다. 루카셴코 독재정권에
대해 높아진 대중 반감과 반러시아 정서는 친러시아 대외노선을 자신
의 강력한 정치 기반으로 삼아온 루카셴코에게 이전과 같은 지지대 역
할을 해주지 못한다. 즉, 러시아와의 우호관계가 루카셴코 권력 정당
화에 있어 마이너스 요소로 작용하게 되면서 루카셴코는 기존의 러시
아로의 편승전략, 친러시아 노선에 수정을 가할 필요성을 지니게 되
었다. 비록 지금 당장은 그의 연임에 대항하여 일어난 국내의 대중 반
란을 억압하기 위해 러시아의 힘을 빌리고 있으나 이는 일시적 위기
를 모면하기 위한 전략으로 보이며, 그의 정치적, 경제적, 실리적 판
단에 입각했을 때 루카셴코의 대외정책은 그 중심을 친러시아, 반민
족주의 노선에서 제한적 편승, 전략적 헤징으로의 이동하려 할 것으
로 예상된다.

이와 같이, 최근 2020년 이후 관찰되는 벨라루스 내부의 다층적
변화는 기존의 대러 의존정책에 대한 위험을 알리고 새로운 전략을 요
구하는 동력이 될 것이다. 특히 친러시아 노선 유지의 가장 중요한 이
유였던 러시아를 통한 경제성장이 어려워지게 되면서 대러 의존정책
에 대한 유인을 잃어가고 있다. 즉, 경제 불안정은 벨라루스의 국내정
치적 통합을 약화시키는 원인이 되었고, 이어 대중의 성장과 지도자의
대외정책 인식변화와 맞물려 기존 대외노선에 대한 변화를 요구하는
내부 동학을 활성화시켰다. 비록 지금 당장 벨라루스가 오랜 기간 유
지해온 친러시아 노선을 친서방 노선으로 전환시킬 것이라고 보기는

어려우나 이전에 볼 수 없었던 벨라루스의 국내정치적 동학이 활성화 되었다는 점에서 벨라루스가 펼치는 중간국 외교가 좀 더 다면화된 모습을 보일 것이라는 예상을 해볼 수 있다.

IV. 맺음말: 우크라이나와 벨라루스의 외교노선 비교와 정책적 함의

유라시아 서부 지정학적 단층대에 위치해 러시아와 서방 세력이 경쟁하는 사이에 위치한 중간국 우크라이나와 벨라루스는 러시아와 서방과의 관계 설정이 역사적으로 중요한 과제 중 하나였다. 하지만 동일한 지정학적 숙명과 과제를 가지고 출발했음에도 두 국가는 서로 다른 길을 걸어왔다. 우크라이나는 정권 변화에 따라 친서방과 친러시아적 성향을 큰 폭으로 오가는 불안정한 모습을 보였고, 벨라루스는 일관된 친러시아 외교노선 안에서 크고 작은 변화를 경험했다.

　이러한 차이는 우크라이나와 벨라루스의 국내정치 동학의 차이에서 비롯되었다. 동과 서로 극명한 대립각을 구축하고 있는 우크라이나와 균일하고 소극적인 국내정치적 특성을 가진 벨라루스는 외부 위기에 대한 반응과 태도에서 차이를 보였고 이는 궁극적으로 외교정책 지향점의 상이한 노선을 만드는 결정적 요소가 되었다. 우크라이나는 국내에 형성된 강한 민족 균열로 인해 서방과의 관계 설정이 러시아와의 관계 설정과 항상 대등한, 경쟁적 위치에 놓여 있었고, 분열된 국내정치적 동학과 맞물려 외교정책도 정권 변화에 따라 함께 변화했다. 또한 우크라이나 내부에서 계속되는 정체성의 정치는 친서방과 친러시아 노선 사이를 큰 폭으로 오가는 대외정책의 변화로 발현되었고 안과 밖의 균열이 상호 연계되어 파국을 경험하게 되었다.

　반면 벨라루스는 균질적인 국내정치 특성을 가지고 있고 민족 정체성 발달도 제대로 이루어지지 않아 서방과의 관계 설정보다 러시아와의 관계가 외교전략의 우위를 차지하고 있었다. 그들에게는 서방과의 관계 개선을 통해 얻을 수 있는 이득이나 기대보다 부담이 더 컸으며, 러시아로부터 단기간에 취할 수 있는 실질적 이득이 더 매력적인 안이었다. 또한 고유한 국가 정체성 형성에 대한 아래로부터의 요구가 더디게 진행되었기 때문에 러시아로의 정치, 경제, 문화적 편승에 대한 대중 반발도 크지 않았다. 즉 벨라루스에는 대러관계를 전환시킬 내부 동학이 부재했다. 최근 벨라루스 내부에서 일어나고 있는 다층적 변화와 본격적으로 활성화되기 시작한 국내정치적 동학이 유라시아를 둘러싼 신냉전 구도라는 외부적 상황과 맞물려 앞으로의 벨라루스 외교정책을 어떻게 변화시켜나갈지에 관해서도 지속적으로 점검해봐야 할 것이다.

　이러한 우크라이나와 벨라루스의 서로 다른 중간국 외교의 경험은 유라시아 국제정치를 설명하는 세 차원(상층부 강대국정치와 신거대게임, 중층부 지역주의와 다자협력의 동학, 하층부 역내 국가들의 국내정치) 중 국내정치의 중요성을 잘 드러내주는 사례이다. 이는 향후 유라시아 질서 변동에서 역내 국가들의 국내정치 변동이 대단히 중요한 영향을 미치게 될 것이라는 점을 보여준다.

　유라시아 서부 지정학적 단층대에 위치한 우크라이나와 벨라루스의 중간국 외교의 경험은 유라시아 동부 지정학적 단층대에 위치한 중간국 한국의 대외정책에 일정한 함의를 제공한다. 미국과 중국 사이에 위치한 중간국인 한국의 대외정책 지향에 대한 고민은 이들이 처한 서구와 러시아 사이에서의 고민과 구조적으로 유사한 부분이 있다. 그렇다면 우크라이나와 벨라루스 중간국 외교의 비교는 우리에게 어떤 교훈을 주는가?

첫째, 한국의 입장에서 새롭고 창의적인 중간국 외교의 모색이 필요하다. 미-중이 무역 갈등으로 첨예하게 대립하는 가운데 안미경중(安美經中)이 더 이상 대안이 될 수 없는 상황에서 우크라이나와 같은 급격한 편승 파트너의 변경이나 어설픈 균형점 변동은 심각한 지정학적 혼란을 초래할 수도 있다. 또한 벨라루스와 같은 한쪽으로 치우친 일관된 편승정책은 대내외적 상황의 변화에 따른 전략적이며 창조적인 외교정책을 구사할 수 없게 한다. 따라서 필자는 동북아시아 내 중간국 연대나 소다자협력의 추동 등의 창조적 전략으로 다차원 구도에서 균형을 모색하는 복합지정학적 사고 기반의 대책 마련이 필요하다고 주장한다.

둘째, 우크라이나 동부의 무장 갈등의 예에서 볼 수 있듯이, 경쟁하는 양극 중 일방이 타방을 완전히 압도하지 못하는 상황에서 분단과 분할은 강대국들에게 차선의 대안이 될 수 있다는 점이다. 우크라이나 동부의 분쟁 지역화, 완충 지대화는 중간국 우크라이나의 축을 크게 변화시키지 않는 한도 내에서 균형을 모색한 서구와 러시아 간 대결의 결과물일 수 있다. 이는 분단 혹은 분할이 강대국 간 세력균형 유지를 위한 차선의 대책이라면, 중간국 입장에서 이를 일거에 타개하기 위한 노력을 기울이기보다 분단구조에서 협력적 공존을 모색하면서 네트워킹을 강화하는 것이 균형점 모색의 근거를 강화하는 데 유리할 수 있다는 것을 시사한다.

셋째, 주변 강대국의 반응을 고려하면서 균형점을 살펴야 한다는 점이다. 벨라루스가 일관된 친러 노선을 통해 안과 밖의 균형을 유지해온 것은 국내정치적 균일성을 바탕으로 서방과 러시아의 반응을 고려한 전략적 선택의 결과였다. 그간 벨라루스는 미국과 EU에게 '중추국(pivot state)'으로 인식되지 않았기 때문에 친서방 외교정책으로의 급격한/성급한 전환은 기대보단 부담에 가까웠다. 하지만 우크라이나 사태 이후 해당 지역을 둘러싼 긴장도가 높아진 상황에서 벨라루스의 전략적 가치는 서방에서도 재조명되었고, 이에 벨라루스는 러시아 일변도에서 벗어나 다면화된 외교정책을 추진할 가능성, 기회를 부여받게 되었다. 이는 국내정치적 동학과 함께 강대국의 반응을 고려하여 외교노선을 변화시키는 것이 안과 밖의 균형을 찾는 중요한 요소가 된다는 것을 보여준다. 또한 서부 유라시아 지정학 구도에서 러시아가 우크라이나에 취한 대응을 중국과 러시아가 북한에 대하여 취할 수 있는지 면밀히 검토해 볼 필요가 있다. 지난 2015년 중국이 고려한 것으로 알려진 북한 분할 시나리오를 살펴보면, 중국이 함경남도, 평안북도, 자강도, 양강도를 차지한다는 내용을 담고 있다(MBN, 2015.08.04). 이러한 내용이 실현되기는 어렵다고 하더라도, 유사시 강대국 간의 충돌을 막기 위하여 한반도의 일부가 우크라이나 동부와 같이 분쟁 지역 내지 완충 지대화가 이루어질 가능성을 완전히 배제하기는 쉽지 않다. 따라서 이러한 우려가 현실이 되는 상황을 방지하기 위하여 중-러 간 연대 고리 등에 대한 면밀한 관찰이 필요하며, 북한 급변사태 시 중국과 러시아의 대응에 대한 한국, 일본, 미국의 대응 의지 등에 대한 평가도 이루어져야 할 것이다.

참고문헌

고재남. 2014. "우크라이나 사태의 주요 쟁점과 국제적 함의."『주요국제문제분석』 3월 25일.
_____. 2017.『우크라이나 포로셴코 정부의 외교정책과 주요국 관계』. 서울: 국립외교원.
김선래. 2019. "연방주의의 탈 근대적 형태로서의 러시아-벨라루스 국가연합 논의에 대한
　　　고찰."『Acta Eurasiatica』 10(2): 1-19.
손열·김상배·이승주 편. 2016.『한국의 중견국 외교: 역사, 이론, 실제』. 서울: 명인문화사.
신동혁. 2014. "푸틴의 노보로시야: 명분인가, 궁극적 목표인가?"『Russia-Eurasia Focus』
　　　287 (2014년 9월 29일).
신범식. 2008. "신거대게임으로 본 유라시아 지역질서의 변동과 전망."『슬라브학보』 23(2):
　　　165-200.
_____. 2010. "중앙아시아 국가들의 대외 지향성 비교연구: 대러 편승도와 체제전환 관련
　　　지수들의 상관성을 중심으로."『슬라브학보』 25(4): 191-221.
_____. 2015. "중국의 부상과 중앙아시아 국가들의 대응."『슬라브학보』 30(2): 205-245.
_____. 2017. "강대국 영향력과 중앙아시아 지역정치 변동." 신범식 편.『유라시아의 심장이
　　　다시 뛴다: 중앙아시아 지역의 형성과 역동성』. 진인진: 345-373.
_____. 2018. "탈소비에트 우즈베키스탄의 국민국가 건설과 이슬람."『세계지역연구논총』
　　　36(2): 163-190.
_____. 2020. "지정학적 중간국 우크라이나의 대외전략적 딜레마."『국제지역연구』 29(1):
　　　37-69.
신성원. 2014. "우크라이나 사태가 국제 질서와 동북아 지역에 미치는 영향."
　　　『주요국제문제분석』 6월 10일.
윤영미. 2011. "벨라루스(The Republic of Belarus)의 국가발전 양상: 대통령 중심제 구축과
　　　실용주의적 외교정책을 중심으로."『세계지역연구논총』 29(1): 113-129.
이지연. 2014. "만들어지고 있는 민족/국가(nation): 포스트소비에트 벨라루스의 민족주의와
　　　국가정체성."『러시아어문학연구논집』 47: 245-271.
허승철. 2012. "우크라이나 야누코비치 정권의 외교정책 평가."『러시아어문학연구논집』 40:
　　　361-389.
_____. 2019. "러시아와 벨라루스 국가통합 가능성 분석과 전망."『러시아어문학연구논집』
　　　66: 175-197.
홍완석. 2010. ""동"과 "서" 사이에서 우크라이나의 대외전략."『한국과 국제정치』 26(1): 163-
　　　198.
홍현익. 2014. "우크라이나 사태와 한국의 대외 국가전략 위기 대응 방안."『Russia-Eurasia
　　　Focus』 286. 9월 22일.
황성우. 2013. "에너지 안보 공간의 갈등: 러시아와 벨라루스의 가스 갈등과 EU."『EU연구』
　　　34: 189-223.
뉴시스. 2017년 9월 10일. "러시아·벨라루스, 14일부터 대규모 '자파드' 군사훈련." https://

newsis.com/view/?id=NISX20170910_0000091318 (검색일: 2021.2.20).

동아닷컴. "'노보로시야' 앞세운 푸틴, 서방 제재에도 우크라이나 점령 폭주." http://news. donga.com/Issue/List/0205000001/3/0205000001/20140901/66131355/1 (검색일: 2020.1.9).

시사저널. 2019년 12월 9일. "러시아-벨라루스, 5시간 '국가 통합' 논의." http://www. sisajournal.com/news/articleView.html?idxno=193619 (검색일: 2021.2.20).

연합뉴스. 2014년 9월 5일. "우크라이나 사태 일지." http://www.yonhapnews.co.kr/bullet in/2014/09/05/0200000000AKR20140905229300081.HTML (검색일: 2020.1.9).

_____. 2017년 10월 24일. "벨라루스, 러시아 영향권 벗어나나?" https://www.yna.co.kr/ view/AKR20171024081400009?input=1195m (검색일: 2021.2.20).

_____. 2020년 6월 12일. "러시아 '형제국' 벨라루스, 처음으로 미국산 원유 도입." https:// www.yna.co.kr/view/AKR20200612001900080?input=1195m (검색일: 2021.2.20).

_____. 2020년 7월 30일. "벨라루스서 러시아 용병 30여명 체포…"대선 전 테러모의 혐의"." https://www.yna.co.kr/view/AKR20200730163300080?input=1195m (검색일: 2021.2.20).

조선일보. 2020년 1월 4일. "러시아, 벨라루스에 원유공급 중단…석유제품 수출 '일시중단'." http://news.chosun.com/site/data/html_dir/2020/01/04/2020010400042.html (검색일: 2021.2.20).

MBN, "한반도 통일 시나리오, 4개국이 분할통제?" http://www.mbn.co.kr/news/politics/ 2479602. (검색일: 2020.1.8).

Bennett, Kirk. 2020. "Should the West Be Worried About Belarus?" *The American Interest*.

Burke-White, William W. 2014. "Crimea and the International Legal Order." *Survival* 56(4).

Council on Foreign Affairs(Russian Federation). 2014. "Russia Wants 'Hot Peace,' Not War" 2014.09.05. (Interviewee: Mark Galeotti, Interviewer: Bernard Gwertzman).

CSCE Report. 1994. "REPORT: THE BELARUSIAN PRESIDENTIAL ELECTION" 1994.06.01

CSTO, https://en.odkb-csto.org/countries/belarus/ (accessed 20 August 2020)

Esipova, Neli and Cynthia English. 2008. "Ukrainians May Oppose President's Pro-Western Goals." *Gallup*, https://news.gallup.com/poll/110848/Ukrainians-May-Oppose-Presidents-ProWestern-Goals.aspx (accessed 08 January 2020).

Fitzpatrick, Mark. 2014. "The Ukraine Crisis and Nuclear Order." *Survival: Global Politics and Strategy* 56(4): 81-90.

Foxall, Andrew. 2009. "A 'New Cold War': Re-drawing the MAP/map of Europe." *Political Geography* 28: 329-331.

Gorchinskaya, Katya. 2019. "The Normandy Summit Ended With No Breakthroughs. What Has It Achieved?," *Forbes*, December 10., https://www.forbes.com/sites/

katyagorchinskaya/2019/12/10/the-normandy-summit-ended-what-has-it-achieved/#5b08e2c53061 (accessed 08 January 2020).

Gorenburg, Dmitry. 2011. "Ukraine After Yushchenko." *Russian Politics & Law* 49(5): 3-7.

Haass, Richard N. 2014. "The Sources of Russian Conduct." *Project Syndicate* April 16.

Heinrich, Andreas. 2017. "Energy Issues in Russia's Relations with Belarus." *Russian Analytical Digest* 206.

Ikenberry, John. 2014. "The Illusion of Geopolitics: The Enduring Power of the Liberal Order." *Foreign Affairs*, May/June.

Grigory Ioffe and Viachaslau Yarashevich. 2011. "Debating Belarus: An Economy in Comparative Perspective." *Eurasian Geography and Economics* 52(6).

Ioffe, Grigory and Viachaslau Yarashevich. 2011. "Debating Belarus: An Economy in Comparative Perspective." *Eurasian Geography and Economics* 52(6).

Ivashentsov, Gleb A. 2014. "The Crisis around Ukraine." 서울대학교아시아연구소 발표문 8월 12일.

Keating, Elizabeth and Cynthia English. 2014. "Ukrainians Prefer European Union, U.S. to Russia." Gallup, December 14.

Köngeter, David. 2017. "Russia and Belarus: a special relationship turning cold." Foreign Brief.

Kozlovsky, Sergey. 2017. "The Strange Death of Russia's Closest Alliance." *Global Voices*, February 21.

Kropacheva, Elena. 2011. "Ukraine's Foreign Policy Choices after the 2010 Presidential Election." *Journal of Communist Studies and Transition Politics* 27(3): 520-540.

Kuzio, Taras. 1996. "National Identity in Independent Ukraine." *Nationalism and Ethnic Politics* 2(4): 582-608.

_____. 2001. "Identity and nation-building in Ukraine-Defining the 'Other'." *Ethnicities* 1(3): 343-365.

_____. 2014. "Neither East Nor West: Ukraines's Security Policy Under Kuchma." *Problems of Post-Communism* 52(5): 59-68.

Legvold, Robert. 2014. "Managing the New Cold War." *Foreign Affairs* July/August.

Lukin, Alexander. 2014. "What the Kremlin Is Thinking: Putin's Vision for Eurasia." *Foreign Affairs* July/August.

Macrotrends. https://www.macrotrends.net/ (accessed 18 March 2021).

Mansfield, Edward D. and Jack Snyder. 1995. "Democratization and the Danger of War." *International Security* 20(1): 5-38.

Marantidou, Virginia and Ralph A. Cossa. 2014. "The great game in Central Asia." *PacNet* 73 (2014.09.30).

Mead, Walter Russel. 2014. "The Return of Geopolitics: The Revenge of the Revisionist Powers." *Foreign Affairs* 93(3): 69-79.

Mearsheimer, John. 2014. "Why the Ukraine Crisis Is the West's Fault: The Liberal Delusions That Provoked Putin." *Foreign Affairs* Sep/Oct.

Newnham, Randall. 2019. "Russia and Belarus: Economic Linkage in a Patron-Client Relationship." *Journal of Belarusian Studies* 9(1).

Nye, Joseph S. 2014. "A Western Strategy for a Declining Russia." *Project Syndicate*, September 03.

_____. 2014. "Putin's Calculus." *Project Syndicate*, April 10.

Pop-Eleches, Grigore and Graeme B. Robertson. 2018. "Identity and political preferences in Ukraine—before and after the Euromaidan." *Post-Soviet Affairs* 34(2-3): 107-118.

President of Russia. 2010. "Russian-Ukrainian summit talks." 2010.05.17., http://en.kremlin.ru/events/president/news/7777 (accessed 08 January 2020).

Ray, Julie and Neli Esipova. 2009. "Approval Ratings in Ukraine, Russia Highlight Differences." *Gallup*. https://news.gallup.com/poll/121976/approval-ratings-ukraine-russia-highlight-differences.aspx (accessed 08 January 2020).

Shyrokykh, Karina. 2018. "The Evolution of the Foreign Policy of Ukraine External Actors and Domestic Factors." *Europe-Asia Studies* 70(5): 832-850.

Sorokowski, Andrew D. 1996. "Treaty on Friendship, Cooperation, and Partnership between Ukraine and the Russian Federation." *Harvard Ukrainian Studies* 20: 319-329.

The Foreign Minister of Ukraine. "Ukraine and WTO.", https://mfa.gov.ua/en/about-ukraine/international-organizations/wto (accessed 08 January 2020).

Vadzim Smok. 2013. "Belarusian identity: the impact of Lukashenka's rule." Belarus Digest, December 9.

Verkhovna Rada, Declaration of State Sovereignty of Ukraine, 1990.07.16., http://static.rada.gov.ua/site/postanova_eng/Declaration_of_State_Sovereignty_of_Ukraine_rev 1.htm (accessed 08 January 2020).

White, Stephen and Valentina Feklyunina. 2014. "Ukraine and 'Europe': Elite Discourses." *Identities and Foreign Policies*, New York: Palgrave Macmillan.

Zadra, Roberto. 2014. "NATO, Russia and Missile Defence." *Survival*, July 23.

BBC, "Ukraine conflict: Zelensky plans frontline troop withdrawal." 2019.10.04., https://www.bbc.com/news/world-europe-49931755 (accessed 08 January 2020)

Belsat, "Number of Belarus-Russia union supporters falls by third-poll." 2020.02.05., https://belsat.eu/en/news/number-of-belarus-russia-union-supporters-falls-by-third-poll/ (accessed 20 August 2020).

Euractiv, "Putin wants 'statehood' for Novorossiya." 2014.09.01., https://www.euractiv.com/section/global-europe/news/putin-wants-statehood-for-novorossiya/ (accessed 08 January 2020).

Euronews, "Pro-Russia separatists swap prisoners with Ukraine – but is Putin the real winner?" 2019.12.30., https://www.euronews.com/2019/12/28/pro-russian-separatists-announce-ukraine-prisoner-swap-for-sunday (accessed 08 January 2020).

_____. "Ukraine's President Zelensky meets senior EU, NATO officials in Brussels." 2019.10.24., https://www.euronews.com/2019/06/04/ukraine-s-president-zelensky-meets-senior-eu-nato-officials-in-brussels (accessed 08 January 2020).

France 24, "Opposition protests President Yanukovych's pro-Russia shift." 2010.05.11., https://www.france24.com/en/20100511-ukraine-opposition-protest-president-yanukovychs-pro-russia-shift-tymoshenko (accessed 08 January 2020).

Kyiv Post, "Poroshenko at NATO summit: Our goal is to prepare Ukraine for membership." 2018.07.12., https://www.kyivpost.com/ukraine-politics/poroshenko-at-nato-summit-our-goal-is-to-prepare-ukraine-for-membership.html (accessed 08 January 2020).

RadioFreeEuorpe/RadioLiberty, "Ukraine's Parliament Approves Bill To Terminate Friendship Treaty With Russia." 2018.12.06., https://www.rferl.org/a/ukraine-s-parliament-approves-bill-to-terminate-friendship-treaty-with-russia/29641280.html), (accessed 08 January 2020).

_____. "Poroshenko Calls Russia 'Biggest Threat' To International Security." 2017.09.20., https://www.rferl.org/a/ukraine-russia-poroshenko-un/28747377.html (accessed 08 January 2020).

_____. "Poroshenko officially ends Ukraine's membership in CIS." 2018.08.28., https://www.rferl.org/a/ukraine-shuts-down-offices-in-cis-member-states/29457859.html (accessed 08 January 2020).

_____. "Belarusian President Says Crimean Annexation 'Bad Precedent'." 2014.03.23., https://www.rferl.org/a/belarus-lukashenka-crimea-precedent/25306914.html (accessed 20 August 2020).

Washingtonpost, "Belarus's day not have changed, but the country's people have." 2020.08.07., https://www.washingtonpost.com/opinions/global-opinions/belaruss-dictator-may-not-have-changed-but-the-countrys-people-have/2020/08/06/00b1338c-d810-11ea-9c3b-dfc394c03988_story.html (accessed 20 August 2020).

제4장

탈냉전기 폴란드와 헝가리의 중간국 외교

김규남(바르샤바국립대학교 국제관계연구원)

I. 머리말: 폴란드와 헝가리는 왜 중간국인가?

1918년 1월 8일 미국 의회에서 우드로 윌슨 대통령이 발표하여 이듬해 파리 강화회의 의제를 주도한 14개조 평화원칙(Fourteen Points)의 10조항과 13조항은 다음과 같다.[1]

"오스트리아·헝가리 제국 안에서 살고 있는 민족들의 국제적 지위가 보전되고 보장되기를 희망하고, 그들에게 자주적 발전을 이룩할 수 있는 기회가 최대한 제공되어야 한다(10조). 폴란드는 폴란드 민족이 거주하고 있는 영토를 포함한 독립 국가를 수립해야 하고, 그들에게는 해양으로 자유롭고 안전하게 접근할 수 있는 권리가 보장되어야 한다. 또한 국가의 정치·경제적 독립과 영토 보전이 국제 협약에 의해 보장되어야 한다(13조)."

결국 같은 해 11월 11일 폴란드는 123년의 분할식민지배 종식을 이루며 주권을 되찾았고, 헝가리는 1920년 6월 4일 체결된 트리아농 조약(Treaty of Trianon)에 근거하여 영토와 인구를 대거 분할상실하게 되었다(김대순 2012, 103).[2] 이렇듯 강대국의 전쟁과 협정 의지에 따라 국가의 흥망이 결정되는 경험을 한 두 나라는 짧은 전간기를 거쳐, 일련의 부침을 다시 경험한다. 1939년 8월 23일 체결된 독일과 소련의 상호불가침 조약(리벤트로프·몰로토프 조약, Ribbentrop-Molotov

---

1   우드로 윌슨의 14개조에 대한 내용과 성격은 Carruthers(2001, 56-57)을 참조.
2   폴란드·리투아니아 연합왕국의 귀족의회를 통해 구성된 폴란드 1공화국은 1795년부터 1918년까지 프러시아와 러시아, 오스트리아 제국에 의해 123년 동안 분할통치를 받았고, 1차 세계대전의 종전과 함께 독립하여 시민민주주의 2공화국이 출범했다. 한편 오스트리아·헝가리 제국이 1차 세계대전에서 패하면서 헝가리는 막대한 전쟁배상금 지불과 더불어 기존 영토의 약 70%와 인구의 약 60%를 상실했다. 이는 타민족의 독립과 헝가리 영토 내 헝가리인의 단일화, 국외 헝가리 민족의 이산 결과를 낳았다.

Pact)에 따라 폴란드는 같은 해 9월 독·소 양국의 침공을 받고 런던 망명정부를 구성한다. 한편 헝가리 정부는 1939년 4월 국제연맹을 탈퇴하여 추축국의 도움으로 실지(失地)를 회복하며 2차 세계대전에 참여하지만, 1945년 봄 독일의 패전과 함께 다시 영토와 인구를 잃게 되었다(이상협 1996, 251). 결국 전쟁에서 승리한 소련의 지원과 압력으로 폴란드와 헝가리는 각각 폴란드통일노동자당과 헝가리노동자당을 출범시키고 인민공화국을 설립한다.

두 나라 모두 냉전 시기 소비에트연방에 속하지는 않았지만, 소위 위성국가(satellite state)로서 서방과 소련 사이 완충지대(buffer zone) 역할을 하게 되었다. 자주적 외교정책을 취하기보다 주도세력인 소비에트연방의 정책방향에 보조를 맞춰야 했고, 사회적 갈등과 분열 역시 자주성에 대한 갈망이 표출되면서 나타났다. 물론 스탈린 사후 1956년 흐루쇼프가 주도한 체제 자성적 흐름과, 폴란드와 헝가리에서 일어난 일련의 자유화 운동의 영향으로 자율적 경제정책과 사회운영 방식도 드러났지만, 국제적 환경의 이분법적 틀을 벗어나기에는 한계를 보였다. 결국 1985년 소련의 고르바초프 등장과 개혁정책에 따라 냉전의 속박에서 서서히 벗어날 수 있었다. 1945년 2월 얄타회담(Yalta Conference)을 통해 중부유럽에 대한 소련의 영향력이 확대된 지 반세기 만인 1989년 12월 몰타회담(Malta Summit)을 통해 중부유럽의 서향(西向) 길이 트였다고 볼 수 있다(김유정·김남국 2017, 182).

국제사회에서 많은 국가들이 강대국의 영향을 받고 부침을 경험한다. 그런데 폴란드와 헝가리가 중간국가로서 강대국의 영향을 받는 근거는 어디에 있는지 서론에서 우선 밝히고자 한다. 전술했듯이 다른 약소국가 또는 중견국가들과 마찬가지로 강대국의 뜻에 따라 국가의 흥망이 결정되었지만, 결정적 영향을 미친 강대국가들이 주로 이웃에 자리 잡고 있다는 점이 특별하다. 다시 말해 강대국 사이에 위치하여 끊임없이 주변국 사이에서 국가의 생존전략을 치열하게 모색해야 한다는 점이 위기와 영향력의 실재적 강도와 추상적 감도에서 타국보다 높은 지점에 있다고 볼 수 있다. 더욱이 유럽의 중앙에 위치하여 중동부유럽(Central Eastern Europe)의 정세뿐만 아니라 유럽과 대서양(Euro-Atlantic) 정세의 영향을 받는 지리적 환경을 겸하고 있다.

강대국들 사이에 끼인 국가를 지정학에서 중간국가로 본다면, 이는 강대국 사이의 경쟁이 활성화되는 단층대에 자리 잡아(신범식 2020, 39), 그들 이익의 복합성에 반작용하는 국가를 일컬을 수 있다. 중부유럽은 지리적 환경에서 전형적으로 동서 갈등 중심부의 단층대에 자리 잡고 있다. 더욱이 폴란드와 헝가리는 역사 속에서, 중세를 거쳐 유럽의 강국이자 중추국가(pivot state)로 부상한 경험이 있고, 현대에 이르러 유럽의 완충국과 소위 중견국가의 역할을 함께 담당하기도 했다. 따라서 강대국 사이에 끼인 지정학적 단층대에 위치한 중간국가의 형편과 생존전략을 분석하기에 마땅한 요소를 갖추고 있다고 본다.

유럽연합(European Union, EU)의 공동체적 규범과 북대서양 조약기구(North Atlantic Treaty Organization, NATO)의 공동안보 틀 안에서 폴란드와 헝가리 두 나라가 과거 회귀적 팽창을 주도하기는 어렵더라도, 주권의 극대화와 동맹, 다자협력의 활용을 통해 국가이익의 최대화를 도모할 수는 있다. 마치 쐐기(wedge)가 물체를 가를 때, 적절한 각도와 힘을 통해 양쪽의 압력을 상쇄하는 원리와 같다고 할 수 있다. 중간국 주변 강국들의 지정학적 수압을 상쇄할 외교전략(쐐기각도와 힘)이 국가 생존을 위한 필수적 요소가 된다.

더욱이 중간국가로서 폴란드와 헝가리는 유럽에서는 중견국가로

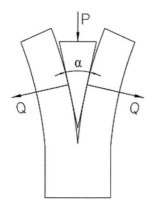

P: 외교행위(input)

α: 중간국 외교전략 요소
    (주권, 동맹, 다자협력 네트워킹)

Q: 강대국 힘의 상쇄

그림 4-1. 중간국의 지정학적 쐐기형 전략구도[3]

서 또는 국제사회에서는 중소국가로서 작용이 가능하다. 따라서 안보
위협에 대처하는 선택지도 국가안전을 위해 고려해야 한다. 따라서 이
글을 통해 폴란드와 헝가리 두 나라가 처한 국내외 환경과 이에 대한
반응적 외교전략, 선택지들을 살펴보고자 한다. 중간국으로서 안보불
안을 상쇄하기 위한 세력균형과 상호작용을 통한 관여, 수용의 편승, 유
화, 특화, 숨기, 국제적 합의와 규범을 통한 초월하기 따위를 폴란드와
헝가리의 외교전략 사례에 비추어 살펴보고자 한다(조동준 2009, 20).

   이 글의 구성은 다음과 같다. 둘째 절에서는 폴란드와 헝가리를
둘러싼 21세기 국제환경의 진행과 변화 과정을 살펴보고, 폴란드, 헝
가리 정부와 사회의 구조, 성격을 드러내 본다. 냉전의 종식과 함께 유
럽의 안보를 이루는 구조와 미국, 러시아, 유럽의 관계를 알아본다. 특
히 지역협력기구인 북대서양조약기구와 유럽연합을 통한 동맹과 다자

---

3   위키피디아 폴란드(https://pl.wikipedia.org/wiki/Klin_(fizyka))에서 활용. 물리학 이론
    의 하나로 공식이 성립될 수 있으나 이 글에서는 중간국가의 특징적 배경 설명에 그치
    며, 구성요소의 명칭은 필자의 뜻으로 응용 뒤 변경.

협력의 내용을 밝힐 것이다. 더불어 국내적 환경을 정치체제와 정부형태, 외교정책결정 행위자와 문화, 관습적 측면에서 살펴보며 외교정책과 전략의 배경 분석을 다각도로 시도하고자 한다. 셋째 절에서는 앞선 배경에 대한 폴란드와 헝가리의 외교적 반응을 분석해 볼 것이고, 두 나라의 외교전략 행태를 비교분석해 볼 것이다. 이 부분에서 두 나라가 선택한 안보대응이 어떠한 형태로 나타나는지 도식을 통해 정리해 볼 것이다. 또한 양국 외교의 선택지가 지니는 가능성과 한계를 도출하고, 이러한 선택들이 중간국의 단층선을 강화하는지 혹은 약화시키는지 알아보며, 유로 대서양과 유라시아 네트워크에서 지향하는 방향이 어디에 놓여 있는지 살펴볼 것이다. 타 지역의 외교전략 분석과 병행하는 이 글은 향후 일반적 중간국 외교전략 또는 비교전략을 연구하는 일에 예시적(exemplified) 도움을 주고자 한다.

II. 외교정책 환경

1. 냉전구도 해체와 국제환경 변화

20세기 말 유럽 냉전의 종식은 국제지형에 큰 변화를 가져왔다. 미국과 소련을 축으로 하는 양대 진영의 대립구도가 와해되었고, 민족 단위의 독립국가들로 국경의 재편성이 이루어졌다. 이에 따라 중부유럽에서는 국경을 이루는 국가들의 수가 늘어났고,[4] 외교정책의 다변화가 필요해졌다. 무엇보다 체제전환 초기 미국의 패권과 러시아 힘의 공백

---

4   체코슬로바키아의 분리와 서독 주도의 독일통일, 소비에트연방과 유고슬라비아 연방의 해체에 따라 폴란드와 헝가리의 인접국이 변화되었다.

이 안보구도의 변화를 초래했고, 21세기 초 러시아의 푸틴정부 출범 뒤에는 힘의 대립이 이루어지고 있는 상태다. 냉전 시기에는 바르샤바 조약기구(Warsaw Treaty Organization, WTO)의 안보기구와 경제상 호원조회의(Council for Mutual Economic Assistance, COMECON)의 경제협력기구가 중동부유럽 내 국가 주도 사회주의 국가들의 협력망을 이루었다. 냉전의 종식은 곧 이러한 네트워킹의 와해로 이어졌고, 서방 지향의 중동부유럽 국가들은 빠른 속도로 구도재편의 구성원과 동력이 되었다.

국가의 분리, 독립 현상은 민족구성원의 재편을 이루었고, 인위적 민족구성의 역사적 잔재는 국가분열과 민족갈등으로 표출되었다. 무엇보다 동구권과 중동에서 벌어진 일련의 분쟁과 갈등은 현실적 힘의 필요성과 충돌을 야기했다. 보스니아·헤르체고비나 내전(1992–1995)과 코소보 전쟁(1999)은 유럽의 체제전환 뒤 힘의 첫 분출이라 볼 수 있다. 세계대전의 상처를 간직한 유럽사회는 냉전시대를 지나 또 다른 갈등과 분열의 트라우마를 남길 수 없기에 평화를 위한 적극적 대응을 모색해야 했다. 이어진 2001년 9·11 테러 사건에 따른 아프가니스탄 전쟁과 2003년의 이라크 전쟁은 유럽을 넘어선 국제적 갈등이 중동부유럽 개별 국가의 안보와도 얼마든지 연결될 수 있음을 보여주었다. 또한 2008년 러시아와 조지아의 전쟁, 2010년대 아랍의 봄으로 불리는 중동의 시민혁명과 오랜 내전은 중동부유럽의 안보와 국제적 개입을 고민하게 만드는 부분적 요소가 되었고, 2014년 러시아의 크림반도 합병은 유럽과 러시아의 갈등이 다시 표출되는 양상을 야기했다. 이 과정에서 미국과 유럽, 러시아의 안보문제가 연결되었고, 중동부유럽 역시 러시아에 대한 유럽과 미국의 경제제재 환경에서 복합적 외교 전략을 모색해야 하는 도전을 안게 되었다. 더욱이 2008년부터 세계에 영향을 끼친 미국발 경제위기는 위축된 경기와 자국 중심의 고립적 정책들을 낳았다.

한편, 냉전이 끝나고 동구권 힘의 공백이 나타나며 미국의 패권이 도래한 듯 보이는 시기에 미국은 중동부유럽에 생긴 힘의 공백을 적극적으로 자기 영역화(領域化)하고자 하였다. 오래된 반식민주의(anti-colonialism)와 고립주의(isolationism), 반고립주의(anti-isolation-ism), 국제주의(internationalism), 인도주의(humanitarianism)를 거친 외교안보의 바탕을 토대로 냉전 시기 봉쇄정책(Containment Policy)을 지나 탈냉전 초기 적극적 개입정책(Engagement Policy)과 확산정책(Enlargement Policy)을 시행하기에 이른다.[5] 개입정책을 통해 기존의 동맹관계를 유지하고 새로운 동맹 국가들을 편입시키려는 노력을 견지하였다. 이 과정에서 북대서양조약기구와 중동부유럽 국가들의 관계 재편성이 이루어졌다고 볼 수 있다. 확산정책을 통해서 자국의 정치이념과 경제체제가 호환될 수 있도록 세계 금융무역체제와 경제 지원책을 활용하였다. 특히 21세기 초 테러와의 전쟁이 부시 독트린을 통해 나타난 뒤에는 공격적 개념의 선제공격전략(Preemptive Strike Strategy)과 군사변환정책(Military Transformation)을 추구하였다(김계동 외 2007, 435-436). 이는 아프가니스탄과 이라크 전쟁을 통해 중동의 정세에 영향을 주었고, 더욱이 중동부유럽의 안보와 직결되는 미사일 방어체제(Missile Defense System, MD)의 구축을 추구하는 동인이 되었다.

결국 미국과 탈냉전기 유럽의 이해관계는 북대서양조약기구(이하 NATO)의 확대와도 맞물린다. 과거 소련의 완충지대를 선제적으로

---

5   미국 외교안보정책의 바탕과 성격은 전득주 외(2007, 253-263)를 참조.

확보하여 러시아의 부상에 대응할 수 있는 영역을 구축할 수 있고, 중
동안보를 위한 방어거점기지를 확보할 수 있는 차원에서도 주효한 점
이다. 실제로 NATO는 중동부유럽 다수의 국가들을 회원국으로 편입
시키며 양적 확대를 이루었고,[6] 보스니아와 코소보의 치안유지 활동
을 포함해 아프가니스탄과 이라크, 수단, 파키스탄 따위의 분쟁지역에
도 부대를 파견하여 활동영역의 확대를 이루었다. 또한 1999년 코소
보 전쟁에서는 기존의 방어전략 개념에서 공격전략 개념으로 전환하
여 활동 성격의 확대 또한 이루었다고 볼 수 있다(김철민 2016, 100).
냉전 시기 힘의 균형으로 실제적 군사력 활용이 오히려 어려웠을 동맹
체가, 보다 손쉬운 상대를 대상으로 힘의 활용을 추구하는 점에서 국
제환경의 새로운 도전이 나타난 셈이다.

　　물론 유럽 자체의 공동안보 개념도 존재한다. 1991년 이후 기존
유럽연합 차원의 공동외교안보정책(Common Foreign and Security
Policy, CFSP)이 1999년 유럽안보방위정책(European Security and
Defense Policy, ESDP)을 거쳐 2009년 리스본 조약 체결로 공동안
보방위정책(Common Security and Defense Policy, CSDP)으로 전환
되며 군사임무와 더불어 분쟁의 예방, 인도적 개입, 위기 대처와 관
리 임무를 수행하게 되었다(이무성·박민중 2014, 74). 특히 신속대응
군(European Rapid Reaction Force)의 창설도 협의하여 평화유지군
을 분쟁지역에 파병하는 성과도 올렸지만, 유럽 국가들의 낮은 방위비
지출(평균적으로 GDP의 2% 미만)과 불충분한 군사력은 유럽 자체 안

6　NATO는 중동부유럽 지역 확장의 면에서 1999년 폴란드, 체코, 헝가리를 시작으로
　　2004년 슬로바키아, 루마니아, 불가리아, 슬로베니아, 리투아니아, 라트비아, 에스토니
　　아; 2009년 크로아티아, 알바니아; 2017년 몬테네그로; 2020년 북마케도니아의 가입을
　　허용했다.

보의 취약한 특징을 보여준다(김준석 2009, 21-22). 결국 유럽의 안보
가 NATO 의존성이 강하다면 이는 미국의 힘에 한층 기댈 수밖에 없
는 구조다. 물론 이라크 전쟁을 통해 유럽 각국의 이견과 독립적 외교
정책 수행이 나타났고, 유럽 자체 방위군의 증강과 독립성 강화를 추
구하는 움직임도 보이기에 개별 국가들의 전략적 선택이 복잡할 수밖
에 없다. 단순히 유럽 외의 평화유지활동에 전념할 수 있는 안보환경
을 넘어서, 러시아의 크림반도 합병과 에너지 안보의 측면에서 러시아
는 유럽안보에서 뺄 수 없는 주요 요소라 할 수 있다.

　21세기에 이르러 푸틴이 집권한 러시아 행정부는 에너지 자원을
활용한 경제정책을 수행하고, 강성권력구조를 형성하였다. 권위주의
를 바탕으로 민족과 애국을 강조하는 수직적 통치 스타일이 정치체제
에 투영되었다. 더욱이 유럽과 아시아를 아우르는 강한 대륙 국가를
지향하며 유라시아의 중심축을 맡고자 한다(우준모 2019, 134-135).
국가안보에서는 군사 분야를 강조하며 미국의 일방적 패권에 맞서고
자 하고,[7] 에너지 자원을 국가 경쟁력과 영향력을 강화하는 데 기여하
는 도구로 활용하고자 한다.[8] 이 과정에서 NATO와 EU의 확장, 중동
부유럽에서 미국의 영향력 강화를 경계하고 이에 대처하는 강경노선
을 취하게 되었다. 흑해를 둘러싼 주도권 다툼이 현실적으로 나타나
기도 했다. 특히 2014년의 경제제재가 시행되기 직전까지 유럽연합은
역외 에너지 수입의 70% 이상을 러시아에 의존하였고, 제재 이후에도
에너지 가격 하락을 차치하고서 실질적 수입은 감소하지 않았기에, 에
너지 안보는 러시아와 유럽 관계 설정에서 핵심변수로 자리 잡을 수밖
에 없다(강유덕 2017). 더욱이 유럽 국가별로 러시아에 대해 취하는 에

7　러시아의 신무기 개발과 군사안보에 관한 내용은 유영철(2018, 1-3)을 참조.
8　러시아 에너지 안보에 대한 국가정책은 에너지경제연구원(2016)을 참조.

너지 정책의 독립성은 중동부유럽 국가들의 외교노선의 신중한 선택
을 요구한다.

2. 폴란드 3공화국 외교정책의 내외적 배경

근대 주권국가의 독립성이 확립된 1648년의 베스트팔렌 조약(Peace
of Westphalia) 이후 중부유럽의 폴란드는 주변 신흥 강대국들의 영향
으로 18세기부터 자주성이 축소되기에 이른다. 특히 1772년과 1793
년, 1795년 세 번에 걸친 영토와 주권의 상실로 유럽의 중추국가로서
지위를 잃게 된다. 러시아와 프러시아, 오스트리아 제국에 의해 123년
동안(1795-1918) 분할지배를 받았기에 근대 시민사회의 주권을 자주
적으로 행사하기는 불가능했다. 하지만 1830년과 1863년 두 차례에
걸친 민족봉기 경험은 자주권 쟁취를 위한 노력의 과정을 보여준다. 1
차 세계대전이 끝나며 전간기 2공화국을 통한 시민사회 경험은 현대
민주시민사회의 초석으로 여겨지며, 2차 세계대전과 소비에트연방에
의한 주권 개입은 다시 시민자주권 획득을 위한 투쟁의 연속을 유발하
였다. 특히 폴란드인민공화국 시기 네 차례의 대규모 인민봉기(1956,
1968, 1970, 1980)는 폴란드 국민의 투쟁성과 자주성의 분출이었고,
1980년대 소련의 개혁과 더불어 1989년 폴란드 통일노동자당은 시민
사회와 협의하여 총선거를 통한 체제전환에 합의하기에 이르렀다. 폴
란드의 체제전환은 헝가리와 체코슬로바키아 시민사회의 변화, 독일
의 통일에도 연계되며 중동부유럽 전체의 체제전환과 냉전의 종식을
이끄는 동력이 되었다.
   자유노조연대(Solidarność) 주도의 3공화국이 출범했고, 레흐 바
웬사(L. Wałęsa) 대통령과 시민세력 행정부의 외교정책이 시작되었

다. 전술했듯이, 체제전환 초기 폴란드의 국외환경에서는 미국의 권력과 체제가 국제사회에서 압도적 모양새를 보였고, 서방제도의 우월함이 역사를 이끄는 듯이 보였을 수 있다. 이는 폴란드 국가 운영방식이 헌법을 통해 드러났는데, 체제전환 직후 개정된 소헌법(Mała Konstytucja)에서는 공산당의 일당독재를 폐지하고, 서구식 시장경제체제 도입을 명시하였다. 따라서 미국의 지도적 현실을 고려한 국제체제의 성격과 유럽통합체제로 들어가려는 노력, 유럽과 북대서양 연계의 안보체제 확립, 국제무역기구(World Trade Organization, WTO)와 경제협력개발기구(Organization for Economic Cooperation and Development, OECD)를 통한 국제기구 참여가 폴란드 외교의 바탕을 이루었다. 국제연합(United Nations, UN)에 소속되어 분쟁지역 감독기구(한반도와 인도차이나반도 중립국감독위원회)에 참여했던 경험 또한 체제전환 뒤 폴란드의 대외활동 확장을 도모할 수 있는 배경이 되었다. 더욱이 통일된 독일과 소비에트연방을 주도했던 러시아의 재등장은 폴란드 외교의 새로운 안보환경으로 떠올랐고, 과거의 식민통치 피지배 경험은 폴란드 외교의 새로운 길을 모색하게 만들었다.

폴란드 정치는 시민 직접선거를 통해 선출된 대통령과 의회 다수당 출신 총리의 이원적 통치개념을 따르고 있다. 5년 중임제의 대통령은 외교안보, 국방과 같이 대외적 환경에 대처하는 역할을 맡게 되어 있고, 4년마다 치러지는 총선거를 통해 다수당 출신의 총리는 내무행정에 집중하는 양상을 보인다. 이에 따라 대선과 총선의 결과는 대통령과 총리 상호관계에 지대한 영향을 줄 뿐만 아니라 외교정책을 수립할 때 의회의 지원 역시 필요한 중요한 문제로 볼 수 있다. 체제전환 뒤 폴란드 정치는 대통령과 의회의 상호 견제가 강하게 작동된 사례가 빈번하게 발생하진 않았지만, 선거를 통한 변동은 항시 가능하다. 결국 개방적 정치체제와 정부 형태를 헌법에서 추구하며 의회와 정부, 사법, 이익집단, 언론과 여론이 외교정책을 결정하는 과정의 행위자로 작용할 수 있는 배경을 이루고 있다. 폴란드 헌법 전문(前文)에 등장하는 "신을 믿는 폴란드 시민" 문구는 로마 가톨릭 배경의 문화를 표현하고 있고, 유럽적 가치와 제도를 추구할 수 있는 바탕이 되고 있다. 국가주도 사회주의 당시의 일당독재를 배격하고, 열린 시장경제와 직접선거를 통한 개방성을 중시하는 정치이념과 중부유럽에 자리 잡아 다양한 민족적 배경의 국가들을 견제하거나 이들과 협력해야 하는 지리 조건, 주변국과 즉시 상호작용하는 외교적 전통과 관습을 지녔다고 볼 수 있다. 폴란드의 현상적 국력을 인구와 국내총생산, 군비지출 형태로 살펴보면 〈표 4-1〉과 같다. 인접 국가인 독일과 러시아의 인구,

표 4-1. 폴란드와 헝가리 인구와 GDP, 군비지출 관련 비교표 (2019년 기준)[9]

국가(지역)	인구(십만)	GDP(달러, 억)*	군비지출액 (달러, 백만)*	GDP대비 군비지출(%)
폴란드	379	5,658	12,343	2.0
헝가리	98	1,704	1,982	1.2
독일	830	38,633	51,190	1.3
러시아	1,467	1637,9	64,144	3.9
미국	3,292	214,394	718,689	3.4
유럽연합	4,477	348,550	223,400(유로)*	-

* GDP는 경상가격 국내총생산 기준, 군비지출액은 불변가격 기준, 유럽연합 군비지출액은 2018년 기준

9   인구와 GDP는 IMF World Economic Outlook Databases, https://www.imf.org/external/pubs/ft/weo/2019/02/weodata/weoselgr.aspx (검색일: 2020.8.14), 군비지출액은 SIPRI Military Expenditure Database, https://www.sipri.org/databases/milex (검색일: 2020.8.14)을 참조.

국내총생산, 군비지출 따위의 표면적 수치는 폴란드에 비해 여전히 압
도적이라 볼 수 있다. 여기에 북대서양 라인의 미국을 비교하면 단층
대로서 폴란드의 지리적 역할을 가늠해볼 수 있을 것이다.

　폴란드 정치의 변동성을 살펴볼 때, 외교정책을 총괄하는 대통령
의 집권변화와 정책변화를 비교해볼 수 있다. 바웬사 대통령의 재집권
실패와 과거 인민공화국 통일노동자당 간부이자 체육부 장관 출신의
알렉산데르 크바시니에프스키(A. Kwaśniewski) 대통령의 연임(1995-
2000, 2000-2005)이 폴란드 외교에 큰 틀의 변화를 가져왔는지 다음
절에서 구체적 내용을 살펴보겠지만, 이 절에서 약술하자면, 좌파연합
의 집권은 오히려 전임자 외교정책의 구체화 시기라고 볼 수 있겠다.
전술한 외적 환경을 바탕으로 폴란드 정부는 서유럽·북대서양 공동
체에 합류하고자 지속 노력하였고, 결국에는 WTO와 OECD, NATO,
EU 가입을 차례로 이뤄냈다. 미국과 군사협력체계를 강화하고, 다만
러시아와 실용적 대화를 전개하는 유연성을 보이기도 했다. 2005년
시작된 레흐 카친스키(L. Kaczyński)의 우파 정부는 러시아와 갈등을
심층적으로 보이지만, 대미동맹체제와 유럽 내 다자협력 구도는 이후
중도우파 정당 출신의 브로니스와프 코모로프스키(B. Komorowski)
와 민족주의 우파 정당 출신의 안제이 두다(A. Duda) 대통령 집권 때
에도 유지가 되었다. 다만 현재의 국가주의적 성향 정부가 유럽연합,
러시아와 보이는 갈등이 외교의 변수로 자리 잡게 되었지만, 러시아
관계의 경우에는 전통적 갈등과 큰 틀에서 차이를 보이지 않는 점에서
외교정책 분석이 일관되게 가능할 수 있겠다.

3. 탈냉전기 헝가리 공화국 외교의 내외적 배경

폴란드와 마찬가지로 십여 세기의 역사를 지닌 헝가리는 중세적 봉건
질서를 뚫고 일어난 1848년 3월의 시민혁명을 계기로 근대적 시민사
회로 진입하였다. 유럽대륙에 걸쳐 일어난 자유화 혁명에 힘입은 흐름
은 합스부르크 제국 안에서 헝가리의 독립성을 확보하려는 동력이 되
었다. 실질적 권한을 지닌 독자적 헝가리 정부 성립과 신분과 종교적
차별을 없애는 평등권, 군대의 자주성 확보, 트란실바니아 지역의 헝
가리 편입과 관련된 31개의 개혁 법안이 의회를 통해 제정되었다(이
상협 1996, 197). 이어진 헝가리 농민들이 참여한 독립전쟁으로 민족
적 열망이 표출되었지만, 러시아의 개입으로 자주적 노력의 결실이 꺾
이기도 하였다. 헝가리의 근대화 역시 오스트리아 주도의 경제정책으
로 이루어졌고, 반(反)합스부르크 세력과 친(親)합스부르크 세력의 갈
등 역시 표면적으로 드러나기도 하였다. 결국 대타협을 통해 1867년
오스트리아·헝가리 왕국(Osztrák-Magyar Monarchia)이 탄생했고, 이
중왕국(Dual Monarchy)으로서 헝가리는 제한적 기능을 확보할 수 있
었다. 다민족 사회를 품은 이중왕국은 민족적 갈등의 소지를 안고 있
었고, 결국 1차 세계대전의 발발과 전쟁 개입, 패전으로 귀결되었다.
이중왕국의 패전은 오스트리아와 헝가리의 분리를 낳았고, 타의적(제
한적) 자주성을 지닌 헝가리 정부가 출범하게 되었다. 카로이 미하이
(Károlyi Mihály) 수상이 이끄는 우익정부와 쿤 벨러(Kun Béla)의 좌
익정부를 거쳐 강한 민족주의 성향을 지닌 극우적 호르티 미클로시
(Horthy Miklós)가 주도하는 형식적 헝가리 왕국이 재탄생하였다. 그
러나 1920년 6월에 체결된 트리아농 조약에 따라 헝가리는 영토와 인
구를 대량 상실했고, 3백만이 넘는 재외 이산동포를 낳게 되었다. 헝

가리의 극우화는 독일 3제국과 협력함으로써 발현되었고, 이어진 2차 세계대전의 패전은 헝가리 민족의 자주성 극소화로 이어졌다.

소비에트연방의 주도로 헝가리는 전후 국가주도 사회주의 인민 공화국으로 변모했고, 스탈린주의 강압통치를 경험하였다. 스탈린 사후 폴란드 노동자의 자유화 봉기에 동조하는 집회가 1956년 10월에 부다페스트에서 일어났고, 규모의 증가로 소련군이 개입되어 유혈사태가 벌어졌다. 결국 헝가리 사회주의노동자당은 카다르 야노시(Kádár János)를 당 서기장으로 임명하면서 사태수습에 나섰고, 정치적 자율권을 소련으로부터 확보하는 노력을 기울였다. 시장경제적 요소를 도입한 경제개혁정책과 정규 근무시간 외에도 부업을 허용하는 2경제 체제를 구축함으로써 소득 증가를 도모하기도 하였다. 그러나 체제적 자율성과 혁신의 한계, 비판적 활동의 제한은 체제 내 개혁세력의 등장을 요구했다. 당내 개혁세력의 대표인물인 포주거이 임레(Pozsgay Imre)는 다수 후보의 선거 입후보와 비밀선거, 시민권 보장과 헌법 개정을 포함한 과감한 개혁조치들을 요구했다. 결국 1989년 10월 헝가리 사회주의노동자당은 헝가리 사회당(Magyar Szocialista Párt, MSZP)으로 변신했고, 국명을 헝가리 인민공화국에서 헝가리 공화국(Magyar Köztársaság)으로 변경했다. 이어 시민사회 인사들과 원탁회의를 통해 1990년 의회선거를 통한 정부수립에 합의했다(이상협 1996, 282).

헝가리의 정치 기능에서는 의회정당의 역할이 주도적이라고 볼 수 있다. 헝가리는 오스트리아 · 헝가리 이중왕국의 입헌군주제 전통과 전간기 시민의회 전통을 간직하고 있을 뿐만 아니라, 합스부르크 제국을 두고 논쟁을 벌인 엘리트 집단의 분열, 사회주의 개혁을 놓고 벌인 사회주의노동자당의 토론문화 역시 헝가리 의회주의의 바탕이라 볼 수 있다. 결국 4년마다 시민 직접선거를 통해 성립되는 의회 다수당의 총리가 단독 또는 연립 정부를 통해 국가행정을 이끌고, 외교정책 또한 의회정당들을 통해 결정되는 구조다. 한편 연임이 가능한 대통령은 5년마다 의회를 통해 간선되고, 의례적 국가수반으로서 총리를 임명할 권리가 없는 상징적 역할을 수행한다. 외교정책의 행위자로서 의회가 주관적 세력이라면 이를 견제할 야당과 이익집단, 언론, 여론이 기능하며, 정부와 사법의 독립성도 헌법을 통해 보장하고 있다. 로마 가톨릭이 중세의 기반을 이뤘다면, 개신교 가운데 칼뱅그룹이 근대적 기반을 마련했다고 볼 수 있다. 그 기저에는 합스부르크 제국의 통치권을 놓고 찬반으로 갈린 귀족세력의 문화적 배경이 자리 잡고 있다. 더욱이 다민족으로 형성된 근대국가로서 헝가리는 현대에 들어 단일민족을 이루는 과정에서 이산의 고통을 안게 되었다. 지정학적으로 분지(盆地)적 형태의 국가 위치를 보이고 있는데, 체코와 슬로바키아, 슬로베니아와 크로아티아, 세르비아, 루마니아, 우크라이나와 접하고 있어 루마니아를 차치한다면 마자르인의 국가로서 슬라브인의 원형 둘레에 싸여 있다. 이에 따라 민족 분산형태가 뚜렷하게 드러날 수밖에 없고 이는 주변국과 긴장의 관계를 형성하게 된다. 국가주도 사회주의 정부 때부터 2경제를 통한 시장형 경제의 도입과 체험은 체제전환 뒤에도 시장경제의 본격적 도입과 맞물려 작용하였고, 국력은 〈표 4-1〉에서 나타난 것과 같이 중소국의 규모를 갖추고 있지만, NATO와 EU에 속해 있고, 유럽의 중심부에 자리한 점은 국가 간 상호작용의 활성화를 짐작하게 해준다. 실제로 몽골과 오스만투르크 제국을 포함한 다양한 민족들과 역사적 교류, 갈등을 경험한 외교적 전통과 관습을 지니고 있다.

헝가리의 정당구조와 성격을 살펴본다면, 고정성보다는 가변성이 강하다고 볼 수 있다. 체제전환 뒤 1990년대에는 다당제 성격의 연립

정부 구성이 가능한 시기였고, 2000년대에는 양당지배체제가 강한 성격을 이루었다면, 2010년 이후부터는 일당의 우위 성격을 보이고 있다(박정원 2018, 162). 1990년 총선 결과 중도우파 성격의 헝가리민주포럼(Magyar Demokrata Fórum, MDF) 주도의 연립정부가 구성되었고, 1994년에는 헝가리 사회당(HSP)이 주도하는 중도좌파 연립정부가 구성되었다. 1998년에는 청년민주연합 및 시민당(이하 청년민주연합으로 통칭, Fiatal Demokraták Szövetsége, Fidesz)의 승리로 중도우파 연립정부가 구성되었다. 2002년부터 2006년을 거쳐 2010년까지는 헝가리 사회당 주도의 재집권이 이뤄졌고, 2010년에는 청년민주연합(Fidesz)이 재집권하였다. 그런데 특이한 점은 청년민주연합의 성격이 이념적 좌파와 우파, 경제적 좌파와 우파의 경계를 넘나드는 데에 있다. 〈그림 4-2〉에서 볼 때, 경제성향을 좌우로 나누고, 문화이념성향

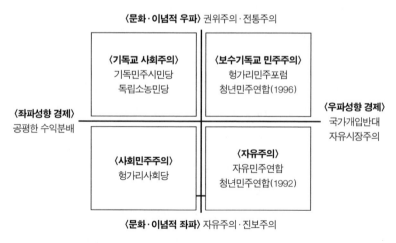

그림 4-2. 헝가리 정당의 좌우성격 구도[10]

---

10   헝가리 정당 영역의 구조는 András Körösényi(2014, 84)를 참조.

을 상하로 나누면, 청년민주연합의 행보는 1990년대 초에는 급진 자
유주의에 가까운 정당의 면모를 보였으나, 1996년을 기점으로 전통주
의적 우파 정당의 모습으로 탈바꿈하였고, 2010년대에 들어서는 국가
개입이 강한 경제·사법적 정책을 취하고 있다. 결국 사회민주주의 성
향을 제외하고 국가 개입의 보수 기독교민주주의의 경제 성향을 혼합
적으로 보여주고 있다. 헝가리 정치가 경제정책에서 실용적 모습을 보
인다면, 주로 문화이념 차원에서 좌파와 우파를 경계를 분리한다고 볼
수 있다(Körösényi 2014). 또한 헝가리 정치에서는 엘리트 집단이 주
도하는 체제전환과 선거운용 방식을 보이고 있고, 대중의 정치적 무관
심이 정치구조의 유동성과 빈약성을 보여준다고도 할 수 있다(이상협
1996, 290). 이를 볼 때, 유동성은 정치적 실용성을 낳을 수 있지만, 빈
약성은 정치적 폐쇄성을 가능하게 할 수 있는 여지가 있다.

III. 외교정책 분석

1. 폴란드 외교의 서구지향성과 다층협력

폴란드 인민공화국의 종식과 함께 새롭게 출범한 폴란드 3공화국은
국가 정체성 확립과 외교정책 방향설정의 과제를 안게 되었다. 국가의
정체성과 외교정책 방향은 호환될 수밖에 없고, 역사적 경험과 당대
국제적 환경을 토대로 재설정해야 하는 상황이었다. 근대국가 형성시
기부터 자주적 안보를 지켜내기 어려웠던 폴란드로서 체제전환은 국
가 독립성을 확보할 수 있는 중요한 계기였다. 곧이어 소련의 해체를
목격하고 미국의 일극체제를 예단하는 국제사회의 흐름은 폴란드의

새로운 외교전략을 모색하게 만들었다. 소비에트 동구권의 위성 성격 국가에서 벗어나 범유럽적 정체성(trans-european identity) 회복에 방향을 두었고, 이를 중부유럽 이웃나라들과 공유하여 지역협력체를 통해 실현시키는 일이 최우선 과제가 되었다.

1991년 폴란드 외무부는 유럽 내 패권주의를 견제하고 지역협력체를 구축하여 폴란드가 국제사회 안에서 안보를 지켜나가야 한다고 발표했고, 1993년에는 중부유럽의 안정을 위해 미군은 필수적 요소라고 정의했다. 1995년 폴란드 정부는 이를 구체화시켜 NATO와 EU에 신속 가입하고, 근린국가들과 선린관계를 구축하며, 세계시장과 지역협력체에 적극 속하여 경제적 발전을 추구한다는 방향을 제시했다. 이듬해에는 유럽과 유로대서양 지역기구 가입을 통해 서방세계로 편입할 것이고, 근린국가들과 최상의 관계를 구축하며, 국제지역 안정화 활동에 폴란드가 적극 개입하여 국제적 입지를 강화해 나갈 것임을 밝혔다. 실제로 폴란드 정부는 NATO의 평화를 위한 동반자관계(Partnership for Peace, PfP) 프로그램에 적극 참여하면서 국방정책과 예산의 투명화를 시도했다(김준석 2009, 5). 결국 1999년 3월 12일 폴란드 정부는 NATO 가입을 현실화시켰고, 1990년대 폴란드 외교안보정책 성격을 유럽과 유로대서양적 가치로 규정하였다. NATO 가입 당시 여당이던 자유연대 세력(Akcja Wyborcza Solidarność, AWS)과 1야당이던 사회주의노동당 후신 민주좌파연합(Sojusz Lewicy Demokratycznej, SLD) 모두 국내여론과 마찬가지로 찬성의견을 개진했다.[11]

---

11 1998년 2월 21일 일간지 *Rzeczpospolita* 조사 결과 NATO 가입 찬성 비율이 76%, 1998년 5월 30일 같은 내용의 조사 결과 찬성 비율이 74%로 나타났다. NATO 가입 전날 폴란드 여론조사기구 OBOP 조사에서도 응답자의 65%가 가입지지 의사를 표명했다. 폴란드 정당의 의견과 관련해서는 김종석(2004)을 참조.

　20세기 중반부터 반세기 가까이 소비에트연방의 완충국 역할을 해온 폴란드는 이에 대한 반작용으로 서구지향성 모색이 가능했고, 러시아의 슬라브주의나 유라시아주의는 폴란드에는 러시아주의로 인식이 될 수 있기에 그 발현 시기의 접점에 NATO 가입을 현실화시킨 것이 주효한 선택일 수 있다. 유럽 내 힘의 공백과 절대패권국의 부재, 유럽 자체 안보의 취약성은 폴란드의 선택을 합리화시킬 수 있었고, 특히 NATO의 지역·성격범위의 확장성에 따른 결과로 중부유럽 국가들이 동시에 가입할 수 있었다. 이들의 합류는 러시아 세력의 확장을 저지하는 유용한 용도로도 활용될 수 있다. 반면에 소련 완충지역의 반작용으로 선택한 결과가 서구 완충지역으로 작용하여 새로운 냉전의 갈등을 유발할 수 있는 여지도 남아 있다.

　NATO 가입은 무엇보다 폴란드가 미국과 동맹 체제를 확립할 수 있는 지렛대 역할을 해준다고 볼 수 있다. 실제 미국의 적극적 개입정책과 확산정책이 폴란드의 NATO 합류를 이끌었고, 더 나아가 미국의 선제공격정책과 군사변환정책 또한 폴란드 안보에 중대한 영향을 미쳤다고 볼 수 있다. 2003년 NATO의 국제안보지원군(International Security Assistance Force, ISAF)이 아프가니스탄 재건활동에 파병될 때, 폴란드 역시 가즈니(Gazni)와 파키타(Pakita), 바그람(Bagram)에 1,600여 명의 병력을 파병하였다.[12] 이 시기 폴란드는 군현대화 프로그램(Program Przebudowy i Modernizacji Sił Zbrojnych RP na 2001-2006)을 마련하여 미군의 전투기와 군함을 도입하고, 군사 교육비를 미국 정부로부터 제공받는 작업을 시작하였다. 또한 이라크 전쟁 초기부터 특수부대원 200여 명을 파병했고, 2008년 11월 최종 철수 전

12　"North Atlantic Treaty Organization: International Security Assistance Force."
　　http://www.nato.int/isaf/docu/epub/pdf/isaf_placemat.pdf (검색일: 2020.8.17).

까지 이라크에 재건사업 병력 14,500여 명을 주둔시켰다(Bieszyński 2008). 당시 유럽연합과 미국이 이라크 전쟁 수행방식을 놓고 갈등을 보인 점과 대비하여 폴란드의 적극적 대미협력은 자국의 안보를 대미 동맹과 집단안보의 다층적 차원에서 모색한 근거가 된다. 더욱이 사회 주의노동자당 출신의 알렉산데르 크바시니에프스키 대통령 집권 시기에 이루어진 대미협력체제는, 폴란드 안보이익형성이 국내정치집단의 성격에 크게 좌우되지 않는다는 고정성을 보여준다. 또한 러시아에 대한 공세적 과거사 청산요구나 노력이 정부 차원에서 없었기에 양국 갈등의 소지를 최소화하고 안보적 이익의 극대화를 추구한 점은 실용적 사례라고 볼 수 있다. 미국의 군사변환정책에 따른 미사일방어체제 구축은 폴란드에도 적용되어 대(對)중동 지대공 요격미사일 배치계획으로 이어졌다.[13] 중동정세에 대한 방어적 성격을 명분으로 세워진 미사일 방어체계는 폴란드군의 현대화와 맞물려 진행되었지만, 이 역시 러시아와 중동부유럽의 긴장국면을 불러내는 기폭제가 되었고, 이 흐름은 오늘의 폴란드 외교안보정책 설정의 핵심요소로 이어진다.

폴란드 외무부(Ministerstwo Spraw Zagranicznych RP)의 "폴란드 외교정책전략 백서 2017-2021(Strategia Polskiej Polityki Zagranicznej 2017-2021)"에 근거하여 폴란드의 현대외교전략을 살펴보고자 한다.[14] 전술한 대미협력관계, 후술할 유럽지역협력관계에서 폴란드 외교정책의 고정성은 돋보인다. 물론 국내 사법, 언론정책을 놓고 오늘의 유럽연합과 갈등을 빚고 있는 점은 특이할 만하지만, 외교안보정책의 틀에

---

13 체코에는 미국의 미사일 방어용 레이더 기지설치 계획이 동시에 수립되었다.

14 폴란드 법과정의당(Prawo i Sprawiedliwość, PiS) 행정부 집권 시기(2017-2021)의 외교 정책전략은 Ministerstwo Spraw Zzagranicznych Rzeczypospolitej Polskiej(2017)을 참조.

서 살펴보면, 1990-1995년 중도우파의 바웬사 대통령, 1995-2005년 중도좌파의 크바시니에프스키 대통령, 2005-2010년 국가민족주의 우파의 카친스키 대통령, 2010-2015년 중도우파의 코모로프스키 대통령, 2015년에서 오늘 국가민족주의 우파의 두다 대통령 집권까지 폴란드 외교안보정책의 일관성은 '대미동맹수준의 집단안보체제와 유럽연합·지역협력체 안에서 이루어지는 폴란드 이익의 극대화'라고 볼 수 있다.

폴란드 외교정책전략 백서에 따르면, 폴란드를 둘러싼 세계정세를 불안정과 예측 불가능한 상태로 규정하고 있다. 무엇보다 서방을 향한 러시아의 위협과 유럽의 경제적 난망이 위기를 촉발하고 있고, 테러와 난민이주 문제가 국제안보와 국내안보의 동일화 현상을 낳는다고 기술하고 있다. 특히 러시아의 크림반도 합병이 이슬람 극단세력의 위협과 동일시되며 폴란드는 NATO와 유럽연합 안에서 자국의 이익을 극대화해야 한다고 밝히고 있다. 이 과정에서 역대 정부의 시각과 다른 점은, 유럽연합의 한계를 언급하며 유럽핵심국가의 이익을 대변하는 유럽연합의 개선 필요를 언급하고 있다. 이 한계가 영국의 유럽연합 탈퇴를 불렀고 통합과 연대의 약화는 러시아와 이슬람 극단세력의 활동을 활성화시키는 동력이 될 것이라 주장하고 있다. 러시아의 유라시아 통합주의는 조지아와 우크라이나 같은 폴란드 우방의 위협이 되고 있고, 유럽연합의 대러시아 제재로는 한계가 분명하다는 점과 중동 테러의 위협이 잔존하는 현실을 미루어 볼 때, 폴란드는 양자외교와 다자외교의 틀을 발전시켜야 한다고 주장하고 있다. 결국 현실주의 강화로 자국 외교를 설명하는 동시에 안보와 경제성장, 자국 이미지 쇄신을 외교전략의 3대 안건으로 제시하고 있다.

폴란드 외교전략의 1순위인 안보 분야에서 폴란드 정부는 러시아의 군사력 증강을 폴란드 안보의 최대 위협으로 간주하고 있다. 특히 우크라이나와 관련한 크림반도, 캅카스 지역(Caucasus Region)과 관련한 남오세티야(South Ossetia), 압하지야(Abkhazia), 트란스니스트리아(Transnistria) 지역의 안보를 폴란드 국내안보와 연계하여 설정하고 있다. 러시아의 중동 분쟁 개입을 서구와 러시아의 대리전으로 해석하며 폴란드 안보의 전방위적 위기를 설명하고 있다. 이에 대한 해결책으로 NATO와 대미양자동맹, 유럽의 공동안보방위정책의 활성화가 러시아 주도의 판세를 뒤집을 수 있는 압도적 행위요소가 될 것이라고 전망하고 있다. NATO의 잠재적 적군에 대한 억지력, 공동방위능력을 함께 유지하며 연합군의 주둔과 훈련을 필수적 요소로 간주하고 있다. 더욱이 폴란드 동부 경계가 곧 서방의 경계라는 인식으로 공동방위의 중요성을 역설하고 있고, 발트해와 스칸디나비아 권역의 협력이 기존의 동서협력에서 남북협력으로 안보 범위를 확장하는 데 유용할 것이라 판단하고 있다. 폴란드 정부는 유럽 내 미군 주둔을 필수적 요소로 보며 국내총생산(GDP)의 2%를 NATO 분담금으로 충실히 납부하여 국내외 안보질서 확립에 기여하겠다는 의지를 보여주고 있다.[15]

근린정책을 살펴보면, 중동부유럽과 발트유럽, 발칸유럽, 아드리아와 흑해연안 지역의 안전보장 활동이 폴란드에게는 국제적 위상 확대로 이어질 수 있는 기회라고 판단하고 있다. 이들 지역에 미치는 러시아의 영향력을 축소시키는 일이 폴란드에게는 시급한 과제이며 유로대서양 연합의 모델을 이들 지역에 도입하여 체제의 개혁을 유도하고 적극 개입하는 정책을 취하고자 한다. 폴란드의 우선순위 협력국가들을 백서에서 명시하기를, 비셰그라드 그룹 국가들과 루마니아, 발트

---

15 〈표 4-1〉을 참조.

3국, 스칸디나비아 반도 국가들(특히 스웨덴과 핀란드), 조지아와 우크라이나를 꼽고 있다. 더 나아가 발트-아드리아-흑해 삼각지역을 에너지와 운송, 통신 네트워크 권역으로 설정하여 폴란드 안보와 연계된 기반시설 건설전략을 수행하고자 한다. 그 외에도 독일과 프랑스, 폴란드의 바이마르 삼각협력체를 유지하고, 중동지역의 정세, 테러, 난민 문제를 주시하며 외교전략을 취해야함을 말하고 있다. 이를 기반으로 경제성장 전략과 자국 이미지 쇄신 전략 역시 유럽연합 안에서 역내 교두보 역할을 강화하는 차원으로 설명하고 있다. 더욱이 폴란드의 정체성이 폴란드·리투아니아 연합국의 가톨릭 국가 정통성을 계승함에 있다고 명시함으로써 대(大)폴란드 연합의 국가주의 성격을 발전시키고자 하는 열망을 엿볼 수 있다. 해외동포의 권익향상과 주변국가의 정치개혁을 겸하여 관심 분야로 놓은 것이 이를 말해주고 있다. 무엇보다 자국의 역할과 위상이 중동부유럽 정세변화의 열쇠이자 방향타임을 언급함으로써 외교의 영향력을 확보하려는 의지를 보여주고 있다.

　백서를 통한 안보전략 외에도, 지역협력체 활동을 통한 폴란드 외교전략을 살펴볼 수 있다. 2004년 5월 1일 폴란드를 비롯한 중동부유럽 10개국이 유럽연합에 가입함으로써 유럽통합의 확장과 폴란드 정체성의 유럽화가 현실적으로 이루어졌다. 특히 폴란드는 유럽 정체성 확보를 위해 EU 가입 노력을 개별적으로 취하기보다 중부유럽 이웃나라들과 새로운 이니셔티브를 발족하여 공동노력을 기울였다. 1991년 2월 15일 폴란드와 헝가리, 체코슬로바키아 세 나라는 중부유럽의 정체성 회복과 역내 공동이익 추구를 위한 협력을 기치로 비셰그라드 그룹을 발족했다. 특히 EU와 NATO 공동가입을 목표로 정기회의를 가진 협력체로서 그 목표를 달성한 뒤에도 느슨한 제도화 협력체로서 기능을 유지하고 있다. 국제비셰그라드기금(International Visegrád Fund, IVF) 설립을 통해 역내 교류활동을 지원하고 있고, 비셰그라드 플러스(Visegrád 4 +) 개념을 통해 역외 지역기구나 국가들과 협력을 강화하고 있다. 더욱이 폴란드는 1998년부터 기존 EU의 유럽인접국 정책(Eastern Neighbourhood Policy, ENP)의 특화방안으로 동부차원 정책(Eastern Dimension)을 제안해 왔다. 우크라이나와 백러시아, 몰도바, 러시아에 대한 유럽연합의 행동전략 모색과 해당 국가의 민주화 지원을 강화하는 방안을 제시한 것이다. 이는 러시아의 근외정책(near abroad policy)에 대항하는 폴란드의 적극적 근외정책으로 볼 수도 있다. 결국 2008년 폴란드와 스웨덴은 동유럽파트너십(Eastern Partnership, EaP)을 공동으로 제안하여 우크라이나와 백러시아, 조지아, 몰도바, 아제르바이잔, 아르메니아 6개국을 내부개혁촉진 동반자로 지정하고, 이들이 유럽연합과 연결되도록 돕는 협의체 발족을 도모하였다(김신규 2019).

폴란드의 적극적 안보정책과 주변개입정책은 최근까지 이어지고 있다. 2019년 6월 폴란드와 미국 정상회담에서 폴란드는 현재 국내 주둔중인 4,500명의 미군을 천 명 증가시키고, 주둔에 따른 시설 비용을 지불하겠다고 약정하고 동시에 F-35 전투기 구매의사를 밝혔다. 더욱이 러시아에 의존하던 에너지 수입의 다변화를 위해 80억 달러 규모의 350만 톤 석유를 미국으로부터 수입하겠다고 밝혔고,[16] 원자력 발전소 건립의 미국기업 수주 가능성을 내비쳤다. 같은 해 9월

---

16 폴란드 정부는 에너지 수급 다변화 정책의 일환으로, 노르웨이의 천연가스를 덴마크를 통해 수입하여 2022년부터 러시아에 대한 에너지 독립을 이루는 것을 목표로 삼고 있다. "폴란드, 삐걱거리는 에너지 전환." 『Le Monde Diplomatique 한국판』(2020. 12)을 참조.

의 정상회담에서는 더욱 파격적인 결과가 도출되었다. 양국의 군사협약을 통해 미 육군 기지와 훈련센터, 공군기지를 6개의 지역에 건설하기로 협의했다. 무엇보다 폴란드 정부의 체제전환 뒤 30년 숙원이던 미국의 비자면제 협정이 체결되면서 천만 명에 가까운 재미 폴란드 동포사회와 폴란드 국내사회의 연결고리가 한층 가까워질 전망이다 (Ciesielska-Klikowska 2019, 2-4). 다만 폴란드의 대미 의존도 강화는 유럽연합과 NATO의 연대약화 흐름과 더불어 이루어졌기에 지역협력체의 약화로 이어지는 동력의 하나로 작용할 수 있다. 또한 중동부유럽에 미국의 세력 증대와 더불어 러시아와 갈등을 유발할 소지를 안게 되는 문제가 남아 있다. 폴란드가 역내 중심국가로 발돋움하려는 과정에서 보이는 주변국 개입 문제는 자칫 러시아의 근외정책과 충돌할 수 있는 여지를 만들 수 있다.[17]

2. 헝가리 외교의 복합성과 왕복선 외교

헝가리의 체제전환은 냉전 시기와 다른 외교정책 방향을 새롭게 모색하게 만들었다. 중동부유럽 국가들의 소련 의존성이 크게 약화 또는 해소되었고, 유럽 제(諸)민족의 재(再)국가화는 역내 민족 다양성과 민족 분열의 이중성이 드러나는 숙제를 안겼다. 이에 따라 헝가리 역시 소비에트연방의 강압적 개입의 트라우마를 지우고 자율적 외교정

---

17   폴란드의 수바우키(Suwałki) 회랑(回廊)지역은 폴란드와 리투아니아, 백러시아, 러시아 (칼리닌그라드)의 이해관계가 충돌하는 경계지역으로서, NATO와 러시아의 군사훈련이 이어지고 있고, 더욱이 백러시아의 민주화 운동, 러시아와 폴란드의 개입에 따라 긴장의 강도가 달라질 수 있다. 즉 단층선 구도의 핵심지역으로 부상할 수 있다. 백러시아 국내정치 상황은 "'반정부 시위 확산' 벨라루스에 드리우는 '푸틴의 그림자.'" 『한겨레』 (2020. 8. 18)을 참조.

책을 확립해야 했고, 새롭게 대두된 민족 다양성 과제를 주변국과 함께 해결해 나가야 했다. 바르샤바조약기구와 경제기구 코메콘의 해체로 헝가리 정부는 외교적 자율성을 새롭게 활용할 기회를 얻었고, 슬로바키아와 우크라이나, 루마니아, 유고슬로비아 연방 해체국가들 내 헝가리 민족 문제는 헝가리 정부의 주변국 관계설정과 맞물려 작용할 수밖에 없었다. 새롭게 출범한 언털 요제프(Antall József) 총리가 이끄는 중도우파의 헝가리 민주포럼(독립 소농민당, 기독민주당과 연립) 행정부 과제는 헝가리의 유럽적 가치 회복과 정치체제개혁, 경제성장과 사회기반시설의 현대화로 나타났다. 이를 위해 크게 유로대서양 체제로 편입하는 일, 주변국과 선린관계 유지, 주변국에 거주하는 헝가리 소수민족의 권익신장 문제를 큰 틀로 상정하고 외교전략을 취해야 했다(이상협 2002).

유로대서양 체제 편입은 제도적으로 유럽연합과 NATO 가입으로 이루어질 수 있었다. 중부유럽 협력체인 비셰그라드 그룹을 통한 공동노선 확립은 국제사회에서 역내 국가들의 서방세계 편입의지를 효율적으로 표출하게 만드는 동력이 되었다. 헝가리 자체의 추진력보다는 폴란드와 체코의 적극적 유럽통합정책이 맞물려 작용하는 효과로 인해 헝가리의 유로대서양 편입과 공고화가 가능할 수 있다.[18] 또한 유럽연합 가입 전, 코펜하겐 기준(Copenhagen Criteria) 충족을 위해 정치적 기준(민주주의, 법치, 인권존중과 소수민족 보호)과 경제적 기준(시장경제 작동과 경쟁), 법적 기준의 점검이 필수적 요소였다(김신규 2019). 유럽연합과 다자협력기구에 의한 타의적 행동체계는 헝가리

---

18   동유럽파트너십(EaP) 프로그램에 다소 소극적이던 헝가리는 2017년 비셰그라드 그룹 의장국을 맡으면서 비셰그라드 그룹과 동유럽파트너십 국가들의 외무장관 회담을 통해 지역협력 방안을 적극 모색할 것이라 밝혔다(김신규 2019, 211).

외교전략의 자율성 한계를 나타낼 수도 있겠지만, 외교정책의 기본 방향을 이미 수립했다는 차원에서는 어느 정도 유연한 타협점이 가능한 부분이라 할 수 있다. 실제로 언털 행정부(1990-1994)와 오르반 빅토르(Orbán Viktor) 1기 행정부(1998-2002)의 우파 민족주의적 행보는 주변국과 갈등의 소지를 안고 있었지만, 헝가리 외교노선인 유로대서양 편입의 큰 틀의 지속은 증명되었다.

헝가리 외교정책의 기본노선인 유로대서양 체제 편입과 주변국 관계, 소수민족 문제는 결코 분리될 수 없는 삼각호환관계라 볼 수 있다. 군사적 안보 문제는 차치하고서라도, 유럽적 정체성 문제와도 직결되는 유럽연합 가입 문제에서는 역내 주변국과 우호관계를 설정하는 것이 중요하고, 주변국 관계는 결국 헝가리 소수민족 처우 문제와도 직결되는 사안이라고 볼 수 있다. 중동부유럽의 체제 전환 뒤 유럽의 민족주의 발흥은 헝가리 민족문제와도 연결된 주요변수다. 중도좌파인 헝가리 사회당의 호른 줄러(Horn Gyula) 총리 행정부(1994-1998)의 외무장관인 코바치 라슬로(Kovács Laászló)는 헝가리의 유럽연합 가입과 NATO 가입 문제는 헝가리-슬로바키아-루마니아 제민족 문제 해결과 직결된다고 밝히고 있고, 갈등의 야기는 통합과 편입의 불가로 이어질 수 있다고 밝혔다(김대순 2012, 113). 결국 헝가리 정부는 민족문제와 관련하여 화해와 친선, 이해, 평화공존 정신에 입각한 기본조약(Basic Treaty)을 이웃국가들과 체결하였다. 우크라이나(1991), 크로아티아(1992), 슬로베니아(1992), 슬로바키아(1995), 루마니아(1996)와 차례로 체결한 기본조약에 따라 영토에 대한 상호 주권을 인정하였고, 소수민족의 권리보장을 약속하였다(이상협 2002). 이에 따라 소수민족갈등 해소 문제는 주변국 관계를 설정하였고, 주변국 관계는 유로대서양 체제 편입의 보장으로 이어졌다.

헝가리의 첫 외교과제였던 유로대서양 체제 편입은 1999년 NATO 가입과 2004년 EU 가입으로 현실화되었다. 특히 유럽연합 가입문제는 전술하였듯이, 인권의 차원에서 민족문제 해결이 선결 과제였고, 자민족 중심주의의 틀을 어느 정도 양보해야 하는 점에서 헝가리 행정부의 외교정책이 중요했다. 체제전환 초창기 언털 행정부에서는, 민족적 문제가 상대적으로 크게 대두되지 않을 수 있는 우크라이나, 크로아티아, 슬로베니아와 기본 협정을 체결할 수 있었지만, 극우 민족주의적 성향의 인사들이 집권당 내에 존재하였고, 그들은 영토 회복주의의 열망을 안고 우크라이나와 체결한 협정에 반대하기도 하였다.[19] 반면 중도좌파의 헝가리 사회당 연립정부(자유민주연합과 연립)인 호른 행정부(1994-1998)는 주변국과 관계개선과 경제협력을 우선시 하며 소수민족문제를 해결하려고 하였다. 국제협력을 중시하는 기조는 마치 사회주의 시절 국제주의(Internationalism)의 현대적 연장으로 보이고, 경제정책을 우선하는 기조는 카다르 2경제의 현대 시장적 연장으로 보인다. 결국 가장 까다로운 슬로바키아, 루마니아 관계를 기본조약을 통해 개선해 나갔고, 북대서양 조약기구 가입의 초석을 다지기도 하였다. 이후 집권한 우파 민족주의 성향인 청년민주연합의 오르반 행정부(독립 소농민당, 헝가리민주포럼과 연립)는 1999년 NATO 가입 뒤, 2001년 소수민족 법안을 의회에서 통과시켰는데, 주변국의 헝가리 소수민족 처우개선 과제를 일방적으로 추진했다는 점에서 슬로바키아, 루마니아와 갈등을 빚었다. 유럽연합 각료이사회는 차별적 입법안이라 판단하여 이에 대한 수정을 권고하기도 하였다(김

---

19 추르카 이슈트반(Csurka István)을 주축으로 1993년 집권당인 헝가리 민주포럼에서 12명의 의원들이 탈당하여 헝가리인의 삶과 정의당(Magyar Igazság és Élet Pártja, MIÉP)을 창당하였다(Körösényi 2014, 65).

대순 2012, 111). 이어 헝가리 사회당이 재집권하였고, 메제시 페테르
(Medgyessy Péter) 행정부(2002-2004) 시기에 헝가리는 지역협력원
칙을 고수하며 유럽연합에 가입하였다. 헝가리 사회당의 국제적 실용
주의와 청년민주연합의 대내적 실용주의는 21세기 초 헝가리 정치의
양대 노선이 된 듯 보였고, 이는 역내 통합과 협력을 통한 지역이익과
동족 권리 보장을 통한 자국이익의 대립 항을 나타내기도 한다.

　한편, 헝가리는 동서와 남북이 교차하는 분지적 내륙에 자리 잡고
있어 국제정세의 혼란이나 전쟁 시에는 언제든지 강대국의 교두보로
작용할 수 있다. 합스부르크, 오스만 투르크 제국과 오스트리아, 독일,
소련의 영향권에서 자주성을 제한받았고, 그들의 운명에 따라 국가의
쇠약을 경험하기도 하였다. 폴란드가 역사적으로 균형적 자리를 견지
하고자 했던 반면, 헝가리는 역사적으로 편승적 형태를 보였고, 동맹
이나 편승의 효과를 극대화시키지 못한 역사를 간직하고 있다. 체제전
환을 이룬 뒤, 사회주의 엘리트 계급(nomenclator)과 시민사회 지식
인 그룹(intelligentia)의 조합으로 이루어진 헝가리 정치체계는 무엇
보다 과거의 폐단을 제거하는 실용적 정책을 선호할 수 있다. 유럽대
륙에서 과거의 소련과 같이 주권을 제한하는 이념적 패권이 존재하지
않고, 국가역량의 규모가 크지 않으며,[20] 지리적으로 원거리의 패권 간
경쟁이 이루어지는 구도에서 헝가리는 과거처럼 이념적 구조에 직접
간섭되거나 매몰될 필요가 없어졌다. 소국들이 둘러싼 지형과 패권의
원거리화, 자유무역체제의 유용성은 헝가리 외교에 기회를 주는 요인
들이 되었다. 특히 미국·NATO와 러시아의 갈등, 유럽과 러시아의 갈
등 구도에서 다소 실용적 자세를 취할 수 있는 상황이 된 것이다. 그리

20　〈표 4-1〉을 참조.

고 헝가리 엘리트 정치의 전통 속에서 오늘날 자국의 이익을 극대화시키는 민족주의적 실용성은 대중의 선호를 만족시키기에 충분한 요소가 될 수 있다. 자주성을 최대화시키기고 패권긴장의 구도 참여를 최소화하려는 헝가리 외교정책은 마치 동서 간(東西間) 선착장을 오가는 왕복선(ferry)에 비유될 수 있다.[21] 이는 양쪽의 이익을 동시에 취할 수도 있지만, 독자적 취약성의 위험요소도 지닌다.[22]

2010년 재집권에 성공한 오르반 행정부는 2011년 동방정책(Eastern Opening)을 추진하며 실용적 무역 중심 국제관계를 조성하기 시작했다. 이는 중앙아시아(카자흐스탄)에서 중국에 이르는 동서벨트와 러시아에서 동남아시아(베트남)에 이르는 남북벨트를 형성하여 그 중심에 베이징을 놓는 모양새를 취하고 있다(Tarrósy and Vörös 2020, 117). 헝가리 사회당 집권기인 메제시 페테르 행정부와 주르차니 페렌츠(Gyurcsány Ferenc) 행정부(2004-2009), 버이너이 고르돈(Bajnai Gordon) 행정부(2009-2010)의 대중국 무역 활성화에 이어 오르반 행정부 역시 실용적 경제관계를 중국과 이어가고 있다. 2003년 중국의 헝가리 투자는 543만 달러인데, 2015년에는 그 백 배인 5억 711만 달러를 기록하였다(Szunomár 2017, 4). 특히 에너지 협력 분야에서 헝가리·러시아 관계는 불가분의 형세로 작용하고 있다. 2015년 유럽연합 평균의 전체 에너지 의존도[23]가 54%일 때, 헝가리는 그에 가까

---

21 헝가리 근현대 시인 어디 엔드레(Ady Endre)가 표현한 헝가리의 지정학적 행태 비유로써, Varga(2000, 130)을 참조.

22 시계추 외교가 강대국의 긴장 패권구도와 전략적 이해관계를 이용하는 측면이 있다면, 헝가리의 왕복(선) 외교는 강대국 사이 다층적 네트워크보다는 자국 이익에 보다 단순 집중한 형태라 볼 수 있다.

23 에너지 의존도(Energy dependence)는 에너지 수요를 충족하기 위해 수입하는 에너지 지수를 가리킨다. 총 에너지 소비와 비축량 대비 순에너지 수입의 비율(%)로 계산한다.

운 53.4%를 이루고 있고, 가스 의존도는 69.7%(유럽연합 평균 의존도
는 69.1%), 석유 의존도는 93.2%(유럽연합 평균 의존도는 88.8), 고체
연료 의존도는 34%(유럽연합 평균 의존도는 42.8%)를 나타내고 있다.
EU는 가장 많은 에너지를 러시아로부터 수입하고 있다(강유덕 2017).
이러한 배경에서 헝가리는 전체 에너지 수입의 31%가 천연가스이고,
27%가 원유, 16%가 원자력 발전인데 이러한 에너지 공급의 원천이
러시아와 관련되어 있다. 2016년 원유의 50-57%가 러시아산이고, 천
연가스의 95% 역시 러시아에서 수입을 하였다(Szőke 2018, 5-6). 주
르차니 행정부는 나부코(Nabucco) 가스 운송관 프로젝트에 참여하며
러시아와 협력을 추진했고,[24] 더욱이 오르반 행정부에 이르러 2014년
체결된 팍스(Paks) 지역 원자력 발전소 건설 계약은 헝가리의 에너지
에 대한 러시아 의존도를 보여주는 사례가 된다. 기존의 4기(Paks I 프
로젝트)를 건설한 뒤에 2016년 추가로 2기(Paks II 프로젝트) 건설을
추진하여 자체 에너지 생산 증대를 목표로 두었지만, 기존의 전체 에
너지 수입 80%가 러시아에서 나오는 상황을 크게 바꾸지는 못할 전망
이다. 실제로 오르반 총리는 2018년 7월에 EU 정책에 대한 입장표명
에서, 러시아에 대한 유럽연합의 경제제재가 없었다면, 더 많은 협력
을 러시아와 할 수 있었다는 아쉬움을 표명하기도 하였다. 그리고 러

---

24 주르차니 행정부는 NATO를 통해 이라크에 파병했고, 지역재건팀(Provincial Recon-
struction Team, PRT)을 통해 아프가니스탄 활동을 수행했다. 그리고 제3의 길을 통해 러
시아와 미국 사이에서 균형적 역할을 강조하기도 하였다. "President Bush meets with
Prime Minister Gyurcsany in Budapest, Hungary," U.S. Department of State (2006.
6. 22), https://2001-2009.state.gov/p/eur/rls/rm/68196.htm (검색일: 2020.8.21);
"Putin-Gyurcsany meeting steers Hungary's Government on the "Third Path"."
Eurasia Daily Monitor 3-174 (2006. 9. 21), https://jamestown.org/program/putin-
gyurcsany-meeting-steers-hungarys-government-on-the-third-path/ (검색일:
2020.8.21).

시아와 에너지 분야 협력을 계속 추진할 계획을 밝히기도 하였다.[25] 폴란드 정부가 러시아 밖의 에너지 공급원 다양화 정책을 추진하는 것과 대비되는 현상이다.[26] 체제전환 초기 청년민주연합이 보인 반러시아 정책과 대비되는 오늘의 행보는 헝가리 외교의 실용성과 헝가리 국가민족주의 정부의 대(對)유럽연합 갈등이 얽혀 있는 모습이라 할 수 있다.[27] NATO와 EU가 보이는 대(對)러시아 갈등이 헝가리에게는 독자적 관계설정 강화로 나타나고 있고, 이는 자칫 동맹이나 지역협력체계의 연대성과 입지를 약화시키는 요인으로 작용할 수 있다. 그리고 에너지 의존도의 러시아 강화는 헝가리 외교의 다양성을 표현하기도 하지만, 국제정세의 변화에 따라 그 다양성이 제약받는 결과로 나타날 수 있는 위험을 안고 있다. 더욱이 오르반 행정부의 반이민정책과 국수주의는 유럽연대의 약화뿐만 아니라 주변국 관계 악화를 불러일으킬 소지를 안고 있어 헝가리의 고립을 낳을 수 있는 여지를 안겨준다. 비셰그라드 그룹의 국가주의 행정부 사이 공동노선은 자칫 지역적 소연합 국가주의 노선을 유럽 내에 따로 형성시키는 결과로 이어질 수 있다. 헝가리 정부는 크림반도 문제에 대해서도 소극적 입장을 보이며, 우크라이나의 NATO 가입 반대의사를 미국 정부에 표명하여 러시아와 진행하는 에너지 분야 협력을 중시하고 있다(Moldicz 2019, 2). 헝가리의 실용주의 노선과 국가주의 선별적 연합 노선(비셰그라드 그

---

25 France24 (2018. 7. 15), https://www.frnace24.com/en/20180715-hungrarys-orban-denounces-eu-sanctions-moscow (검색일: 2020.8.20).

26 폴란드 정부는 독일과 러시아 정부가 협업하여 추진하는 노드 스트림2(Nord Stream-2) 가스관 공사 프로젝트에 반대성명을 발표했고, 러시아 가스프롬(Gazprom)의 독점적 지위를 견제하고 있다(에너지경제연구원 2016, 40).

27 헝가리의 오르반 행정부는 유럽의 난민수용정책, 헝가리 의회의 법 개정 문제에서 유럽연합과 첨예한 갈등을 보이기도 하였다.

룹, 러시아, 중국, 시리아, 터키와 협력강화 포함)은 주변 정세의 평화와
유럽연합의 느슨함을 배경으로 진행되고 있는 만큼, 시기적 영구성에
는 의문의 여지가 남아 있는 정책이라 볼 수 있다.

3. 폴란드·헝가리의 중간국 외교 비교분석과 과제

중세 이후 폴란드와 헝가리는 생존 투쟁의 역사라 칭할 만큼 자국 정
체성을 지키기 위한 노력의 연속을 보여주었다. 이웃 강대국에 대한
폴란드의 거국적 투쟁의 역사와 헝가리의 합리적 협의의 역사는 두 나
라의 오늘날 외교정책에 함의를 제공해준다. 공통점은 강대국 사이에
서 국가의식의 투철한 계승을 보였다는 점이다. 소비에트의 '위성적'
국가 시절이던 1966년 폴란드 정부는 국가 성립 1000주년 행사를 거
행했고, 오스트리아와 이중왕국을 꾸리던 1896년 헝가리는 카르파티
아 분지 정착 1000주년 행사를 국가적으로 시행했다. 대폴란드 연합
왕국 전통인식에 따른 폴란드의 국가주의 강조와 헝가리의 구별된 마
자르족 민족주의 강조는 역사를 통해 드러난 오늘의 바탕이라 볼 수
있다. 두 나라 모두 중부유럽의 이웃국가로서 14세기에서 15세기에는
상호왕위 공유 경험과 14세기 비셰그라드 정상회의를 통해 중부유럽
공동 정체성 형성의 협력적 역사를 가지고 있다. 또한 13세기와 17세
기에는 몽골과 오스만 투르크로부터 희생하며 유럽을 지켜냈다는 자
부심을 갖고 있다. 18세기에 이르러 주변 강국들에 의해 자주권 행사
를 제약당했지만, 19세기 시민혁명을 통해 독립적 열망을 분출했고,
사회주의 시절에도 그 열망은 정도는 다르지만 지속성에서는 꾸준하
였다. 체제전환 뒤에는 유럽주의와 세계시민주의를 표방하는 정부(사
회주의 정부 출신)를 통해 유럽연합에 가입했고, 정권교체를 보장하는

의회주의를 통해 시민민주주의를 정착시켜 나가고 있다. 더욱이 15세기 헝가리 마챠시 1세의 비엔나 점령, 17세기 폴란드 귀족 공화국의 모스크바 점령 기억은 유럽 내에서 주도권을 행사하며 자주적 면모를 보인 사례라 볼 수 있다. 중견국과 중간국의 면모를 보여 온 두 나라는 이웃동맹 선택의 자율성을 얼마든지 행사할 수 있지만, 국제정세의 변화에 따라 그 한계가 도출되는 결과와 책임을 늘 경험하고 있다.

　　오늘의 폴란드와 헝가리 외교의 큰 틀을 비교해보면, 폴란드는 능동적 변혁형 국가를 지향하고 있고, 헝가리는 능동적 관리형 국가를 지향한다고 볼 수 있다. 국민적 인식에 바탕을 둔[28] 폴란드의 러시아 적대적 대미 동맹외교는 주변 국가들(우크라이나, 백러시아, 몰도바, 조지아, 아르메니아, 아제르바이잔)의 서구지향성을 촉진하여 체제적 변환을 유도하고 개별적 대미 양자동맹과 NATO, 유럽연합, 비셰그라드 그룹, 동유럽파트너십을 통해 러시아의 패권 영향력을 견제, 축소하고자 한다. 즉, 국제적 패권경쟁 구도에 적극 참여하여 세력균형을 넘어 지역적 세력전이를 유도하거나 대비하는 공세적 현실주의를 대입하기도 한다. 반면, 헝가리는 NATO와 EU를 통한 지역협력체제에 참여하지만, 패권경쟁 구도에서는 수세적 반응을 보이며 무역을 통한 적극적 개별관계 관리를 수행해 나가고 있다. 행정부 구도를 보더라도 폴란드가 외교안보를 묶어 외무부서 문제를 처리하는 반면, 헝가리는 외교와 통상을 묶어 외무부서 문제를 관리하고 있다. 각자의 형편과 이해관계를 엿볼 수 있는 단면이다.

28　"Pew Survey: Russia disliked around world: most in Poland, Turkey see Kremlin as major threat," Kyiv Post(2017. 8. 17), https://www.kyivpost.com/eastern-europe/pew-survey-russia-disliked-around-world-poland-turkey-see-kremlin-major-threat.html?cn-reloaded=1 (검색일: 2020.8.21)을 참조.

18세기와 20세기 초 폴란드의 균형적 자체 패권구도 지향[29]으로 삼국분할과 2차 세계대전의 비극적 결과를 초래한 교훈적 사례가 폴란드의 양자동맹 강화 지향으로 흐를 수 있는 경험적 바탕이 될 수 있다. 반면 헝가리의 20세기 초 동맹의존 지향이 트리아농 조약과 2차 세계대전 패전의 결과로 나타났듯이 오늘의 균형적 패권구도 견제는 헝가리 외교의 역사적 경험에서 온 결과가 될 수도 있다. 그러나 폴란드의 남겨진 패권적 인식이 패권구도의 지역 개입을 유도하고 지역 갈등의 점화가 일어나는 동력으로 작용할 수 있고, 헝가리의 균형적 왕복외교는 패권의 전이와 균형종식의 상황에서 선택의 어려움을 야기할 수 있는 문제를 안고 있다. 오늘날 폴란드와 헝가리의 중간국 외교 선택지를 살펴보면 〈그림 4-3〉과 같다.[30] 20세기 초 외교선택지와 비교했을 때, 폴란드는 과거에는 자국의 안보를 군비증강과 내부동원 형태의 내적 균세를 취했다면,[31] 오늘에는 미국과 양자동맹을 통해 러시아의 지역패권을 견제하는 외적 균세의 형태를 취하고 있다. 또한 유럽연합과 NATO, 동유럽파트너십과 비셰그라드 그룹을 통해 러시아의 지역패권을 견제하는 초월의 모습도 동시에 보일 수 있다. 헝가리의 경우, NATO에 가입하고 EU의 대(對)러시아 제재에도 동참하나 소

---

29 폴란드 2공화국 정부는 1932년 소비에트연방공화국과 불가침 조약을 맺고, 1934년 독일제3제국과 불가침 조약을 맺은 바 있다.

30 '숨기'는 역내 강대국의 위협을 무시하거나, 고립, 중립을 선택하는 행위이고, '초월'은 국제규범과 국제합의를 통해 안보위협을 해결하는 행위이며, '특화'는 위협국에게 필수적 기능을 제공함으로써 안보위협을 줄이는 노력을 말한다. '관여'는 안보위협국과 지속적 상호작용을 하며 문제를 해결하고, '편승'은 안보위협국의 보호를 추구하면서 안보를 유지하는 정책을 말한다. '유화'는 위협국의 요구를 수용하여 위협을 단기적으로 줄이는 노력을 말한다. 국내 자원을 활용하여 세력을 키우는 내적 균세와 외부의 도움을 추구하는 외적 균세는 성격에 따라 경성균세와 연성균세로 나뉜다(조동준 2009).

31 한스 모겐소는 양차 대전 사이 폴란드가 강대국의 조건을 갖추지 못한 채 강대국 행세를 취했다고 평가했다(Morgenthau 2014, 372).

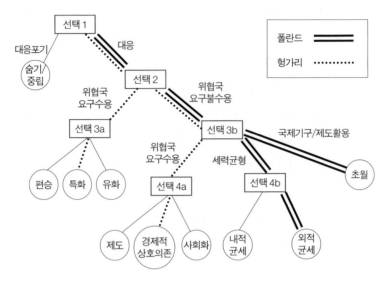

그림 4-3. 폴란드와 헝가리 외교전략 선택지[32]

극적으로 참여하고 오히려 상호협력을 강화하는 측면에서 관여의 경제적 상호의존 관계를 설정하는 측면이 있다고 볼 수 있다. 더 나아가러시아의 에너지 안보정책에 필수적 기능을 제공함으로써 특화의 모습을 보여줄 수도 있다. 20세기 초의 편승과는 대비되는 헝가리의 외교 선택지라 할 수 있다.

폴란드와 헝가리 외교결정 요인을 동시에 분석할 때, 국제체제수준에서 본다면, NATO를 통한 견제와 힘의 분배가 가능하고, EU를 통해 상호 의존을 나타내며, 국가주의 또는 민족주의를 표방하는 행정부사이 하위 수준 연대를 통해 유럽연합과 국제체제에 대한 종속의 기능을 보이기도 한다. 국가의 성격을 본다면, 중부유럽의 새로운 시장으

---

32   조동준(2009, 20)을 필자가 응용.

로서 해외투자 유치에 유리한 지리적 조건을 갖추고 있고, 기독교 공동체 전통을 갖고 이슬람 국가들의 난민문제에 소극적이라 볼 수 있다. 국제수준의 전쟁과 회담을 통해 영토가 획정되고 단일민족이 된 공통사항이 있고, 민족주권의 역사적 부흥과 상실, 시민혁명을 통해 헌법기능 토대를 마련한 경험을 지니고 있다. 정부 유형은 의회 중심적 행정부를 구성하고 있고, 언론, 여론과 사법기능이 국가운용의 주요 요인으로 작용하고 있다. 다만 내각제에 따른 파벌적 이익집단이 존재할 수 있고, 실세 엘리트 통치구도로 인해 유럽연합과 갈등을 보이는 양상도 존재한다. 또한 거대 재외동포 사회의 선거권과 비자문제가 사회적 요구로 부상할 여지를 안고 있다. 이러한 공통적 환경에서 외교전략의 선택지 차이가 나타나는 점은 주변국과 맺고 있는 관계성, 국력과 역사적 경험의 차이에서 비롯되었다고 볼 수 있다.

폴란드의 외적 균세형 외교는 지역 단층선을 강화시켜 동서 간 분절을 일으킬 수 있는 여지를 안고 있는 동시에 유로대서양 네트워크 강화의 측면도 있다. 헝가리의 경제적 관여형 외교는 지역 단층선을 약화시킬 수 있는 동시에 유라시아 네트워크 강화를 유도할 수 있다. 다만 헝가리의 민족주의적 성향은 유럽 내 분절을 일으킬 수 있는 여지를 안고 있다. 폴란드는 역내 중심 권력을 장악하려는 이니셔티브 선호적 욕망을 지니고 있고, 우크라이나를 중간국화시킬 수 있는 요인을 안고 있다. 폴란드에 러시아와 백러시아는 역내 구도를 변환시킬 수 있는 역할을 하고 있고, 이들 지역이 폴란드에는 구조적 공백지역이라 볼 수 있다. 헝가리는 폴란드에 비해 상대적으로 구조적 공백지역이 적을 수 있고, 역내 중개자로서 기회를 안고 있다.[33] 결국 폴란

---

33   중견국 외교의 네트워크 이론은 김상배(2011)를 참조.

드 외교는 역내 중견국 이상 국력의 강점을 지니고 있고, 역내 패권을 전환시킬 수 있는 기회를 안고 있지만, 지정학적 단층선의 약점과 패권의 위협을 감당할 위험을 동시에 갖고 있다. 헝가리 외교는 지리적으로 패권과 인접하지 않은 강점과 중간자의 역할을 행할 수 있는 기회를 지니고 있지만, 역내 국력의 미비한 약점과 패권구도 변화에 따른 강요된 선택의 위험을 안고 있다. 오늘날 유럽연합의 공동체성보다 국가의 독립성이 강화되는 중부유럽의 흐름과 지역협력의 공백이 발생하는 상황에서 폴란드와 헝가리 외교의 주권, 동맹, 다자협력체제의 균형점 모색은 외교적 과제로 떠오를 것이다.

IV. 맺음말: 폴란드와 헝가리의 중간국 한계와 가능성

중부유럽에 자리한 폴란드와 헝가리는 열강의 패권 사이에서 국가의 운명이 극단적으로 결정된 경험을 지니고 있다. 대서양과 유라시아를 아우르는 세력의 단층선에 위치하여 국제환경 변화에 따른 외교전략 모색이 상당히 필요하다. 오늘의 미국과 러시아뿐만 아니라 근린 국가들의 상호 또는 다자관계, 유럽연합과 북대서양조약기구, 국제연맹, 세계무역기구 따위의 복합적 네트워크 사이에서 외교정책을 설정해야 하고, 단순한 양자와 다자관계를 넘어선 그물망 외교를 전개해야 한다. 폴란드의 중부유럽 기반 대서양 지향적 외교전략과 헝가리의 중부유럽 기반 유라시아 지향적 외교전략은 자국의 지리적 환경과 국력, 역사적 경험을 바탕으로 형성되었다고 볼 수 있다. 여기에 폴란드의 대(大)폴란드연합 네트워크 지향성과 헝가리의 마자르 중심 네트워크 지향성은 각각 국가주의와 민족주의의 심화로 이어질 가능성이 크다.

이에 따라 중견국 지향성을 지닌 두 나라는 역내 안정성의 중심을 이룬다고 볼 수 있다. 폴란드는 백러시아와 우크라이나, 몰도바, 조지아, 아제르바이잔, 아르메니아의 정치개혁을 유도하고 적극적 대미동맹을 통해 러시아의 역내 패권을 견제하고자 한다. 헝가리는 슬로바키아와 루마니아, 세르비아, 크로아티아, 슬로베니아, 우크라이나 내 동포사회의 응집을 꾀하고, 마자르 민족 네트워크를 추진하여 영토수복주의는 피하되, 실용적으로 트리아농 조약의 유산을 극복하는 정책을 취할 수 있다. 더 나아가 러시아와 중동, 중앙아시아, 중국, 동남아시아를 아우르는 동서남북 벨트를 활용하여 과거의 군사안보 집중적 환경을 극복하고, 신에너지안보와 무역다변화를 추진할 수 있다.

폴란드는 러시아(칼리닌그라드)와 국경을 맞대고 있어 군사안보차원에서 패권 갈등의 직접적 단층선에 위치해 있다. 더욱이 백러시아와 우크라이나에 러시아가 개입하는 정도에 따라 역내 안정에도 영향을 주고받을 수 있는 위치에 놓여 있다. 국력 또한 유럽의회의 의석수와 국방비 지출 정도, 국내총생산과 영토 규모, 인구를 고려할 때 유럽내 중견국 이상의 위치를 점하고 있어 적극적으로 국제 활동무대에 참여하고 개입할 수 있는 의지를 갖고 있다. 역사에서는 근세 1공화국과 현대 2공화국을 거치며 유럽의 중견 균형자 역할을 모색하는 과정에서 이웃 강대국의 협의(18세기 삼국분할과 20세기 독·소 불가침조약)에 따라 국가의 흥망이 결정되는 경험을 갖고 있다. 역사적 기반에서 러시아를 소련과 동일시하고 이를 견제하려는 정서적 의지에 따라 미국과 군사적 동맹을 맺어 이를 견제하려는 폴란드의 전략은 중간국 단층선의 활동을 격화시킬 수 있는 여지를 안고 있다. 폴란드가 미국을 통해 지역 내 러시아에 대한 세력균형(balance of power)을 이루고자 한다면 갈등의 관리가 가능할 수도 있겠으나, 미국이 폴란드를 통해 역내 세력 확장(power maximization)을 추구하고자 한다면 국제정치적으로 불안정 요인이 증가할 수 있다.[34] 냉전 시기 미국이 소련의 대(對)폴란드 영향력을 상쇄시키기 위해 경제적 영역에 집중한 반면, 탈냉전 시기 군사안보적 영역을 포함한 전방위적 영역 확대를 추구하려는 성향은 지역패권의 균형과 영향력 상쇄 차원을 넘어 갈등과 충돌의 가능성을 증대시킨다.[35]

헝가리는 소비에트연방과 유고슬라비아 연방의 해체와 함께 민족국가들과 국경을 맞대게 되었고, 러시아와 새로운 관계를 설정해 나가면서 단층선의 활성화를 줄일 수 있다. 더욱이 주변국과 관계를 어떻게 설정하는가에 따라 외교적 안정성이 보장되는 환경에 놓여 있다. 유럽 내 인구와 경제 규모에서 중형국가 성격을 지니고 있고, 내륙 연결자의 위치에서 균형자 역할을 모색할 수 있다. 역사에서 이중국가의 틀을 갖고 패권전쟁에 휘말리며 영토와 인구를 대량 상실했고, 추축국에 편승하여 국가이익을 전혀 취하지 못한 경험을 갖고 있다. 따라서 극단의 편에서 패권경쟁에 참여하기보다는 상호작용을 통한 연성관여를 통해 국가의 단층선 구도를 상쇄하고 이익의 극대화를 취할 수 있는 정책을 추진할 수 있다. 다만 미국과 러시아의 역내 세력 확장 여부에 따라 헝가리의 선택지는 변환될 수 있다.

유럽의 군사안보와 에너지안보는 미국과 러시아의 이익과 맞물려서 작용하고 있다. 북대서양조약기구와 유럽연합, 러시아가 보이는 경제적 협력과 제재 사이의 줄타기는 중간국가들의 외교적 선택을 요구하고 있다. 냉전의 이념적 구도가 해체된 지금, 선택의 자율성은 과거보다 상대적으로 높지만, 그에 따른 책임과 위험을 국가적으로 감당

---

34 패권추구국가의 세력균형과 세력확장 성향에 대한 내용은 박인휘(2009, 121)를 참조.
35 냉전 초기 폴란드에 대한 미국의 정책목표는 Morgenthau(2014, 140)을 참조.

해야 하는 환경에 놓여 있다. 폴란드가 선택하는 외교적 전략이 지역의 세력균형을 추구하며 안정성을 담보할 수 있는 측면에 반해, 갈등을 격화시키고 패권경쟁구도를 역내로 끌어들이는 위험을 안고 있다. 헝가리가 선택하는 전략이 국가의 이익을 최대화시키고 패권경쟁 구도에 휘말리지 않으려는 의지를 보일 수 있지만, 에너지 환경의 변화와 역내 패권의 변동, 국내정치의 변화에 따라 안정성이 손상될 수 있는 여지를 안고 있다. 더욱이 민족 중심의 정책은 주변국과 갈등을 야기할 소지를 안고 있어 패권의 개입을 부를 수 있는 위험을 안고 있다. 체제전환 뒤 폴란드와 헝가리 정당정치의 흐름을 볼 때, 외교정책의 큰 틀은 변함없이 진행되리라 보인다. 다만 갈등의 격화를 막기 위한 협력의 모양이 다소 변동될 수는 있다. 폴란드와 러시아의 부분적 협력, 헝가리와 유럽연합의 공동이해 추구와 같이 정당의 집권변화에 따라 달라질 수 있는 외교적 선택이 나올 수 있다. 선택의 자율성과 결과의 한계성이 두 나라의 외교전략을 고민하게 만들 것이다.

참고문헌

강유덕. 2017. "EU의 대러시아 경제제재와 이후 EU-러시아 무역관계의 변화: 대러시아
    에너지 수입을 중심으로."『통합유럽』8(2).
김계동 외. 2007.『현대외교정책론』. 서울: 명인문화사.
김대순. 2012. "탈 사회주의 시대 헝가리 외교정책의 변화: 동족민족 처우개선 문제 및
    주변국 정책, 미완의 과제."『민족연구』49.
김상배. 2011. "네트워크로 보는 중견국 외교전략: 구조적 공백과 위치권력 이론의 원용."
    『국제정치논총』51(3).
김신규. 2019. "비셰그라드(V4) 협력을 통한 '동유럽파트너십(EaP)' 아젠다 설정."
    『동유럽발칸연구』43(2).
김유정·김남국. 2017. "폴란드-러시아의 역사적 갈등 지속요인 고찰."『EU연구』45.
김종석. 2004. "체제전환 이후 폴란드 정치 변동 1997-2001."『국제지역연구』8(3).
김준석. 2009. "21세기 미국-유럽 동맹관계의 변환."『EAI 국가안보패널 보고서』40.
김철민. 2016. "동유럽을 향한 NATO 동진 정책과 러시아: 현황과 사례 분석을 중심으로."
    『동유럽발칸연구』40(5).
문명식. 2012. "EU-러시아 에너지 관계와 에너지 안보: 가스 수급의 안보를 중심으로."
    『슬라브연구』28(3).
박인휘. 2009. "세계정치와 동북아 안보: 중·일 갈등을 통해 본 균형과 간극."『세계정치 5』.
    고양: 인간사랑.
박정원. 2018. "민주화 이후 중유럽의 '적대와 인정의 정치': 헝가리 사례."『동유럽발칸연구』
    42(4).
서울대학교 국제문제연구소 편. 2006.『세계정치 5』. 고양: 인간사랑.
신범식. 2020. "지정학적 중간국 우크라이나의 대외전략적 딜레마."『국제·지역연구』29(1).
에너지경제연구원. 2016. "러시아의 대유럽 천연가스 수출 역량 강화 전략."『세계에너지현안
    인사이트』16-2.
우준모. 2019. "푸틴주의의 외교적 구현: 실제와 함의."『동유럽발칸연구』43(4).
유영철. 2018. "2019년 러시아의 안보정세 전망."『동북아안보정세분석』.
유진일. 2011. "역사기술에서의 헝가리 민족의 자화상과 초상."『동유럽연구』30.
이무성·박민중. 2014. "유럽연합 공동외교안보정책의 적실성: 주권의 이중성과 안보의 변화
    가능성을 중심으로."『EU연구』39.
이상협. 1996.『헝가리사』. 서울: 대한교과서주식회사.
_____. 2002. "헝가리의 민족문제와 소수민족 정책."『동유럽발칸연구』10(2).
이옥연. 2016. "미국-유럽 관계의 변화와 지속에 나타나는 양가성."『미국학』39(1).
전득주 외. 2007.『대외정책론』. 서울: 박영사.
제성훈. 2010. "탈냉전기 러시아-몽골관계의 변화: 지정학적 '완충국' 개념을 중심으로."
    『국제정치논총』50(2).

조동준. 2009. "안보위협에 대처하는 중소국의 선택."『세계정치 11』 30(1).

홍현익. 2015.『탈냉전기 폴란드와 우크라이나의 대외안보전략 연구』. 서울: 세종연구소.

Bagiński, Paweł. 2011. Polityka współpracy rozwojowej Unii Europejskiej w konteście polskiej prezydencji w Radzie UE w 2011 r. Warszawa : Polska Akcja Humanitarna.

Baylis, John and Steve Smith ed. 2001. *The Globalization of World Politics: An Introduction to International Relations*. New York : Oxford Univerity Press.

Bieleń, Stanisław. 2010. Polityka Zagraniczna Polski po wstąpieniu do NATO i do Unii Europejskiej : Problemy tożsamości i adaptacji. Warszawa : Difin.

Bieszyński, Bartosz. 2008. "Zagraniczne Misje Wojska Polskiego." Infos 17.

Bratkiewicz, Jarosław. 2004. "Zaangażowanie Polski w Wojnę i Stabilizację Iraku." Rocznik Polskiej Polityki Zagranicznej.

Carruthers, Susan L. 2001. "International History 1900-1945" in John Baylis and Steve Smith eds., *The Globalization of World Politics: An Introduction to International Relations*, Second Edition, New York : Oxford Univerity Press.

Ciesielska-Klikowska, Joanna. 2019. "Poland External Relations Briefing : Summary of 2019, Foreign Policy of Poland." 中国-中东欧研究院 24-4.

Czaputowicz, Jacek. 1997. "Bezpieczeństwo Międzynarodowe Polski." Rocznik Polskiej Polityki Zagranicznej 1996.

Erenfeicht, Piotr. 2002. "Stosunki Dwustronne Polski : Stany Zjednoczone." Rocznik Polskiej Polityki Zagranicznej 2001.

Górka-Winter, Beata. 2009. "Polityka Polski wobec Stanów Zjednoczonych." Rocznik Polskiej Polityki Zagranicznej 2008.

Jastrzębska, Joanna i Bohdan Szklarski. 1993. "Stosunki Polski z USA." Rocznik Polskiej Polityki Zagranicznej 1992.

Kierończyk, Przemysław. 2007. "Prezydent w Polsce po 1989 r." Przeglad Sejmowy 5-82.

Kozłowski, Maciej. 1992. "Nowy Charakter Stosunków Polsko-amerykańsckich." Rocznik Polskiej Polityki Zagranicznej 1991.

Körösényi, András. 2014.『헝가리 현대정치론: 전환기의 동유럽 정치』. 김대순 옮김. 서울: 신광문화사.

Krause, Katarzyna i Artur Orzechowski. 2003. "Stosunki Dwustronne Polski : Stany Zjednoczone." Rocznik Polskiej Polityki Zagranicznej 2002.

Kułakowski, Jan. 1997. "Polityka Polski wobec Unii Europejskiej." Rocznik Polskiej Polityki Zagranicznej 1996.

Kuźniar, Roman. 2000. Polska Polityka Bezpieczeństwa 1989-2000. Warszawa : Scholar.

Ministerstwo Spraw Zzagranicznych Rzeczypospolitej Polskiej. 2017. "Strategia Polskiej Polityki Zagranicznej 2017-2021." MSZ RP.

Moldicz, Csaba. 2019. "Hungary External Relations Briefing : Hungarian Foreign Policy in 2019." 中国-中东欧研究院 24-4.

Morgenthau, Hans. 2014. 『국가 간의 정치 1』. 엄태암 옮김. 파주: 김영사.

Noworyta, Eugeniusz. 1995. "Przegląd Polskiej Polityki Zagranicznej w 1994 r." Rocznik Polskiej Polityki Zagranicznej 1994.

Pisarski, Maciej. 2001. "Stosunki Dwustronne Polski: Główni Partnerzy, Stany Zjednoczone." Rocznik Polskiej Polityki Zagranicznej 2000.

Prystrom, Janusz. 1992. "Problemy Bezpieczeństwa w Polityce Zagranicznej Polski." Rocznik Polskiej Polityki Zagranicznej 1991.

Skubiszewski, Krzysztof. 1992. "Polska Polityka Zagraniczna w 1991 roku." Rocznik Polskiej Polityki Zagranicznej 1991.

Stachura, Jadwiga. 1994. "Stosunki Polsko-amerykańskie." Rocznik Polskiej Polityki Zagranicznej 1993.

Sułkowski, Jarosław. 2008. "Uprawienia Prezydenta RP do Powoływania Sędziów." Przegląd Sejmowy 4-87.

Szőke, Diána. 2018. "Energy Policy Goals and Challenge for Hungary in the 21st Century." KKI Policy Brief 16.

Szunomár, Ágnes. 2017. "Hungarian and Chinese economic relations and opportunities under the Belt and Road initiative." China-CEE Institute 16.

Świetlicki, Bogusław. 1999. "Stosunki Polska-NATO w Przededniu Uzyskania Członkostwa w Sojuszu." Rocznik Polskiej Polityki Zagranicznej 1998.

Tarrósy, István and Zoltán Vörös. 2020. "Hungary's Pragmatic Foreign Policy in a Post-American World." Politics in Central Europe 16-15.

Towpik, Andrzej. 2000. "Polska w NATO-Rok Pierwszy." Rocznik Polskiej Polityki Zagranicznej 1999.

Varga, Imre. 2000. "Development of the Hungarian Foreign Policy in the Last Ten Years: A Comparison of the Foreign Policy Programs of the Post-Transition Hungarian Governments." National Security and the Future 2-1.

Winid, Bogusław. 1998. "Stosunki ze Stanami Zjednoczonymi." Rocznik Polskiej Polityki Zagranicznej 1997.

Wiśniewski, Dariusz. 2005. "Stosunki Polski ze Stanami Zjednoczonymi." Rocznik Polskiej Polityki Zagranicznej 2004.

Wizimirska, Barbara. 2001. "Rok 2000 w Polskiej Polityce Zagranicznej." Rocznik Polskiej Polityki Zagranicznej 2000.

Zięba, Ryszard. 2010. Główne Kierunki Polityki Zagranicznej Polski po Zimnej Wojnie. Warszawa: Wydawnictwa Akademickie i Profesjonalne.

Ziółkowski, Marek. 2007. "Polityka Bezpieczeństwa Polski." Rocznik Polskiej Polityki Zagranicznej 2006.

France24. https://www.frnace24.com/en/20180715-hungrarys-orban-denounces-eu-sanctions-moscow (검색일: 2020.8.20).

IMF World Economic Outlook Databases. https://www.imf.org/external/pubs/ft/weo/2019/02/weodata/weoselgr.aspx (검색일: 2020.8.14).

"North Atlantic Treaty Organization: International Security Assistance Force." http://www.nato.int/isaf/docu/epub/pdf/isaf_placemat.pdf (검색일: 2020.8.1).

"Pew Survey: Russia disliked around world: most in Poland, Turkey see Kremlin as major threat." https://www.kyivpost.com/eastern-europe/pew-survey-russia-disliked-around-world-poland-turkey-see-kremlin-major-threat.html?cn-reloaded=1 (검색일: 2020.8.21).

"President Bush meets with Prime Minister Gyurcsany in Budapest, Hungary." https://2001-2009.state.gov/p/eur/rls/rm/68196.htm (검색일: 2020.8.21)

"Putin-Gyurcsany meeting steers Hungary's Government on the "Third Path"." https://jamestown.org/program/putin-gyurcsany-meeting-steers-hungarys-government-on-the-third-path/ (검색일: 2020.8.21).

SIPRI Military Expenditure Database. https://www.sipri.org/databases/milex (검색일: 2020.8.14).

제5장

핀란드와 에스토니아의 중간국 외교*
── 국가 정체성과 대외정책 ──

최경준(건국대학교 정치외교학과)

* 이 글은 2020년 "핀란드와 에스토니아의 중간국 외교: 국가 정체성과 안보·경제 정책"
이라는 제목으로 『유럽연구』 38권 4호에 게재된 논문을 수정 및 보완하여 작성한 것임
을 밝힙니다.

I. 서론

이 논문은 핀란드와 에스토니아가 보여주는 '중간국(middle ground states)' 외교의 성격과 한계를 분석한다. 이를 위해 내부적으로 공유되는 국가 정체성이 두 국가의 외교정책에 미친 영향과 이에 따른 대외정책상의 변화 양상을 추적한다. 특히 지정학적 위치, 역사적 경험, 국내적 민족구성 등의 요인들이 어떻게 국가 정체성의 형성에 영향을 미치고, 이것이 국제체제와 주변 강대국 사이의 갈등이라는 구조적 환경 속에서 어떠한 구체적인 안보와 대외경제정책으로 발현되는가를 살펴본다. 즉, 두 국가에 대한 비교분석을 통해 북유럽과 중·동부유럽에서 서방과 러시아 두 세력 사이에 놓인 중간국이 보여주는 외교정책상의 유사점과 차이점, 연속성과 변화, 그리고 이를 야기한 원인에 대해 규명한다.

핀란드와 에스토니아는 외부 세력의 반복되는 지배와 간섭, 종속과 독립의 역사적 경험을 공유하고 있다. 그러나 안보와 경제 영역에서 두 국가가 보여주는 대외정책은 유사점과 차이점을 동시에 보여주고 있다. 제정러시아의 지배를 받다 소련의 공산혁명으로 독립한 핀란드는 소련과의 전쟁으로 인한 영토 상실을 경험했으나, 냉전 시기 친소적 중립 정책을 취하며 소련과 우호적인 관계를 형성하였다. 또한 탈냉전 이후에는 비록 유럽연합(European Union, EU)에 가입(1995년)하고 유로존에 합류(1999년)하였으나 북대서양조약기구(North Atlantic Treaty Organization, NATO)에 가입하지 않고 서방세력으로부터 일정한 거리를 두고자 노력하고 있다. 반면 제정러시아, 독일, 그리고 소련에 의한 일련의 지배를 받다 소련 붕괴와 함께 독립을 쟁취한 에스토니아는 EU 가입(2004년)과 유로화 도입(2011년)뿐만 아니라

NATO에 가입(2004년)하면서 안보와 경제 부문에서 보다 명확하고 적극적인 친서방 정책을 취하고 있다. 이 연구는 유사한 지정학적 위치에 놓인 두 국가가 외교정책에서 이러한 차이점을 보여주는 원인을 국가 정체성의 안정성과 불안정성 차원에서 살펴보고, 이를 통해 국내적인 제도, 국제체제, 주변 강대국 간의 갈등이 어떻게 개별 국가의 정체성과 상호작용하며 중간국의 대외정책에 영향을 미치는지를 규명하고자 한다.

이 논문은 다음과 같이 구성된다. 첫째, 중간국 개념 및 외교정책에 대한 이론적 검토를 수행하고, 중간국 외교에 대한 분석에 있어 정체성의 변수가 중요하게 다루어져야 함을 제기한다. 둘째, 핀란드와 에스토니아가 취해온 대외정책을 안보와 경제 영역에서 살펴보고 시기에 따른 변화와 두 국가 사이의 차이점을 규명한다. 셋째, 두 국가의 대외정책상의 차이점을 국가 정체성 차원에서 접근하고 이를 '약한 국가의 강한 저항(strong resistance by the weak power)'이라는 '취약성의 역설(the paradox of fragility)'로 설명한다. 마지막으로 두 국가의 외교에 대한 분석이 중간국 외교를 연구하고 정책적인 대안을 모색하는 데 있어 어떠한 함의를 제공하는지 살펴본다.

II. 중간국 외교의 개념과 분석틀

1. 중간국 개념과 외교정책

주권의 독립성과 평등성, 대내적 문제에 대한 불간섭주의가 근대 국제 정치의 주요 규범과 원칙으로 받아들여지고 있으나, 국가 간에 존재

하는 실질적인 힘의 불평등에서 기원한 강대국의 약소국에 대한 제약
과 간섭 그리고 종속관계는 국제정치의 현실에서 지속되고 있다(김치
욱 2009, 9). 국가 간 존재하는 권력의 불평등성 속에서 강대국보다 약
한 힘을 가지고 있는 국가들 중에서 약소국(weak powers)의 외교에
대한 기존 연구는 국가의 안보적 생존이라는 방어적이고 제한된 영역
에서 이루어지는 외교전략에 초점이 두어졌다(Singer 1972; Rothstein
1980; Handel 1990). 반면 강대국과 약소국 사이의 중간 정도의 힘을
가진 것으로 여겨지는 중견국(middle powers)에 대한 연구는 강대국
국제정치 속에서 강대국이 지닌 능력과 의지가 곧바로 자신이 원하는
결과로 이어지지 않도록 만드는 중견국의 역할을 규명하기 위해 촉진
자(facilitator), 매개자(broker), 규범창출자(norm creator) 등 독특한
틈새외교(niche diplomacy)에 관심을 기울여 왔다(Cooper, Higgot,
and Nossal 1993; Robertson 2017).

　이러한 중견국 개념은 중견국에 해당된다고 여겨지는 국가들의
지리적 조건과 영토적 크기 등 객관적인 조건과 내부적으로 공유되는
규범과 가치 등 주관적인 특성뿐만 아니라 이들이 대외관계에서 보여
주는 입장과 행태라는 정책적 행위까지도 중견국 개념에 포함시키고
있다. 중견국 개념이 이렇게 외교정책 행위라는 결과와 그 행위를 야
기한 원인까지 모두 담게 되면서 이것이 외교정책을 설명할 분석적 도
구로서의 가치와 유용성에 있어 한계를 지닌다는 비판을 받고 있다
(Choi 2020, 90). 중견국 개념과 외교에 대한 상이한 관점을 제시해 온
국제정치이론들 역시 각각의 한계점을 지니고 있다. 현실주의는 국가
가 지닌 물질적 속성(능력)에, 자유주의는 국가가 외교정책을 통해 외
부로 표출하는 행위나 역할에 각각 초점을 두면서 어떠한 국내적 요인
에 의해 중견국의 외교정책이 선택되고 변화되는가를 외면하고 있다.

구성주의는 국내적으로 공유되는 인식, 가치, 그리고 문화에 관심을 기울이지만 그러한 인식과 가치와 문화가 어떻게 형성되고 어떤 방식으로 내부적으로 공유되면서 구체적인 외교정책에 영향을 미치는가에 대한 과정을 보여주는 데 한계를 보이고 있다(강선주 2015, 137-174; 최경준 2020, 182-184).

　이 논문은 원인과 결과가 혼재된 기존의 중견국이라는 모호한 개념을 대신하여 강대국들 사이에 끼인 지정학적 위치를 강조하는 '중간국(middle ground states)'의 개념을 사용한다. 중견국이 특정 국가의 내부적 속성과 대외정책을 모두 포괄하는 개념이라면, 중간국은 특정 국가가 놓여 있는 지정학적 조건에 초점을 두고 있다(신범식 2020, 39). 이 논문은 경쟁하는 두 개의 강대국(또는 세력들) 사이에 놓인 '지정학적 조건'에 위치해 있으며 이들 국가들에 비해 상대적으로 취약한 '물질적 능력'을 지닌 국가를 중간국으로 규정하고, 이러한 중간국이 선택하고 실행 및 추진해 나가는 외교정책의 전략적 특성과 이를 야기한 대내외적 요인을 분석하는 접근법을 취한다. 또한 이론적 관점에서는 외교정책 결정에 영향을 미치는 국가 내부의 정체성을 강조하는 구성주의 이론에 기반하면서 어떠한 조건과 요인에 의해 국가 정체성이 형성되고 내부적으로 공유되며 이것이 어떻게 구체적인 외교정책으로 발현되는지를 분석함으로써 구성주의 이론이 지닌 한계점을 보완하고자 한다.

　한편, 상대적으로 취약한 국력을 지닌 국가인 중간국이 자신보다 우월한 국력을 지닌 강대국을 상대할 때 채택할 수 있는 외교전략은 대상이 되는 강대국(A국)과의 협력 정도와 해당 강대국과 경쟁 및 갈등하는 다른 강대국(B국)과의 협력 정도에 따라 상이한 유형으로 분류될 수 있다. 이러한 두 가지 변수를 바탕으로 〈그림 5-1〉은 ① 중립

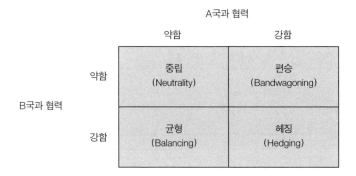

그림 5-1. 강대국에 대한 중간국의 외교전략 유형
출처: 저자.

(Neutrality), ② 편승(Bandwagoning), ③ 균형(Balancing), ④ 헤징
(Hedging)이라는 네 가지 유형의 중간국 외교전략을 제시하고 있다.

첫째, 중립 전략은 국제적인 갈등이나 분쟁에 개입되는 것을 회피
하고 외부 세력들의 간섭에서 벗어나 안전보장과 독립 및 정치적 통합
성의 유지를 도모하는 정책이다(김진호·강병철 2007, 50-59). 둘째, 편
승 전략은 상대국에게 적대성을 드러내지 않고 오히려 그 국가의 편에
가담함으로써 자신이 그 국가로부터 공격받는 것을 회피하거나 승리
하는 편에 가담함으로써 경제적인 이득을 취하는 정책이다(Roy 2005,
306-308). 셋째, 균형 전략은 현재적 또는 잠재적인 적대국으로 인식
하는 상대국을 대상으로 물질적 힘의 균형을 추구하는 정책이다. 마지
막으로, 헤징 전략은 상대국으로부터 초래될 미래의 안보위협 가능성
을 인식하고 이에 대비하여 하나 이상의 선택 가능한 전략적 옵션을
유지하는 정책이다. 이는 전략적 모호성(strategic uncertainty)을 드러
내거나, 잠재적 안보위협과 불확실성에 대비하기 위해 상대국과 경쟁
및 갈등하는 타국과의 정책적 협력 가능성을 열어두는 방식으로 나타

그림 5-2. 저항의 정도에 따른 중간국 외교전략 선택의 다양성
출처: 저자.

난다(Hiep 2013, 337).

중간국이 강대국을 상대할 때 채택할 수 있는 이러한 네 가지 외교전략은 해당 강대국에 대해 보이는 저항(Resistance)의 정도에 따라 〈그림 5-2〉와 같이 가장 약한 저항을 보이는 편승, 가장 강한 저항을 보이는 균형, 그리고 그 중간에 위치하는 중립으로 단계적 구분이 가능하다. 헤징 전략은 대상이 되는 강대국을 견제하는 균형 전략에 바탕을 두면서 협력의 가능성을 모색하는 공격적 헤징(Offensive Hedging)과 해당 강대국과 협력하는 편승에 가까운 전략을 취하면서 다른 강대국을 활용한 균형을 모색하는 방어적 헤징(Defensive Hedging)의 두 가지 형태를 띨 수 있다.[1]

2. 정체성과 중간국 외교

중간국이 선택하는 외교전략은 정치체제의 유형과 물질적 능력 등 대내적인 요인뿐만 아니라, 주변 강대국의 외교정책, 지역 및 국제기구, 국제체제의 구조 등 대외적 요인에 의해 영향을 받는다. 선거에서 유

---

1   A국에 대한 '균형 전략'이 동시에 B국에 대한 '편승 전략'이 되는 개념의 호환성 문제가 나타날 수 있는데, 이는 동일한 외교전략을 삼자 관계의 구조적 차원에서 접근하는가, 구체적인 양자 관계 차원에서 접근하는가라는 분석 수준의 차이에서 기인한다.

권자의 선택에 민감한 민주주의 국가는 권위주의 국가보다 특정 국
가에 대해 국민들이 지니는 적개념과 여론의 영향을 더 많이 받는다
(Foyle 1997, 142). 이때 국가의 경제적 능력은 공격적인 외교정책의
수행을 가능하게 만들고 타국이 자국과 협력하도록 유도할 수단을 제
공하지만, 경제적 상호의존의 확대는 양국 간 경제관계에 대한 국내
집단 사이의 이해 갈등과 맞물리며 정책 선택의 제약을 초래할 수 있
다(Copeland 1996). 중간국의 외교정책은 상대적으로 강한 물질적 능
력을 갖춘 강대국의 정책에 의해 제약을 받는데, 지역 및 국제적 다
자기구들은 비록 자체적 규범과 가용 자원의 확립성에 따라 상이하
나 강대국을 상대하는 중간국의 효과적인 수단이 될 수 있다(Tessman
2012, 200-203; Lobell, Jesse, and Williams 2015, 155-156). 국제체제
역시 중간국의 전략에 영향을 미치는데, 다극 구조에서 중간국은 동맹
을 통한 균형 전략을 보다 쉽게 채택할 수 있지만, 양극 구조는 강대국
에 의한 보복 가능성을 높여 중립 또는 헤징 전략을 추구하게 만드는
원인으로 작용한다(Jokela 2011, 47).

　그러나 이러한 대내외적 요인과 함께 국가의 외교정책결정을 이
해하기 위해 중요하게 고려되어야 할 것이 특정 국가가 내부적으로 공
유하고 있는 국가 정체성이다. 국가 정체성은 민족적 요인에 의해 구
성될 수도 있고, 사회주의와 자본주의 등 이념과 정치 및 경제 제도의
특성에 의해 규정될 수도 있다. 중요한 것은 타국으로부터 오는 안보
적 위협에 대한 인식과 자국의 경제적 이익에 대한 규정이 국가가 내
부적으로 자신의 정체성을 어떻게 설정하고 있는가에 따라 영향을 받
는다는 점이다. 서로 상이하면서 양립하기 어려운 정체성을 지닌 두
국가 사이의 안보와 경제적 협력은 유사한 정체성을 지닌 국가들 사이
의 그것에 비해 제약을 받을 가능성이 크다(Abdelal 2001; Tsygankov

2019).

각국이 내부적으로 공유하는 정체성은 자신이 놓인 지정학적 위치와 타국과의 전쟁을 비롯한 역사적 경험, 그리고 국가 내부의 민족구성에 의해 영향을 받는다. 갈등 및 경쟁하는 두 강대국 사이 또는 상이한 세력권이 만나는 단층선 위에 놓인 지정학적 위치는 강대국의 경쟁적 간섭을 초래하고 이러한 환경 속에 놓인 중간국은 강대국에 대해 균형, 편승, 헤징, 중립 등 다양한 외교정책 수단들을 통해 자신의 안보적 생존과 경제적 이익을 도모할 필요성에 직면한다. 전쟁 수행 등 역사적 경험과 내부적으로 공유되는 기억은 외교정책결정자로 하여금 타국에 대한 위협인식 등에 영향을 미쳐 외교정책의 선택에 제약적 효과를 발휘한다(Horowitz and Stam 2014, 527-559). 또한 국가 내부의 민족 구성은 단일하고 안정적인 국가 정체성을 유지하는가 이와 반대로 분열되고 불안정한 국가 정체성을 지니는가에 영향을 준다. 내부적으로 균열적인 민족 구성을 지닌 국가는 단일한 민족 구성을 지닌 국가에 비해 주변 강대국에 의한 내부 간섭의 위협을 더 크게 받으며 이는 자국 내 디아스포라를 가지고 있는 주변 강대국에 대해 더 적대적이고 균형 추구적인 대외정책을 채택할 가능성을 높인다.

따라서 중간국 외교정책에 대한 분석은 〈그림 5-3〉이 보여주는 바와 같이 지정학적 위치, 역사적 경험, 그리고 내부 민족구성의 요인들에 의해 형성되는 국가 정체성이라는 매개변수가 다른 내부적 제도 차원의 요인과 외부적 구조 차원의 요인과 어떻게 복합적인 상호작용을 통해 외교정책에 영향을 미치는가를 추적하는 방식으로 이루어질 필요가 있다.

이 논문은 다양한 대내외적 변수가 어떻게 국가 정체성을 매개로 하여 중간국의 외교정책에 영향을 주는가를 핀란드와 에스토니아의

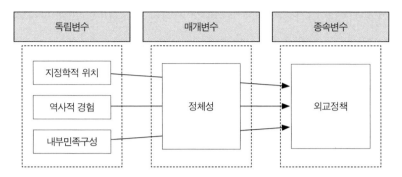

그림 5-3. 중간국 외교정책에 영향을 미치는 요인
출처: 저자.

사례를 통해 살펴본다. 핀란드와 에스토니아는 군사력, 경제력, 영토
및 인구 등 물질적 능력의 차원에서 강대국과는 거리가 멀며 오히려
약소국에 가까운 국가들이라 할 수 있다. 두 국가는 인구 규모에서는
각각 554만 명, 132만 명가량의 인구적 조건과, 국토 면적에서는 각
각 338,424km^2(한반도의 약 1.5배), 45,228km^2(한반도의 약 5분의 1)
에 이르는 영토적 조건을 지니고 있다. GDP에 기반한 경제력에서는
2019년 기준 핀란드가 약 2,790억 달러(1인당 GDP 기준 세계 38위),
에스토니아가 약 509억 달러(1인당 GDP 기준 세계 52위)이다.[2] 그러
나 두 국가 모두 러시아와 국경을 접하고 있으며, 강력한 군사력과 에
너지 자원을 바탕으로 자신의 영향력을 확대하려는 러시아와 이를 견
제 및 봉쇄하려는 미국을 위시한 서방 국가들의 갈등 라인 위에 놓여
있다는 면에서 지정학적 중간국의 조건을 갖추고 있다. 다음 절에서는
두 국가에 대한 사례 연구를 통해 유사한 지정학적 위치에 놓인 두 국

2   대한민국 외교부, "국가/지역 정보," http://www.mofa.go.kr/www/wpge/m_3550/
     contents.do (검색일: 2020.8.15); CIA, "The World Factbook," https://www.cia.
     gov/library/publications/resources/the-world-factbook/ (검색일: 2020.8.15).

가가 서방과 러시아에 대해 보여주는 상이한 외교전략의 전개 양상과
그 원인을 추적하여 중간국 외교정책의 특성을 규명한다.

III. 핀란드의 중간국 외교

1. 정체성

북유럽에 위치한 핀란드는 스웨덴 왕국의 한 지방으로 존재하며 6세
기 동안 스웨덴의 지배를 받았다. 그 후 19세기 초 러시아에 할양되어
러시아 황제의 대공국이 되었고, 1917년 12월 6일 독립을 쟁취하였
지만 1920년이 되어서야 독립국의 지위를 얻었다. 핀란드는 제2차 세
계대전 발발 이후인 1939년 11월 스탈린의 영토교환과 기지 대여 요
구를 거부하면서 소련과 100일간의 '겨울전쟁(Winter War)'을 치르게
되었고, 1941년 6월 독소 전쟁 시기 실지 회복을 위해 소련을 상대
로 '계속전쟁(Continuation War)'에 돌입한 후 1944년 9월 19일 소련
과 휴전하였다. 이렇듯 지정학적으로 핀란드는 19세기까지는 스웨덴
과 러시아, 20세기 들어서는 독일과 소련 사이에 끼인 중간국으로 존
재하며 강대국의 지배와 간섭을 경험하였다. 이 과정에서 핀란드는 자
신이 주변 강대국들의 뜻에 좌우되는 작은 국가로서 독립적으로 움직
일 수 있는 외교정책의 공간이 크지 않으며, 소련(러시아)을 상대하는
서구 문명의 최전방에 위치한 주변성(marginality)을 지닌 국가로 스
스로를 인식하게 되었다(Siddi 2017, 58-62).
　동서 냉전 구조 속에서 서유럽과 동유럽은 이념, 정치와 경제 체
제, 지리적인 측면에서 각각 미국의 자본주의 진영과 소련의 공산주의

진영에 가까웠다. 그러나 북유럽은 이념과 정치 제도적 차원에서는 서방 국가들에 더 가까웠으나 지리적 차원에서는 소련에 더욱 인접한 불일치성을 지니고 있었다. 지리적 인접성으로 인해 소련으로부터의 직접적인 정치적, 군사적 영향권에 놓여 있었기에 북유럽 국가들은 소련을 자극하지 않는 외교정책에 주안점을 두었다(김진호·강병철 2007, 59-63). 특히 핀란드는 서구와는 지리적으로 멀리 떨어져 있으면서 러시아(소련)와는 1,340km에 이르는 국경을 접하고 있으며, 서구 세력들보다는 러시아(소련)의 안보적 이익에 보다 강하게 노출되어 있다. 양국의 국경 지역은 러시아의 중요 도시인 상트페테르부르크시와 인접해 있고 전략적으로 중요한 북극해 연안지역에 위치해 있기에 러시아의 핵심적인 안보 이익이 걸려 있다(현승수 외 2017, 129-145).

그러나 핀란드는 러시아에 의한 간섭과 영향을 받아왔음에도 불구하고 국내적 민족 구성의 측면에서는 러시아계 인구의 비중이 낮아 핀족(Finn)을 중심으로 한 안정적인 국가 정체성을 유지하고 있다. 언어 구성의 측면에서도 핀란드어를 쓰는 인구가 87.6%, 스웨덴어를 쓰는 인구가 5.2%인 데 비해, 러시아어를 쓰는 인구의 비중은 1.4%에 불과하다.[3] 냉전 시기 동안 핀란드는 소련과 경제 관계를 발전시키면서도 문화적 차원에서의 접촉을 제한시켰는데 이로 인해 핀란드에서 러시아어를 쓰는 사람들은 과거 짜르 시대에 유입된 러시아계 이민자들을 비롯한 극소수에 불과하다(Forsberg 2018, 101). 이는 러시아가 핀란드 내에 거주하는 자국 디아스포라를 이유로 핀란드에 간섭할 가능성과 핀란드 내부에서 친러시아주의를 지향하는 정치적 소수집단이 핀란드의 국가 정체성을 불안정하게 만들 가능성이 크지 않음을 의미한다.

---

3   CIA, "The World Factbook," https://www.cia.gov/library/publications/resources/
the-world-factbook/ (검색일: 2020.8.15).

핀란드는 자신이 작은 국가이며 자국의 생존이 안정적이고 우호적인 국제관계의 환경에 의존하고 있다는 인식 하에 내부적으로 강한 응집성을 구축하고 유지해야 한다는 믿음을 형성해 왔다. 즉, 핀란드 같은 작은 나라가 안보정책을 비롯한 대외정책에 관해 내부적으로 관점의 차이와 균열을 드러낼 경우 이것이 외부세력에 의해 이용되어 협상능력에 손상을 입힐 뿐만 아니라, 이러한 균열이 외세에 의해 부추겨져 핀란드 내부의 정치를 불안정하게 만들 것이라는 우려를 공유하게 되었다. 내부적인 단합성을 유지하고 외세의 개입을 차단하기 위해 핀란드는 대외정책에 대한 논의를 공개적으로 하지 않는 전통을 수립하였는데, 이는 작은 국가가 단합된 정체성의 유지를 통해 강력한 외부 세력을 상대하고자 하는 노력에 의해 나타난 결과이다(Ojanen and Raunio 2018, 40-41).

2. 안보

제2차 세계대전이 종전될 때 핀란드가 직면한 소련으로부터의 군사적 위협은 매우 직접적인 것이었다. 1947년 파리평화회담은 포르칼라(Porkkala)항을 소련 측의 해군기지로 50년간 조차하였고, 소련은 이곳으로의 병력, 장비 이동을 위해 핀란드 영토와 통신망 사용이 가능하다는 점을 재확인하였다. 덴마크와 노르웨이가 미국과 서방 국가들이 창설한 NATO에 가입하고, 스웨덴이 자국의 강력한 방위력에 의해 뒷받침되는 중립 정책을 추진했던 반면, 핀란드는 1948년 4월 핀-소 우호협력원조(Friendship, Cooperation, and Mutual Assistance, FCMA) 조약을 체결하는 방식으로 소련에 의한 직접적인 군사적 위협에서 벗어나고자 했다. FCMA 조약은 핀란드가 독일이나 독일 동맹국에 의한 침공 시 자력 방어가 어려울 경우 소련의 지원에 의존할 것, 위의 침공이나 침공 위협이 존재할 경우 양국 최고사령부는 상호 협의할 것, 양국은 상대방을 대상으로 한 어떠한 군사동맹에도 가입하지 않을 것을 규정하였다. 이 조약에 의해 핀란드의 국방 및 외교 정책은 유사시 소련 군사력에 의존하는 독특한 중립이 만들어졌다(김진호·강병철 2007, 53; 하용출·박정원 1998, 41-42).

그러나 FCMA는 소련과의 동맹 형식을 취하고 있으나 바르샤바 조약기구(Warsaw Pact)에 가입한 국가들에게 요구된 자동적인 군사 개입 조항이 빠져 있어 중립적인 성격 역시 지니고 있었다. 또한 이 조약은 핀란드 영토를 통한 공격이 있을 경우에만 적용되었으며, 핀란드 군대가 자국 영토를 벗어나서 활동할 것을 요구할 수 있는 어떤 조항도 없었다. 이 조약으로 인해 핀란드 정치 지도자들은 자신들의 정책에 대해 러시아가 어떻게 반응할 것인지를 항상 염두에 두어야 했고, 서구 유럽 및 북유럽 국가들과 협력하는 데 강한 제약을 받게 되었다. 그러나 핀란드는 냉전 시기 동안 소련과의 우호적인 관계를 유지하는 것에 우선순위를 두는 것에 대한 반대급부로 국내적으로 자신의 민주주의 정치체제를 유지할 수 있었다(Ojanen and Raunio 2018, 41; Penttilä 1991, 31).

냉전기 핀란드는 인접한 강대국의 압도적인 영향에 직면한 국가가 힘의 균형을 추구하기 어려울 경우, 부분적인 편승을 대가로 자국의 독립과 독자적인 국내정치 체제를 유지하는 외교전략을 보여주었다. 친소 중립 노선에 따라 핀란드는 NATO에 불참하였으며, NATO로부터의 명확한 거리두기는 핀란드의 친소 정책에서 가장 핵심적인 부분이었다. 또한 무기구매와 군사 교류에서도 동서 진영 중 어느 일방에 치우치지 않으려는 노력을 기울였다. FCMA에 기반한 편승적 중

립인 파시키비-케코넨(Paasikivi-Kekkonen) 노선은 핀란드 국민들로
부터 상당한 지지를 얻어 소련이 개혁개방을 추진하며 동유럽에서 영
향력이 줄어들던 1988년에도 80%의 국민들이 FCMA를 지지하였다.
1980년대 말 소련의 군대가 동유럽에서 철수하고 동서 대립이 사라지
며 미-소 간의 냉전이 종식되었음에도 핀란드의 친소적 중립외교는 당
분간 변화보다는 지속성을 보여주었다(Forsberg 2018, 100-101).

그러나 1990년대 들어 소련의 주변국들에 대한 통제가 급속히 약
화되자 핀란드는 친소적 중립 전략을 수정하였다. 1990년 10월 독일
통일 후 핀란드는 일방적으로 1947년 파리평화조약 중 핀란드의 군
사력 규제에 대한 부분을 무효로 선언하였고, 1948년 소련과 체결한
FCMA 조약에서 독일을 "잠재적 침략자"로 규정한 조항이 시대 상황
에 맞지 않는다고 선언하였다. 그러나 이와 동시에 소련을 달래기 위
해 핀-소 조약의 본질적 내용은 변화가 없음을 선언하였다. 소련 붕괴
직후인 1992년 1월 핀란드는 FCMA 조약의 종료를 선언하였고 곧바
로 러시아와 핀란드 간에 새로운 조약이 체결되었는데, 신조약에는 이
전의 FCMA 조약과 달리 군사협력조항이 전혀 포함되지 않았다(하용
출·박정원 1998, 45-46).

냉전 종식 후 경제 영역에서 핀란드가 보여준 친서방 및 유럽화
노선으로의 선회와 대조적으로 안보 영역에서 핀란드는 NATO 가입
에 소극성을 보이며 신중한 정책을 취하고 있다. 핀란드는 러시아와
국경을 접하고 있는 EU 회원국들 중에서 유일하게 NATO에 가입하
지 않은 국가이다. EU가 자체적으로 회원국들의 공통된 외교안보 정
책을 창출하겠다는 목표를 선언했음에도 불구하고 핀란드는 군사적인
영역에서 중립을 포기하지 않았다. 다만 용어의 사용에 있어 기존의
'중립(neutrality)' 대신 정치적인 중립성을 함의하지 않으면서 보다 기

술적인 의미를 지니는 '비제휴(non-alignment)'라는 용어로 대체하였다. 즉, 핀란드는 서구와 EU에 대해 정치 및 경제적으로는 제휴(alignment)를 하지만 군사적으로는 비제휴라는 이름으로 중립을 지속시킬 것을 고수하였다(Forsberg 2018, 97-103).

이는 핀란드 국민들의 여론에 의해서도 지지를 받고 있는데 1996년에서 2008년 사이의 여론조사들은 약 58%에서 79%의 국민들이 핀란드의 군사적 중립을 지지하고 있음을 보여주고 있다(Siddi 2017, 61-62). 또한 핀란드의 NATO 가입에 대한 2005년에서 2016년 사이의 여론조사들은 약 60%의 국민들이 NATO와의 협력을 지지하나 오직 20-30%만이 NATO 가입을 찬성하고 60-70%가 반대하고 있음을 보여주고 있다. NATO 가입을 찬성하는 측은 이것이 러시아로부터의 군사적 위협을 억제하고 핀란드에 대한 서구의 군사적 원조에 대한 일종의 보험으로 기능할 것이라 주장하나, 이에 반대하는 측은 오히려 러시아를 자극하여 안보위협을 증대시키고 자국이 아닌 발트 지역의 안보를 위해 핀란드가 희생될 것이라 주장한다. 이러한 여론과 함께 핀란드의 주요 정당들도 각기 다른 입장을 취하고 있기에 다당제에 의한 연립정권에 기반하는 핀란드의 정치체제에서 NATO 가입을 추진하는 것은 쉽지 않은 일이다(Forsberg 2018, 110-113).

그러나 핀란드는 동맹국의 일원이 군사적 공격을 받을 경우 모든 다른 동맹국들이 이를 전체 구성원들에 대한 공격으로 여기고 공격받은 동맹국을 돕기 위한 행동을 취한다는 NATO 조약 5조(article 5)에 대한 의무를 배제한 상태에서의 협력국의 지위와 역할을 하나의 대안으로 모색하였다. 이에 따라 핀란드는 NATO의 회원국은 아니지만 1994년 '평화를 위한 동반자 관계(Partner for Peace, PfP)'에 가입하였고, 1997년에는 NATO 회원국과 그 파트너 국가들 사이의 다자

간 포럼인 '유럽대서양협력평의회(Euro-Atlantic Partnership Council, EAPC)'에 가입하였으며, NATO의 위기관리 활동에 참여하며 서방 국제기구와의 협력을 증진시키고 있다(Forsberg 2018, 103-106).

3. 경제

핀란드는 냉전 시대 초기부터 소련을 외교적으로 자극하지 않으려는 신중함을 견지하였다. 이로 인해 서방 진영의 국제기구에 대한 참가를 자제하였으며, 북유럽 국가들 가운데 유일하게 유럽경제재건을 위한 마샬플랜(Marshall Plan)에 가입하지 않았다. 1947년 미국은 서유럽에 대한 공산주의 확산을 차단하기 위해 마샬플랜을 계획하고 이에 참여할 것을 핀란드 정부에 제의했으나 소련의 의구심을 피하기 위해 핀란드는 자국에 대한 수백만 달러 규모의 원조를 거절하였다. 핀란드는 동서 진영 사이에서 중립을 고수하면서 EU의 전신인 유럽공동체(European Community, EC)에 가입하지 않았다. 소련은 EC를 서방의 군사 목적 기구인 NATO의 경제적 도구로 이해하며 중립국이 이에 가입하는 것에 대해 부정적인 태도를 취했고, 중립을 표방하던 핀란드는 냉전이 종식되던 시기인 1989년까지 EC에 대한 가입을 거의 고려하지 않았다(하용출·박정원 1998, 13, 42-43; 김진호·강병철 2007, 71-72). 그러나 1980년대 말부터 공산권 진영의 붕괴가 시작되자 핀란드는 1989년 유럽평의회(Council of Europe)에 가입하였고, 소련의 군사 쿠데타가 실패한 1991년 8월 이후부터 EC 가입에 대해 긍정적으로 검토하기 시작하였다.

1992년 3월 핀란드의 공식적인 EC 가입신청에는 당시 핀란드가 직면한 경제적 위기의 요소가 배경으로 작용하였다. 소련 진영의 붕괴는 동서유럽에서 균형적 시장을 가졌던 핀란드가 큰 시장을 상실하는 결과를 초래하였다. 이로 인해 핀란드의 서방 의존도가 상대적으로 심해졌으며, EC 가입을 통해 수출과 투자 부문에서의 경제성장 효과를 기대하는 경제계가 EC에 가입하도록 핀란드 정부에 대해 압력을 가하기 시작하였다. 특히 스웨덴이 EC에 가입하려 하자 유럽 시장에서 경쟁 관계에 있으며 국내적으로 큰 영향력을 지닌 산림가공 산업 분야에서 적극적으로 EC 가입을 강하게 요구하였다. 핀란드 정부 역시 EC(이후 EU)가 지니는 효율적인 제도와 공통의 규칙이 자신과 같은 작은 회원국들의 권리와 이익을 잘 보호해 줄 수 있을 것이라 기대하였다. 반면 농업 부문에 대한 부정적 영향을 우려한 농업 관련 이익 집단들은 반대 의사를 표명하였다. EU 가입에 대한 1994년의 국민투표에서 핀란드 국민의 약 57%가 찬성하였고 1995년 핀란드는 오스트리아, 스웨덴과 함께 EU에 가입하였다. 1999년에 핀란드는 유로존에 합류하여 2002년 유로화로의 전환을 완료하였는데 북유럽 국가들 중에서 유일하게 핀란드만이 유로존에 가입해 있다(Ojanen and Raunio 2018, 36-38). 핀란드의 이러한 대외경제정책은 러시아로부터의 직접적인 안보위협이 줄어들자 경제적 이익에 대한 고려가 외교정책에서 우선순위에 자리 잡게 되었음을 의미한다.

한편 핀란드와 러시아 사이의 교역은 〈표 5-1〉에서 보듯 소련 붕괴 이후 핀란드의 대러시아 수출 면에서 큰 폭의 감소를 보여왔다. 반면 소련 붕괴 후 감소했던 러시아로부터의 수입은 2000년대 들어 다시 1980년대 후반 수준으로 회복하는 양상을 보여주고 있다. 1988년 핀란드의 무역에 있어 소련은 수출 면에서는 가장 큰 비중을 차지하고 있었고, 수입 면에서는 독일, 스웨덴에 이어 세 번째 많은 비중을 차지하고 있었다. 그러나 2018년 현재 러시아는 수출에 있어서는 독일, 스

표 5-1. 핀란드의 대러시아(구소련) 무역 규모와 비중(단위: 백만 달러)

	1988	1989	1990	1991	1994	1998	2002	2006	2010	2014	2018
수출	3,186 (14.71)	3,341 (14.36)	3,338 (12.53)	1,112 (4.83)	1,530 (5.14)	2,541 (5.88)	2,891 (6.50)	7,718 (9.99)	6,158 (8.78)	6,069 (8.16)	3,852 (5.12)
수입	2,399 (11.47)	2,726 (11.08)	2,562 (9.49)	1,851 (8.50)	1,968 (8.43)	2,092 (6.46)	3,369 (10.08)	9.747 (14.04)	12,188 (17.72)	11,377 (14.82)	10,892 (13.90)

출처: World Bank, "World Integrated Trade Solution," https://wits.worldbank.org/Default.aspx?lang=en (검색일: 2020.9.22).

*괄호 안의 수치는 전체 수출/수입 중에서 러시아(구소련)가 차지하는 비중(%)

웨덴, 네덜란드, 미국, 중국에 이은 6번째 비중을 차지하고 있으며, 수입에 있어서는 독일에 이어 두 번째 많은 비중을 차지하고 있다. 이는 핀란드에게 러시아가 수출 시장시장으로서의 가치가 크게 감소한 반면, 수입의 측면에 있어서는 여전히 중요한 교역 대상국임을 말해주고 있다.

양국 간의 교역에 있어 특히 천연가스의 경우 핀란드는 거의 100%를 러시아로부터의 수입에 의존하고 있다. 핀란드는 러시아가 지닌 극지 자원을 양국이 공동 개발하는 것에 많은 관심을 기울여 왔는데, 러시아가 2011년 12월 WTO에 가입한 것은 핀란드의 관점에서 향후 러시아에 대한 투자에 있어 법적인 보장이 마련되는 것을 의미했다. 핀란드는 북극 지역 천연자원 탐사를 위한 러시아와의 협력을 강화하며 이것이 핀란드 기업들에게 장기적인 이익을 가져다 줄 것을 기대하였다. 핀란드 정부는 러시아 극지대에 대한 자국 기업들의 투자를 장려하고 관련 기술과 전문가의 수출을 후원하였으며 러시아와 핀란드 사이의 이동성을 강화하기 위해 러시아인에 대한 비자 발급을 확대하였다. 러시아의 WTO 가입과 극지 자원 개발을 위한 접촉의 증가는 러시아가 핀란드의 필수적인 파트너라는 오랜 관념을 강화시켰다

(Siddi 2017, 68, 131-132).

IV. 에스토니아의 중간국 외교

1. 정체성

에스토니아, 라트비아, 리투아니아를 포함하는 발트 3국은 스웨덴, 폴란드, 독일, 러시아 등 주변 강대국들에 의한 지배와 영향을 받아온 약소민족으로 오랜 시기 존재해 왔다. 러시아의 지배하에 있던 발트 3국은 러시아혁명을 계기로 1918년 독립을 선언하였고, 제1차 세계대전의 종전과 함께 독립을 이루었다. 그러나 제2차 세계대전의 발발과 1939년 독-소 불가침 조약에 의해 소련의 지배하에 들어간 후 1940년 나치 독일에 의해 점령당했다가 1944년에는 다시 소련군에 점령당해 독립을 상실하는 일련의 정치적 혼란을 경험하였다. 이후 1989년 공산체제의 붕괴와 함께 새롭게 독립할 때까지 발트 3국은 소련 영토의 일부로 남아 있었다. 소련을 구성하는 15개의 공화국 중 가장 늦게 소련에 편입된 발트 3국은 가장 먼저 소련으로부터의 독립을 선언하였다. 리투아니아는 소련 구성 공화국 중 최초로 1990년 3월에, 에스토니아와 라트비아는 1991년 8월 20일과 21일에 각각 독립을 쟁취하였다(이문영 2018, 149).

　공산권 붕괴와 함께 진행된 체제 전환 이후 상당한 경제성장이 이루어졌고, 경제협력개발기구(OECD)에 가입하여 선진국의 타이틀을 획득하였으며, 민주주의와 시장경제를 추구한다는 측면에서 발트 3국은 중유럽, 남동유럽(발칸), 북동유럽(발트국가군) 및 동유럽을 포함하는 중·동부유럽(Central and Eastern Europe)의 다른 국가들과 한데 묶이는 것에 대한 거부감을 보이며, 노르딕 국가군과 함께 북유럽으로 분류되기를 선호한다. 발트 3국은 인구를 모두 합하여도 611만 명에 불과한 소국들의 집합이지만 서구적 가치를 준수하면서 반러시아주의를 가장 강하게 주창하며 정치·경제적으로는 EU에 소속되고 군사·안보적으로는 NATO의 방위체에 견고하게 남고자 한다(김시홍 2019, 111-117).

그러나 발트 3국은 서방에 속하고자 하는 자신들의 의도와는 달리 지정학적으로 유럽의 주변부이며 오히려 러시아의 중심부인 상트페테르부르크와 수도 모스크바에 근접해 있다. 즉, 발트 3국은 독립 유지 및 주권 보호를 위해 서방권에 의존해야 하지만 지리적으로 서방권의 취약한 주변부에 위치해 있다는 안보상의 문제점을 지니고 있다. 민족 구성 면에서도 다수의 러시아계 주민들이 살고 있으며, 그 비율이 에스토니아의 경우 2015년 기준 약 25%에 이르고 있다. 특히 이들은 과거 소련의 점령하에 있다가 소련의 해체와 함께 독립하였기에 2014년 우크라이나 사태처럼 러시아의 정치적, 군사적 개입과 내전의 발생이 자신들의 지역에서 재현될 것을 크게 경계하고 있다(김성철 2017, 173-175).

역사적으로 유럽과의 상호작용을 통해서 발전했던 발트 3국은 옛 소련의 공산주의 체제를 겪는 동안 많은 러시아인들이 유입되면서 상당한 국가 정체성의 변화를 겪었다(이선필 2012, 327). 소련은 점령기 동안 이들 지역에 대한 산업화와 통치력 확보를 위해 많은 수의 러시아인들을 정책적으로 이주시켜 정부, 당, 산업을 장악하게 하였고, 많은 행정, 관리, 정치적 직위들을 모스크바에서 임명한 러시아인들로 대체시켰다. 이는 오늘날 에스토니아와 라트비아에 많은 수의 러시아인들이 거주하게 만드는 결과를 야기하였다. 1945년 에스토니아 전체 인구의 97.3%를 차지하던 에스토니아인의 비율은 1980년대 말 62%로 줄어든 반면, 러시아인의 비율은 같은 기간 5% 이하에서 30% 이상으로 증가하였다(Chinn 1993, 192-193). 이로 인해 에스토니아와 라트비아는 독립 후 새로운 국가건설과 정체성 형성 과정에서 많은 내적 갈등을 경험하였다. 에스토니아와 라트비아는 1991년 독립 직후 소련 침공일인 1940년 6월 당시 시민권을 가졌던 사람과 그 직계자손에게만 시민권을 부여하는 결정을 내렸고, 소련 합병 이후 이 지역으로 대량 이주한 러시아인들은 합법적인 시민의 범주에서 제외되었다. 당시 에스토니아에 거주하던 약 47만 명의 러시아인 중 소련 침공 이전부터 거주한 12만 명을 제외한 약 35만 명이 무국적자로 전락하였다(이문영 2018, 150).

에스토니아에서 러시아인들은 시민권을 부여받기 위해 별도의 귀화시험을 통과할 것이 요구되었는데, 언어 및 역사지식에 대한 시험을 부과함으로써 소수의 러시아인들만이 동화될 수 있었던 반면, 그렇지 못한 러시아인들은 투표권 행사가 제약되는 등 시민권을 누릴 수 없었다. 이러한 배제정책으로 인해 독립 직전인 1989년 전체 인구의 약 30%를 차지하던 러시아인의 비율은 2016년 25%로 줄어들었다. 독립 이후 에스토니아가 과거 수 세기 동안 이어져 온 러시아 지배구조를 청산하는 '탈러시아화'를 지향하면서 자국 내에 존재하는 러시아인들에 대한 강력한 배제정책을 취했던 것은 이들이 비록 인구 면에서는 소수였으나 소련 시기 에스토니아의 정치, 경제, 산업, 문화 전반을 이끌어 가던 지배집단이었기 때문이다. 나아가 이들의 출신국 러시아가 바로 옆에서 국경을 맞대며 자국 디아스포라의 문제를 주시하며 존재하고 있기에 에스토니아는 강력한 탈러시아정책을 추진해 왔다(이문영 2018, 132-134, 151).

2. 안보

발트 3국은 중·동부유럽 국가 가운데 단순히 소련의 영향권에 놓여
있던 수준을 넘어 소련의 일부였다는 특수성을 공유한다. 이들 3국
은 역사적으로 제1차 세계대전 이후 짧은 기간 동안 독립을 쟁취하였
다가 제2차 세계대전을 통해 소련에 합병되었기에 정치적 독립을 누
린 기간이 매우 짧다. 소련(러시아)이 제2차 세계대전의 종전을 파시
즘에 대한 자국의 승리로 기억하고 있는 반면, 발트 3국은 이를 소련
에 의한 정복의 시작으로 인식하고 있다. 따라서 1991년 독립 이후 소
련의 영향력에서 벗어나는 것이 이들 국가들의 가장 시급한 과제였다
(Tsygankov 2019, 160). 이는 이들 발트 3국의 안보 및 대외경제 정
책에 직접적으로 반영되어 적극적인 친서구·반러시아주의로 표출되
었다. 이들은 독립 직후부터 서방의 군사동맹 조직인 NATO에 가입
하기 위한 노력을 기울였다. 특히 2000년대 들어 푸틴이 집권한 러시
아가 주변 국가들에 대해 공세적 태도를 취하면서 발트 3국은 EU와
NATO(2004년 가입), 그리고 유로화(2011년 도입)라는 강력한 결속
력을 지닌 서방 진영에 진입할 필요성을 더욱 강하게 느꼈다(조홍식
2018, 16-22).

　　발트 3국의 NATO 가입은 유럽 국가들뿐만 아니라 미국 그리고
NATO가 탈냉전의 상황 속에서 새롭게 관계를 정립하고자 하는 대상
인 러시아까지 결부되어 있기에 매우 복잡한 사안이었다. 발트 공화
국들은 NATO만이 실지회복을 노리는 러시아로부터 자신들을 지켜
줄 수 있을 것으로 판단하였다. 반면, NATO의 입장에서 이들 구소련

공화국들을 포함시키는 것은 러시아가 이를 자신에 대한 안보 위협으로 해석할 수 있기에 위험한 것이었다. 더구나 방어적 동맹인 NATO의 특성상 모든 회원국들은 다른 모든 회원국들의 방어에 기여를 할 수 있는 상당한 군사적 능력이 갖춰져 있는 것을 전제로 하고 있었다. 그러나 발트 3국은 독립 당시 거의 아무런 군대를 갖고 있지 않았다(Plakans 2011, 430). 한편 러시아는 발트 지역으로의 NATO 확장이 초래할 부정적 결과를 방지하기 위해 발트 3국들에게 안보 보장을 제안함과 동시에 NATO에 대해서는 이들의 NATO 가입이 러시아와 NATO 사이의 관계를 위험에 빠뜨릴 것이라는 입장을 명확히 전달하였다(Tsygankov 2019, 118).

  그러나 발트 공화국들은 NATO 가입을 주요 외교정책 목표로 삼아 추진하였으며, 1998년 미국이 발트 3국을 NATO와 EU 등 유럽-대서양 연안 기구들에 참여시킬 것을 선언하는 "파트너십 협정(charter of partnership)"을 발트 국가들과 체결하면서 이들의 NATO 가입에 대한 논의가 본격화되었다. 이들이 단순한 NATO의 협력국이 아니라 정식 회원국이 되기 위해서는 국방예산의 증대와 신뢰할 만한 군사력의 구축 등 가입을 위한 요건들을 충족시켜야 했다. 2004년 발트 3국은 정식 회원으로 가입하기에 충분한 요건을 갖추었다는 판단과 함께 NATO에 받아들여졌다(Plakans 2011, 430-435).

  그러나 발트 3국의 군사력은 여전히 매우 취약한 수준이다. 특히 러시아의 영토에 가장 깊숙이 들어가 있는 에스토니아와 라트비아는 러시아와 직접적으로 국경을 접하고 있을 뿐만 아니라 NATO의 작전 영역에서 가장 먼 지역에 위치해 있다. 또한 발트 3국의 NATO 가입으로 인해 이들의 안보는 NATO와 러시아 사이의 경쟁과 갈등에 의해 크게 영향을 받고 있다. 발트 지역은 우크라이나의 크리미아(Crimea)

반도처럼 러시아의 첨예한 이익이 걸려 있는 칼리닌그라드(Kalinin-grad)가 위치해 있어 안보 및 군사적 차원에서 러시아로부터 제기되는 위협이 상존해 있다. 칼리닌그라드는 발트해에 접해 있으면서 러시아 본토에서 고립된 채 리투아니아와 폴란드 사이에 끼어 있어 러시아의 안보적 관심뿐만 아니라 주변국 안보에 미치는 영향이 매우 크다 (김성철 2017, 193-194). 칼리닌그라드에 주둔하는 러시아의 발틱 함대는 러시아의 4대 해군 전력 중 하나이며, 약 50개의 함정과 2만 5천 명의 해군병력을 보유하고 있다. 발트해 지역은 러시아의 원유와 다른 물품들이 통과하는 주요 운송 루트이기에 상업적으로도 러시아에게 매우 중요한 의미를 지니고 있다(O'Hanlon 2017, 39).

한편 서방 국가들의 안보적 동맹체인 NATO는 1999년 1차 확장에 의해 체코, 헝가리, 폴란드가 회원국이 되었고, 2004년 2차 확장으로 에스토니아를 비롯한 발트 3국, 불가리아, 루마니아, 슬로바키아, 슬로베니아가 추가로 회원국의 자격을 갖게 되었다. 2016년 7월 폴란드 바르샤바에서 개최된 NATO 정상회담은 발트 3국과 폴란드의 안보와 관련해 구체적인 안을 제시하였다. 바르샤바 정상회담 선언문 (Warsaw Summit Communique)은 이들 4개국의 안보를 위해 NATO가 증강된 전진 주둔을 추진할 것임을 밝혔다. 러시아는 중·동부유럽에서 전개되는 이러한 NATO의 움직임을 현상 파괴적 특성을 지닌 국제질서의 변화로 인식하고, 이를 자국에 대한 안보위협으로 판단하고 있다. 특히 발트 3국에 대한 NATO의 군사적 지원 증대에 대해 러시아는 이것이 자신에 대한 서방국가들의 포위 전략의 일환에서 이루어지는 정책으로 인식하고 있다(김성철 2017, 179-193).

3. 경제

발트 3국은 독립 이후 탈공산주의 체제전환을 위해 신자유주의 처방에 따라 강력한 경제 및 사회개혁을 추구하였다. 에스토니아는 구소련 국가 중 가장 먼저 자국의 화폐 크룬(kroon)을 도입하였으며, 발트 3국은 1991년 가격 자유화를 도입하는 등 사회주의 체제에서 자본주의 체제로 전환하였다. 그러나 시장경제로의 급속한 이행은 값비싼 사회적 비용을 치르도록 하였는데, 에스토니아는 1990년대 중반까지 연평균 성장률이 마이너스 10%를 넘는 경제후퇴를 경험하였고, 1993년 경제규모 축소는 9%에 달했으며, 인플레이션은 90%에 이르렀다(정근식·김학재 2018, 18-19). 그러나 에스토니아는 도시에 거주하는 산업 노동계급의 상당 부분을 차지하는 러시아계 주민들에게 신자유주의 개혁에 따른 희생이 집중되면서 큰 정치적 부담 없이 경제체제 전환을 추진할 수 있었다(조홍식 2018, 20). EU(당시 EC) 역시 자신의 '전환자금 프로그램(program of transformational aid)'을 발트 지역까지 확대하여 이들에게 필요한 자금을 지원하였다(Plakans 2011, 429).

발트 3국은 1995년에 EU 회원국 가입신청을 하였고, 이후 각료 이사회와 유럽의회의 승인에 따라 발트 3국은 2003년 아테네에서 EU 가입조약에 서명할 수 있었다. EU 가입에 대한 국민투표에서 에스토니아는 전체 유권자의 66.9%, 라트비아는 67.3%, 리투아니아는 91%가 가입에 찬성하였다. 발트 3국은 2004년 EU에 가입한 이후 급속한 경제성장을 기록하며 성공적인 체제 전환 국가로 평가받았다. 1996년 이후에는 체제 전환에 따른 혼란을 극복하고 경제성장률이 유로 지역 평균을 2배 가까이 넘어섰고, 2000년대 들어서는 연평균 성장률이 7%를 넘어서게 되었다. EU 가입을 전후로 발트 지역은 유럽과 러시

표 5-2. 에스토니아의 대러시아 무역 규모와 비중(단위: 백만 달러)

	1995	1997	2000	2003	2006	2009	2012	2015	2018
수출	325 (17.66)	551 (18.79)	261 (6.83)	642 (11.41)	967 (9.64)	1,780 (17.05)	3,180 (17.51)	1,345 (9.68)	1,556 (8.71)
수입	410 (16.10)	640 (14.44)	710 (14.06)	808 (10.18)	2,367 (16.17)	1,170 (10.30)	2,330 (11.61)	1,543 (9.81)	1,937 (9.76)

출처: World Bank, "World Integrated Trade Solution," https://wits.worldbank.org/Default.aspx?lang=en (검색일: 2020.9.22).
*괄호 안의 수치는 전체 수출/수입 중에서 러시아가 차지하는 비중(%)

아를 잇는 새로운 산업 투자지역으로 떠올랐고, 독일, 스웨덴, 핀란드 등 각국에 의한 투자가 이루어졌다. 무역규제가 없고 세금 부담이 적은데다 부동산 가격이 낮기에 기존 EU 국가들은 새로운 투자대상으로 발트 3국에 대해 큰 관심을 기울였다(이선필 2012, 326-335).

에스토니아와 유럽 사이의 경제적 교류와 통합이 심화되면서 에스토니아의 교역에서 러시아가 차지하는 비중은 〈표 5-2〉에서 보듯 수출과 수입 면에서 모두 지속적으로 감소하고 있다. 1995년 에스토니아의 무역에 있어 러시아는 수출과 수입에서 모두 핀란드에 이어 두 번째로 가장 큰 비중을 차지하고 있었다. 그러나 2018년 현재 러시아는 수출에 있어서는 핀란드, 스웨덴, 라트비아에 이어 네 번째, 수입에 있어서는 독일에 이은 두 번째 비중을 차지하고 있다.

그러나 다른 경제적 교역과는 달리 에너지 자원의 수급에 있어 에스토니아는 여전히 러시아에 대한 높은 의존도를 지니고 있다. 에스토니아는 셰일 오일을 가지고 있으나 전량 자국 내 전력 생산을 위해 소비하기에 다른 발트 국가들과 마찬가지로 러시아의 석유에 90%가량 의존하고 있으며 천연가스는 거의 100% 러시아로부터 수입하고 있다. 자체적인 에너지 자원의 부재와 소련 지배 시기 건설된 에너지 인프라망의 활용에서 기인하는 러시아에 대한 지나친 에너지 의존성은 발트 국가들이 국가 안보를 위해 아직 해결하지 못한 가장 민감한 문제이며 이는 경제와 안보의 복합 양상을 보여주고 있다(Grigas 2013, 39-41).

러시아는 발트 국가들이 자신의 이익에 반하는 결정을 한다고 판단할 때 에너지 공급 중단이라는 보복조치를 감행함으로써 자국에 대한 이들의 에너지 의존성을 압박과 제재를 위한 수단으로 활용해 왔다. 2007년 러시아는 에스토니아에 대해 철도를 통한 석유 운송을 중단했는데, 이는 2007년 5월 러시아의 제2차 세계대전 전승기념일 직전에 에스토니아 정부가 수도 탈린 중심부에 자리했던 소련군 기념 동상을 외곽으로 이전한 것에 대한 보복이었다. 당시 러시아는 에스토니아에 대한 사이버 공격과 기념 동상 이전을 둘러싸고 벌어진 러시아계 출신자들의 시위를 직·간접적으로 지원하였다. 발트 3국은 러시아에 대한 원유 의존성 문제와 러시아에 의한 원유 공급 중단 사태를 국제적 해상 운송을 통한 비러시아산 석유 수입으로 점차 완화시킬 수 있었으나 러시아에 대한 천연가스 의존은 쉽게 탈피하기 어려운 문제이다(김성철 2017, 187-188).

오히려 러시아가 서유럽 시장으로 자국의 에너지 자원을 수출하기 위해 기존 발트 국가들의 영토와 항구를 이용하던 것에서 벗어나 노르트 스트림(Nord Stream)I·II 가스 파이프라인 건설 등을 통해 점차 발트 국가들을 에너지 수송망에서 제외시키는 방향으로 나아가고 있다. 이로 인해 러시아와 발트 국가들 사이에 존재하던 에너지 수송을 위한 상호의존관계가 발트 국가들의 일방적 종속관계로 더욱 변모해 가고 있다. 에스토니아는 핀란드와 자국의 전력망을 연결하는 이스트링크(Eastlink)를 구축하는 제한된 성과를 이루었으나 러시아로부터 에너지 독립을 이루기 위한 근본적인 계획을 세우지 못한 상황이다. 에너지 안보 영역은 에스토니아가 추진해온 친서방·반러시아주의가 실현되기 위한 중요한 시험대로 남아 있다(Grigas 2013, 40-42).

V. 중간국 외교의 특성과 결정요인

1. 중간국의 강대국 상대하기

냉전기 핀란드의 외교전략은 소련과의 유대와 중립에 대한 고수로 특징된다. 핀란드의 친소적 중립은 서방 국가들에 의해 '핀란드화(Finlandization)'라는 부정적인 용어로 지칭되며 비록 중립을 표방하나 대소 관계에서 실질적으로는 국가적 자율성을 상실하고 소련의 세력권에 속하게 되어 공산화로 이어질 것이라 비판받았다. 그러나 핀란드의 친소적 중립은 소련을 상대로 한 '겨울전쟁'과 '계속전쟁'에서 서방 세력들로부터 어떠한 물질적인 지원을 받지 못한 역사적 경험, 서방보다는 소련에 지리적으로 보다 가깝게 위치해 있는 지리적 위치, 그리고 힘에 있어서 소련과의 상대적 격차라는 현실을 받아들여야 한다는 인식과 판단에서 기인하였다. 이를 통해 핀란드는 발트 3국과는 달리 소련으로부터 독립을 확보하며 내부의 민주주의와 서방 국가들과의 경제교류를 유지할 수 있었다. 핀란드의 친소중립노선은 북유럽지역 차원에서는 지역 내 국가들의 상이한 역할분담을 통해 지역 차원에서 자연스러운 안보적 균형이 이루어지는 노르딕 밸런스(Nordic Balance)의 한 축을 담당하였다(Jokela 2011, 53-54).

노르딕 밸런스란 스웨덴, 노르웨이, 덴마크, 핀란드 등 북유럽 국가들이 각기 독립적인 안보정책을 추구하면서도 북유럽 전체의 틀 속에서 보면 서로 균형을 이루는 것을 뜻한다. 이는 한 국가가 외교정책을 변경하거나 그러한 모색을 시도하는 것조차도 다른 국가들에게 직간접적인 영향을 미치게 되고, 그에 따른 새로운 대응조치들이 연쇄적으로 취해질 수 있음을 의미한다. 따라서 노르딕 밸런스는 지역 내 국가의 상이한 역할분담을 통해 지역 차원에서 자연스러운 균형을 이루고자 하는 정책이자 그 결과라고 할 수 있다. 노르딕 밸런스의 존재는 북유럽에 위치한 단일 국가의 외교정책을 설명하기 위해서는 국내적 수준의 요인과 함께 지역적 수준에서의 복합적 상호작용을 함께 고려할 필요성을 제기한다(김진호·강병철 2007, 62-64). 그러나 덴마크와 노르웨이의 NATO 가입을 통한 친서방 정책, 스웨덴의 강력한 자국 방위력에 의해 뒷받침되는 중립 정책, 핀란드의 친소(러시아)적 중립 정책이라는 특정한 역할분담이 왜 나타나게 되었는가는 각각의 국가들이 지닌 개별적 특성을 통해 규명할 필요가 있다. 다른 북유럽 국가들과 구별되는 핀란드의 친소(러시아)적 중립외교는 앞서 언급한 소련과의 전쟁 경험, 지리적 인접성, 양국 간 힘의 격차라는 요인으로부터 크게 기인하고 있으며, 이는 냉전기뿐만 아니라 탈냉전 시기에도 영향을 미치고 있다.

탈냉전 시기에 접어들어 핀란드는 러시아 시장의 축소와 서유럽 시장의 상대적 중요성 확대라는 변화된 경제적 환경 속에서 EU에 가입하였으나 러시아와의 군사적 갈등을 초래할 수 있는 NATO 가입에 대해서는 소극적인 태도를 보이고 있다. 이와 동시에 비록 NATO의 회원국은 아니지만 NATO와 공동의 위기관리 활동을 벌이며 서방 국제기구와의 협력적 관계 역시 모색하고 있다. 나아가 핀란드 정부는 2016년 정부 백서를 통해 미국과 NATO와의 안보 협력의 중요성을 강조할 뿐만 아니라 미래에 NATO 가입을 추진할 가능성과 이것이 비록 궁극적으로 활용되지는 않더라도 보다 위협적으로 되어가는 러시아를 효과적으로 다루는 데 하나의 수단으로서의 가치를 지니고 있음을 표명하였다(O'Hanlon 2017, 61). 이는 핀란드의 외교전략이 냉전 시기 중립을 표방하면서 실질적으로는 친소적 편승 전략을 채택했던 것에서 탈냉전 이후 서서히 미국을 비롯한 서방 세력을 활용한 헤징 전략으로 전환해 왔음을 보여주고 있다.

반면, 독립 이후 에스토니아의 외교는 적극적이고 명확한 친서방·반러시아주의 정책으로 표출되어 왔다. 에스토니아는 러시아에 대한 종속이 지속될 것을 우려하여 1992년에 출범한 러시아의 독립국가연합(Commonwealth of Independent States, CIS)에 참여하지 않았고, 군사·안보 부문과 경제 부문에서 NATO와 EU에 가입하는 등 친서방 정책을 지속해 왔다. 또한 국내정치적 측면에서도 러시아계 민족들에 대한 시민권 부여를 제한하는 등 이들에 대한 배제정책을 추진하며 국가 정체성 차원에서 탈러시아화를 지향하였다. 경제적 측면 특히 에너지 자원의 수급에서도 러시아에 대한 의존성을 탈피하기 위해 서방 국가들과의 새로운 에너지 연계망 구축을 도모하고 있다. 이는 소련의 일부로 강제 편입되었던 에스토니아가 소련으로부터 독립한 이후 러시아에 대한 강력한 균형 외교를 추구해 왔음을 말해주고 있다.

〈그림 5-4〉는 핀란드와 에스토니아가 보여준 러시아(소련)에 대한 대외전략의 변화 양상을 보여주고 있다. 핀란드가 냉전 시기 소련에 대한 편승 전략에서 탈냉전 이후 서방 세력을 활용한 헤징 전략으로 변화(T_0: II → T_1: IV)해 왔던 반면, 에스토니아는 소련 지배 시기 강요된 편승 전략에서 독립 이후 탈냉전의 구조적 환경 속에서 러시아에 대한 강력한 균형 전략으로 전환(T_0: II → T_1: III)해 왔음을 보여주

그림 5-4. 핀란드와 에스토니아의 외교전략 유형

출처: 저자.

고 있다.

　　핀란드와 에스토니아는 강대국과 인접한 상대적으로 취약한 국력을 지닌 중간국들이 탈냉전 이후 어떻게 상이한 정책을 채택하는가를 보여주고 있다. 러시아와 국경을 접하며 서방 세력과 러시아 사이의 지정학적 단층선에 놓인 두 국가의 외교정책이 지정학적 조건의 유사성에도 불구하고 핀란드의 편승적 중립에서 헤징 전략으로의 전환과 에스토니아의 강력하고 일관된 대러시아 균형 전략이라는 뚜렷한 차이점을 보이는 것은 지정학적 변수와 함께 국가 정체성이라는 내부적으로 공유되는 인식 차원의 변수가 동시에 고려되어야 함을 말해주고 있다.

2. '취약성의 역설': 약한 국가의 강한 저항

핀란드의 헤징 전략으로의 전환과 대별되는 에스토니아의 균형 전략은 중간국 외교정책이 드러내는 '취약성의 역설(the paradox of fragility)'을 단적으로 보여주고 있다. '취약성의 역설'은 '약한 국가의 강한 저항'을 의미한다. 즉, 강대국으로부터 제기되는 군사·안보적 위협 하에서 물질적, 국가 정체성 측면에서 취약성을 지닌 국가가 오히려 더욱 강력하게 저항하는 현상을 말한다. 국내적 취약성에 놓인 국가가 위협이 되는 강대국에 대해 편승과 중립을 취할 것이라는 직관적인 예상과는 상반되는 이러한 역설적인 현상은 내부적 취약성을 지닌 국가가 강대국에 대해 중립과 편승 정책을 취할 경우 오히려 국가의 주권과 생존 그리고 내부적 안정성이 위협받을 수 있다는 위기의식에서 기인한다.

물론 중간국의 구조적 환경에 놓인 비강대국이 높은 수준의 취약성을 지닐수록 강대국에 대해 보다 강한 저항을 표출하는 현상을 현실주의 국제정치 이론의 관점에서 '역설(paradox)'이 아닌 '통념(common sense)'으로 접근할 수도 있다. 그러나 외부적으로 투사할 수 있는 물질적 힘(군사력, 경제력)에 있어서 상대적으로 취약한 국가는 다른 외부세력을 통해 균형을 추구하여 자국의 안보적 취약성을 만회하는 정책을 추구할 수도 있고, 반대로 위협대상국에 대한 편승을 통해 안보를 보장받으려는 정책을 취할 수도 있다. 문제는 외부로 투사할 수 있는 물질적 능력의 차이를 주로 강조하는 현실주의 이론의 관점만으로는 왜 특정 국가가 균형과 편승 중 어느 한 정책을 채택하는가를 충분히 설명할 수 없는 한계를 지니고 있다는 점이다. 이는 구성주의 국제정치 이론이 강조하는 특정 국가 내부의 정체성이 중요한 매개변수로 작동하며 중간국의 대외정책을 분석하는 데 있어 물질적 능력의 취약성뿐만 아니라 내부적으로 공유되는 정체성의 취약성과 이로 인한 위기의식을 함께 고려할 필요성을 제기한다.

〈표 5-3〉에서 보듯 러시아와 비교할 때 핀란드와 에스토니아의 국

표 5-3. 핀란드, 에스토니아, 러시아의 군사력 비교(2016-2017년)

	핀란드	에스토니아	러시아
국방비 총액(US 백만 달러, 2016년)	3,283	503	46,626
1인당 국방비(US 달러, 2016년)	597	401	328
GDP 대비 국방비(%, 2016년)	1.37	2.15	3.68
현역 군인(1천 명, 2017년)	22	6	831
예비군(1천 명, 2017년)	230	28	2,000
현역 준군사조직원(1천 명, 2017년)	3	0	659

출처: The Military Balance(2017, 553-554).

방력은 매우 취약한 상황이다. 더욱이 에스토니아는 핀란드보다도 더욱 열악한 군사적 능력을 지니고 있어 자체 군사력만으로는 러시아를 상대하여 자국의 독립과 생존을 확보할 수 없는 상황이다. 경제적인 측면에서도 에스토니아는 국민총생산(GDP) 기준 핀란드의 5분의 1에 불과한 경제적 소국으로서 보다 큰 경제규모와 강력한 에너지 자원으로 무장한 러시아에 비해 매우 취약한 경제 구조를 지니고 있다.

그러나 군사와 경제라는 물질적 능력 차원에서 드러나는 취약성만으로는 핀란드의 중립적 편승 및 헤징 정책과 에스토니아의 균형 정책이 나타나는 차이를 설명하기에 한계가 있다. 군사와 경제적으로 더욱 취약하다고 해서 그것이 위협국에 대한 균형 정책으로, 덜 취약한 군사와 경제 능력이 편승적 중립 정책으로 나타나는 것은 아니다. 오히려 군사·경제적 취약성이 위협이 되는 국가에 대한 편승 정책을 취할 가능성을 더욱 증대시킬 수도 있다. 두 국가에서 상이한 외교정책이 나타나도록 만든 중요한 매개적 변수는 국내정치와 맞물린 국가 정체성의 안정성 여부이다. 핀란드는 민족 구성상 대부분이 핀란드인

으로서 인구의 약 87% 이상이 핀란드어를 구사하는 민족적 통일성
을 이루고 있다. 반면 에스토니아는 인구의 약 25%가 러시아인이며
약 30%의 사람들이 러시아어를 모국어처럼 구사하는 민족적 균열 상
태 속에 놓여 있다.[4] 그리고 소련 지배 시기 이들 러시아인들은 에스토
니아에서 정치적 지배집단으로 존재했던 반면, 에스토니아인들은 나
찌 독일 하에서 협력한 "파시스트(fascists)" 또는 "나찌 협력자들(Nazi
collaborators)"로 스스로를 집단 낙인찍도록 강요되었다. 독립 후 에
스토니아는 내부적으로 러시아인들을 배제함으로써 자신의 국가 정체
성을 다시 수립해야 할 상황에 놓여 있었다. 이는 핀란드가 국가 정체
성에 있어서 상대적인 내부적 안정성을 누리는 반면, 에스토니아는 국
가 정체성의 분열과 불안정성에 놓여 있음을 의미한다(Brüggemann
and Kasekamp 2009, 54).

  에스토니아의 이러한 내부적 취약성은 국가 자체의 경제적, 군사
적 취약성과 결합하면서 역설적으로 러시아에 대해 더욱 강력한 균형
정책을 추구하도록 만들었다. 취약한 군사 및 경제적 구조와 자국 내
러시아인의 높은 비중으로 인한 국가 정체성의 위기가 상호 결합하면
서 에스토니아로 하여금 러시아에 대한 편승이나 중립이 아닌 강력한
반러시아 정책을 대내외적으로 취하도록 하는 동력으로 작용하였다.
에스토니아가 핀란드처럼 러시아에 대한 중립적 편승이나 헤징을 대
외정책으로 선택한다면 이는 러시아에 대한 종속성을 증대시키고 국
내적으로 친러시아 성향을 지닌 러시아계 국민들이 러시아로 흡수되
어 들어갈 것을 주장하는 위험성이 발생할 수 있다. 또한 러시아의 입

---

4   대한민국 외교부, "국가/지역 정보," http://www.mofa.go.kr/www/wpge/m_3550/
     contents.do (검색일: 2020.8.15); CIA, "The World Factbook," https://www.cia.
     gov/library/publications/resources/the-world-factbook/ (검색일: 2020.8.15).

장에서도 다수의 러시아계 사람들이 살고 있는 우크라이나에 대해 자신이 행했던 것처럼 많은 러시아인들이 살고 있는 에스토니아에 대해 정치 및 군사적으로 개입하고자 하는 의지가 높다고 할 수 있다. 에스토니아의 이러한 우려는 2007년 소련군 전승 기념 동상을 수도에서 외곽으로 옮기는 것에 대해 러시아계 사람들이 강력한 시위를 벌이고, 모스크바 주재 에스토니아 대사관이 공격을 받고, 에스토니아의 IT 인프라에 대한 사이버 공격이 이루어지면서 일정 부분 현실로 나타났다 (Ehin and Berg 2009, 5).

즉, 군사·경제적 취약성과 맞물린 정체성의 위기는 더 큰 위험을 초래할 수 있는 편승, 중립, 헤징 대신 강력하고 명확한 균형 정책을 에스토니아가 취하도록 만들었다. 특히 에스토니아 내에 존재하는 다수의 러시아계 사람들은 에스토니아를 러시아로 끌어당기는 힘으로 존재하고 있으며, 따라서 에스토니아의 외교정책은 역설적으로 이러한 힘에 저항하여 친서방·반러시아주의 정책으로 나타나고 있다. 나아가 에스토니아는 서구 유럽과 EU와의 협력을 통해 자신이 저발전된 탈소비에트 국가이자 유럽의 주변부에 있는 작고 취약한 국가에서 근대적인 유럽 국가로 성공적으로 변모했다는 국가 정체성에 대한 메시지를 국제사회에 보내길 희망하고 있다(Jakniūnaitė 2009, 119-125). 핀란드와 에스토니아의 사례 비교는 취약한 정체성을 대내외적으로 지닌 국가일수록 유연하고 모호성을 지닌 헤징 전략보다는 균형 전략과 같이 보다 저항적이고 명확한 외교정책을 강하게 펼칠 가능성이 크며, 국가가 내부적으로 공유하는 정체성이 외교정책의 결정과 집행에 있어서 중요한 요인으로 작용하고 있음을 말해 주고 있다.

VI. 결론

이 논문은 핀란드와 에스토니아가 보여주는 중간국 외교의 성격과 변화 양상을 분석하기 위해 지정학적 위치, 역사적 경험, 국내적 민족구성, 그리고 내부적으로 공유되는 국가 정체성이 어떻게 국내적 정치구조와 경제 그리고 국제체제의 변화와 결합하여 두 국가의 외교정책에 영향을 미쳤는가를 추적하였다. 두 국가에 대한 비교분석은 갈등 및 충돌하는 두 강대국 또는 상이한 세력들 사이에 위치한 지정학적 중간국이 선택할 수 있는 외교정책상의 선택지가 무엇인지, 그리고 특정한 외교정책이 선택되는 이유가 무엇인지 규명할 수 있는 기회를 제공해 주고 있다.

핀란드와 에스토니아는 서방 세력과 러시아(소련)의 지배를 받다 독립하였고, 국경을 접하고 있는 러시아로부터 제기되는 강력한 군사·안보적 위협에 노출되어 있다는 공통점을 지니고 있다. 소련과의 전쟁과 이로 인한 영토 상실을 겪으며 독립을 유지한 핀란드는 냉전 시기 친소적 중립이라는 독특한 외교노선을 견지하였다. 탈냉전 시기에 접어들어 핀란드는 경제적 필요에 따라 EU에 가입하였으나 러시아와의 군사적 갈등을 초래할 수 있는 NATO 가입에 대해서는 소극적인 태도를 보이고 있다. 반면, 소련에 합병되어 냉전 시기 소련의 일부로 존재하던 에스토니아는 독립 이후 적극적으로 반러시아주의 정책을 채택하였고, EU와 NATO에 가입하면서 친서방주의 외교노선을 분명히 하고 있다. 냉전 시기 소련의 지배를 받지 않는 독립국으로 존재한 핀란드가 친소적 중립 정책을 취하고 탈냉전 시기에는 유연한 헤징 전략을 추구해 온 반면, 소련의 지배 하에 놓여 있던 에스토니아는 독립 후 균형 전략에 기반한 친서방·반러시아적 정책을 취하고 있다.

유사한 지정학적 환경과 국제체제 속에 놓여 있는 두 국가의 이러한 상이한 대외정책은 국내적인 정치 및 경제 구조라는 제도적 차원의 변수와 국가 정체성이라는 인식적 차원의 변수가 외교정책을 분석하는데 있어 함께 고려될 필요가 있음을 말해준다. 두 국가에 대한 비교는 '취약성의 역설'을 보여준다. 핀란드는 러시아로부터 강력한 군사·안보적인 위협을 받으며 군사갈등 시 생존을 보장받기 어려운 상황이지만, 정치체제의 유지와 경제운영에 있어서는 러시아가 없어도 독립성과 자립성을 유지할 수 있는 상대적으로 강한 능력과 높은 안정성을 지니고 있다. 인구 구성에 있어 러시아계 인구가 매우 적은 비중을 차지하는 내부적 상황은 러시아에 대한 자국의 종속과 자국에 대한 러시아의 간섭 가능성을 줄여 오히려 역설적으로 친러시아적인 정책을 수행하는 것이 가능하도록 만들고 있다. 반면 에스토니아는 핀란드와 마찬가지로 러시아로부터 강력한 군사·안보적 위협을 받고 있으면서 이와 동시에 러시아에 대한 종속과 러시아로부터의 간섭을 야기할 수 있는 정치, 경제 및 정체성의 구조를 지니고 있는 취약성을 간직하고 있다. 이로 인해 에스토니아는 자국의 독립적인 정치, 경제, 그리고 정체성을 유지하기 위해 적극적으로 친서방·반러시아 정책을 취해야 하는 필요성에 직면해 있다.

두 국가의 외교정책에 대한 이러한 비교분석은 정치 및 경제 구조라는 제도적 차원의 변수와 국가 정체성이라는 인식 차원의 변수가 어떻게 상호작용하며 강대국을 상대하는 지정학적 중간국의 대외정책에 영향을 미치는가를 보여주고 있다. 그리고 두 국가의 외교정책 사례는 미-중 갈등 속에 놓인 한국을 포함한 다양한 중간국들의 외교정책 사례와의 비교연구의 가능성을 제시하고 있으며, 향후 다양한 비교 사례 연구를 통해 중간국 외교정책의 보편성과 특수성, 그리고 중간국이 펼

칠 수 있는 외교의 가능성과 한계를 이해하고, 이론적·정책적 차원에
서 함의를 모색할 수 있는 후속 작업이 이루어질 필요가 있다.

참고문헌

강선주. 2015. "중견국 이론화의 이슈와 쟁점." 『국제정치논총』 55(1): 137-174.

김성철. 2017. "우크라이나 사태 이후 발틱3국의 안보 딜레마: 러시아의 개입 가능성." 『중소연구』 40(4): 173-211.

김시홍. 2019. "발트삼국, 지역협력 그리고 유럽통합." 『유럽연구』 37(3): 109-134.

김진호·강병철. 2007. "스웨덴과 핀란드의 중립화의 정치: 국제-지역-국내정치의 다이내믹스." 『유럽연구』 25(3): 49-87.

김치욱. 2009. "국제정치의 분석단위로서 중견국가: 그 개념화와 시사점." 『국제정치논총』 49(1): 7-36.

대한민국 외교부. 국가/지역 정보 http://www.mofa.go.kr/www/wpge/m_3550/contents. do (검색일: 2020.8.15).

신범식. 2020. "지정학적 중간국 우크라이나의 대외전략적 딜레마." 『국제·지역연구』 29(1): 37-69.

이문영. 2018. "발트3국의 인구 구성과 소수민족 시민권: 에스토니아와 라트비아의 러시안 디아스포라를 중심으로." 정근식 외. 『탈사회주의 체제전환과 발트3국의 길』. 서울: 서울대학교출판문화원.

이선필. 2012. "유럽연합 가입 이후 발트 3국의 여론 변화에 관한 연구." 『동유럽연구』 32: 325-348.

정근식·김학재. 2018. "서론: 탈사회주의 체제전환과 발트3국의 길." 정근식 외. 『탈사회주의 체제전환과 발트3국의 길』. 서울: 서울대학교출판문화원.

조홍식. 2018. "화폐통합의 정치: 중·동부유럽에서 유로의 채택." 『EU연구』 49: 3-31.

최경준. 2020. "멕시코의 중견국 외교: 대미 종속과 경제-안보 복합의 딜레마." 『국제정치연구』 23(2): 179-212.

하용출·박정원. 1998. "약소국의 자주외교전략: 유럽 사례를 통해 본 가능성과 한계." 『전략논총』 9: 7-59.

현승수 외. 2017. 『주변국 국경안보: 사례와 검증』. 서울: 통일연구원.

Abdelal, Rawi. 2001. *National Purpose in the World Economy: Post-Soviet States in Comparative Perspective*. Ithaca: Cornell University Press.

Brüggemann, Karsten, and Andres Kasekamp. 2009. "Identity Politics and Contested Histories in Divided Societies: The Case of Estonia War Monuments." In *Identity and Foreign Policy: Baltic-Russian Relations and European Integration*, edited by Eiki Berg and Piret Ehin. Farnham: Ashgate.

Chinn, Jeff. 1993. "Ethnic Cleavages and Democracy in the Independent Baltic States." In *Building Democracy in One-Party Systems: Theoretical Problems and Cross-Nation Experiences*, edited by Gary D. Wekkin. London: Praeger.

Choi, Kyong Jun. 2020. "Weapons Brushed By the Enemy: The Bounded Autonomy of Taiwan's Middle Power Foreign Policy." *The Korean Journal of International Studies* 18(1): 87–122.

CIA. The World Factbook https://www.cia.gov/library/publications/resources/the-world-factbook/ (검색일: 2020.8.15).

Cooper, Andrew F., Richard Higgott, and Kim Nossal. 1993. *Relocating Middle Powers: Australia and Canada in a Changing World Order.* Vancouver: UBC Press, 1993.

Copeland, Dale C. 1996. "Economic Interdependence and War: A Theory of Trade Expectations." *International Security* 20(4): 5–41.

Ehin, Piret, and Eiki Berg. 2009. "Incompatible Identity? Baltic-Russian Relations and the EU as an Arena for Identity Conflict." In *Identity and Foreign Policy: Baltic-Russian Relations and European Integration,* edited by Eiki Berg and Piret Ehin. Farnham: Ashgate.

Forsberg, Tuomas. 2018. "Finland and NATO: Strategic Choices and Identity Conceptions." In *The European Neutrals and NATO: Non-alignment, Partnership, Membership?,* edited by Andrew Cottey. London: Palgrave Macmillan.

Foyle, Douglas C. 1997. "Public Opinion and Foreign Policy: Elite Beliefs as a Mediating Variable." *International Studies Quarterly* 41(1): 141–169.

Grigas, Agnia, 2013. *The Politics of Energy and Memory Between the Baltic States and Russia.* New York: Routledge.

Handel, Michael I. 1990. *Weak States in the International System.* New York: Frank Cass.

Hiep, Le Hong. 2013. "Vietnam's Hedging Strategy against China since Normalization." *Contemporary Southeast Asia* 35(3): 333–368.

Horowitz, Michael C., and Allan C. Stam. 2014. "How Prior Military Experience Influences the Future Militarized Behavior of Leaders." *International Organization* 68(3): 527–559.

International Institute for Strategic Studies (IISS). 2017. *The Military Balance.* London: Institute for Strategic Studies.

Jakniūnaitė, Dovilė. 2009. "Neighbourhood Politics of Baltic States: Between the EU and Russia." In *Identity and Foreign Policy: Baltic-Russian Relations and European Integration,* edited by Eiki Berg and Piret Ehin. Farnham: Ashgate.

Jokela, Juha. 2011. *Europeanization and Foreign Policy: State Identity in Finland and Britain.* New York: Routledge.

Lobell, Steven E., Neal G. Jesse, and Kristen P. Williams. 2015. "Why Do Secondary States Choose to Support, Follow or Challenge?" *International Politics* 52(2): 146–162.

O'Hanlon, Michael E. 2017. *Beyond NATO: A New Security Architecture for Eastern Europe.* Washington, D.C.: Brookings Institute Press.

Ojanen, Hanna, and Tapio Raunio. 2018. "Re-Assessing Finland's Integration Policy: The End of Domestic Consensus?" In *Nordic States and European Integration: Awkward Partners in the North?*, edited by Malin Stegmann McCallion and Alex Brianson. Cham: Palgrave Macmillan.

Penttilä, Risto E. J. 1991. *Finland's Search for Security through Defence, 1944-89.* New York: Palgrave Macmillan.

Plakans, Andrejs. 2011. *A Concise History of the Baltic States.* Cambridge: Cambridge University Press.

Robertson, Jeffrey. 2017. "Middle-Power Definitions: Confusion Reigns Supreme." *Australian Journal of International Affairs* 71(4): 355–370.

Rothstein, Robert L. 1980. *The Weak in the World of the Strong: The Developing Countries in the International System.* New York: Columbia University Press.

Roy, Denny. 2005. "Southeast Asia and China: Balancing or Bandwagoning?" *Contemporary Southeast Asia* 27(2): 305–322.

Siddi, Marco. 2017. *National Identities and Foreign Policy in the European Union: The Russia Policy of Germany, Poland and Finland.* London: Rowman & Littlefield International Ltd.

Singer, Marshall R. 1972. *Weak States in a World of Powers: The Dynamics of International Relationships.* New York: Free Press.

Tessman, Brock F. 2012. "System Structure and State Strategy: Adding Hedging to the Menu." *Security Studies* 21: 192–231.

The World Bank. World Integrated Trade Solution. https://wits.worldbank.org/Default.aspx?lang=en (검색일: 2020.9.22).

Tsygankov, Andrei P. 2019. *Russia's Foreign Policy: Change and Continuity in National Identity.* London: Rowman & Littlefield.

제2부   중부 유라시아의 지정학적 중간국 외교

제6장

몽골의 지정학적 중간국 외교: 경제·안보 연계 전략

박정후(서울대학교 아시아연구소)

I. 머리말

몽골은 매우 독특한 위치에 자리하고 있다. 남북으로 중국 및 러시아와 접경하고 있으며, 이들 강국을 거치지 않으면 해양은 물론 타국으로의 진출로도 없다. 자원기반경제(Resource-based Economy)로 표현될 만큼, 수출의 약 80%를 광물자원에 의존하고 있으며 생산된 광물자원의 90% 이상이 중국으로 수출되고 있다. 따라서 중국의 경제상황과 연동된 원자재 수요가 몽골경제를 좌우하고 있는 실정이다. 이러한 여건에서 외교정책의 선택지는 그다지 커 보이지 않는다. 중국으로부터 독립과 안보를 위해 세계에서 소련에 이어 2번째로 사회주의를 채택하였고, 비록 소련의 위성국가 역할일지언정 소비에트연방에 편입되지 않고 국가 정체성을 유지할 수 있었다.

현재 몽골은 중국과 러시아 사이에서 완충국(buffer state) 역할을 수행하며 생존하는 법을 터득했을 뿐만 아니라, 자국에서 생산되는 주요 광물의 수요처 다변화 시도를 통해 독자적인 경제발전 전략을 추구하고 있다. 소련의 몰락 이후 채택한 제3의 이웃정책이나, 상하이협력기구에 옵저버로 참여하는 등 다양한 국제기구에 가입하여 활동하고 있으며, 몽골 비핵화 선언, 한반도 비핵화 지지 및 울란바토르 대화를 주최하는 등 국제사회에서의 입지를 강화하고 있다. 이와 동시에 자국의 안보보장을 위해 러시아, 중국을 비롯한 미국 등 서방 국가들에까지 예방외교를 표방하고 있다(Li Narangoa 2009, 364-376). 이를 통해 자국의 안보를 우선하고, 외국인 투자유치 및 다자협력사업에의 참여를 통해 경제발전을 추구하며, 나아가 동북아와 유라시아 지역의 안보와 평화정착을 위한 역할을 자임하는 등 독자적인 외교노선을 지향하고 있는 것이다.

중간국(中間國) 외교정책의 핵심은 자국의 안보를 유지하고 지정학적 위치를 극대화한 경제발전을 추구하는 것이다. 몽골은 중간국으로서 지정학(Geo-Politics), 지경학(Geo-Economics)적 위치와 외교환경을 적절히 활용하여 궁극적으로 동북아 지역에서 중추국(pivot state)의 위상을 얻고자 한다. 이를 위해 자국을 중심으로 이루어지는 다자경제협력 프로젝트의 참여를 통해 경제발전과 안보유지를 위한 체계 형성을 위해 주변국과 연계한 실용적인 외교정책을 지향하고 있다.

이 연구에서는 중국으로부터의 독립 시기부터 현재에 이르기까지 몽골 대외정책의 변천 과정과 내용을 분석하여 현재 몽골 외교정책의 특징과 지향점을 파악한다. 아울러 몽골을 중심으로 추진중인 역내 다자협력 프로젝트를 살펴보고 동 사업에의 참여를 통해 경제발전 경로의 다양화를 추구하는 한편, 안보와 국가위상의 제고를 추구하는 몽골 외교정책의 특징을 살펴볼 것이다.

이 논문은 크게 5개 절로 구성된다. 2절에서는 오늘날 몽골의 외교정책의 근간을 이루게 된 역사적 배경을 살펴본다. 독립을 쟁취하기 위해 중국과 소련 사이에서 펼쳤던 외교전의 내용을 서술하고, 몽골 외교정책의 기조인 안보개념과 외교정책개념의 수립 과정을 살펴본다. 3절에서는 민주화 이후, 수평적 정권교체를 번갈아 가며 이루어 내고 있는 몽골 양대 정당이 민주주의의 공고화와 함께 국민들의 요구 수준에 부응하기 위한 외교정책을 수립하는 과정을 살펴본다. 4절에서는 몽골을 중심으로 추진되고 있는 다자협력 프로젝트의 내용과 몽골의 역할을 파악할 것이다.

II. 몽골 외교정책 배경

1. 몽골의 독립 시기

칭기즈칸이 몽골을 통일한 1206년 이후, 몽골제국은 몽골과 4개의 칸국으로 분열되어 유지되어 오다가 1634년 북원이 내몽골, 외몽골, 오이라드 몽골로 분열되었다. 3개의 몽골은 청나라에 차례로 복속되어, 1755년 오이라드 몽골의 멸망과 더불어 사라지게 되었다. 청나라는 내몽골에 한족을 대거 유입시켜 직접 통치하고, 외몽골은 속국 취급을 하며, 양국 간 왕래를 금지시키는 정책을 시행하여 몽골족 간 분열을 야기하였다. 아울러, 과중한 부역과 공납의 의무를 부여함으로써, 낙후된 지역으로 전락시켜 재발흥의 원동력을 누르고자 하였다.

　1911년 신해혁명으로 청나라가 붕괴하고 중화민국이 수립되는 등 중국이 혼란에 휩싸이자, 같은 해, 11월 30일 외몽골은 돌연 독립을 선언한다. 아울러, 당시 제정러시아에 대한 외교를 통해 독립을 유지하기 위해 노력하게 된다. 독립을 선언한 이듬해인 1912년, '몽-러 우호협력협정'을 체결한다. 협정의 주요 내용은 러시아 제국으로 하여금 몽골의 독립을 인정하고, 몽골군 창설을 지원하는 한편, 중국군의 침략을 억지해 주는 등의 내용을 골자로 한다. 물론, 몽골의 독립유지 시 러시아에게 더욱 많은 이익을 가져다주는 협정이었다. 몽골에서 러시아 사업가 및 국민들에게 타 외국인에 비해 더욱 많은 혜택을 부여하고, 몽골이 향후 외국과 협정을 체결할 경우 러시아와 먼저 상의하도록 하는 내용 등이 담겨 있어 상대적으로 불평등한 요소가 많은 협정이었으나, 독립 유지가 최우선이었던 몽골에서는 이를 받아들일 수밖에 없었다. 러시아와의 협정체결과 더불어 몽골은 서구열강에 자국의 독립을 인정받기 위해 다양한 노력을 펼쳤으나, 국제무대에서는 몽골의 이 같은 독립선언이 인정되기 어려웠다.

중국은 이에 크게 반발하여 몽골에 군을 투입하였다. 러시아는 완충지역인 몽골에의 침략은 자국의 안보를 위협한다는 명분하에 군대 철수를 강력히 요청하였고, 중국과 러시아 사이의 무력충돌 없이 중국군은 철수하게 된다. 이후 1913년 중국과 러시아는 몽골과의 합의 없이 중국의 외몽골에 대한 종주권과 외몽골에 대한 자치권을 인정하는 것을 골자로 하는 '중-러'협정을 체결하였다. 나아가 이듬해인 1915년, 몽골-중국-러시아 간 '카흐타 3국 협정'이 체결되어 몽골에 자치권이 주어지되 종주권은 중국에 지속되는 것으로 결정되었고, 몽골의 독립 시도는 무산되었다. 이후 러시아 혁명이 일어나 제정러시아 시대 체결된 '카흐타 3국 협정'이 공신력을 잃게 되자 중국은 몽골의 자치권을 회수하였다.

1918년 러시아에 적백내전이 일어나고, 패퇴한 백군 장군이 병력을 이끌고 몽골에 들어와 주둔하던 중국군과 전투에서 승리하여 몽골은 다시 독립을 누릴 수 있게 되었다. 백군 세력이 외몽골에 남아 있는 것을 알게 된 소비에트 정부는 몽골에 창설된 사회주의 정당인 몽골인민혁명당 등 친소비에트 정치지도자들이 창설한 군대와 함께 백군과 중국군을 축출하게 된다. 1921년 11월 5일 몽골은 소비에트와 국가 간 공식 외교관계를 수립하며 독립국가로서 외교권을 행사하게 되며, 1924년 몽골국의 황제가 사망하자 사회주의 헌법을 채택하고 몽골인민공화국을 수립하였다.[1]

1　몽골의 독립 시기를 이때로 보는 견해가 많으나, 필자는 1961년 유엔에 가입한 때가 비로소 독립을 이루었다고 보고 있다. 비단 유엔 가입이 국제사회로부터 독립국가로서 인정받는 필수적인 절차는 아니지만, 유엔 가입 이전까지 접경하여 막대한 영향력을 행사

몽골에서의 사회주의혁명 이후, 소련은 군사, 경제적으로 몽골을 지원하면서 자국의 위성국, 천연자원 제공국, 중국과의 완충국 등의 용도로 활용하고자 하였다. 소련은 몽골이 소련 이외의 국가와 외교관계를 새롭게 시작하는 것과 자유롭게 교역하는 것을 극도로 꺼려했다. 1932년 일본이 만주국을 건설하여 몽골을 침범하는 등 이 지역에 대한 소련의 영향력이 위협받게 되자 몽골에 소련의 꼭두각시 역할을 수행할 독재체제를 구축하기 시작했다. 이를 위해 몽골 정치인 초이발산을 지지하고 반대파에 대한 막대한 숙청을 통해 독재체제를 완성하였다. 초이발산 정권은 1937~1940년의 시기에 정부, 당, 군 등 2만여 명을 처형하고 6천여 명을 투옥시켰다. 또한 몽골 지식계층 중 하나였던 라마승려들을 탄압하여 1만 7천여 명의 승려를 체포하고, 이 중 1만 4천여 명을 처형하였다. 당시 80여 만에 불과했던 몽골 전체 인구수를 감안할 때 국가 전체적으로 대량 숙청이 이루어진 것으로 볼 수 있다.

1945년 2월 얄타회담에서 열강들은 몽골의 독립을 인정하는 기조를 관철했으나, 중국은 몽골에 대한 종주권을 유지하기 위해 이러한 결정에 대해 강력하게 반발했다. 그러나 당시 소련의 중재에 의하여, 일본과 전쟁 중이었던 연합군과 중국은 몽골의 독립을 인정할 수밖에 없었다. 중국 국민당 정부는 1946년 2월, 몽골과의 외교관계를 수립함으로써, 몽골의 독립을 인정하면서도 몽골의 유엔 가입을 1년 유예시키는 등 국제사회로부터 몽골의 독립 인정을 지체시키기 위한 움직임을 계속했다. 이에 몽골은 독립을 인정받기 위해 유엔에 가입하기 위한 노력을 계속했다. 상임이사국인 중국의 몽니로 인해 15년간 13

하는 이웃 중 하나인 소련으로부터는 독립국가의 지위를 얻었던 반면, 또 다른 이웃인 중국으로부터는 독립을 인정받지 못했기 때문이다.

번이나 유엔 가입 신청이 보류되었지만, 1961년 마침내 유엔 가입이 결정됨으로써, 국제사회로부터 몽골의 독립적인 지위를 공식 인준받게 되었다.

몽골제국 몰락 이후, 1992년 민주주의 헌법 채택 이전까지 몽골의 외교정책은 중국으로부터 국가 정체성 보존을 위해 소련에 편승 정책을 취한 것이라 말할 수 있겠다. 그러나 독립국가로서 지위를 보전하고, 소비에트연방에 일방적으로 치우쳐 있던 경제구조에서 탈피하기 위해 몽골은 그간 생존과 안보를 위협하던 중국과도 새롭게 외교관계를 시작하였다. 1950년대 말 중소분쟁이 점차 심화되는 전후에 몽골은 중국과 '몽-중 경제문화협력 협정'을 체결하고 중국으로부터의 무상원조를 비롯한 건설 기술자들을 파견받아 인프라 구축에 활용하는 한편, 몽-중-러를 연결하는 철도 부설을 통해 양국 간 물동량에 대한 통관세 및 중개무역으로 막대한 수익을 거두는 등, 소비에트연방에 의해 정치적으로 종속되어 있고, 중국이 몽골의 독립에 몽니를 부리는 상황에서도 국가이익을 위한 매우 실용적인 외교정책을 펼쳤다. 그러다 1960년대 중소 갈등이 격화되자, 몽골은 중국으로의 국경을 봉쇄하고 소련군의 주둔을 허용하는 등 발 빠르게 소련 편에 서서 자국의 독립과 안보를 보장받기 위한 조치를 취했다. 외교관계에서의 이러한 실용주의는 몽골의 대외정책 기조 전반을 투영하는 중요한 특징으로 볼 수 있을 것이다.

2. 전환기 몽골의 외교정책

1980년대 말 소련의 고르바초프 당 서기장에 의한 페레스트로이카 정책의 영향으로 몽골 또한 개혁개방 정책과 더불어 외교노선의 변화를 준비하였다. 1991년 소비에트연방이 해체되고, 1992년 신헌법을 채택하여 민주주의와 자유시장경제 체제를 도입하였다. 아울러 헌법에 외국군인의 주둔 및 통과를 금지하는 조항을 채택하여, 소비에트연방 해체 이후에도 몽골에 주둔해 있던 소련군의 철수를 종용하여 1993년에야 비로소 소련군의 완전 철수를 이루어냈다. 당시 급변하는 국제정세 속에, 자국의 안보와 독립을 보장받기 위해 소련에 편승하던 대외정책 기조에도 변화가 불가피하게 되었다. 1993년 비동맹운동에 가입하는 한편, 1994년 6월, 개헌을 통해 외교정책의 근간을 형성하는 '몽골안보개념(Монгол улсын үндсэн аюулгүй байдлын үзэл баримтлал)' 및 '몽골외교정책개념(Монгол улсын гадаад бодлогын үзэл баримтлал)'을 발표한다. 이를 통해 국가의 존속과 안보, 그리고 외교정책의 기반을 마련하였다.

몽골 외교정책개념에서는 몽골외교정책의 목표를 세계의 국가들과 우호적 관계를 통해 정치, 경제 및 다양한 분야의 협력을 이루어내고, 국제기구에서의 입지 강화를 통해 국가의 독립과 주권을 지키는 것에 두었다.[2] 이를 위해 몽골은 중립을 지키며, 독립적인 다자 외교정책을 시행한다고 명시하였다. 아울러 중국, 러시아와의 우호적 협력관계를 유지하는 것을 몽골 외교정책 제1의 목적으로 하며, 모든 분야에 걸친 균형적인 관계를 통해 다방면에서의 협력을 발전시키며, 미국, 일본, EU, 인도, 한국, 터키 등 동·서양 국가들과 '제3의 이웃'[3]정책의 범위에서 협력을 확대 발전시키는 것을 명시하였다.[4]

몽골의 대외경제정책개념 전반에는 몽골의 독립과 안보, 그리고

---

2   몽골외교정책개념 1장 2조.
3   제1 이웃은 러시아, 제2 이웃은 중국이다.
4   몽골외교정책개념 1장 7조.

표 6-1. 몽골 외교정책 기조 및 주요 내용

안보개념	외교정책개념	국가군사정책기초

• 생존안보(existential security)
  – 국가 존속
• 경제안보(economic security)
  – 국민의 경제적 삶 보장
• 국내안보(internal security)
  – 사회질서와 국가 시스템 안보
• 인간안보(human security)
  – 시민의 권리와 자유에 대한 안보
• 환경안보(environmental security)
• 정보안보(information security)
	• 타국과 우호관계
	• 국가발전에 유리한 대외
	  관계
	• 국제사회 지위 강화
	• 특정국가에 의존 지양
	• 국제관계, 국제정세 고려
	  한 외교정책 수립
	• 중국, 러시아 중 한쪽과
	  연합하여 다른 한 국가와
	  적대관계 형성 금지
		• 무력사용 및 군사적 위험
		  금지
		• 분쟁에 불참
		• 자국 내 외국군 주둔 및
		  무기 통과 금지
		• 중국, 러시아를 비롯한 제
		  3국 국가들과 우호협력
		  강화
		• 외부 군사위협 요인 제거
		• 군사 신뢰 강화

*출처: Монгол улсын үндсэн аюулгүй байдлын зөвлөл, http://www.nsc.gov.mn/?q=en/
ns-concept.; Ministry of Foreign Affairs of Mongolia, "CONCEPT OF MONGOLIA'S FOREIGN
POLICY", http://www.mfa.gov.mn/?page_id=26263&lang=en (검색일: 2020.7.29).

국가이익이 몽골 외교정책의 최우선이라는 것이 강조되고 있다. 이를
위해 개방적이고 유연하며 실용적인 외교정책의 추진이 가능하며 그
대상은 기존 사회주의권 국가들뿐만 아니라, 개발도상국과 유럽 선진
국, 한국, 일본 등 동북아 국가들과도 제3의 이웃정책을 추구할 것임
을 명시했다.[5]

　몽골은 이와 같은 외교정책의 기조를 마련함으로써 접경한 두 강
국인 중국과 러시아에 대한 편향적 외교에서 벗어나 독립적이고 실용
적인 외교활동을 실시할 수 있는 제도적 기반을 마련하였다. 더구나
'제3이웃'정책을 통해 한국, 미국, EU, 일본을 비롯하여 자국의 대규
모 광물자원 개발 과정에서 협력의 필요성이 커진 캐나다, 호주 등의
자원부국들, 나아가 중동 국가들과도 관계를 강화하는 외교를 펼치고
있다.

5　http://www.mfa.gov.mn/?page_id=26263&lang (검색일: 2020.10.29).

아울러 국제기구와 지역기구를 중심으로 한 다자외교 활동 또
한 활발히 펼치고 있다. 1998년 ARF(ASEAN Regional Forum, ARF),
2001년 CICA(Conference on Interaction and Confidence Building
Measures in Asia, CICA), 2006년 ASEM(Asia-Europe Meeting, ASEM)
에 가입하고, 2004년부터는 상하이협력기구(Shanghai Cooperation
Organization, SCO)에 옵저버 지위를 획득하였다. 또한 2010년에는
FEALAC(Forum for East Asia-Latin America Cooperation, FEALAC)와
IDEA(Interntional Institute for Democracy and Electoral Assistance,
IDEA)에, 2012년에는 OSCE(Organization for Security and Co-oper-
ation in Europe, OSCE) 가입하는 등 현재 48개의 국제기구에 가입하
여 활동하고 있다. 2013년에는 수도 울란바토르에서 민주주의공동체
각료회의(Conference of the Democracies, CD)를 개최하였고, 2016
년에는 같은 장소에서 ASEM(Asia-Europe Meeting)정상회의를 개최
하여 'ASEM 향후10년을 향한 울란바토르 선언'[6]을 채택하였다. 나아
가 2014년부터는 지역안보 메커니즘 구축을 위해 한국, 북한, 중국,
일본, 러시아, 미국, 몽골 등 7개국이 참여하는 다자안보전략 회의인
울란바토르대화(Ulaanbaatar Dialogue on Northeast Asian Security)
를 정기적으로 개최하고 있다.[7] 울란바토르대화는 정부가 아닌 민간단
체의 주도로 창설된 회담으로, 몽골정부와 민간단체가 주선하여 매년
몽골의 수도 울란바토르에서 정기회담을 개최하여 한반도 평화와 동
북아 비핵화 등 역내 국가 간 긴장완화와 평화정착을 위한 시민사회의
역할과 참여 방안을 주요 주제로 삼고 있다.

---

6   지난 20년간 ASEM의 성과 평가 및 미래발전을 위한 프로세스 개선, 파트너십 강화, 성
    과도출, 연계성 증진 등을 위한 실질적인 협력 증진에 대한 합의가 골자임.
7   울란바토르 프로세스(Ulaanbaatar Process)로 불리기도 한다.

과거 6자회담과 같은 정부 차원의 회담이 아닌, 민간조직들 간 보다 캐주얼한 대화를 바탕으로 역내 안보와 평화 달성을 위한 다양한 의견을 교환하고, 해당국들에 민간 차원의 권고안을 마련하여 제시하게 된다. 몽골 정부는 1992년 유엔총회에서 몽골 비핵화지대를 선언한 바 있고, 1998년 12월에는 유엔총회 결의를 통해 비핵화 지위를 보장받았다.[8] 이어 한반도의 비핵화를 지지하는 입장을 표명한 바 있다.[9] 또한 이와 같은 정책 기조를 바탕으로 동북아 평화체제 구축을 위한 가교역할을 자임하고 있다. 게다가 북한을 비롯한 역내 국가들과 우호적인 외교관계를 유지하고 있어 울란바토르대화의 개최국이 되었다.

몽골의 이와 같은 외교활동은 자국의 안보유지 및 경제적 독립과 발전에 주안점을 두고 있는 것으로 볼 수 있을 것이다. 안보 측면에서 한국의 15배에 달하는 영토를 1만 7천 남짓한 병력으로 방위하는 것은 매우 어려운 일이다(박정후 2016c, 5). 현재 전 국토의 25%에 해당하는 지역에 대한 탐사만으로 세계 10대 광물자원 부국의 명성을 얻었으나, 넓은 국토와 부존자원을 수호할 수 있는 군사력이 미비한 상황이다(박정후 2016c, 5). 그러나 2차 세계대전 당시 전략적 요충지였던 터키, 핀란드, 노르웨이, 스웨덴, 스페인 등의 국가들이 외교를 통해 전화를 피했던 과정을 들여다보면, 군사력이 약한 국가가 경쟁하는 강국 사이에 지리적, 전략적 요충지에 자리하면서 주요 자원을 보유하는 경우 이는 안보상의 위협인 동시에 자구책이 될 수도 있을 것이다

---

8   유엔총회, '몽골의 국제 안보와 비핵지대 지위(Mongolia's International Security and Nuclear Weapon Free Status)'에 대한 결의안(resolution)53/77D, https://www.un.org/en/ga/68/meetings/nucleardisarmament/multilateralefforts.shtml (검색일: 2020.11.29).

9   2016년 7월 몽골에서 개최된 ASEM회의에 참석한 한국 대통령과의 정상회담에서 한반도 비핵화 지지를 강조했다.

(박정후 2016c, 5).

　　몽골은 상술된 외교활동을 통해 러시아와 중국 사이의 완충국 역할에서 나아가 동북아 지역의 긴장완화와 평화체제 구축을 위한 다자협력 사안 등에 대해 중재역할을 수행하고자 적극적이다. 이를 통해 자국의 전략적 가치를 인정받으며 국제사회에서의 위상을 강화하기 위한 것으로 보인다. 그리고 이를 통해 국가 외교정책 기조인 안보개념과 외교정책개념에서 제시한 목표들을 충족시키고 있다.

III. 민주화 이후 외교정책

1. 정치적 특징과 민주주의의 공고화

몽골의 정치체제는 의원내각제적인 성격이 강한 이원집정부제로 요약할 수 있다. 대통령은 국민의 직선으로 선출되며, 외교와 국방에 권한이 집중되어 있다. 형식적으로 3권 분립의 형태를 취하고 있으나, 국가 주요 기능은 3부에 적절히 혼재되어 있다. 비록 의원내각제적인 성격이 강한 것으로 평가받고 있지만, 대통령의 권한은 막대하다. 고유권한인 국방과 외교 이외에도 검찰총장과 차장에 대한 임명권, 대통령, 총리, 국회의장이 구성하는 국가안보보장회의의 의장, 부정부패방지청장 임명권, 각 단계별 판사와 중앙재판위원장의 임명 또는 교체권한, 헌법재판소 재판관 3명의 임명권한(김홍진 외 2020, 129), 총리제청에 따른 장관 임명권, 법률안 거부권 등을 가지고 있다. 의원내각제적 성격이 강한 이원집정부제라 할지라도 내각과 의회에 대한 강력한 견제를 가능하게 하는 권한을 지니고 있는 것이다. 무엇보다도 직선 대통령의 정통성에 힘입어 국민여론을 주도하여 의회와 내각에 앞서 용이하게 정국을 주도하는 모습을 보여왔다(김홍진 외 2020, 130).

　1990년대 사회주의를 채택했었던 유라시아지역의 국가들은 체제 전환을 시작했다. 이 과정에서 몽골은 체제전환기의 신생 민주주의 국가들 중 일부가 권위주의 체제를 공고화한 것과는 달리 체제전환 초기인 1994년부터 국민들의 요구에 따라 언론에 대한 검열제도를 폐지하였고, 이에 더하여 TV, 라디오, 신문에 대한 통제 중단을 요구하는 시위가 잇달아 발생함에 따라 집권층은 선거법을 개정하고 언론의 자유에 관한 법을 제정하는 등의 조치를 취하였다(박정후 2020, 316). 민주화에 대한 국민들의 높은 요구 수준과 정치권의 높은 반응성은 민주주의 정치체제 정착을 위한 제도화 작업을 촉진시켰던 것이다(박정후 2020, 316-317).

　일례로, 2008년 6월에 치러진 몽골 5대 총선에서 여당인 몽골인민혁명당이 76석 중 45석으로 다수석을 차지하자 몽골민주당 대표였던 엘벡도르지가 부정선거 의혹을 제기하며, 선거 결과를 받아들일 수 없다고 선언하였다. 이에 1만여 명의 몽골민주당 지지자들이 몽골 정부청사 앞 수호바타르 광장 근처에서 격렬한 시위를 벌였다. 이에 정부에 의한 계엄령 포고와 경찰의 발포로 5명이 사망하고 700여 명이 체포되는 사건이 벌어졌다. 비록 선거결과가 뒤바뀌거나 재선거가 치러지지는 않았지만, 이듬해인 2009년 대통령 선거에서 몽골민주당 후보인 엘벡도르지가 대통령에 당선되고, 2012년 6월 몽골 6대 총선에서 몽골민주당이 다수석을 차지하여 집권당이 되었다. 이어 2016년 6월 7대 총선거에서 다시 야당인 몽골인민당이 다수석을 차지하여 수평적 정권교체가 이루어지는 등, 소련으로부터 독립한 국가들 다수가 권위주의 체제를 노정한 것과는 다른 모습을 보여주었다.

헌팅턴(Huntington 1991 ; 1992)의 분류에 따르면 몽골은 타협을 통한 민주화(transplacement)를 이룬 국가로서 체제전환 이후 4차례에 걸친 수평적 정권교체를 이루어내어 절차적 민주주의(procedural democracy)를 달성한 것으로 볼 수 있다(박정후 2020, 317). 아울러 1999년의 프리덤하우스(Freedom House) 평가에서는 탈공산주의 국가들 중에서 유일하게 정치적 자유의 기준에 부합하는 국가였고, 2008년 같은 조사에서 몽골은 탈사회주의 국가들 중 아시아를 통틀어 가장 민주적인 국가로 평가받았다(박정후 2020, 317). 이와 같은 성과를 바탕으로, 몽골의 민주주의는 실질적 민주주의(essential democracy) 수준을 이미 달성하였음은 물론 공고화 수준을 밟고 있다고 할 수 있겠다(박정후 2020, 320).

한편, 몽골의 체제전환이 평화롭게 이루어진 주요 원인을 몽골의 전체인구가 적은 것과, 다수의 인구가 거주하는 수도 울란바토르를 중심으로 이루어지던 정치, 경제, 교육, 사회활동 등에서 찾는 시각도 있다. 즉, 사회주의 기득권 세력과 민주주의 요구 세력의 대부분은 수도 울란바토르에서 함께 자라고 같은 학교에서 교육을 받았으며, 이들의 부모, 자녀, 친족 등과 친분관계를 유지하고 있어 민주주의 요구 세력에 의한 시위 등 일련의 소요활동에 대해 강압적이고 가혹한 탄압이 이루어지기 어려웠다는 것이다(이정진 2009, 203-204 ; Sabirov 2016, 1). 그러나 인구 규모 및 분포 등이 비슷하던 아르메니아, 키르기스스탄 등이 내·외홍을 겪으며 여전히 민주주의의 공고화가 지체되는 것을 보면, 이와 같은 주장은 설득력이 떨어져 보인다.

이 무렵 신생 민주주의 국가들은 체제전환 과정을 겪으면서 기존 정치체제의 변동과 더불어 정치엘리트들의 교체가 다수 이루어졌다. 이와 달리 몽골은 사회주의 시절의 몽골인민혁명당이 아직까지도

존재하고 있으며, 이는 2020년 6월 총선거 승리로 재집권한 몽골인민
당의 전신이기도 하다. 즉, 몽골의 주요 정당으로서 국민들로부터 여
전히 폭넓은 지지를 받고 있는 것이다. 따라서 민주주의 체제의 도입
과 정치체제의 변화 속에서도 사회주의 시절의 정치엘리트들에 대한
숙청 등 큰 변화가 상대적으로 적었고, 이를 바탕으로 기존 일당체제
에서 다당제의 도입이 유연하게 이루어진 것으로 볼 수 있다. 이윽고
1992년 이루어진 개헌과 총선거에서 자유민주주의를 지향하는 정치
인들이 몽골민주당을 통해 정치에 참여하게 되었고, 사회주의 일당체
제 속에 유일한 정당이었던 몽골인민혁명당과 현 몽골인민당에는 비
록 과거와는 지향점이 많이 달라졌지만 상대적으로 친러시아 성향을
띤 정치인들이 현재까지 활동하고 있다.

　민주주의 정치체제의 성공적인 정착과는 달리, 민주주의의 공고
화를 저해하는 정치행태 또한 상존하고 있다. 정치권의 부정부패와 선
거 때마다 등장하는 포퓰리즘, 그리고 여기에서 비롯된 정치에 대한
불신과 혐오, 불만 등이다. 2009년 대선에서 오유톨고이 광산 협상 타
결을 이끌어 내었던 인민혁명당의 현직 대통령과 민주당 대통령 후보
로부터 각각 100만 투그릭, 150만 투그릭의 전국민 대상 현금지급 공
약 대결 결과,[10] 150만 투그릭을 지급하기로 공약했던 민주당 엘벡도
르지 후보가 대통령에 당선된 것과 민주당 바트톨가 대통령이 전 국민
부채탕감 공약을 내세워 당선에 큰 도움이 되었던 사례, 그리고 연금
대출 면제 공약 등 선거를 앞둔 정치권의 선심성 공약은 의외로 큰 효
과를 발휘하는 것으로 보인다(박정후 2020, 328). 뿐만 아니라, 민주화
이후 평균 80%가 넘는 총선 투표율에서 유추할 수 있듯이, 몽골 유권

10　당시 몽골 공무원의 평균급여는 1개월에 약 30만 투그릭 정도였다.

자들이 정치권에 대한 불신과 혐오를 표출하면서도 이와 같은 행태가 정치 무관심으로 이어지지 않는 것 또한 몽골 정치의 중요한 특징 중 하나로 꼽을 수 있을 것이다(박정후 2020, 328-329).

한편, 2012년 치러진 총선에서 몽골민주당이 다수석을 차지하여 집권하게 된다. 직전 선거인 2008년 총선에서 몽골인민혁명당이 다수석이었으나, 몽골 국민들은 4년 만에 몽골민주당에 다수의석을 몰아 주었고, 다시 4년 후에 치러진 2016년 총선에서는 몽골인민혁명당의 후신이라고 할 수 있는 몽골인민당에 압도적인 지지를 표출했다. 당시 몽골국민들의 선택은 경기침체가 가장 큰 영향을 미친 것으로 알려져 있다. 2009년 BHP Billiton, 캐나다의 아이반호 마인즈(Ivanho mines), 호주의 리오틴토(Rio Tinto) 등 광산개발 분야에서 세계적인 기업들이 참여한 몽골 오유톨고이(Oyu Tolgoi) 광산개발에 대한 몽골 정부와 다국적기업 간 협상이 타결되어 몽골경제는 2011~14년간 두 자리 성장률을 기록하며 가파르게 상승하였다. 그러나 2014년 이후, 중국의 경기 둔화에 따른 광물자원 수출 감소와 국제 원자재 시세가 하락하기 시작했다. 게다가 몽골 정부에 의한 오유톨고이 광산의 지분률 재협상 요구에 대해 주요 투자자인 리오틴토사와 갈등이 야기되었다. 몽골 전략광산 개발의 주요 레퍼런스였던 오유톨고이 프로젝트의 진행 과정을 목도한 외국 투자자들은 갈등의 주 원인이 몽골정부에 있다고 판단하여 투자를 유보하기 시작했다. 당시 집권 몽골민주당은 이전 인민혁명당 정권에 의해 체결되었던 오유톨고이 광산개발 관련 협정의 협상 과정 및 결과에 대해 신뢰하지 못하였다. 몽골민주당은 급기야 광산개발 및 외국인투자 관련법 개정을 통해 오유톨고이 광산개발 투자자이자 파트너였던 리오틴토(Rio Tinto)에게 재협상을 통한 기 협정 수정을 압박하기에 이르렀다. 결과적으로 이와 같은 과정을 거치며 몽골 정부는 해외투자자들로부터 신뢰를 상실하게 되었다. 아울러 외국인 직접투자가 큰 폭으로 감소하였다. 이에 따라 경제성장이 급속하게 둔화되었고, 환율이 크게 인상되어 인플레가 심화되는 등 경제가 급격히 침체되었다.

이 무렵 몽골 국민들의 회고적 투표(Retrospective Voting) 성향이 매번 표출되었다. 집권당의 부정부패 등에 대한 실망감에 앞서 주로 경제실패에 대한 책임을 묻는 형태로 이루어졌다. 광물자원개발에 의한 급격한 경제성장의 과실과 이에 비롯된 국제사회에서 자국의 위상 제고를 한껏 만끽했던 몽골 국민들의 정치권에 대한 주요 요구는 광물자원개발에 따른 이익을 골고루 누릴 수 있게 하는 것이다. 이에 따라 정치권의 주요 목표는 경제성장에 초점을 맞추게 되었다. 경제위기를 극복하고 경제발전을 위해 주변국과 원활한 협상을 유도하여 성과를 창출하는 것이 집권을 용이하게 하였다. 현재 몽골의 이와 같은 정치적 특징과 민주주의의 성숙은 국민의 안전과 욕구를 우선으로 반영하고자 하는 정책 입안에 적지 않은 영향을 주고 있는 것으로 보인다. 결국 민주주의의 공고화가 정치권으로 하여금 외국인 투자 유치와 다자협력 프로젝트에의 적극적인 참여를 위한 실용적이고 유연한 대외정책 기조를 형성하는 데 크게 일조했다고 볼 수 있을 것이다.

2. 주요 정당의 외교정책

몽골의 민주화 이후, 몽골 민주당과 과거 몽골인민혁명당의 이념을 계승한 몽골인민당으로 나뉘어 양대 정당이 번갈아가며 집권하고 있다. 대외정책에 있어 양당 간 다소 방법의 차이는 있으나 몽골의 안보와 경제발전을 추구하고자 하는 목표에서 크게 벗어나지 않는다. 특히 안보를 위한 외교정책에는 두드러진 방향의 차이 없이 통일되고 일관된 입장을 견지하고 있다. 즉, 중국과 러시아 사이에서 자국의 독립과 안보를 담보하기 위해 예방외교(Preventive Diplomacy)를 표방하고 있다. 아울러, 중국에 의존적인 경제구조를 탈피하고, 최근 몇해 동안 이어진 경기침체와 코로나19의 영향을 최소화하기 위해 타국으로부터 원조와 차관, 투자 등 경제지원을 목적으로 외교역량을 할애하고 있다. 이를 위해 기존의 중국, 러시아뿐만 아니라, IMF, 세계은행(World Bank), 아시아개발은행(ADB) 등 국제기구를 비롯하여 중동, 인도, 일본, 미국, 한국 등 원조와 차관, 투자를 유치할 수 있는 모든 나라들에 외교적 노력을 기울이는 것이 집권당의 교체와 관계없이 지속되는 몽골 정부의 기본적인 방침이다.

여야 간 수평적 정권교체가 이루어졌던, 2012년 이후 양당의 외교정책을 들여다보면 다음과 같다.

2012년 총선에서 76석의 의석 수 중, 몽골민주당이 35석, 집권당인 몽골인민당이 26석을 차지하였다. 몽골민주당이 단독내각을 형성할 수 있는 의석수에는 못 미쳤지만, 수평적 정권교체를 이루어 내었으며, 국민 직선으로 선출되는 대통령 또한 몽골민주당 출신 엘벡도르지였다. 총선 결과, 몽골의 외교정책 지향을 몽골민주당이 단독으로 결정할 수 있는 여건이 조성되었고, 외교정책 실행계획 수립을 통해 외교정책을 구체화하였다. 외교정책 실행계획의 골자는 러시아, 중국, 제3이웃 국가와의 우호적 협력관계를 강화하고, 유엔 및 국제기구들과의 협력 강화, 몽골의 발전과 문화 등을 세계적으로 알리며 몽골학을 지원, 해외 체류중인 몽골인 자녀들의 몽골어와 문화교육을 정부에서 지원하는 것 등이었다.[11] 몽골민주당은 몽골의 민주주의와 인권, 시장경제로의 이행 과정이 성공적이었던 것으로 평가하며 집권 시기

에 국가 정체성을 재정립하고 국제사회에서 몽골의 위상 강화를 위한
외교정책을 추진하였다.

1) 몽골민주당의 외교정책(2012~2016)[12]

1. 국가 외교정책의 일관성을 유지하며, 정부기관 간 대외정책관
   련 업무에 대해 상호협력 원칙을 이행
2. 러시아와 중국 그리고 제3의 이웃국가 및 지역연합과의 전략적
   동반자 관계와 포괄적 동반자 관계를 강화
3. 유엔과 그 관련 기구들과의 협력 확대, 유엔 평화유지활동 참
   여 확대, 해양 출구가 없는 개발도상국가들의 권익보호에 참여
4. 민주주의 공동체 의장 역할을 명예롭게 수행할 것이며, 민주주
   의 교육 확산에 적극적으로 참여
5. 몽골의 민주주의와 인권, 시장경제의 역사, 경험을 다른 개발
   도상국가들과 공유하는 목적의 재단을 설립
6. 유럽연합의 공동 원칙, 표준 등을 몽골에 도입하는 정책 실시
7. 몽골 국민들의 해외 방문 조건 간소화, 해외 체류중인 몽골인
   들의 권익 보호, 영사 업무 서비스에 대해 신속하게 폭넓게 제
   공
8. 몽골의 발전, 국어, 문화, 문화재와 전통을 세계적으로 알리고,
   몽골학을 지원하는 일을 활성화

---

11   몽골법률정보 http://www.legalinfo.mn/annex/details/5591?lawid=8722 (검색일:
     2021.3.27).
12   몽골법률정보 http://www.legalinfo.mn/annex/details/5591?lawid=8722 (검색일:
     2021.3.27).

9. 국경지역에서의 무역을 지원하고, 지역주민의 단기 출입국 환경을 제공

10. 해외 체류중인 몽골인들이 설립한 자율 공동체나 협회의 활동을 지지

11. 외국 국적을 취득한 몽골인이 자국을 방문하여 모국어와 문화를 경험하게 하고, 이를 통해 자국에 취업할 수 있는 환경을 조성

12. 해외 체류중인 몽골인들 자녀들의 몽골어와 문화 교육을 정부 차원에서 지원

한편, 2016년 6월 총선을 통해 몽골민주당에서 몽골인민당으로 정권교체가 이루어졌다. 집권 몽골인민당의 대외정책은 4가지의 외교정책 기조 및 13개의 실천계획으로 이루어져 있다. 4대 외교정책 기조는 몽골의 외교정책의 특징인 통합성과 전통성을 보존하고, 몽골의 국익과 안보를 정치·외교적 방법을 통해 지속적으로 지켜내기 위해 비동맹외교와 다원외교를 실행하고, 평화를 존중하며 개방적이고 독립적인 외교정책을 시행하며, 두 이웃인 러시아 중국과의 전통적, 우호적 그리고 평등적인 관계를 강화하고 '제3의 이웃정책'의 범위 안에서 기타 외국과의 협력을 발전시키는 한편, 안보와 국가발전이 보장되는 국민적인 통합 및 사회협의를 존중하여 발전시키는 것이다.[13]

---

13   몽골인민당, http://www.nam.mn/a/310 (검색일: 2021.1.3).

2) 몽골인민당의 외교정책 기조(2016~현재)

1. 몽골의 외교정책의 특징인 통합성과 전통성을 보존
2. 몽골의 국익과 안보를 정치 · 외교적 방법을 통해 지속적으로 지켜내기 위해 비동맹외교와 다원외교를 실행하고, 평화를 존중하며 개방적이고 독립적인 외교정책 시행
3. 두 이웃 러시아 중국과의 전통적, 우호적 그리고 평등적인 관계를 강화하고 '제3의 이웃정책'의 범위 안에서 기타 외국과의 협력을 발전시킴
4. 안보와 국가발전이 보장되는 국민적인 통합 및 사회협의를 존중하여 발전시킴

이와 함께 몽골인민당은 외교정책 기조의 실현을 위해 13개의 실천계획을 수립하였다.[14] 외교정책 실천계획의 골자는 중국, 러시아와의 경제협력을 비롯한 동반자관계를 강화하고, 제3이웃 국가들과 협력관계를 발전시키며, 유엔과 국제기구들과의 협력을 강화해 나가는 등 직전 몽골민주당 정권과 유사한 방향의 실천계획이 제시된 반면, 몽중러 경제회랑 구축 프로젝트 추진을 위한 3국 간 협력센터 설립, 외국과의 통상절차 간소화 및 관광산업 육성을 위한 출입국 조건 개선, 외국인 투자유치 정책 실시 및 외국인 투자자들에게 안정적인 투자환경 제공, 수출 품목 다양화 및 세계 금융시장 진출 등이다.[15]

---

14   몽골 국회령 45호, 「몽골 정부 2016-2020년 실천계획」, http://www.legalinfo.mn/annex/details/7409?lawid=12120 (검색일: 2021.1.3).

15   몽골 국회령 45호, 「몽골 정부 2016-2020년 실천계획」, http://www.legalinfo.mn/annex/details/7409?lawid=12120 (검색일: 2021.1.3).

3) 몽골인민당의 외교정책 실천계획(2016~현재)

1. 몽골, 러시아 간 전략적 동반자 관계 그리고 몽골과 중국의 포괄적 전략 동반자 관계를 심화, 경제적 상호 이익의 협력관계 확대, 두 이웃 국가의 해양 항구 사용과 두 이웃 나라를 통과하는 교통에 대해 편리한 조건을 조성한다.

2. 몽골, 러시아, 중국 간 3자 협력 공동체의 범위에서 지역 내 협력센터를 설립하고, "경제 회랑 구축 프로그램"의 범위에서 기간산업 분야 기존 협의된 사업들에 대한 타당성 조사를 작성하고, 일부 사업을 개시한다.

3. 미국, 일본, 유럽연합, 인도, 대한민국, 터키 등 제3의 이웃국가들과 기타 나라들과 전통적인 협력관계를 심화 발전시키고, 통상, 경제 관계 발전에 있어 우선적인 의의를 둔다.

4. 유엔과 그 산하 기관들, 국제 및 지역 기타 기관들과의 협력을 적극적으로 지속한다.

5. 통상 분야 주요 파트너와 기타 외국과의 통상을 더욱 간소화하는 데 방향을 둔 협정 체결을 위한 관련 연구 및 조사를 실시하고, 관세와 비관세적인 요소를 줄이는 데 노력한다.

6. 외국 투자자들에게 정책적으로, 협력 차원에서 법적인 안정 및 편리한 환경을 조성한다. 그들의 권익에 해당되는 국제조약 및 헌법 이행을 개선하고, 기간산업, 광산, 전력, 농업, 관광 그리고 기타 모든 분야에서의 외국 투자 유치를 위한 정책을 실시한다.

7. 통상 분야를 경제성장, 국민의 수요를 공급하는 데 방향을 두고, 국경 지역에서의 관광개발을 위해 국민의 출입국 조건을

개선하고, 국제 및 지역 내 통상, 경제 통합 그리고 기간산업에 해당되는 과정을 가속화하고, 통상 분야에 있어 편리한 조건을 조성한다.

8. 해외 시장에 수출 가능한 우선순위의 상품에 대한 조사 및 경영을 위한 정부의 "몽골 수출" 프로젝트를 이행하고, 몽골-엑스포 전시회 개최, 해외 시장 진출 환경 개선, 국내 기업이 해외에 투자하고, 세계 금융 시장에 진출하는 데 적합한 환경을 조성한다.

9. 해외 체류중인 국민들의 권익을 지속적으로 보호하고, 그 권익이 위반되었을 경우 법률적인 지원을 신속히 제공하고, 주민등록 및 공증, 영사 업무 서비스의 품질을 향상시킨다. 이 범위 내에서 "해외 체류 몽골인들을 위한 기금"의 규모를 확대한다.

10. 몽골의 역사, 문화재, 전통, 경제, 사회 분야에서의 성과, 발전, 대외 정책, 협력 관계를 세계적으로 홍보하는 일을 활성화하고, 몽골 홍보 전시회, 영화제, 공연, 면담 등의 행사를 해외에서 개최한다. 몽골학 범위를 확대, 지속 발전시키는 조건을 조성한다.

11. 해외에서 설립한 "몽골 학교, 유치원"의 교과서 및 교육과정 등에 대해서 대외정책 관련 업무를 수행하는 정부기관 간 상호 협력의 원칙을 이행한다.

12. "Zuugiin uur (꿀벌 집)" 프로그램을 지속 이행하고, 해외에서 유학하고, 근무하여 높은 지식, 교육 및 기술 익힌 젊은층이 자국에서 안정적으로 정착하는 데 지원한다.

13. 전문 분야를 전공하고, 해외에서 고등 교육과 학술 분야에 종사하고 있는 몽골인들이 자국의 발전에 원거리에서 기여할 수

있는 기회를 제공하고, 몽골 내 학술 기관, 대학교, 실험 연구
소 등과 연결해준다.

이와 같은 외교정책 기조와 실천계획은 총선공약으로 제시되었다
가 몽골인민당이 총선에서 승리함에 따라 2016년 9월, 의회로부터 승
인을 통해 몽골 정부의 공식 대외정책이 되었다. 상대당인 몽골민주당
의 경제실패로 압도적인 지지를 얻은 몽골인민당은 경제위기 극복과
경제발전을 당면과제로 떠안게 되었고, 이의 해결을 위해서는 대외경
제협력 활성화와 외국인 투자유치가 관건이라는 것을 잘 알고 있었다.
따라서 외국인 투자유치 환경을 안정화하고, 통상과 관련된 제도와 규
제를 개선하는 등 타국과의 교역이 더욱 원활하게 진행될 수 있는 여
건 구축을 위한 정책들을 표방하였다.

몽골 양대정당의 외교정책 기조는 몽골외교정책개념 및 몽골안보
개념의 틀에서 크게 벗어나지 않는 범위에서 자국의 안보와 경제발전
을 위한 외교정책을 채택하고 있으나, 외교통상 및 다자경제협력, 외
국인 투자자 유치 등에 대한 접근태도와 방식, 투입하는 역량 등에 있
어 차이를 보인다. 실제로 몽골민주당 때보다 몽골인민당 시절에 외국
인 투자자와의 대규모 협정이 체결되었고, 다자협력 메가 프로젝트의
진행도 원활하며, 경제상황도 더 나아졌다. 2012년 총선거에서 몽골
민주당이 집권당과 여당의 지위를 차지했으나, 몽골 내 전략광산 분야
에서 외국인 투자자와의 투자협상이 난항을 겪으면서, 경기침체를 야
기했다. 한편, 몽골인민당은 2016년 집권 후, 국가 부도 위기에 있던
몽골의 경제를 다시 회복시켜 가고 있으며, 수도 울란바토르의 대기질
개선사업이 성과를 거두었고, 강력한 부패 척결에 대한 의지표명과 함
께 국민의 국가행정편의를 위한 서비스를 개선하는 한편, 코로나19에

대한 대응 또한 인접국인 중국, 러시아의 상황에 비해 성공적이었다는 평가를 받아 국민들에게 신망을 얻어 2020년 총선에서 재집권에 성공하였다.

게다가 2021년 6월 치러진 대선에서도 몽골인민당 후보인 후렐수흐 전 총리가 당선됨에 따라 몽골인민당이 정국 주도권을 온건히 갖게 되었다. 이에 따라 다자간 경제협력 사업 참여 및 외국인 투자환경 개선, 통상 활성화 등 경제통상정책 확대에 중점을 두고 있는 몽골의 대외정책이 더욱 탄력적으로 추진될 수 있는 여건이 마련되었다.

IV. 다자경제협력 프로젝트 참여

2016년 몽골민주당에서 몽골인민당으로 정권이 교체되었고, 교체된 몽골인민당 정권은 경제위기를 극복하는 데 다소 성과를 창출하며, 2020년 재집권에 성공하였다. 이로써, 몽골의 대외정책은 경제통상에 집중할 수 있는 여건이 마련되었다. 때마침 몽골을 중심으로 하는 다자경제협력 프로젝트가 주변국들에 의해 추진되고 있다. 이에 따라 몽골의 대외정책 또한 역내 다자협력사업에 참여하여 주요 역할을 수행하기 위한 방향으로 진행되고 있다.

1. 몽-중-러 경제회랑

2016년 6월, 중국의 일대일로 전략의 일환으로 추진되던 6대 경제회랑 구축계획 중 몽-중-러 경제회랑 건설 계획이 중국, 몽골, 러시아 등 관련국들 간 합의되어 협력 내용을 논의하였다.[16] 이에 따라 현재 몽-

중-러 경제회랑 구축을 위한 32건의 프로젝트가 추진 중이다. 교통 인 프라, 산업협력, 국경 통과지점 현대화, 에너지 협력, 무역·세관·검 사·검역 협력, 환경·생태 보호 협력, 과학기술·교육 협력, 인도적 협 력, 농업, 의료·보건 분야로 나뉘어 진행중이며, 교통·물류 인프라 구 축을 위한 협력사업이 가장 많은 비중을 차지하고 있다. 이 사업은 몽 골-중국-러시아를 연결하는 3개의 도로회랑과 4개의 철도회랑 구축을 목표로 하고 있다.

동 사업을 위해 러시아는 2017년 몽골에 15억 달러의 차관 제공 을 결정하여, 회랑 건설을 위한 몽골 내 철도정비 사업을 진행하도록 하였고, 2016년 중국은 3억 5천만 위안 지원 및 20억 위안 무상원조 를 결정하고 회랑건설을 위한 몽골 내 인프라 정비 및 발전소, 구리제 련 시설을 확충하는 데 사용하도록 했다. 2019년에는 몽골-러시아 투 자협력재단 설립에 양국이 합의했다. 나아가 몽중러 3국은 2018년 개 최된 국장급 회의에서 중앙철도 및 도로회랑, 몽골-러시아 전력망 개 선 사업을 우선적으로 추진하기로 협의하고, 3개국이 참여하는 공동 투자계획센터(Joint Center for Investment Planning) 수립을 논의 중 이다(정동연 2019, 5-7). 아울러, 아시아인프라투자은행(AIIB), 아시아 개발은행(ADB) 등으로부터 사업비가 지속적으로 충원될 예정이다. 특히 러시아와의 협력은 2019년 9월 푸틴 대통령이 몽골을 방문하여, 양국 간 몽골 내 인프라, 광산, 농업 분야의 협력을 확대하기로 합의하 는 한편, 관련 프로젝트 진행에 따른 자금 충당을 위해 몽골-러시아 투

---

16   중국-파키스탄 경제회랑, 신유라시아 대륙교량, 몽-중-러 경제회랑, 중국-중앙아시아- 서아시아 경제회랑, 중국-인도차이나반도경제회랑, 방글라데시-중국-인도-미얀마경제 회랑이다. https://news.kotra.or.kr/user/globalAllBbs/kotranews/list/2/globalBbs- DataAllView.do?dataIdx=158915 (검색일: 2020.12.11).

표 6-2. 몽-중-러 도로회랑

아시아자동차 도로망 AH-3 노선	울란우데-카흐타/알탄불락-다르항-울란바토르-사인샨드-자밍우드/이렌-베이징 외곽-텐진	• 울란바토르-다르캉-알탄불락 구간 개량 추진 - 2018년 7월, 아시아개발은행(ADB)이 6천만 달러 규모의 차관 제공 합의, 총 길이 311km로 2018년 하반기 공사 시작
아시아자동차 도로망 AH-4 노선	노보시비르스크-바르나울-고르노알타이스크-타샨타/울란바이쉰트-흡드-야란타이/타케쉬켄-우르무치-카쉬-혼키라프	• 울란바이쉰트-흡드-야란타이 구간 완공(1995~2018) - 몽골 및 중국 정부, 아시아개발은행(ADB) 투자
동부 자동차도로 회랑	보르쟈-솔로비엡스크-에렌차브-초이발산-바룬우르트-비칙트-시린궈러맹-시우드쥠취민치-츠펑/실린호토-챠오양/청더-판진/진저우-텐진	• 바룬우르트-비치그트 구간 건설 추진 - 272km 구간 건설에 대한 입찰 진행(2018년 4월)

출처: 제성훈 외(2016, 71).

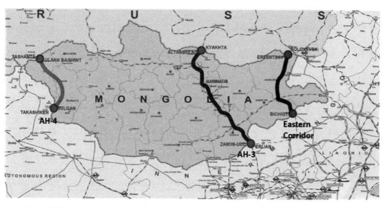

그림 6-1. 몽-중-러 도로회랑

출처: Ministry of Foreign Affairs of Mongolia(2019), "Mongolia-Russia-China Economic Corridor", 「North-East Regional Power Interconnection and Cooperation Forum 2019」, p. 5.

자협력재단 설립에 동의함에 따라, 양국 간 협력은 더욱 심화될 것으로 예상된다.[17]

　도로회랑건설 중, AH-3 구간은 러시아의 울란우데에서 중국의 텐

진까지 연결되는 구간으로 현재 기 가설되어 운영 중이다. 아울러, 알
탄블락에서 울란바토르까지 약 311km 구간에 대한 정비 사업이 ADB
의 차관으로 착공될 예정이다.

한편, AH-3 노선의 몽골 구간에 해당하는 지역은 몽골 국가개발
전략 2007-2021에 의해 2010년 몽골의회의 승인을 받은 밀레니엄 도
로(Millennium Road) 계획의 한 구간과 일치한다. 이 계획에 따르면,
몽골을 동서로 가로지르는 횡단도로를 건설하고 다시 이 횡단도로를
남북 방향으로 통과하는 다섯 개의 종단도로를 신설하는 것으로서, 상
대적으로 낙후되어 있는 몽골 서부지역과 동부지역의 인프라를 구축
하고, 주요 광산들이 모여 있는 몽골 남부지역의 광물자원 유통을 원
활하게 하기 위한 것에 초점이 맞추어져 있다.

몽중러 경제회랑 구축 계획 중, 중앙철도회랑건설은 유라시아 대
륙횡단철도 계획과 연계되어 있는 것으로, 러시아의 울란우데 지역에
서 중국 텐진까지 연계되는 철도이다. 총연장 7,753km의 철도 공사가
예정되어 있고, 이 중 몽골 구간인 2,215km는 기 가설되어 현재 운영
중이다.[18] 몽골횡단철도가 완공되면, 몽골은 중국과 러시아 사이 물류
거점이 될 수 있을 뿐만 아니라, 막대한 매장량을 자랑하는 광산이 몰
려 있는 남부지역의 구리, 석탄 등의 광물을 낮은 물류비용으로 주요
수요처인 중국으로 운송하기 원활해지는 까닭에 매우 적극적이다. 몽
골 정부는 남부지역 광산지역의 운송 인프라 구축에 직접 참여하는 한
편, 남부지역에서 광산을 개발하고 있는 회사들에게 생산된 광물을 운
송하는 인근 거점 구간으로의 도로건설 공사를 시행하도록 하고 있다.

17   우누두르, http://unuudur.mn/ (검색일: 2021.3.13).
18   몽골 종단철도(Trans-Mongolia Railway, TMR): 러시아 울란우데 - 몽골 울란바토르 - 내
      몽골 지닝 구(區).

표 6-3. 몽-중-러 철도회랑

중앙철도회랑	울란우데-나우쉬키-수흐바타르-울란바토르-자밍우드-이렌-장자커우-베이징-텐진	• 몽·러 '울란바토르 철도' 현대화 합의(2018년 2월) - 몽골 정부의 철도 장기발전계획(2030)의 일환으로 철로 수선, 열차 및 기관차 개량 등을 내용으로 함. - 1단계(2018~20년) 계획에 러시아 정부 2억 6천만 달러 투자 예정
북부철도회랑	쿠라기노-키질-차강톨고이-아르츠수르-오보토-에르데넷-살히트-자밍우르-이렌-울란차브-장자커우-베이징-텐진	• 오보트-에르데네트 구간 2019년 착공 예정 - 2015년 몽골 정부와 호주 '북부철도사(Northern Railways)'가 선로 건설 및 운영에 대한 30년간의 양허 계약을 체결했으며, 2018년 4월 예비타당성 조사를 완료함. - 총 노선길이 549km, 12억 달러 규모의 공사로 중국 건설사인 CGGC(China Gezhouba Group Company)와 CR20G(China Railway 20th Bureau Group)가 시공사로 참여
서부철도회랑	쿠라기노-키질-차강톨고이-아르츠수르-타케쉬켄-하미지구-창지후이족자치주-우르무치	• 몽골 정부 예비타당성 조사 계획 중
동부철도회랑	보르쟈-솔로비옙스크-에렌차브-초이발산-후트-비칙트-샤린골-츠펑-차오양-진저우/판진	• 몽골국영철도지주사(MongolianRailway State Owned Share Holding Company)와 중국 바신철도(Baxin Railway Company) 간 후트- 초이발산, 후트-비치그트 구간 건설을 위한 양해각서 체결(2018년 4월) - 후트-비치그트 구간 예비타당성 조사 완료, 총 노선 길이 239km, 초기 투자비용 10억 달러 예상

출처: 제성훈 외(2016, 71).

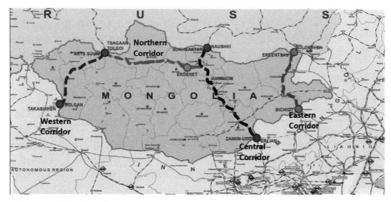

그림 6-2. 몽중러 철도회랑

출처: Ministry of Foreign Affairs of Mongolia(2019), "Mongolia-Russia-China Economic Corridor", 「North-East Regional Power Interconnection and Cooperation Forum 2019」, p.4.

2. 시베리아의 힘 - 2 건설

몽골은 지경학적 위치를 활용하여 러시아와 중국 사이의 에너지 운송
망 건설에도 적극 참여하고 있다. 2019년 12월 중국과 러시아 사이의
천연가스 파이프라인이 연결되는 '시베리아의 힘(Power of Siberia)'
프로젝트가 완료되었고,[19] 이후 러시아 야말반도(полуо́стров Яма́л)로
부터 중국으로 이어지는 천연가스 파이프라인 설치 공사인 '시베리아
의 힘 - 2' 프로젝트가 추진 중이다. 몽골은 자국을 통과하는 파이프
라인 공사추진을 위해 제반 여건을 마련하는 등 공사유치에 협조적이
며 큰 관심을 기울이고 있다.

　설계를 맡은 러시아의 국영회사인 가즈프롬사는, 2021년 4월, 시
베리아의 힘 - 2 프로젝트의 타당성 평가를 위한 기술 및 경제타당성
조사를 위한 기초조사를 마쳤다고 발표했다. 동 프로젝트는 2022년까
지 타당성 조사 등을 마치고, 이후 착공될 예정이다. 중국은 중간국 없
이 러시아와 중국을 직접 연결하는 시베리아의 힘 - 3 프로젝트 추진
에 더욱 많은 관심을 갖고 있으나, 러시아는 현재 전량 유럽 방면으로
수출하는 서시베리아산 가스 수출을 다변화할 필요가 있고, 가스수송
인프라가 미비한 크라스노야르스크 지역 내 인프라 개발 및 동-서 가
스수송체계를 연계하는 통합 가스공급망을 조성하는 한편, 해당 지역
내 일자리 창출효과 등의 효과를 누리기 위해 몽골을 경유하는 시베리
아의 힘 - 2 프로젝트를 먼저 추진한다고 밝힌 바 있다.[20]

19　야쿠티야, 차얀다, 코빅타, 이르쿠츠크에서 생산되는 천연가스를 파이프라인을 통해
　　중국 동북지역으로 운송하는 프로젝트이다. 파이프라인 총길이는 약 2,896km이며,
　　약 550억 달러의 공사비가 소요되었다. 러시아는 '시베리아의 힘' 가스 파이프라인
　　을 통해 향후 30년 동안 380억 m³의 가스를 공급할 예정이며, 2020년 4.6bcm, 2021년
　　10bcm, 2024년 38bcm의 천연가스를 중국에 공급할 계획임(박정호 외 2019, 4-5).

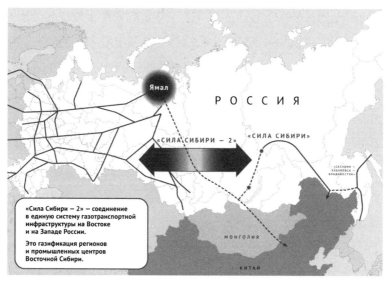

그림 6-3. '시베리아의 힘 – 2' 구상도

출처: Чита.Ру(2020), https://www.chita.ru/ (검색일: 2020.7.24).

　동 프로젝트 완공 시, 몽골은 가스 유통에 따른 직접적인 이익뿐
만이 아니라, 이웃한 두 강국 사이의 에너지 자원 유통국으로서 지위
를 얻을 수 있게 된다. 이는 몽골의 대외적인 위상 제고와 함께 안보
강화 측면에서도 유의미할 것으로 예상된다.

3. 고비텍 아시아 슈퍼그리드(Gobitec and Asia Super Grid)

동북아 국가들과의 전력망 연계구상은 1990년대 후반에 에너지 생산
잠재력이 큰 러시아에 의해 처음 제안되었다. 러시아는 극동지역의

20　한국무역협회, https://www.kita.net/cmmrcInfo/cmmrcNews/overseasMrktNews/
　　overseasMrktNewsDetail.do?pageIndex=1&nIndex=1809507&type=0 (검색일:
　　2021.4.3).

에너지 발전시설에서 생산된 전기를 전력망을 통해 동북아 국가들에게 수출할 수 있는 구상을 추진했으나, 송전 과정에서의 전력손실 등 경제성이 충분치 않아 진행되지 못하였다. 최근에 이르러서야 기후변화에 대응하기 위한 신재생에너지 비율 제고방안이 대두되었고, 송전기술의 발전에 힘입어 동북아국가들 간 전력망 연결에 대한 논의가 활발하게 진행되었다.[21] 이에 유럽의 모델 유사한 방식의 신재생에너지 생산방식이 검토되었고, 몽골 고비사막에 풍력 및 태양광 시설 구축을 통한 전력생산 및 송전을 골자로 하는 전력망 구축계획이 추진되고 있다.

고비텍 아시아 슈퍼그리드[22] 프로젝트는 몽골 고비사막에 태양광 및 풍력 발전 등 신재생에너지 시설을 설치하여 전력을 생산하는 한편,[23] 러시아 극동지역에서 화력, 수력 발전소를 운영해 생산된 전력을 한국, 몽골, 중국, 러시아, 일본, 북한으로 운송하기 위해 구상되었다. 2017년 9월, 러시아에서 개최된 동방경제포럼에서 관련국 정상회담을 통해 추진이 합의되어 진행 중이다.

러시아의 경우, 전력망 연결을 통해 한국, 중국, 일본 등에 안정적

---

21 고압직류송전방식HVDC(High Voltage Direct Current)의 개발이 동 프로젝트를 이끌었다. HVDC방식이란, 발전소에서 생산되는 교류전력을 전력용 반도체 소자를 이용해 직류로 변환시켜 송전한 후 전기를 받는 지점(수전점)에서 교류로 재변환해 전력을 공급하는 기술이다. 복잡한 두 번의 변화 과정을 거치는데 굳이 직류송전이 주목을 받는 것은 교류송전보다 송전 제한이 없고 전력계통을 보다 안정적으로 운영할 수 있다는 장점 때문이다. 여기에 기술의 발달로 변환기술이 범용화됐고, 또 전 세계가 네트워크화되면서 전력계통도 국가 간 연장을 뛰어넘어 대륙 간을 연결하는 산업으로 발전했다. 이로써 손실 없이 장거리 송전이 가능해졌다(전기신문 2016. 2. 12. http://www.electimes.com/article.php?aid=1455141060131273002 (검색일: 2021.4.17).

22 한국에는 '동북아 슈퍼그리드'로 알려져 있다.

23 미국 NREL(National Renewable Energy Laboratory)와 몽골 NREC(National Renewable Energy Center)는 몽골의 총 재생에너지 잠재적 발전용량을 2.6TW, 그리고 태양광 및 풍력에 의한 잠재적 발전량을 연간 15,000TWh로 각각 추산하고 있다(IRENA 2016, 19).

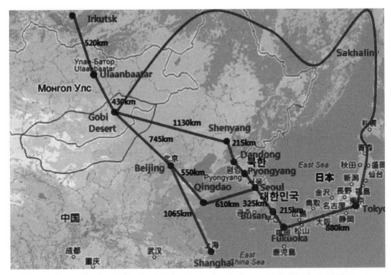

그림 6-4. 고비텍 아시아 슈퍼그리드(Gobi Tec and Asia Super Grid Initiative) 구상도

출처: Монгол Улсын Эрчим Хүчний Яам. 2015. 『ТӨРӨӨС ЭРЧИМ ХҮЧНИЙ ТАЛААР БАР ИМТЛАХ БОДЛОГО БАТЛАХ ТУХАЙ』. p. 21.

인 전력수출 판로가 생성되며, 수력, 화력 발전 등의 시설을 상대적으로 낙후되어 있는 극동지역에 구축함으로써 신동방정책의 성공을 위한 극동지역 개발을 이끌 수 있다. 중국의 경우, 도시와 농촌, 발전소 소재지역과 여타 지역 간 전력불균형이 심각한 실정이다. 전력망 연결 구축이 계획대로 진행되면, 러시아, 몽골 등으로부터 안정적인 전력수급이 이루어질 뿐만 아니라, 국내 송전망 구축에 소요되는 노력과 비용 등에 연계하여 추진할 수 있는 장점이 있다. 북한의 경우, 만성적인 전력난에 시달리고 있어 전력망 구축사업에 참여할 필요성이 매우 크며, 오랜 우호국인 러시아, 중국, 몽골 등이 참여하는 프로젝트인 까닭에 안정적인 운영이 가능하다고 판단할 것으로 여겨진다. 몽골은 2015년 발표한 국가에너지 정책에 의하면 신재생에너지 공급 비율을 2030년 30%로 확대할 예정이며, 일부 광산개발지역을 제외하면 불모지와 다름없는 사막지역의 활용과 송전망 구축 등 인프라 확충에도 기여할 수 있어 프로젝트 추진에 적극적이다.

그러나 동북아 전력망 연결 구상단계 초기에는 참여국 간 에너지 안보 문제가 제기되었다. 경제, 군사, 안보 이슈에 주요 대상국이 되는 동북아 참여국들과 유럽의 상황은 크게 다를 수밖에 없었기 때문에 진행 과정에서의 논란은 불가피했다. 그럼에도 불구하고 각국 정부의 신재생에너지에 대한 필요성과 수요가 늘어나고, 기존 화석연료의 주요 수입국인 한국, 중국, 일본을 비롯하여 참가국들 간 프로젝트 진행에 대한 필요성이 여타 논란에 비해 큰 까닭에 꾸준히 진행되고 있다. 현재 중국-한국-일본 구간이 1차 공사구간으로 선정되어 추진 중이다. 중국 웨이하이 지방에서 인천까지 약 370km 구간과 한국의 경남 고성에서 일본 마쓰에 지방까지 약 460km 구간이며, 이 중 한-중 구간은 양국 간 사업진행에 대한 합의가 완료되어 착공을 앞두고 있다.

V. 맺음말

몽골은 자국의 안보와 독립을 대외정책의 최우선 기조로 채택하고 있다. 1992년 민주주의헌법 채택 이후, 몽골의 거대 양당 간 수차례에 걸친 정권교체가 이루어졌지만, 독립과 안보의 결정적인 역할을 수행할 수 있는 이웃한 강국 러시아와 중국과의 관계를 중시하면서도 외교적 고립을 탈피하기 위해 제3의 이웃정책을 추구하고 있다.

청조로부터 독립을 위해 사회주의를 채택하였던 몽골은 소련의 붕괴와 더불어 사회주의국가들에 의존하던 경제와 안보정책에 큰 변화를 맞게 되었다. 국가 안보와 경제발전을 위해서는 접경한 중국, 러시아 이외의 국가들과의 협력 필요성을 강조하게 된 것이다. 이에 따라 한국, 일본 등 동북아의 주요 국가들뿐만 아니라, 광물자원생산 및 수요국인 유럽과 중동 국가들과의 교류·협력 증진을 위한 대외정책을 추진하고 있다.

아울러 유엔을 비롯한 여러 국제기구에 참여하여 적극적으로 활동하고 있다. 나아가 자국의 비핵지대화 선언과 한반도 비핵화 지지 방침을 강조하는 한편, 울란바토르대화 주최국으로서 동북아 평화 유지에 기여하며, 국제사회에서의 위상을 제고시켜 독자적인 외교 노선을 개척하고자 노력하고 있다. 자국의 안보와 독립은 타 국가에서도 가장 우선적인 외교의 지향이지만, 과거 중국에 의해 지배당한 역사가 있으며, 현재에도 중국 및 러시아와 접경하여 완충국, 혹은 중간국의 역할을 수행하고 있는 몽골에게는 더욱 절실할 수밖에 없는 것이다.

이러한 외교정책 기조 하에, 최근 몽골은 국가의 경제적 이익을 극대화하기 위한 외교정책을 표방하고 있다. 이와 같은 경향은 국민들의 경제적 요구수준 및 생활수준 향상에 따른 정부 역할에 대한 기대치의 상승에서 비롯되었다고 볼 수 있겠다. 2000년도 중반에서 2010년도 초반까지 몽골은 민주화 이후 경험해보지 못했던 대단한 경제호황을 누리게 되었다. 불모지나 다름없던 초원과 사막에서 막대한 외국인투자에 의해 광산이 개발되고, 수천 개의 일자리가 창출되면서 성장의 풍요를 짧은 기간에 맛보았던 것이다.

회고적 투표성향(retrospective voting)이 강한 몽골의 정치행태와 민주주의 심화는 국민들의 요구와 선호를 정치권으로 하여금 더욱 선명하게 반영하도록 하였다. 이에 따라 몽골 정부는 외국인 투자유치 노력과 더불어 현재 몽골을 중심으로 추진되고 있는 다자협력 프로젝트에 참여하여 주요한 역할을 수행함으로써 자국의 경제적 이익을 극대화하기 위해 노력하고 있다.

몽·중·러 경제회랑 구축, 동북아 전력망 연결사업, 러시아와 중국 사이의 천연가스 파이프라인 구축사업 등 지속적이고 장기적인 다자경제협력 프로젝트에의 참여는 몽골의 경제발전에 크게 이바지할 뿐만 아니라, 참여국 간 경제적 상호의존성을 심화시키는 효과를 야기할 것으로 예상된다. 이러한 효과는 향후 동북아 지역에서 몽골을 중심으로 한 경제공동체 형성을 구상하는 데 기여할 것으로 예측된다. 아울러 궁극적으로 참여국 간 항구적인 평화 무드를 구축하는 강력한 유인으로 작용할 수 있을 것이다.

몽골에게는 여태까지 자국의 발전과 안보의 큰 어려움이었던 지리적 위치를 이점으로 활용할 수 있는 적절한 기회가 비로소 주어진 것으로, 경제발전과 안보 유지를 위한 경제-안보연계(Economy-Security Nexus)전략의 실행 개연성이 높아진 것은 물론, 국제사회에서의 위상 제고까지 누릴 수 있는 여건을 맞이한 것이다.

그러나 몽골이 자국을 중심으로 이루어지는 다자협력 프로젝트에서 주도적인 역할을 수행하기에는 중국과 러시아의 영향력은 여전히 크다. 몽골에서 채굴된 광물의 대부분을 중국에 수출하는 등 중국에 대한 경제 의존도가 매우 높고, 다자경제협력 프로젝트에 대한 주요 기술과 자본의 투자는 러시아와 중국에 의해 이루어지고 있다. 게다가 자국 내 광산개발에 대한 국제 입찰에서도 주변국의 성화를 견뎌내야 하는 것은 물론, 주변국과 연계한 경제협력의 효율성을 극대화하기 위해서는 몽골 국민들이 주변국들에 대해 표출하는 감정도 아울러야 하는 과제를 안고 있다. 예컨대, 대부분의 몽골 정치인들은 특히 선거 기간 중 친러성향을 표출하는 것을 주저하지 않는 경향이 있다. 게다가 선거에 있어 친중으로 분류되는 것은 유리하지 못한 것으로 알려져 있다. 자국 내 초 국경 철도와 연결되는 철도 신설을 위한 궤의 규격을 결정하는 데 있어서도 수년이 걸렸던 만큼, 주변국의 몽골에 대한 영향력과 특정 국가에 대한 편향적인 국민감정 또한 향후 독자적인, 그리고 장기 프로젝트를 견실히 진행할 수 있는 지속적인 대외정책 수립과 추진에 있어 극복해야 할 과제이다.

참고문헌

김홍진 외. 2020. 『신북방시대 한국·몽골 미래협력의 비전: 분야별 협력과제와 실현방안』. 대외경제정책연구원.

박정호·김석환·정민현. 2019. "'시베리아의 힘' 파이프라인 개통의 의미와 시사점." 『KIEP 오늘의 세계경제 19-27』. 대외경제정책연구원.

박정후. 2016a. "몽골 광물자원개발 분야에서 한국기업의 성과 분석." 『러시아 유라시아, 터키 동유럽』. 대외경제정책연구원.

_____. 2016b. "한국―몽골 관계 추이와 전망: 2016년 몽골총선과 ASEM 정상회담 결과를 중심으로." 『제8차 중앙아시아 연합학술회의 발표자료』.

_____. 2016c. "몽골 대외정책 기조와 한몽 관계 전망." 『EMERICS 이슈분석』.

_____. 2017. "2017 몽골 대통령 선거, 양국관계 전기될까." 오마이뉴스.

_____. 2018a. "몽골 투자환경 변화와 한국―몽골 에너지 분야 협력방안." 『몽골학』 61.

_____. 2018b. "몽골과 남·북한 관계." 『몽골지역연구: 신 한몽 관계 정립을 위한 전략적 협력방안』. 자유문고.

_____. 2018c. "몽골의 자원경제." 『몽골지역연구: 신 한몽 관계 정립을 위한 전략적 협력방안』. 자유문고.

_____. 2020. "몽골: 민주적 절차와 책임성." 『뉴노멀 시대, 아시아의 뉴데모크라시』. 성균관대학교출판부.

외교부. 2016. 『2016 몽골개황』.

이성규·정규재. 2018. "동북아 슈퍼그리드 구축사업관련 해외사례분석과 시사점." 『에너지경제연구원 수시 연구 보고서 17-08』. 에너지경제연구원.

이정진. 2009. "몽골의 민주주의 정착과 외교정책 방향." 『신아세아』 16(3).

정동연. 2019. "중·몽·러 경제회랑 추진현황과 시사점: 몽골의 시각에서." 『KIEP 기초자료 19-6』. 대외경제정책연구원.

제성훈·나희승·최필수·Lkhagvadorj DOLGORMAA. 2016. 『중·몽·러 경제회랑의 발전 잠재력과 한국의 연계방안』. 대외경제정책연구원.

제성훈·이재영·강부균·윤지현. 2015. "수교 25주년, 한·몽 경제협력의 성과와 과제." 『KIEP 오늘의 세계경제 15-9』. 대외경제정책연구원.

Batnasan, N. 2013. "Mongolia's Mining-Based Development and Trade Policy." ERINA Report. No.109.

Barton, Barry, Catherine Redgwell, Anita Rønne, Donald N. Zillman. 2004. *Energy security: managing risk in a dynamic legal and regulatory environment*. Oxford University Press.

Huntington, Samuel P. 1991. *The third wave: Democratization in the Late Twentieth Century*. Unversity of Oklahoma Press.

_____. 1992. "How Countries Democratize." *Political Science Quarterly*, Vol. 106.

IRENA. 2016. Renewables readiness assessment of Mongolia.

Ministry of Defense of Mongolia. 2011. Mongolia Defense White Paper.

Narangoa, Li. 2009. "Mongolia and Preventive Diplomacy: Haunted and Becoming Cosmopolitan." *Asian Survey* 49(2).

Sabirov, Rustam. 2016. "Mongolians' Attitude to Democracy." Emerics 전문가칼럼. 대외경제정책연구원.

Sanders, Alan J. K. 2010. *Historical Dictionary of Mongolia*. Scarecrow Press.

World Bank. 2014. Mongolia country profile 2013.

몽골법률정보 http://www.legalinfo.mn/annex/details/5591?lawid=8722 (검색일: 2021.3. 27).

전기신문. "전력사업 새 지평을 열다." 2016. 2. 12일자 http://www.electimes.com/article. php?aid=1455141060131273002 (검색일: 2021.4.17).

한국무역협회https://www.kita.net/cmmrcInfo/cmmrcNews/overseasMrktNews/oversea sMrktNewsDetail.do?pageIndex=1&nIndex=1809507&type=0 (검색일: 2021.4.3)

"CONCEPT OF MONGOLIA'S FOREIGN POLICY", http://www.mfa.gov.mn/?page_id= 26263&lang=en (검색일: 2021.3.29).

Монгол Улсын Эрчим Хүчний Яам. 2015. ТӨРӨӨС ЭРЧИМ ХҮЧНИЙ ТАЛААР БАРИМТЛАХ БОДЛОГО БАТЛАХ ТУХАЙ.

"АндрейЗатирко: Забайкалью газ не светит?" 2020. Чита.Ру(Jun 14). https://www. chita.ru/review/146816/ (검색일: 2021.4.24).

"Ерөнхийлөгчийн БНАСАУ-д хийж буй төрийн айлчлал эхэллээ." 2013. IKON, (October 29). https://ikon.mn/n/sz (검색일 2021.3.15).

МОНГОЛ УЛСЫН СОНГУУЛИЙН ЕРӨНХИЙ ХОРОО https://gec.gov.mn/ (검색일: 2021.4.12).

제7장

지정학적 중간국으로서 우즈베키스탄의 대외전략
―헤징의 시각―

강봉구(한양대학교 아태지역연구센터)

I. 머리말

4반세기가 넘는 기간 동안 우즈베키스탄을 철권 통치한 이슬람 카리모프(Islam Karimov) 대통령의 서거(2016년 9월) 이후, 샤프카트 미르지요예프(Shavkat Mirziyoyev) 정부의 대외정책에서 나타나기 시작한 여러 변화의 움직임들은 4년여의 시간이 경과하는 가운데, 이전 시대와는 다른 새로운 모습을 보여주고 있다. 이러한 모습은 권위주의 정권의 비혁명적 계승 사례에서 흔히 그러하듯이 전임 카리모프 대외정책의 지속과 변용이라는 안정적인 접근 방법 속에서 형성되어 왔다. 이 안정적 진화의 요체는 과거의 유산 가운데 변화된 현실에 적용 가능하고 그래서 실천적으로 유의미한 부분은 계승하며, 21세기 우즈베키스탄의 국가발전 전략의 추진에 요구되는 인식의 전환과 새로운 접근방법이 필요한 경우에는 이를 변용하는 데 있다. 이러한 미르지요예프 정부의 대외정책은 오랜 시간의 검증을 거친 카리모프 노선의 유산을 계승하면서 향후 상당 기간 동안 새로운 환경에 대한 적응과 도전의 접근방법을 지속할 것으로 보인다.

　복수 강대국의 영향력 경쟁 구도에 처해 있는 지정학적 중간국으로서 카리모프 시기 우즈베키스탄의 대외정책은 일관되게 '방어적 자립(defensive self-reliance)' 노선의 지속이었다(Fazendeiro 2018; Fazendeiro 2017). 러시아, 중국 및 미국 등 강대국의 영향력 경쟁 구도 속에서 자립 노선을 실천하기 위한 카리모프 정권의 대외정책 접근방식은 주로 전략적 '헤징(hedging)'에 의존하였다. 탈냉전과 21세기의 국제환경에서 많은 중·소 국가들이 크게 헤징의 범주에 포함되는 대외전략을 가동해 왔지만, 개별 국가들이 처한 대내외적 환경과 조건, 국가발전 전략 및 리더십 형태에 따라 그 변주는 다양하였다.

이 글에서 사용된 '헤징'은 강대국의 직접적인 위협이 부재한 상황에서 소국이 강대국과의 관계에서 (자산/기회의 분산을 통해 그리고/혹은 상충되는 복수의 정책 선호와 모호한 제휴 신호 발신을 통해) 단선적 제휴 및 정책 선호가 초래할 부정적 결과를 회피하며 리스크를 완화할 목적으로 가동되는 대외전략을 의미한다. 이처럼 소국이 강대국과의 관계에서 직면하는 다면적 리스크를 관리·완화하기 위한 헤징의 경험적 징표는 제휴 상대(경쟁하는 복수의 강대국들)의 다변화, 상충되는 정책 선호들의 혼용, 모호한 제휴신호의 지속적 발신 등이다. 헤징의 대상과 형태 변화의 인과관계는 강대국 제휴를 통해 획득하는 이득과 손상되는 자율성 간의 적정 조합 추구에 따라 구성된다.

이 글의 시각은, 우즈베키스탄의 대외정책의 진화 과정을 실용주의 관점의 외교 다변화, 개방적·관여적 멀티-벡터리즘(multi-vectorism) 등으로도 설명할 수 있지만, 자립 노선을 실현하기 위한 접근법·전략을 '전략적 헤징' 개념으로 더 명료하게 이해할 수 있다는 데서 출발한다. 이 연구의 목적은 먼저, 약 4반세기에 이르는 카리모프 시기 동안 국가 간 관계의 주요 계기들을 중심으로 타슈켄트의 헤징 행위를 유발한 인과관계를 '전략적 헤징'의 경험적 기준을 준거로 설명하는 데 있다. 다음으로, 미르지요예프 시기의 대외정책 역시 전통적 자립 노선의 기본 원칙들을 유지하고 있는바, 변화된 환경과 도전 요인들에 대한 새로운 접근법·전략도 동일한 헤징 개념으로 설명될 수 있다고 보고, 그것이 카리모프 시대의 헤징과 비교하여 어떤 차이점이 있는가를 밝히는 데 있다. 연구의 결과, 타슈켄트의 주요 대외정책 행위들의 인과관계가 헤징의 개념틀을 통해 더 역동적이고 명료하게 드러나기를 기대한다. 더 나아가 우즈베키스탄 대외정책의 자립 노선이 일정 부분 성과를 낼 수 있었던 요인들, 그리고 그 실천전략을 전략적 헤징의 관점에서 검토하는 것은 경쟁하는 강대국들 사이에 끼인 중간국의 다양한 대외전략들에 대한 비교 연구에 의미 있는 기여가 될 수 있을 것이다.

II. 안보 위협 부재 상황에서 '전략적 헤징'의 개념

과거 냉전기 소국이 상호 경쟁하거나 적대하는 두 강대국/진영 중의 하나로부터 안보 위협을 인지할 경우, 모호한 제휴 신호를 발신하기는 어려웠다. 소국의 선택지는 위협국에 대한 '균세(balancing)'[1]와 '편승(band-wagoning)' 중 하나로 국한되었다. 친소 중립을 택한 핀란드의 제한적 편승(김진호 2009), 소련과 제휴한 쿠바의 대미 균세, 미국과 동맹한 일본과 한국의 대소련/중국 균세 등. 그러나 21세기 대외전략 연구에서 다면적 안보 리스크에 대한 개별 국가들의 대응을 냉전기 국제정치의 대표적인 전략 이론인 균세와 편승의 이분법적 접근, 혹은 양자 간의 혼합으로 설명하기 어렵다는 인식이 널리 공유되어 왔다(Haacke 2019, 376).

그 이유는 냉전 종결 후, 진영 간 체제·이념 대결과 상호 안보 위협의 종식, 자본주의 세계체제에서 자유로운 글로벌 교역 무대의 탄생, 1초 다강의 시기를 거쳐 2010년대 이후 중국의 G2로의 부상이 가시화된 이후 글로벌 세력 배분의 구조적 변화 등 과거와는 다른 경제·

---

1   'balancing'을 여기서는 '균세'로 표현한다. 중소국이 적대국으로부터의 '인지된 위협'에 직면할 때, 적대국의 요구를 수용하기보다는 그 적대국의 경쟁/적대국의 힘을 이용하여 위협에 대항한다는 'balancing'의 뜻을 (대중적 언어 사용례를 고려하여) '균세'가 조금 더 쉽게 전달할 수 있다고 보아서이다.

외교 및 안보 환경이 형성되었기 때문이다. 이들 중 균세 혹은 편승의 이분법적 접근의 설명력이 저하된 데는 명시적 안보 위협의 부재라는 조건이 핵심이다. 각국의 대외전략에서 '인지된 안보 위협' 요인 외에 다수의 다른 경제·외교 이해관계의 복잡다기한 층위들이 국가이익의 고려 요소로 등장함으로써, 대외전략적 변수를 고려하는 데 우선순위가 변하고, 변수들의 다양한 조합들에 대한 셈법이 복잡해졌다. 냉전기 개별 국가의 안보 위협 대응과 관련하여 주로 군사안보의 보장에 초점을 두었던 '동맹정치'의 시각을 대표하는 균세와 편승의 선택지로는 현상을 이해하기 어렵게 되었다. 많은 '중·소국가들'(이하 '소국들'로 표현)이[2] (잠재적) 적대국의 군사적 위협에 대응하기 위해 기존 강대국이나 신흥 강대국에 균세나 편승하는 사례보다는, 경제·금융, 테러, 종교적 극단주의, 마약, 초국경 범죄, 사이버 안보 등 다면적 리스크를 관리하고 완화하기 위해 노력해 온 것이 현실에 더 가깝기 때문이다(Ciorciari and Haacke 2019).

이 부분에서 전략적 헤징 개념의 유용성이 두드러지는데, 특히 중국의 부상에서 기인한 안보적 도전 요인에 대한 동남아시아와 남아시아 소국들의 헤징 사례가 대표적이다. 주로 동남아, 남아시아 국가들이 미국, 중국, 인도 등 강대국 경쟁의 역학 구도 속에서 경제·안보 리스크를 어떻게 관리하고 대응하는가에 대한 연구에서 헤징 개념이 폭넓게 적용되어 왔다.

광의의 헤징 개념은 헤징 행위를, 일국의 국가이익들이 상호 경쟁적·갈등적인 조건에서 이들을 동시에 추구함으로써 발생하는, 모순적이며 반작용하는 정책 선택들의 혼합으로 본다(Kuik 2008; 2016). 좁

---

2   중견 국가들 역시 강대국들에 비하면 소국이기에 특별히 중견 국가와 소국을 구별해서 지칭할 필요가 없을 경우에는 모두 소국으로 표현하였다.

은 의미의 헤징은 소국들이 지역 강대국들에 대해 (그리고 지역 강대국들 사이에서) 선택하는 제한되거나 모호한 정도의 안보 제휴 형태이다. 이러한 안보전략으로서 헤징은 "순전한 균세나 편승 행위를 회피하는 방법으로서, 정책 영역들 내에서 그리고 혼합되거나 갈등적인 정책 선택들을 통틀어 다발로 묶은 안보 전략이다"(Lim and Mukherjee 2019, 497). 말하자면, 안보적 제휴 형태 선택으로서의 헤징 행위는 어떤 단일 강대국과 밀접한 제휴를 회피하고 공유된 안보이익의 정도에 대해 모호성을 발신함으로써 (또한 리스크의 원천을 감소시키려고 지속적으로 노력하면서) 해당 국가는 미래에 개별 강대국에 대한 자신의 제휴를 변경할 수 있는 유연성을 보유한다(Lim and Cooper 2015)

광의와 협의, 두 가지 정의의 공통 논리는 소국들의 헤징이 무엇보다도 환경의 불확실성과 리스크를 완화하고자 하는 대응이며, 가능한 한 기본적 안보이익을 타협하지 않고 경제·외교 관계의 혜택을 유지하기를 원하는 소국들이 '전략적 교환거래'를 해 나가려는 노력의 일환이다(Lim and Mukherjee 2019, 494). 이처럼 헤징 개념은 21세기 소국들이 전략적 불확실성 속에서 직면하는 다면적 리스크 관리를 설명할 수 있는 분석틀로서 폭넓게 원용되어 왔다. 그러나 많은 문헌들에서 연구자에 따라 헤징 개념에 대한 상이한 인식과 이해들이 서로 경쟁해 왔으며, 헤징 사례로 설명되는 너무 많은 경험적 기준들이 제시되어 도리어 헤징 개념의 유용성과 설명력이 저하될 정도이다.

기존 문헌에서 헤징 개념의 다의성과 모호성이 중첩되어 온 이유는 그것이 느슨한 의미로 사용되었기 때문이다. 하아케(Jurgen Haacke)는 기존 문헌들에서 헤징 개념의 사용 사례를 4가지로 대별한다(Haacke 2019, 377-381, 380, Table 1). 첫째, 헤징은 특정한 전략적, 경제적 취약성의 관점에서 인지된 리스크에 대한 대응으로 이해된다.

주로 에너지 안보 및 경제·재정 안보 연구들이 이 범주에 해당한다. 둘째, 헤징은 강대국에 대해 중소국들이 경험하는 안보적 도전요인들을 다루기 위해 채택하는 제휴 선택으로 이해된다. 미-중 경쟁 구도에서 동남아시아 국가들의 제휴와 연관된 연구들, 즉, 균세와 편승 사이에서 '중간적 입지'를 추구하거나, 관여, 균세, 편승 등과 구분되는 전략 추구를 의미한다.

셋째, 헤징은 강대국(들)을 상대로 한 특정한 제휴 형태의 선택과 연관된 리스크 관리를 위한 접근방법으로 개념화된다. 일례로, 시오르시아리의 경우, 헤징은 "강대국과의 안보협력에서 리스크와 보상을 적정화하기 위한 특정 유형의 제휴 전략"으로 이해한다(Ciorciari 2009, 168). 그에 따르면, 제한된 제휴는, 강대국들이 중소국에 대해 강대국들 간의 무력 투쟁에 지지를 요구하며 그들을 특정한 대외정책 입지에 결박하고 항구적인 주둔시설 공여를 요구하는 등의 심도 있는 제휴관계를 (중소국들이) 회피하기 위해 시도하는 접근법이다. 림과 쿠퍼의 경우, 헤징은 "강대국과의 제휴에 대해 모호성을 발신하는 행위의 종류로 간주된다"(Lim and Cooper 2015, 703). 이것은 소국에게 제휴와 자율성 간의 상충하는 갈등적인 이해관계 사이에서 교환거래를 하도록 요구한다.

넷째, 가장 통상적인 개념화인데, 헤징을 혼합된 정책 접근법으로 이해한다(Kuik 2008; 2016). 한편에서는 헤징을 관여와 정치-군사 전략의 조합으로 이해하고(여기서 관여가 실패하면, 정치-군사 전략의 가동이 시작되는 구조임), 다른 한편에서는 헤징을 상이한 전략을 동시에 추구함으로써 리스크를 상쇄하려는 '혼합된 정책 접근법(a mixed policy approach)'으로 파악한다. 이러한 혼합된 정책 접근법 혹은 협력적 전략과 갈등적 전략의 결합으로서의 헤징은 불확실성을 관리하기 위한 균형잡힌 접근을 의도한다. 말하자면, 이 혼성 전략의 목적은 해당국이 미래의 사태 진전과는 무관하게 잘 균형잡힌 안정된 입지 선정을 유지하는 데 있다(Haacke 2019, 377-380).

　이 글에서 헤징은 주로 쿠익, 림과 쿠퍼 및 림과 무헤르지가 제안한 개념적 틀을 원용한다. 특히 림과 무헤르지의 개념화의 장점은, 어떤 소국이 경쟁하는 두 강대국 사이에 위치하지만 직접적인 혹은 잠재적인 안보 위협을 인식하지 못하는 경우, 그리고 현재 혹은 미래의 안보 위협이 부재한 상태에서도 헤징 행위가 발생한다는 점을 강조하는 데 있다. 이 시각은 다수 국가들이 군사적 위협이나 침략을 주요 리스크로 인식하지 않는 상황에서 헤징 행위의 동학을 설명하도록 해준다. 그러한 경우에 소국은 지역 강대국과의 관계에서 계산되는 경제적 이득과 자율성 비용 사이의 적정화를 위해 헤징을 선택할 수 있다(이 지점에서 우즈베키스탄의 대외전략의 사례와 상당 부분 부합한다).

　이 메커니즘의 이론적 논리는 헤징의 유발, 유지 및 변화의 인과관계를 명료하게 설명한다. 그 인과론은 소국은 안보와 경제 두 영역 모두에서 강대국과 협력하고 혜택을 얻기 위해서는 반드시 정책 자율성을 희생해야 한다는 사실로부터 출발한다. '소국의 (강대국과의) 제휴와 (자신의) 자율성 간의 교환', 즉 '자율성 교환거래(autonomy trade-off)'에서 때로는 소국의 자율성 상실이 수용 불가한 정도가 되면, 소국은 자신의 포지션을 조정해야 하는 처지가 된다. 말하자면, 소국의 정책 자율성 희생 비용이 너무 크거나 혹은 그 반대급부로 얻게 되는 이익이 너무 작게 되면, 이 두 경우 모두 헤징 행위 발현의 개연성이 높아진다. 이러한 상황에서 발생하는 헤징 행위는, 대부분의 경우, 모순적이거나 상호 반작용하는 정책 조합의 형태로 구현된다. 물론 이 혼합적 정책 조합에는 모호한 제휴 신호 발신도 포함될 수 있다

(Lim and Mukherjee 2019, 495).

　소국에게 이 같은 헤징을 유발하는 강대국과의 긴밀한 관계는 소국이 이 관계로부터 안보이익과 물질적 혜택을 동시에 추구할 수 있는 원천이지만, 그러한 이득은 통상 정책·전략 자율성을 비용으로 지불한 대가이다. 특히, 안보 영역에서 정책 자율성의 희생은 강력한 동맹국의 군사적 보호를 받기 위한 표준적인 대용물이다. 경제 영역의 비대칭적 상호의존에서 강대국은 경제 관계를 더 광의의 정책 영역 스펙트럼에 대한 흥정의 지렛대로 사용 가능하다. 이 점에서 비대칭적 경제 협력은 약소국에게 일정 정도 항상적 취약성과 정책 자율성의 잠재적 상실을 부수한다.[3] 다른 한편으로 안보 위협에 대한 대응으로서 동맹 정치에 대해 헤징 발생 상황을 인과적으로 설명하자면, 동맹의 안보이익이 상승하면 동맹 유지 비용과 정책 자율성 비용(희생)이 동반 상승하게 된다. 이처럼 자율성 교환거래의 조건이 변할 때, 중소국이 동맹에 대해 모순된 정책과 모호한 제휴 시그널을 발신할 개연성이 높아진다(Lim and Mukherjee 2019, 497-498). 그러므로 이 관점에서는 다음 한 가지 혹은 두 가지 유형의 국가정책 행태를 통해 헤징의 경향성(disposition)을 경험적으로 식별할 수 있다. 첫째, 강대국과 적극적인 관계의 증진이[우즈베키스탄의 대미관계 강화] 그 동일 강대국으로부터 인지된 위협을 반영하는 모순적 대응을 수반[안디잔 사태에 대한 서방의 비판에 맞대응하여 러시아에 접근하고 GUUAM에서 탈퇴 등]하는 경우, 둘째, 경쟁하는 강대국들 사이에서 중소국이 제휴

3　약소국이 강대국과의 경제관계에서 심각한 비대칭적 취약성을 경험할 때, 약소국은 여전히 강대국이 제공할 수 있는 무역과 투자로부터 이득을 취할 가능성이 높다. 그러나 만약 강대국이 중소국의 의존성을 정책 양보를 요구하는 데 이용한다면, 중간국이 지불해야 할 자율성 비용(희생)의 증가는 피하기 어렵다(Lim and Mukherjee 2019, 500-501).

형태의 선택에 대해 전반적으로 모호성의 시그널을 발신하는 경우 등
이다(Lim and Mukherjee 2019, 500)

요약하면, 이글에서 사용된 헤징의 요체는 두 가지로 정리된다.
강대국의 직접적인 위협이 없는 상황에서 소국들은 인지된 다면적 리
스크를 관리하기 위해 편승이나 균세와 같은 일원적 전략 선택이 부적
절하거나 불필요한 경우 헤징 전략이 선택될 수 있다. 소국이 강대국
과의 관계에서 자산/기회의 분산을 통해 그리고/혹은 상충되는 복수
의 정책 선호와 모호한 제휴 신호 발신을 통해 단선적 제휴 및 정책 선
호가 초래할 부정적 결과를 회피하며 리스크를 완화할 목적으로 가동
하는 대외전략이 헤징이다. 달리 말하자면, 경쟁하는 한 강대국에 대
한 편승도(자율성의 지나친 양보와 훼손 가능성 때문에) 부적절하고, 균
세도(그 강대국과의 제휴를 통해 얻을 수 있는 경제·안보 이익을 포기할
수 없기 때문에) 부적절한 상황에서, 소국들은 헤징 전략에 의거할 수
있다. 이 경우 소국은 복수의 강대국과 관여하여 제휴를 다변화하고,
그 각각에 대해 지속적으로 모호한 신호를 발신함으로써 그리고 서로
상충하는 정책/전략의 혼합적 접근을 선택함으로써 강대국과의 제휴
에 부수되는 리스크를 완화하고자 한다.

이 글에서 사용된 헤징은 주로 소국들의 리스크 관리를 위한 자
산/기회의 분산 그리고 혼성적 접근으로서의 헤징이다. 이 헤징의 유
발, 유지 및 헤징의 대상과 형태 변화의 인과적 메커니즘은 소국들과
강대국의 정책 제휴에서 소국들이 얻게 되는 경제·안보 이익과 그 비
용으로 지불해야 하는 자율성 훼손 사이의 '적정한 교환 거래(즉, 적정
조합 추구)'이다. 이처럼 소국이 강대국과의 관계에서 직면하는 다면
적 리스크를 관리·완화하기 위한 헤징의 경험적 징표는 제휴 상대(경
쟁하는 복수의 강대국들)의 다변화, 상충되는 정책 선호들의 혼용, 모

호한 제휴신호의 지속적 발신 등이다.

III. 카리모프 시대의 '자립' 노선과 헤징

2016년 서거할 때까지 우즈베키스탄의 국가/국민 형성 과정에 초석을 놓은 이슬람 카리모프 초대 대통령의 대외정책 노선은 여타 중앙아시아 국가들뿐만 아니라 탈소 캅카스 3국과 비교하여도 차별성이 뚜렷하였다. 우즈베키스탄은 중앙아시아에서는 약 3천 3백만 인구로 최다 인구국이지만, 경제력·군사력 등 하드 파워를 총체적으로 고려하면, 소국에 속한다. 지리적으로 우즈베키스탄은 러시아, 중국 등과 근접하지만, 영향력 투사의 측면에서는 미국, EU 등 서방과 터키의 입김도 작용하는 지정학적 중간국이다.

　　우즈베키스탄이 전통 지정학적 관점에서[4] 중간국이며 신생 소국이라고 해서 타슈켄트의 대외정책이 강대국 간 지정학적 경쟁의 결과물로 환치될 수는 없다. 카리모프 시기 우즈베키스탄의 대외정책은 '방어적 자립(defensive self-reliance)' 노선을 선택하였다. 이 정책 노선은 당시의 국내외적 주요 환경 요인에 대한 우즈베키스탄 지도부의 인식, 가치 지향 및 주요 국가이익 규정 등이 반영된 지전략적 선호가 아이디어적·실천적으로 종합된 것이다.

　　카리모프식 자립 노선의 기본 인식은 국가의 주권 수호와 안보는 정치·경제적 자립과 직결되어 있다고 본다. 이 대외정책 노선은 신생 우즈베키스탄 국가의 자족(self-sufficiency), 비동맹과 비종속(non-

---

4　일국의 지리적 위치와 군사력, 경제력 등 하드 파워가 해당 국가의 국제적 위상을 결정한다는 지정학적 사유를 말한다.

dependence), 국가 간 위상 평등 및 안정을 대외정책의 기본 원칙으로 하여 '자립'의 달성을 목표로 하였다.[5] 이를 통해 주권국가로서의 국가성 강화뿐만 아니라 중앙아시아 지역의 지도적 국가로서의 위상과 입지를 확보하고자 노력하였던 것이다.

이러한 기본 원칙과 접근방법은 러시아와 미국 등 강대국에 대해 주로 '헤징' 전략으로 실천되었다. 카리모프 시기의 대외정책 선호는 국가/정권이 우선적으로 추구하던 국익과 강대국의 중앙아시아 지역 정책 변화에 따라 변화와 부침을 피할 수 없었다. 결과적으로 우즈베키스탄은 러시아가 주도해온 CSTO의 가입과 탈퇴를 두 번 되풀이하였으며,[6] 일정 부분 미국의 영향권에 있는 GUAM에 가입했다가 탈퇴한 바 있고, 2008년에는 유라시아경제공동체(EurAsEC)의 회원자격을 중지하기도 하였다.

1. 러시아와 제한적 제휴 시기의 헤징(1991-1998)

러시아는 차르 제국과 소련의 이중 계승자(dual successor)로서, 해체된 소비에트 제국의 사실상의 구 식민모국(metropole)의 위상을 가졌다. 옐친 지도부를 위시한 러시아의 개혁파들이 주도하여 소련을 해체한 후 채 2년도 지나지 않아 러시아의 엘리트와 상당수 주민들은 탈소 공간이 러시아의 전통적 영향권역이며, 그 영향권역은 러시아의 경제 ·

---

5   우즈베키스탄이 자신의 국제적 역할 규정에서 준거하고 있는 다섯 가지 원칙은 다음과 같다. 양자관계를 통해 국가 간 위상의 평등 추구, 권위주의적 지도에 따라 안정 유지, 이념보다는 기술관료적(technocratic) 발전 추구, 우즈벡 정신-도덕성의 채택, 자족과 비종속의 실천 등(Fazendeiro 2018, 4).

6   우즈베키스탄은 CST로부터 1999년 탈퇴, 2006년 재가입(CSTO), 2012년 재탈퇴를 거듭하였다.

산업 인프라와 긴밀히 연계되어 있으며, 그 영향권역과 단절되거나, 그 것이 잠재적 경쟁자/적국의 편에 서게 된다면, 러시아의 안보와 경제 는 심각한 도전에 직면하게 될 것임을 인지하였다(Jonson 2004, 43-49). 이 경각심은 1993년 10월의 두마선거에서 구소비에트 제국 범주 의 영향권역 복원을 주장한 지리노프스키의 자유민주당이 정당명부 득표율에서 22.9%(59/225석)를 차지하여 압도적 1위를 한 데서 잘 드 러난다. 그러나 충격요법 선택이 초래한 체제전환기의 혼란으로 인해 러시아는 근외지역에 영향력 유지를 위한 관심과 지원을 쏟을 여력이 없었다.

이처럼 구메트로폴 러시아의 '네오-콜로니얼(neo-colonial)' 야심 은 실천 역량의 미흡으로 인해 제한되었기 때문에, 중앙아시아에 대한 러시아 측으로부터 관여/압박 수준은 낮은 수준에 머물러 있었다. 러 시아로부터 우즈베키스탄에 대한 영토 침탈, 내정 간섭 등 '명확히 인 지될 정도의' 안보 위협은 존재하지 않았다. 실제로 소련 붕괴를 전후 하여(1991-1992년) 체제전환과 국가형성의 소용돌이 속에서 러시아 의 대중앙아시아 정책은 '철수와 혼돈(withdrawal and confusion)'으 로 묘사될 정도였으며(Jonson 2004, 43-44), 1990년대에 걸쳐 모스크 바의 중앙아시아에 대한 관여는 적극적이지 않았다. 국내과제 대응이 우선이었던 모스크바의 동 지역에 대한 관심은 주로 지역 국가들의 국 경 방어와 분쟁 확산 방지를 위한 최소한의 개입과 관리 수준에 국한 되었으며, 공격적인 영향력 증대 시도는 찾아보기 어려웠다.

이 시기에 서방의 중앙아시아에 대한 관심과 영향력 증대 의지 역 시 낮은 편이었다. 서방은 자유자본주의 모델에 따른 러시아의 민주적 시장경제 착근 가능성과 체제전환기 CIS 내부의 새로운 국제관계 형 성 과정을 주시하며 대응하고자 하였다. 서방 승리주의의 분위기와 러시아의 서방 발전모델 추종에 대한 안도감 속에서 관망의 여유를 가졌던 시기였다. 이처럼 1990년에 걸쳐 러시아와 서방 어느 쪽에서도 우즈베키스탄에 대한 안보 위협은 없었으며, 정책 제휴를 지렛대로 하여 타슈켄트의 자율성을 제약하려는 노골적 시도도 찾기 어려웠다. 1990년대 우즈베키스탄의 강대국 관계의 이러한 배경은 타슈켄트가 자립 외교노선을 확립하는 데 유리한 배경이 되었으며, 이후 자립 노선은 일관되게 지속되어 왔다.

독립 이후 우즈베키스탄과 구소련의 국제법적 계승국이자 지역 강대국인 러시아와의 관계에서 타슈켄트의 정책 목표는 두 가지 경쟁적이며 상반되는 요소가 병립하였다. 하나는 사실상 구 식민모국인 러시아의 네오-콜로니얼 혹은 '네오-임피리얼(neo-imperial)' 영향력 유지 시도에 대해 주권국가로서의 자율성을 확보할 필요성이었다. 다른 하나는 포스트-소비에트 공간의 군사 강대국일 뿐 아니라 가장 큰 경제력과 시장을 가진 러시아와 교류·협력함으로써 안보 면에서는 신생국가의 국경 방어와 통제, 경제적으로는 취약한 산업·금융·기술적 측면의 보완을 위해 지원을 받아야 한다는 것이었다(소국의 강대국 관계에서 이러한 상충하는 목표의 추구는 헤징을 초래한다). 이러한 구 제국의 역사적 유산과 신생국들이 당면한 현실 과제로 인해 러시아와 협력 및 일정 수준 이상의 정책 제휴는 필수적인 것이었다. 우즈베키스탄과 러시아 간 국제 제휴의 대표적 사례가 독립국가연합(CIS)과 집단안보조약(Collective Security Treaty, CST)이다.

CIS는 유니언(Union)도 컨페더레이션(Confederation)도 아닌, 영국의 영연방에서 사용된 컴먼웰스(commonwealth)를 차용하여 만들어진, 느슨한 결속력을 가진, 탈소 독립국가들의 협의체(Plokhy 2014, 303-307)에 불과하였다. 반면에, 러시아 주도로 6개국이 결성한

CST에 우즈베키스탄의 참여는 군사안보 영역에서 러시아와의 긴밀한 정책 제휴의 필요성을 인정한 것을 의미하였다. 우즈베키스탄은 러시아와는 접경하지 않지만, 투르크메니스탄, 카자흐스탄, 타지키스탄, 키르기스스탄 등 탈소 4개국 그리고 아프가니스탄과 국경을 접하고 있다. 이들 중 타지키스탄, 키르기스스탄과는 복잡하게 얽힌 국경 획정 문제로 갈등하고 있었다. 아프가니스탄을 포함한 우즈베키스탄 남부 국경의 관리와 안정성 확보는 독립 초기 국가안보 영역에서 초미의 관심사였다.

타슈켄트는 최소한의 국경 통제 능력 확보를 위해 약 6만 명으로 구성된 군대를 창설하여 약 140km에 달하는 아프가니스탄과의 국경 수비를 담당하도록 하였다. 1995년부터 시작된 러시아와의 군사협력 관계 축소는 러시아군이 우즈베키스탄에서 완전히 철수하는 것으로 정리되었다. 자국 군대를 창설하여 최소한의 국경 통제 능력이 확보되자 러시아에 대한 군사적 의존에서 초래되는 자율성 훼손을 차단하고자 시도한 것이다. 안보·군사 영역에서 러시아와의 제휴를 제한하여 러시아에 대한 과도한 양보의 여지를 사전에 축소한 것은 자율성 교환 거래에 대한 우려로부터 나오는 전형적인 헤징의 행태이다. 이러한 우즈베키스탄의 선택은 아프가니스탄과의 긴 국경 방어를 러시아에 의탁하고 있는 타지키스탄이나 러시아에 국방을 의지하는 키르기스스탄과는 차이가 있다.

강대국 관계에서 제한된 정책 제휴 혹은 모호한 제휴 신호 발신 사례는 우즈베키스탄의 나토와의 관계에서도 관찰된다. 타슈켄트는 러시아의 안보·외교정책에서 근외지역이 가장 우선적이며 이에 대한 영향력 유지를 강조한 것이(Jackson 2003, 64-65)[7] 역량과 의지에 기초하기보다는 수사에 더 가깝다고 판단하였다. 또한 1994년 12월에 발발한 체츠냐 전쟁에서 러시아의 재래식 군사작전 능력의 비효율성, 과도한 인명 피해, 타직 내전에 대한 러시아의 적극적 개입 및 조정 역할이 미흡한 점(Jackson 2003, 140-170) 등도 타슈켄트를 적잖이 실망시켰다. 1990년대 초반에 일어난 이런 일련의 사건들은 러시아에 대한 일원적 안보 협력이 우즈베키스탄의 자율성을 제약할 수 있을 뿐 아니라 지역 안정, 군현대화 및 작전능력 강화라는 현안 과제 해결에 큰 도움이 되기 어렵다는 것을 깨우쳐 주었다. 타슈켄트는 군사·안보 협력 파트너의 다원화 필요성을 절감하게 되었으며, 우즈베키스탄의 국가안보와 중앙아시아 지역 안정의 긍정적 역할자로서 나토를 주목하게 되었다. 러시아와 일원적인 정책 제휴로 인한 자율성 감소 리스크에 대비하는 타슈켄트의 헤징 행위는 나토의 '평화를 위한 동반자관계(the NATO Partnership for Peace, PfP)' 프로그램 가입(1994년 7월)으로 귀결되었다.

타슈켄트의 러시아에 대한 헤징은 무역 부문에서도 나타난다. 타슈켄트는 1995년 러시아와 벨라루스, 중앙아시아 3개국(카자흐스탄, 타지키스탄, 키르기스스탄)을 포함해 5개국으로 결성된 관세동맹 가입을 거절하였다. 이 관세동맹은 CIS 역내 무역 활성화를 위해 교역 장벽을 낮추는 데 초점을 두었으나, 우즈베키스탄은 이것이 자국의 경제 자립과 성장에 도움이 되는 것보다는 국내 제조산업 성장 지체와 시장 혼란을 가져올 가능성을 더 우려하였다. 달리 말하면, 타슈켄트는 정책 제휴를 통해 기대되는 경제 활성화의 혜택보다 자립경제 구축을 위

---

7   러시아정부 공식 문서로는 1993년 4월에 발표한 대외정책 개념과 동년 11월의 '군사독트린의 기본 규정' 참조. "Об Основных положениях военной доктрины Российской Федерации," Указ Президента Российской Федерации от 02.11.1993 г. No. 1833.

한 정책 자율성의 제약을 더 크게 보았던 것이다.

탈레반의 카불 점령 후인 1996년 10월에 개최된 러시아와 지역 국가들 간의 정상회담에서 카리모프는 탈레반의 위협에 대한 공동 대응을 제안했던 반면, 얼마 후 파키스탄 대통령과의 정상회동에서는 중앙아시아 접경국에 대한 탈레반의 위협을 빌미로 동 지역에 러시아군 주둔의 항구화 가능성을 염려하였다. 이처럼 이슬람 근본주의를 앞세운 탈레반의 중앙아시아 지역 침투에 대한 우려가 높아지는 가운데서도, 타슈켄트는 러시아의 우즈벡 남부 국경의 수비 강화 지원 의사를 사양하였다(Akbarzadeh 2005, 2, 42-43). 타슈켄트의 이 같은 우려는 종교적 극단주의와 정치적 이슬람의 확산 위협을 차단하는 데 러시아와의 협력 필요성을 인정하면서도, 그와 같은 강대국 제휴에 따르는 자율성 교환 거래의 적정성을 염두에 둔 것이다. 이 사례는 서로 상충하는 정책을 동시에 추구하여 예상되는 리스크를 완화하려는 헤징 행위를 잘 예시한다.

CST를 통한 러시아와의 일원적 군사 제휴가 우즈베키스탄의 안보정책상의 자율성을 감소할 리스크에 대비한 타슈켄트의 헤징은 미국과의 군사협력을 통해 시도되었다. 우즈베키스탄은 미국과의 합동 군사훈련 참여의 일환으로 1995년 '협력 나제트-95(Cooperative Nag-get-95)' 작전에 미 본토로 소규모 군대를 파견하고, 또 1996년에는 '협력 오스프라-96(Cooperative Ospra-96)'에도 참여하였다. 더 나아가 유럽-대서양 블록과의 군사협력 노력은 PfP 프로그램의 후원 하에 나토 군사교육기관들의 우즈벡군 간부 양성으로 확대되었다(Mente-shashvili).

이와 같이 미국과의 안보 영역에서의 정책 제휴를 통한 타슈켄트의 대러 헤징은 러시아 주도의 지역 안보협력 기구에 대한 모호한 신호 발신으로 이어진다. 1996년 상하이포럼(Shanghai Forum)이 발족할 때에 이 협의체의 설립 목적 대부분이 우즈베키스탄이 관심을 기울여 왔던 안보 분야의 주요 지역협력 의제였음에도 불구하고,[8] 타슈켄트는 동 기구 참여를 거절하였다. 타슈켄트가 이 기구와 거리를 두고자 한 이유는 중앙아시아 지역 국가들 간의 국경 획정 및 국경 분쟁 등을 해결하는 과정에서 러시아와 중국의 간섭과 개입 가능성에 대한 우려, 이 양 강대국의 영향력이 기구를 통해 지역 문제와 개별 국가들의 내정에 투사되어 결과적으로 우즈베키스탄의 자율성 침해 가능성을 염려하였기 때문이다. 타슈켄트는 러시아와 중국이 상하이포럼을 도구로 삼아 지역 현안에 대한 전횡이나 회원국에 대한 내정 간섭의 의사가 없음을 상당 기간 지켜본 후에야 가입을 결정하였다(2000년 11월 민스크).[9] 상하이포럼에 대한 우즈베키스탄의 참여 거부는 표면상 비동맹, 비진영 원칙의 적용으로 보이지만, 양 강대국의 지역 문제에 대한 영향력 투사가 초래할 자국의 자율성 침해 가능성을 방지하기 위한 헤징 행위의 일환이었다.

2. 미국과의 제휴 시도를 통한 헤징(1999-2003)

자주와 자강에 초점을 두었던 1990년대 초중반의 국가형성기에도 러

---

8   상하이포럼은 중국과 러시아를 포함한 카자흐스탄, 키르기스스탄, 타지키스탄 등 중앙
     유라시아 5개국이 상하이에서 회담을 열어 역내 국가들의 신뢰와 협력 증진 및 안보협
     력을 위한 협의체로 시작되었다. 이 포럼은 국경 획정 문제 및 국경 분쟁의 평화적 해
     결, 초국적 범죄, 종교적 극단주의, 테러 및 정치적 급진주의 등에 공동 대응을 목적으로
     한 최초의 지역협력기구였다.
9   우즈베키스탄은 상하이포럼이 '상하이협력기구(the Shanghai Cooperation Organization,
     SCO)'로 정식 출범(2001년 6월 15일)하는 것과 동시에 그 완전한 성원이 되었다.

시아의 군사·안보적 영향력에 대한 헤징 방도로서 미국과 나토와의 제한적 협력이 이루어졌던 바 있지만, 적극적 대미 접근과 정책 제휴는 1990년대 말부터 두드러진다. 이러한 배경에는 1997년의 동아시아 외환위기와 그 여파로 인한 1998년 러시아의 디폴트, 러시아의 경제·금융적 취약성 등 러시아 측의 요인도 작용하였지만, 동시에 유라시아지역 협력을 상정한 미국 측의 정책적·제도적 뒷받침이 선행되었다. 우즈베키스탄을 포함한 중앙아시아에 대한 미국의 안보·경제적 지원과 원조가 가능해진 것은 미상원이 '1998년 안보지원법안(the Security Assistance Act of 1998)'과 '1998년 실크로드전략법안(the Silk Road Strategy Act of 1998)'을 채택하여 동 지역에 대한 정책 전환이 있었기 때문이다. 이 법안들은 중앙아시아에 대한 기존 정책들과는 다르게 안보적·상업적 요인들에 초점을 맞춘 것이었다는(Akbarzadeh 2005, 67-68) 점에서, 지역 국가들의 적극적 협력을 자극할 유인으로 작용하였다.

우즈베키스탄과 러시아의 군사·안보 영역 정책 제휴의 제도적 틀은 CST였다. 그런데 타슈켄트는 CST의 비효율성에 항의하는 차원에서 회원자격 갱신을 거부(1999.04.24)하였다(Laruelle 2012). 이것은 러시아로부터의 군사·안보적 수혜보다는 자국의 자율성 증진에 더 방점을 두는 방향으로 대차대조표를 정정하였음을 의미한다. 그 정정의 이유는 기대보다 수익이 너무 적었던지 혹은 예상보다 자율성의 훼손이 더 크다고 판단하였기 때문일 것이다. 이어서, 1999년 우즈베키스탄은 러시아와 거리 두기를 유지하며 러시아 패권 견제를 위한 탈소국가들의 협의체인 '민주주의와 경제발전을 위한 기구(Organization for Democracy and Economic Development, GUAM)'에 가입함으로써 서방 지향성을 더욱 선명히 부각하였다.

그러나 2000년 11월 테러 위협과 급진 이슬람주의 침투에 공동 대응할 필요성을 이유로 하여 SCO 가입을 결정한 후속 행보는 앞선 두 가지 조치와는 반대 방향의 것이다. 우즈베키스탄의 CST 회원자격 갱신 거부와 GUAM 참여, SCO 가입 등 일련의 정책 선호는 대러 제휴와 관련하여 서로 상반되는 모호한 신호 발신이다. 왜냐하면, CST는 탈소 공간에서 러시아 주도의 안보협력기구이며, GUAM은 러시아의 네오-콜로니얼 영향권역 주장을 반대하는 국가들의 모임으로서, 당시의 정황에서 볼 때, 이 둘에 대한 타슈켄트의 입지는 일치하지만, 러시아 주도의 SCO에 대한 가입은 앞선 두 사례와 상충하기 때문이다. 서로 경쟁하거나 상충하는 정책 목표의 동시 추구나 강대국 제휴에 대한 모호한 신호 발신은 소국의 헤징 행위를 검증하는 주요한 경험적 징표이다.

우즈베키스탄의 미국 지향성은 탈소 공간 관련 국제기구 관여의 차원에만 그친 것이 아니다. 우즈베키스탄은 미국 주도 연합군의 아프가니스탄 전쟁(2001.10)과 이라크 침공(2003.03) 시에 이슬람국가 가운데 군사기지를 제공한 유일한 국가였으며, 병력 이동 및 군수품의 보급 루트 제공 등 작전 수행에 많은 편의를 제공하였다. 이러한 안보 영역에서의 미국과의 정책 제휴를 통한 관계 개선은 우즈베키스탄이 서방 세계와 외교적·경제적 협력을 증진할 수 있는 기회를 제공하는 반면, 안보·경제 영역에서 강대국과의 긴밀한 정책 제휴는 소국에게 자율성 제약이라는 불가피한 부담으로 귀결되었다.

상술한 우즈베키스탄과 미국과의 협력 관계를 활용한 타슈켄트의 헤징 전략은 2002년 3월의 '미국-우즈베키스탄 전략적 동반자관계 선언(the US-Uzbek Declaration of Strategic Partnership)'에서 절정을 이루었다. 그러나 타슈켄트와 워싱턴의 밀월은 오래가지 못했다. 미국의 아프간 전쟁 수행과 전후 안정화를 위한 우즈벡 영토의 기지 확보, 영공 통과 등 긴급한 요구가 충족되자, 워싱턴으로부터 우즈베키스탄의 개혁을 압박하는 목소리가 커지기 시작하였다. 워싱턴의 카리모프 정권에 대한 비판은 2003년부터 시작되어 2004년까지 더욱 고조되었다. 미 국무부는 인권탄압을 이유로 우즈베키스탄에 대한 $1800만의 원조를 철회하기도 하였다("Uzbekistan—US Relations" 2014). 대미 관계 긴밀화에 동반된 이러한 정황은 우즈벡 자립 노선의 핵심인 자율성 보존에 부담으로 느껴지기 시작했던 것이다. 타슈켄트의 입장에서 대미 협력 강화란 러시아에 대한 연성 균세라기보다는 상반된 정책 제휴를 추구하며 강대국 관계에서 모호한 제휴 신호를 발신함으로써 수혜는 유지하되 자율성의 과도한 양보를 회피하려는 헤징의 일환이었다.

이처럼 대미 협력을 지렛대로 한 타슈켄트의 헤징은 '반러 아닌 친미', 좀 더 정확하게는 러시아와의 관계에서 지금까지의 혜택을 최대한 유지하기를 기대하면서 미국 지향적 정책 선호를 표현한 것이었다. 이런 맥락에서 타슈켄트의 미국 지향성과 대미 협력 강화는 대러 협력과 경쟁적이거나 상충하는 정책 제휴로서 이를 지렛대로 러시아의 과도한 영향력(때로는 패권적 지배 욕구)을 경감하는 동시에 미국으로부터 안보·경제적 수혜를 기대하는 것이지 반러시아를 의미하는 것이 아니었다. 타슈켄트의 미국을 이용한 대러 헤징은 어느 한편에 치우쳐 초래될 수 있는 수익 총량 감소의 리스크 완화에 초점이 있었다. 이 헤징은 강대국과의 정책 제휴를 통해 얻는 경제·안보적 이득은 유지하면서 정책 제휴로 인한 자율성 훼손을 방지하려는 데 목적이 있었다.

이후 타슈켄트의 행보는 우즈베키스탄의 대미국 관계와 대러시아 관계라는 두 쌍의 양자 관계에서 계산되는 이득과 자율성 훼손 사이에서 적정한 균형점을 찾는 것이었다. 이 균형점 찾기에는 타슈켄트의 미국 지향성이 반러시아로 간주되지 않도록 만드는 조치가 우선적으로 포함되었다. 상기한 우즈베키스탄의 대미 협력과 미국 지향성이 반러시아가 아니라는 점, 즉 '반러 아닌 대미 협력'이라는 타슈켄트의 양 강대국에 대한 모호한 제휴 신호 발신, 동시에 러시아와의 기존 제휴는 지속되어야 한다는 바람을 명료하게 보여주는 타슈켄트의 행보는 2002년 6월 GUUAM 탈퇴 의사 표명으로 구체화된다. 당시 양 강대국 관계에서 타슈켄트의 입지를 선명하게 부각하는 이 조치는 강대국 관계에 대한 혼합된 정책, 혼성적 접근법으로서 우즈베키스탄의 정교히 계산된 헤징 행위였다. 우즈벡 외교장관은 GUUAM의 지나친 정치화와 경제협력의 실효성 부재를 탈퇴의 변으로 내세웠지만 실제로는, 이 협의체가 미국의 지원과 지지를 받아 온 서방 지향적 성격임을 감안하여, 미국과의 제휴에 모호성을 발신하기 위한 조치였다. 친서방적 탈소 국가들의 그룹으로부터 갑작스러운 우즈베키스탄의 탈퇴 표명에 당혹한 워싱턴은 잔류를 설득하였으며, 타슈켄트는 대미 우호관계 속에서 미국의 체면을 고려하여 탈퇴를 뒤로 미루었다.

3. 대러 제휴의 강화·유지를 통한 헤징(2004-2016)

앞서 타슈켄트의 미국/서방과의 정책 제휴의 의도는 러시아 일변도가 아닌 복수의 강대국 제휴를 통해 경제·안보 영역의 수익과 리스크를 분산하여, 강대국과의 정책 제휴 비용인 자율성 제약을 감소하는 데 있었다. 그러나 연이은 색깔혁명과 GUAM 국가들의 행태의 배경에 어른거리는 미국/서방의 그림자는 타슈켄트에게 의심과 경각심을 불러일으켰다. 미국과의 제휴 비용으로 초래된 자율성 훼손 가능성에 대한 타슈켄트의 헤징은 다시 대러 관계의 긴밀화를 통해 시도된다. 이와 같은 헤징 재조정을 유발한 단초는 무엇보다도 부시 행정부의 '자유와 민주주의의 증진(the advance of freedom and democracy)'[10] 전략의 본격적 가동과 연계되어 시작되었다.

부시 행정부는 9·11 테러 이후 아프가니스탄 전쟁과 이라크 전쟁을 치루면서 군사 작전의 성공만으로 양 국가의 평화와 안정을 정착하기는 어려우며, 정상국가화를 이루기 위한 험난하고 긴 도정이 놓여있음을 재차 확인하였다. 더구나 그것이 어떤 평화와 안정인가의 문제, 즉 새로운 정치체제가 신정국가나 종교적 극단주의, 반미 연대를 표방하는 테러 국가를 지향하도록 방관해서는 안 된다는 점에서 민주주의 증진 정책의 중요성이 주요 의제로 부각되었다. 미국의 입장에서 자유와 시민적·정치적 권리, 보편적 인권 등을 공유하는 민주적 가치는 상기 국가들뿐 아니라 탈소 권위주의 국가들에게도 확산되어야 할 것이었다.

대테러 전쟁의 종결 이후 포스트–소비에트 공간에서는 조지아 장미혁명(2003.11), 우크라이나의 오렌지혁명(2004.12), 키르기스스탄의 레몬혁명(2005.03) 등 미국과 서방의 직간접적 지원이 의심되는 색깔혁명이 연이어 발생하였다. 다른 한편에서는 유럽 정체성을 가진 탈소 발트3국이 2004년에 나토에 가입하여 유럽–대서양 세계로 복귀한 반면, 러시아는 2000년대 중반 국내적으로 주권민주주의 모색과 국가주도 고도 경제성장 등을 통해 국내 안정성과 푸틴식 권위주의 체제의 강화 기반이 마련되었다. 이것은 서방의 가치기준 추종과 발전 경

---

10   그 당시 부시 행정부의 민주주의 증진 정책 강조는 2005년 1월의 대통령 취임사 및 2월의 연두교서에서 '자유'와 '민주주의'가 수차례 핵심어로 반복되는 데서도 잘 확인된다. George W. Bush, "President Sworn-In to Second Term," Office of the Press Secretary(January 20, 2005); George W. Bush, "State of the Union Address," Office of the Press Secretary(February 2, 2005), www.whitehouse.gov (검색일: 2020.11.20).

로 추적이 아닌 러시아 고유 가치와 조건에 따른 독자적 발전 모델에 대한 확신 그리고 이에 대한 지배 엘리트 내부의 컨센서스가 형성되었음을 의미한다. 모스크바는 외부 세계 특히 서방에 대해 러시아의 시각과 핵심 국익을 자신의 목소리로 주장하기 시작하였다. 이 시점부터 러시아와 유럽-대서양 세계의 상호 타자화, 국가와 공동체가 추구하는 가치와 비전의 이질성을 기준으로 정체성 대립 전선이 형성되기 시작하였다.

이처럼 2000년대 중반에는 우즈베키스탄의 강대국 관계 재조정을 자극하는 여러 가지 국제 환경의 변화가 조성되었다. 국제사회의 공감과 러시아의 지원 위에서 진행되었던 대테러전 종결, 색깔혁명, 미-러 간 민주주의 논쟁과 관계 냉각, 유코스 사건을 시발로 러시아경제의 국가자본주의 색채 강화 등 전체적으로 러시아와 유럽-대서양 블록 간의 갈등과 대립 구도가 더욱 선명해졌다. 이러한 국제환경 변화, 특히 미국의 민주주의 증진 정책은 우즈베키스탄의 대서방 관계에서 운신의 여지를 좁히고 자율성 제약의 압박을 강화하였다.

이 새로운 상황은 타슈켄트가 카리모프 체제의 권위주의적 통치 형태를 바꿀 수 없는 조건에서 대서방 정책 제휴로부터의 수혜 정도와 자율성 제약의 강도를 재평가하고 그 대차대조표에 의거하여 적정한 균형을 다시 찾아야 함을 의미한다. 우즈베키스탄이 서방으로부터 얻는 경제·안보적 수혜에 비해 자율성 침해 가능성이 턱없이 높아진 조건에서 타슈켄트의 선택지는 러시아와의 관계 긴밀화를 통한 헤징이었다. 러시아와 제휴 강화의 첫 단추는 우즈베키스탄-러시아 간 포괄적인 전략적 동반자관계 체결(2004.06.16)이었다(Blua 2004). 이 동반자관계 협정 체결이 조지아의 오렌지혁명 발발과 정권교체 후에 이루어졌다는 것은 시기상 의미하는 바 있다(McDermott 2004). 이것은 추후 연이은 색깔혁명에 대한 타슈켄트의 태도와 대응 방향을 시사한 것이다.

타슈켄트의 대서방 전략적 헤징의 두 번째 주요 행보는 GUUAM 탈퇴였다(2005.5.5). 2005년 봄 당시 탈소지역에서 이미 세 번의 색깔혁명이 발생한 상황에서, 카리모프 대통령은 조지아, 우크라이나, 몰도바 등이 발신하는 지나치게 편향된 정치적 입장이 이 협의체 참여를 재고하도록 만든다고 언급하여 대응 조치를 시사하였다. 특히 우크라이나와 키르기스스탄에 이어 다른 나라에서도 민주혁명이 일어나야 한다는 사카슈빌리 조지아 대통령의 발언은(Khamraeva 2006, 286) 민주주의 확산 명분으로 탈소 권위주의 국가들에서의 새로운 정권교체의 정당성과 그 실현의 전단계로서 시위를 조장하는 행위와 다를 바 없었다.

탈소 지역에서 반권위주의 민주화를 찬양·고무하는 상기 발언은 이미 약 15년 동안 지속되어 온 카리모프 1인 통치에 대해서 일종의 위협이자 내정 간섭 행위에 해당하였다. 이제 타슈켄트는 미국의 만류로 3년 전부터 미루어두었던 탈퇴를 주저할 이유가 없어졌다. 공교롭게도 탈퇴 선언 직후, 우즈베키스탄 남부 안디잔에서 유혈 시위가 일어났으며(2005.05.13), 이에 대한 당국의 강경 진압으로 수백 명의 사망자가 발생하였다. 서방은 권위주의 정권의 철권통치와 부패가 민주화 열망을 자극하고 시위를 분출시켰다고 본 반면, 미국의 위시한 서방 세력의 시위 지원을 의심하는 타슈켄트에게 안디잔 사태는 대서방 헤징의 정당성을 입증하는 유력한 증거로 간주되었다. 이렇게 전개되어 온 타슈켄트의 대서방 헤징은 러시아와의 '동맹관계조약' 체결(2005.11.15)과 대테러 작전 지원 및 경유 기지 역할을 했던 하나바드(Khanavad) 공군기지로부터 미국의 철수(2005.11.21)로 대단원의 획을 그었다.

우즈베키스탄의 대서방 헤징 조치는 경제 영역에서도 이어졌다. 카리모프 대통령이 발의하여 '중앙아시아협력기구(the Central Asian Cooperation Organization, CACO)'가 '유라시아경제공동체(the Eurasian Economic Community, EurAsEC)'로 통합된 것이다. 러시아와 중앙아시아 4개국(투르크메니스탄을 제외)으로 구성된 CACO는 여기에 벨라루스가 더해진 EurAsEC과 회원국 대부분이 겹치는 상태였다. 유라시아지역의 경제통합을 강화하자는 카리모프 대통령의 이니셔티브가 수용됨으로써 명목상으로나마 타슈켄트가 유라시아 경제협력을 위해 러시아와 긴밀히 공조하는 듯한 모양새가 연출되었다(Khamraeva 2006, 288).

이처럼 대부분 러시아와 제휴를 강화하는 방향으로 전개되어 오던 타슈켄트의 헤징 전략은 푸틴과 카리모프의 정상회동(2005년 11월 14-15일)에서 '러시아-우즈베키스탄동맹관계조약(The Russia-Uzbekistan Treaty of Alliance Relations)'을 체결함으로써 정점에 도달하였다(Aziz 2006, 310). 러시아의 입장에서 동 조약 체결은 우즈베키스탄이 자신의 전략적 파트너로 유지될 것이라는, 우즈베키스탄이 최소한 러시아의 적대 진영으로 넘어가지 않을 것이라는 약속을 확보하였다는 의미가 있다. 조약의 일부 내용은 엄중한 상황을 가정하고 있지만,[11] 우즈베키스탄에 침략 위협을 가하는 (잠재적) 적대국을 상정하기 어려운 상황에서 우·러 동맹관계조약은 양국의 밀접한 군사정치적

---

11   양국 간의 동맹조약은 이전의 전략적 동반자관계 조약과 비교하여 사실상 한 개의 중요한 조항이 더 첨가된 것이다. 즉 우즈베키스탄 혹은 러시아 가운데 어느 일방에 대한 어떤 국가 혹은 국가집단의 침략은 양국에 대한 침략으로 간주된다는 것이다(Tolipov 2006).

안보 협력의 필요성과 결의를 나타내는 상징적 의미가 더 컸다고 보아야 할 것이다. 타슈켄트의 입장에서는 (대러 제휴와 자율성 간 교환거래의 적정성 지속을 기대하면서) 러시아에 대한 과도한 동맹의무 없이 군사·안보적 수혜를 유지한 것을 의미한다. 이런 맥락에서 양국 간 동맹관계조약을, 명백히 인지되어 온 안보위협에 대한 대처를 의미하는, 타슈켄트의 대러 편승으로 간주하는 것은 현실과 거리가 있다.

우즈베키스탄의 대러 제휴에서 2012년 6월에 일어난 두 가지 외교적 행보는 카리모프 말기의 헤징 사례를 잘 예시한다. 우즈베키스탄과 러시아는 6월 4일 '전략적 동반자관계 증진 선언(the Strategic Partnership Enhancement Declaration)'으로 양국 간 상호작용의 범주를 확대하기로 약속하였다. 그러고는 불과 한 달도 지나지 않아 타슈켄트는 CSTO 탈퇴를 선언(6월 28일)하였던바, 이것은 전자와 명백히 모순된 행보였다. 물론 '동반자 관계 증진'은 양자관계의 사안이며, CSTO는 양국이 포함된 다자안보기구라는 점에서 차이가 있다. 그러나 CSTO는 러시아가 탈소지역에서 영향권역 유지를 위해 가장 핵심적인 통합기구로 간주하고 있다는 점에서 러시아와 우즈베키스탄의 안보 협력을 규정하는 근간이 되는 것이었다. 이 두 가지 행보들은 러시아에 대해 상반되는 제휴 신호 발신이라는 점에서 전형적인 헤징의 경험적 징표였다.

1999년 (당시에는) CST를 탈퇴했던 타슈켄트가 2006년에 CSTO(2002년 개명됨)로 다시 복귀한 이후 동 조약에 임했던 태도를 보면 재탈퇴가 크게 놀랄 일은 아니었다. 우즈베키스탄은 재가입 후 동 조직의 어떤 의무사항도 수행하지 않았으며 회원국 합동훈련을 비롯한 연합활동에도 거의 참여하지 않았다(Laruelle 2012). 이처럼 우즈베키스탄이 법적으로는 CSTO의 회원국이지만, 실제로는 적극적으로 의

무를 수행하지 않는 상태를 계속할 수 없었던 이유는 두 가지이다. 첫째, 러시아가 회원국들이 자국에 제3국의 군사력을 배치할 경우, 반드시 사전에 모든 성원국들의 동의를 얻어야 한다는 조항의 신설을 제안하였다. 그렇게 될 경우, 우즈베키스탄은 향후 미국과의 군사협력 논의에서 자국의 운신의 폭이 좁아질 것이기에 그 제안을 수용하기 어려웠다. 둘째, 모스크바의 '집단신속대응군(Collective Rapid Reaction Force)' 창설 제안에 동의할 수 없었다. 타슈켄트는 신속대응군의 중앙아시아 지역 배치에 전혀 관심이 없었으며, 특히 러시아가 원하는 키르기스스탄 남부 배치는 동의하기에 부담스런 선택지였다(Laruelle 2012). 일례로 오쉬 인근에 신속대응군의 배치는 한때 급진 이슬람의 근거지 역할을 했던 페르가나 지방의 유사시에 러시아가 신속히 개입·관여할 여건을 만들어 준다는 점에서 그러하였다. 그러므로 타슈켄트는 자국의 전략적 자율성에 대한 직접적 제약을 수용할 수 없었으며, CSTO 회원국 지위를 중지하는 것 외에 다른 선택지가 없었던 것이다.

　이처럼 타슈켄트가 CSTO 탈퇴 직전에 러시아와 전략적 동반자관계 증진 선언으로 이후 사태의 충격을 완화하는 예방조치를 하긴 하였다. 그러나 그것이 시늉에 그치는 것임은 곧이어 2012년 8월에 채택된 대외정책개념의 강조 사항들에서 잘 드러난다. 동 개념은 "어떤 외국의 군사기지도, 어떤 군사 진영에 대한 가입도, 국제평화유지 활동에 대한 참여도, 어떤 외세의 중앙아시아 지역 갈등에 대한 중재도 허용하지 않을 것이며, 오직 국가이익이 우선"임을 강조하여(Tolipov 2012), 러시아와의 군사적 제휴를 심화할 의도가 없음을 국가 공식문서를 빌려 분명히 하였기 때문이다.

　이러한 타슈켄트의 상반된 혹은 모호한 대러 제휴 발신은 러시아의 CSTO 결속력 강화 의도에서 나온 상기한 제안들과 관련이 있으며, 이와 같은 조치가 우즈베키스탄의 전략적 자율성을 훼손할 가능성을 경계하였기 때문이었다. 타슈켄트의 전략적 자율성 유지를 위한 이러한 행보는 CSTO를 통한 러시아의 영향권역 강화 의도에 배치되는 것이었기에 양국은 불편함을 피할 수 없었다. 그러나 러시아 역시 타슈켄트의 독자 노선이 타국과의 동맹을 위한 러시아 배제가 아니라는 점을 잘 이해하고 있었기에, 푸틴 대통령의 우즈베키스탄 공식방문(2014.12.10)에[12] 이어 카리모프 대통령의 러시아 공식방문(2016.04.25-26)[13] 등 양국의 전략적 동반자관계 심화를 강조하는 외교적 노력은 이어졌다. 특기할 점으로, 2014년 12월 푸틴 대통령은 타슈켄트 방문 시, 우즈베키스탄을 CSTO로 돌아오게 할 목적에서, $8억 9천만의 채무액 중 $8억 6천5백만을 탕감해 줄 수 있다고 제안하였다. 그러나, 카리모프 대통령은 이에 응하지 않은 채, 도리어 미국으로부터 $3억에 달하는 308대의 대(對)지뢰매복방어(MRAP) 장갑차를 무상 공여받았다(Hedlund 2019, 5-6). 이것은 러시아와 안보 제휴의 강화보다는 제휴 다변화를 통한 전략적 자율성의 유지를 선택하였음을 의미한다.

카리모프 시기의 끝자락인 2016년에 양국 간의 관계를 좀 더 가깝게 만든 획기적 사건은 우즈베키스탄의 대러 부채를 대폭 탕감하기로 한 모스크바의 결정이었다. 소련 시기에 우즈베키스탄의 러시아에 대한 부채 문제에 대한 양국 협상은 타슈켄트가 러시아의 '다이어몬드 기금(Diamond Fund)'에 대한 자신의 몫을 주장하는 바람에 20년 동안 중단되어 왔다. 부채 청산의 최종 조건은 공표되지 않았지

만, 모스크바가 부채의 95% 탕감에 동의하였다는 타스통신의 보도 (2016.03.30)는 타슈켄트가 러시아 측으로부터 최대한의 양보를 끌어 내었음을 의미한다(Ramani 2016). 푸틴의 3기 집권(2012년) 이후 양 국의 경제관계에서, 특히 유라시아경제연합(EEU) 구상의 실천에 우 즈베키스탄의 참여는 모스크바의 절실한 희망사항이었지만, EEU의 출범(2015년 1월)까지 그것은 실현되지 못하였다. 이런 배경에서 모 스크바의 타슈켄트에 대한 큰 양보는 우즈베키스탄을 탈소 공간의 공 동안보뿐 아니라 경제통합 메커니즘에 포함하려는 포용 노력의 일환 이었다고 보아야 할 것이다. 결과적으로 CSTO 탈퇴를 포함한 카리모 프 말기의 전략적 헤징 조치들은 안보 영역에서 타슈켄트의 자율성 제 고뿐 아니라 장기간 지체되어 온 양자 갈등 요인 중 하나였던 부채 청 산 문제를 해소하는 데 기여하였다.

이렇게 이 절에서는 대러 제휴 강화와 유지를 통한 타슈켄트의 전 략적 헤징을 주된 추세로서 다루었다. 그러나 우즈벡의 러시아에 대한 제휴 긴밀화가 유지되었다고 해도 이 추세 역시 일정 수준 이상 자국 의 자율성 보존을 위한 타슈켄트의 전략적 헤징의 일환이었기에 미국 과의 정책 제휴 역시 제한적이나마 지속되었음을 간과해서는 안 된다. 미군의 하나바드 기지 철수(2005년 11월) 이후 1년 반이 지난 2007 년 중반 이후, 우즈베키스탄과 미국의 양자관계는 다시 재개되었다. 2008년 중반경에는 아프가니스탄에 주둔 중인 연합군의 작전에 필요 한 항공유의 약 60%가 철로를 통해 우즈베키스탄을 통과하였다. 이것 은 우즈베키스탄이 핵심적이며 상대적으로 안전한 병참선 역할을 하 였음을 의미한다. 타슈켄트의 대미 정책 제휴의 중요성은 미군의 아프 가니스탄 철수를 앞둔 상황에서 우즈베키스탄을 방문한(2014.05.07) 번스(William J. Burns) 미국무 차관이 몇 년에 걸쳐 '북부공급망(the

Northern Distribution Network)'을 유지하는 데 있어서 타슈켄트의 각별한 역할에 대해 감사를 표한 데서 잘 드러난다("Uzbekistan-US Relations" 2014).

타슈켄트의 이러한 정책 제휴 유지 노력에 대해 워싱턴도 적극적으로 화답하였다. 미국 의회는 우즈베키스탄에 관여하기 위해 2012년도 예산안 심사에서 미국무부의 대우즈베키스탄 안보지원 제약 규정들을 면제하도록 허용하였으며, 당시 클린턴 국무장관이 이에 서명한 (2012년 초) 이후 타슈켄트는 미국으로부터 여러 형태의 지원을 받게 되었다("Uzbekistan-US Relations" 2014). 대량살상무기 비확산 분야에서는 '핵물질 밀수 저지 합동행동계획(Counter Nuclear Smuggling Joint Action Plan, 2012년 4월)'에 따라 우즈베키스탄의 고농축 우라늄 제거와 국경 검문소의 방사능 감지 능력 증대 조치 등 협력이 강화되어 왔다(Weitz 2018, 45). 또, 2015년 이후로는 국방수권법 1004조에 의거하여 미군 특수부대가 매년 수백 명의 우즈벡 특수부대 병력을 훈련시켜 왔다(Kucera 2017). 워싱턴은 이러한 안보 분야의 협력들이 우즈베키스탄의 주권, 독립 및 영토 완전성에 대한 미국의 장기간 일관된 지지를 증명하는 것으로 간주하였기 때문이다(United States Department of State 2018, 2).

지금까지 논의한 카리모프 시기의 전략적 헤징을 마무리하면서, 오해의 여지를 줄이기 위해 첨언해야 할 사항은 두 번째 국면(3절 2항)으로 다루었던 미국을 지향한 헤징에 대해서이다. 미국(큰 범위에서는 유럽-대서양 세계)을 지향한 우즈베키스탄의 외교 다변화 노력은 탈러시아보다는, 상대적으로 러시아에 쏠린 강대국 제휴를 다원화하려는 시도였다. 기대만큼 성과를 내지 못한 이 시도는 러시아와의 일원적 제휴가 가져올 자율성 감소 가능성 그리고 안보·경제적 수혜 기회의 제한성 등의 리스크를 완화하려는 전략적 헤징 동기에서 비롯되었다. 그러므로 이것을 반러 정서나 러시아에 대한 경성 균세의 시도로 해석하는 것은 경계해야 한다. 명시적으로 인지된 안보 위협이 부재한 상태에서 우즈베키스탄의 다면적 리스크 완화 혹은 관리 목적의 헤징은 어떤 경우에도 상호 연루로 결박되는 동맹적 결속이나 진영 논리에 좌우되지 않았다. 그러므로 카리모프 시대의 자립 노선과 그 실천 방도로서 전략적 헤징은 어느 시점에서도 친러적 반서방이나 반러적 친서방 등으로 이해되기는 어렵다.

정리하면, 카리모프 정부의 대외관계 접근방식은 (자산과 위험의) 분산과 (상반되는 정책/전략의) 혼용을 통한 리스크 회피 전략 그리고 정책 제휴 강대국에 대한 모호한 제휴 신호 발신, 그리고 그것을 지렛대로 하여 하시라도 자율성 제약/침해를 되돌릴 수 있는 운신의 여지 확보 등으로 구성된다. 타슈켄트의 대외정치적 실천이 담지한 이러한 특성들은 모두 헤징의 경험적 기준들에 유사하거나 부합한다. 4반세기 동안 지속된 카리모프의 자립 외교 노선은, 외견상의 비일관성과 상충되는 정책 목표의 추구에도 불구하고, 안보적으로 불안정한 타지키스탄, 키르기스스탄 등과 비교하여 상대적 안정성 유지, 1997년의 동아시아 외환위기와 2008년의 세계경제 위기 등의 국면에서도 성장 추세 유지 등 긍정적 성과를 낳았다. 반면, 고도 경제성장을 견인할 해외투자 및 중앙아시아 지역 교통/설비 인프라 구축, 교역 증대 등에서 제약점도 적지 않았다. 이러한 한계를 극복하고자 카리모프 재임기인 2012년의 대외정책 개념은 '중립 원칙'을 천명하여 어떤 군사블록에도 가입하지 않으며, 외국 군사기지도 허용하지 않겠다는 입장을 공식화하였다. 아울러 대외정책의 최우선순위가 중앙아시아 인근 지역과 경제발전에 있음을 분명히 하였다. 이것은 개방적 지역협력이 각국의 경제개발을 고무할 것이며, 나아가 중앙아시아 개별국가들의 경제발전이 지역 전체의 안정성과 안보를 더 공고히 해 줄 것이라는 인식과 기대를 반영하였다. 그러나 카리모프의 2012년 대외정책 개념은 여러 가지 이유로 인해 문서상으로만 남아 있었다.

IV. 미르지요예프 정부의 새로운 접근방법과 헤징(2017~)

1. 중앙아시아 지역과의 관계: 개방과 관여

미르지요예프 시기의 대외정책은 카리모프 시대의 유산이 여전히 작용하는 가운데, 글로벌·지역적 대외정책 환경의 변화를 반영한 우선순위 변화와 새로운 접근방법을 보여주고 있다. 카리모프 유산의 대들보는 자립 노선과 그 실천방도로서의 전략적 헤징이겠지만, 현 미르지요예프 정부 대외정책 강조점의 직접적인 연원은 상기한 2012년의 대외정책 개념에 뿌리를 두고 있다. 이 개념의 핵심은 중앙아시아 인접국 최우선 정책, 경제발전 우선 원칙의 강조인데, 이것은 우즈베키스탄의 국가안보를 경제발전과 중앙아시아 지역안보에 직접 연계하고 있음을 보여준다. 이처럼 2012년 대외정책 개념은 대외관계에서 기존 접근방법에 대한 카리모프 대통령의 시각 전환을 반영하고 있었지만 실천으로 옮겨지지는 못했던바, 미르지요예프 정부는 그것을 현실에서 실제로 적용한다는 데 방점이 있다(Asiryan 2019). 그러므로 우즈베키스탄의 지역 우선순위에서 중앙아시아가 제1의적 위상으로 강조되었다는 것은 한편으로는 카리모프의 유산의 계승이지만, 다른 한편으로는 인접국들의 불안정 요인에 대한 카리모프식의 방어적·예방적 차단막 설정에 대한 재평가의 결과이다. 내전, 종교적 극단주의, 테러 등 지역 안보 위협 요인들이 변화된 환경에서 방어적 접근방식의 지속은 인근 국가들과의 협력과 상생의 선순환을 지체할 것이며, 도리어 경제성장과 지역 안보를 저해할 것이기 때문이다. 그러므로 인접국 최우선 정책은 이 과제의 성공적 돌파 없이는 우즈베키스탄 경제 현대화와 국가발전에서 한 단계 도약이 불가능하다는 미르지요예프 정부의 절실한 인식과 필요성을 반영하고 있다.

인접 국가들과의 협력과 상생에 대한 강조의 배경에는 중앙아시아 지역이 역사적·문화적 경험을 공유하며, 지리적·경제적으로 긴밀히 소통되어야 하는 단일의 유기적 공간이라는 인식이 자리하고 있다. 미르지요예프 정부의 중앙아시아 지역 정책에서 두 가지 강조점은, "민감한 문제의 논의를 피하지 않으며, 합리적 타협을 추구한다"(Муминов 2017)는 것이었다. 정부의 적극적 문제 해결 의지와 유연한 자세를 보여주는 부분이다. 중앙아시아 근린국가 우선 정책의 실천은 먼저 인접국들과의 국경·수자원 분쟁 등 해묵은 갈등 요인들을 완화·해소하면서 동시에 이 분쟁이 장애물로 작용해왔던 연관 문제들을 함께 해결하는 접근방식으로 시작되었다.

미르지요예프 대통령의 첫 방문국인 투르크메니스탄과의 경제협력 우선과제는 세계를 향한 교통 인프라 구축과 연관되어 있다. 우즈베키스탄-투르크메니스탄-이란-오만을 거쳐서 걸프만으로 연결되는 우즈베키스탄-오만 회랑 건설은 주요 협력 프로젝트로서 정상회담에서 논의되었다. 이 회랑의 현실화는 우즈베키스탄에게 해양 출구를 제공하게 된다. 육상 교역로와 함께 걸프만으로의 해양 출구는 우즈베키스탄의 성장하는 산업·생산 허브들에 해외시장 진출의 새로운 루트로 이용될 것이다. 다른 한편으로, 첫 방문국 투르크메니스탄이 독립 이

후 중립국 지위를 추구(1995년 UN이 영세중립국 지위 공식 인정)해 왔
다는 사실은 우즈베키스탄이 대외정책의 자립 노선 실천에서 주로 헤
징 전략에 의거해 왔다는 점에서 시사점이 크다. 우즈베키스탄의 비동
맹, 비연합, 비진영 원칙의 지속을 시사하는 것이다.

상대적으로 우호적 관계를 유지해 왔던 카자흐스탄과는 2017년
초 우즈베키스탄-카자흐스탄 간 고속철이 연결되었으며, 우즈벡 국경
을 지나 카자흐스탄으로 이어지는 M-39 고속도로 구간이 개통되는 교
통·물류 인프라의 발전을 이루었다. 또 접경한 타지키스탄과는 아무
다리야강의 수자원 이용을 둘러싼 로군댐 갈등, 국경 획정 문제 등으
로 오랫동안 관계가 동결되었던바, 25년 만에 처음으로 타슈켄트-두
샨베 간 직항로를 재개하는 등 관계 개선을 본격화하였다.

수자원, 국경획정 문제, 오쉬 종족 분규 등으로 갈등을 빚어왔던
키르기스스탄과도 타슈켄트와 이식쿨 지역을 연결하는 첫 비행을 시
작하였다. 키르기스스탄과의 주요 협력 현안도 국제 운송로 구축과 관
련된다. 일찍이 1990년대부터 논의되어 왔던 카쉬가르(Kashgar)-이
르케쉬탐(Irkeshtam)-오쉬-안디잔 고속도로는 2018년 2월에 본 노선
이 개통되었다.[14] 또 중국에서 키르기스스탄을 거쳐 우즈베키스탄으
로 연결되는 철로 건설 문제가 현안으로 남아 있다. 카슈가르-오쉬-안
디잔으로 연결되는 철로 건설의 한 부분이 키르기스 남부 오쉬 지역을

---

14 대형 트레일러를 통해 중국의 공산품들이 중앙아시아 지역으로 들어오는 간선도로인 이
고속도로 건설 계획은 연관국들의 이해 충돌로 말미암아 장기간 표류하여 카리모프 시
기에 완성을 보지 못했다. 미르지요예프 취임 이후에 기존의 장애물들이 모두 해소되었
으며, 2017년 5월 미르지요예프 대통령의 중국 방문 중에 연관 협정이 체결되어 우즈벡
관할의 도로가 완공되었다. 더 나아가 타슈켄트는 캄칙고개(Kamchik pass)를 관통하는
터널을 건설하기로 공약하였다(Anceschi and Paramonov 2020).

통과해야 하는데 이 구간만 미완성으로 남아 있다.[15] 미르지요예프 대
통령은 방문 기간(2017년 9월) 중, 하나의 타협책으로 시르다리야강
상류의 키르기스스탄 영토 내 댐 건설에 대한 기존 입장의 조건부 철
회를 제시하여 철로 완공 의지를 보였다. 이처럼 인접국과의 협력을
우선시하는 일련의 정책 전환은 대외 관계에서 정치적 동인보다는 경
제적 동인이 더 강조됨을 의미한다(Dadabaev 2019, 169).

상기한 미르지요예프 정부의 인접국 협력 우선과 공동번영을 향
한 이니셔티브는 지체되어 오던 인프라 구축 외에도 경제협력과 교
역에서 괄목할 만한 초기 성과를 거두었다.[16] 미르지요예프 정부의 중
앙아시아 우선 정책을 포함한 초기의 '대담하고 야심적인 개혁' 정책
에 대해 세계은행을 비롯한 국제사회의 평가는 무척 긍정적이다(Hed-
lund 2019). 다수 관찰자들은 이러한 성과를 미르지요예프 대통령이
이웃 국가들과의 호혜적 관계 발전과 지역 지도자들 간의 신뢰 증진
을 목표로 취했던 구체적이며 단호한 조치들의 결과로 보고 있다.[17] 다

---

15 키르기스스탄 구간 철로 공사 지체에 대한 지정학적 이유는 러시아가 철로 연결에 반대
하고 있기 때문이다. 중앙아시아의 연결성 부족은 언제나 러시아에게는 이득으로 작용
하였다. 주요 도로, 철로 및 파이프라인은 언제나 러시아 본토를 향해 북쪽으로 뻗어 있
기 때문이다. 동에서 서로 향하는 새로운 운송 인프라는 러시아의 영향력에 대한 심각한
도전이 될 것이다. 또 다른 중요한 이유는 일대일로 기획이 중국을 중앙아시아의 지정학
에 깊이 안착시킬 것이며, 새 회랑이 베이징을 우즈베키스탄에 더욱 깊이 관여시킬 가능
성에 대한 러시아의 두려움 때문이다(Avdaliani 2020).

16 우즈베키스탄과 카자흐스탄과의 차량(Ravon Nexia R3) 공동 생산 및 대규모 비즈니스
포럼 개최, 두샨베 산업박람회 개최(2017년 4월)와 우즈베키스탄의 적극 참여 등 지역
국가들과의 산업협력 분위기 조성이 두드려졌다. 새로운 교통·물류 인프라의 개통과
재가동에 힘입은 전반적 교류증진과 산업협력은 교역액의 확대로 이어졌다. 2017년 전
반기에 우즈베키스탄과 키르기스스탄의 교역액은 69%, 타지키스탄과는 22%, 카자흐
스탄과는 11% 증가하였다(Zakirov and Nevskaya 2017).

17 2017년 8월, 타슈켄트에서 개최된 "중앙아시아는 우즈베키스탄 대외정책의 주요 우선
순위"라는 제하의 국제회의에는 UN, UNDP, OSCE 등 국제기구들의 대표자들과 모
든 중앙아시아 국가들의 외교공관 대표자들 및 전문가들이 참석하여 출범 1년이 경과

시 강조하자면, 우즈베키스탄 지도부의 기본적인 인식과 접근방법에 있어서 개방적·관여적 유연성 없이는 이런 실용주의적 노선을 추동할 수 없었다는 점이다. 새로운 인식과 접근방법의 요체는 우즈베키스탄 의 글로벌 경쟁력 증대를 위해서는 중앙아시아 지역의 경제적 잠재력 이 현실화되어야 하고, 그 잠재력의 구현은 지역 협력 프로젝트의 성 공적 실현 없이는 불가능하다는 데 있다. 미르지요예프의 지역 정책이 지역 국가들이 공유한 동질성과 협력적 파트너십의 중요성을 강조한 다는 점에서, 강대국 관계의 헤징을 통한 외세에 대한 자율성 유지와 함께 지역의 불안정 요인들의 국내 침투를 차단하여 국내의 안정성 유 지와 정권 안보 등을 우선시한 카리모프 시기의 대외정책 노선의 우 선순위와 차이가 있다. 타슈켄트의 중앙아시아 우선 정책은 지역 국가 들과 포괄적인 관계 심화와 상호작용 증대를 주된 목표로 하여 안정 궤도에 진입하였으며, 전체적으로 일관된 독트린으로 공식화되고 있 다(Zakirov and Nevskaya 2017).

2. 강대국 관계에서의 헤징

카리모프 시기 대외정책의 '방어적 자립' 노선은 경제적 자족, 비동맹 과 불간섭, 국가 간 평등 원칙 등을 강조함으로써 인근 국가들에 비해 외부 충격에 덜 흔들리는 경제적·정치적 안정성은 유지하였지만, 다 른 측면에서는 국내 안정과 정권 안보 치중에서 기인한 국제적 소극성

한 새 정부의 새로운 지역 협력 정책과 발전 비전에 대해 큰 관심을 표명하였다. 대부분 의 참여자들이 미르지요예프 초기 대외정책이 중앙아시아 지역의 정치적 분위기를 전 향적으로 일신하고 효율적 지역 협력을 위한 기초를 놓았다고 평가하였다(Zakirov and Nevskaya 2017).

으로 인해 경제성장과 국제적 위상 증대의 기회를 제대로 활용하지 못한 부분도 있다. 반면에, 미르지요예프의 우즈베키스탄은 지역 국가 간 갈등 및 다자 협력 의제들을 조율하는 데 있어서 적극적 발의를 통해 중앙아시아 정치의 중심으로 복귀하였다. 그러나 국가발전 전략의 수행이라는 큰 틀 속에서 위치 지어지는 대강대국 관계 설정은 타슈켄트가 마주한 쉽지 않은 도전적 과제이다. 특히 러시아, 중국 및 미국 등 강대국과의 정책 제휴는 세계경제체제와의 통합과 국내문제에 대한 대외 요인의 영향력 사이에서 적정 균형을 유지해야 하는 문제이기 때문이다(Anceschi and Paramonov 2020).

이 절에서는 미르지요예프 정부의 대외정책을 러시아, 중국, 미국 등 강대국 관계를 중심으로 개관하면서, 안보와 안정, 경제발전을 지원하기 위한 대외정책의 접근법과 전략이 카리모프 시대와 유사한 전략적 헤징을 계승하고 있는지, 변화된 점은 무엇인지 등을 검토할 것이다.

미르지요예프 대통령은 강대국 관계에서 러시아와 중국을 제1 우선순위로 안배하고 있다. 2017년 4월 외국 순방 세 번째로 러시아를 방문하여 $120억 투자 협정과 $38억 수출입 계약을 체결하였다. 이처럼 신정부가 러시아와 기존의 경협 관계를 유지·강화한다고 해도 이것을 우즈베키스탄의 EEU 가입 가능성과 연관 짓는 것은 무리이다(Dadabaev 2019, 170). 미르지요예프는 중앙아시아 지역에서 러시아의 지위 강화를 도우지 않으며, 러시아와의 기존 제휴 관계를 수정하려고 하지도 않는다. 이 같은 러시아에 대한 모호한 제휴 신호 발신은 전형적 헤징 행위로 간주할 수 있는 경험적 징표의 하나이다.

미르지요예프 대통령은 러시아 방문 다음 달인 2017년 5월 중국을 방문하였다. 중국은 우즈베키스탄의 제1 교역국이며, 양국 간 교역 및 경제 관계의 비중이 매년 빠르게 증대하고 있지만, 우즈베키스탄은 어느 한 강대국 관계에 기회와 자산을 과도하게 투입하지 않는다. 이것은 헤징 개념 자체에 내포된 전통적 지혜를 따르는 것이다. 국제 협력의 영역과 분야에 따라 파트너 국가들의 기여 정도가 각각 다르며, 따라서 대부분의 협력 프로젝트들의 이해관계가 갈등적이기보다는 양립 가능한 경우가 많기 때문이다. 예를 들자면, 러시아는 우즈베키스탄의 두 번째 교역국이며, 농산품, 목화와 직물류, 자동차 등 우즈베키스탄 국내 생산품의 대다수가 러시아에 거대 시장을 갖고 있으며, 러시아산 원유와 기계류 등이 우즈벡 시장에 공급되고 있다.

이처럼 우즈베키스탄의 대러 관계는 물론 첫째 교역국인 중국과의 관계도 정치적 동기보다는 경제적 동기에 근거한 실용적 성격을 갖는다. 우즈베키스탄의 경제성장에서 대중 관계의 중요성은 결정적이다. 우즈베키스탄에 대한 중국의 직접 투자와 기술 제공은 먼저 주민들의 국내 수요를 충족할 수입대체 제조업 발전의 밑거름이 될 뿐만 아니라, 수출지향 제조업의 기반 및 풍부한 노동 인구에 일자리를 제공한다. 일대일로(BRI) 프로젝트의 대규모 인프라 투자나 거점 산업/생산 허브 건설은 대중협력 심화의 경제적 혜택에 대한 기대와 유인을 더욱 강화해 왔다.

그러나, 그렇다고 해서 우즈베키스탄의 대외관계가 결코 중국 지향으로 경사하지 않는다. 우즈벡 인력의 러시아 노동 이주,[18] 테러 및 종교적 극단주의에 대응한 안보협력 등 러시아와의 정책 제휴도 여전히 유지되며 중요하다. 우즈벡 시장에서 러시아의 교역 품목들은 중국의 제품들과 거의 경쟁하지 않으며, 중앙아시아 지역에 대한 중국의

---

18   현재 약 250만 명의 우즈벡인들이 최다 거주 지역인 러시아를 포함한 EEU 권역에 거주하고 있다.

이해관계와 (적어도 현재까지는) 크게 충돌하지도 않는다. 이렇게 우즈-러, 우즈-중 두 쌍의 양자관계에서 이해관계의 중첩과 갈등 영역이 적기에 타슈켄트는 양 강대국 모두에 대해 모호성을 발신하는 비배타적 방식으로 실용적 관계를 유지해 나올 수 있었다. 이것은 전형적인 헤징의 징표이다.

　달리 말하자면, 타슈켄트의 헤징은 그 당시의 상황과 조건에서 우즈베키스탄의 당면한 목표 달성에 가장 도움이 되는 국가와 협력하는 (그리고 협력을 선택할 자율성을 유지하는) 데 방점을 두고 있으므로, 특정 강대국을 배제하는 어떤 연합이나 동맹을 형성할 필요가 없다. 더군다나, 우즈베키스탄이 러시아와 중국 어느 한쪽에 치우침을 회피하는 헤징 전략을 유지하는 한, 러시아와 중국 간에 우즈베키스탄을 둘러싼 배타적인 영향력 경쟁은 전개되기 어렵다. 그러한 배타성은 우즈베키스탄에 대한 패권적 지배를 의도하는 것이기에 어떤 경우에도 타슈켄트가 이를 허용하지 않을 것이다.[19] 우즈베키스탄은 30년 이상을 대외정책의 자립 노선을 지속하고 강화해 나왔으며, 어떤 나라도 위협이나 강박으로 타슈켄트를 양보하도록 만들기 어렵다는 것을 인지하고 있다. 특히 지금까지 베이징이 (주로 중앙아시아에서 러시아의 전통적 입지를 고려하여) 중국과 우즈베키스탄과의 양자관계에서 군사적·정치적 제휴를 적극 시도해 오지 않았다는 점에서 그리고 설혹 그런 시도를 할지라도, 강대국 관계에서 자율성 보존에 민감한 타슈켄트가 이를 수용할 가능성이 매우 낮다는 점에서, 우즈베키스탄에서 러시아와 중국 사이의 갈등적 영향력 경쟁은 찾아보기 어렵다.

19　타슈켄트의 이러한 입장은 압둘라지즈 카밀로프(A. Kamilov) 외교장관의 "이 지역에서 강대국 간의 어떤 경쟁으로 인해 우리에게 불리한 정치적 결과를 체험하고 싶지 않다"는 언명에서 잘 드러난다(Wong 2020).

미르지요예프 대통령이 우즈베키스탄의 강대국 관계에서 러시아
와 중국을 우선순위에 둔 데는 최근년에 유럽-대서양 세계가 탈소 공
간을 보는 시선의 변화를 반영한 것이다. 우크라이나의 EU와의 '제휴
협정(Association Agreement)' 체결을 둘러싼 갈등이 단초가 되어 발
발한 서방과 러시아 간의 지전략적 충돌 이후, EU가 중앙아시아를 비
유럽 탈소공간으로서 새삼 확인하게 된 문명적 이질감과 거리감, 그리
고 트럼프 전 행정부 '미국 우선주의'의 중상주의적 관점은 중앙아시
아 지역에 대한 유럽과 미국의 (자유와 민주주의 증진의 대상으로서) 관
심의 냉각과 제한적 관여 경향을 추동해 온 주요 요인이다. 반면에 EU
의 영향력 확장의 맞은편에서 2015년에 출범한 러시아 주도 유라시아
경제연합(EEU)의 등장은 유럽-대서양 세계에 응전하는 새로운 대응
축 형성을 의미한다.

이처럼 중앙아시아 지역 통합의 새로운 벡터가 형성되고 있는 전
환 국면에서 우즈베키스탄의 경제현대화와 관계 다변화를 위하여 중
국과의 경제관계 긴밀화는 어떤 면에서는 불가피한 선택이라 할 것이
다. 유라시아대륙 인프라 연계망 개발 사업을 대표하는 BRI 거대 프로
젝트에 참여하여 중국-동남아시아-남아시아 등과의 연결성을 강화하
고, 주요 산업 거점 지역에 해외직접투자를 유인하는 것은 우즈베키스
탄의 지속적 경제성장을 자극하는 매력적인 대안임에 틀림없다. 2000
년대에 들어 우즈베키스탄과 중국의 양자 간 교역의 획기적 증대에 더
하여[20] 중국-중앙아시아 인프라 연계의 수혜, 일례로 가스관 통과료 수

---

20 1992-2002년 기간에 우즈베키스탄과 중국 간 교역액은 연간 $1억 4천만에 미치지 못했
   으나 2008년도에 이 수치는 약 $13억으로 10배 정도 증가하였다. 2000년대를 통해 양
   자 간 교역 구조는 중국은 천연 원자재를 수입하고, 우즈베키스탄은 중국산 공산품을 수
   입하는 형태였다.

취와 파급효과만 해도 우즈벡 경제에 큰 도움이 되고 있다.[21]

　우즈베키스탄과 중국의 경제협력 심화는 우즈베키스탄에 대한 중국의 경제적 침투가 강화되고 전반적인 경제적 영향력이 크게 증대됨을 의미한다.[22] 중국과의 운송망 연계 조밀화와 교역 의존도의 심화, 금융·기술 부문의 의존 증대 등 강대국과의 경제 제휴가 소국에 초래할 외부 충격에 대한 취약성 등을 고려하면, 타슈켄트의 자율성 제약에 대한 우려는 커질 수밖에 없다. 물론 중국의 경제적 영향력 증대가 정치적인 영향력 상승으로 바로 환치될 가능성은 낮다. 베이징은, 중앙아시아 지역에 대한 러시아의 영향권역 주장을 고려하여, 이러한 경제적 상호의존성 그리고 우즈베키스탄의 중국에 대한 의존성 증대를 정치적 패권을 위한 지렛대로 사용하지 않았다. 그럼에도 불구하고 타슈켄트로서는 자율성 훼손 리스크를 완화하기 위해 중국에 대한 헤징이 필수적이며, 바로 이 점에서 자산/기회의 전통적 분산 대상으로서 러시아와 EEU의 역할이 드러난다.

　먼저, 미르지요예프 집권 이후의 상황을 보자면, 우즈베키스탄과 EEU와의 경제관계는 서방의 대러 경제제재 지속에도 불구하고 더 강화되어 왔다. 2016-2018년 양자 간의 교역액은 52% 증가하여 $96억 5천만을 보였다. 2019년 말 기준으로 우즈베키스탄 대외 무역화물의

21　2009년 투르크메니스탄에서 중국으로 운송되는 천연가스관이 가동하여 우즈베키스탄은 가스관 통과료를 수취하게 됨으로써 양국의 경제관계의 발전은 새로운 국면을 맞게 되었다. 동년에 양국 간 교역액은 $5억 증대되었다.

22　2008년 말에 중국의 대우즈베키스탄 투자 및 대출액은 $4억을 넘지 못했지만, 2019년 말 현재 중국의 투자액은 약 $90억에 달하며, 대출액은 $30-40억에 이르러 약 30배 증대되었다. 미르지요예프 정부의 적극적 대외관계 개방 및 경제자유화 정책에 힘입어, 2019년 말에 양국의 교역액은 $76억으로, 이것은 2010년 기준보다 4배 증가한 수치이다. 2020년에는 애초에 $100억을 전망하였지만, 코비드-19 팬데믹으로 부정적인 영향을 받게 될 것으로 예상된다(Anceschi and Paramonov 2020).

약 80%가 EEU 경유하는 반면에 수출의 약 40%는 EEU로 직행한다. 우즈베키스탄과 EEU와의 경제관계 강화에서 러시아 다음으로 큰 중요성을 차지하고 있는 나라는 동일한 중앙아시아 국가이자 EEU 회원국인 카자흐스탄과 키르기스스탄이다. 이 두 국가는 우즈베키스탄의 중앙아시아 우선 정책으로 호혜적 관계 강화의 상생 효과를 누리는 국가들이며, 이러한 경제 동반자관계의 심화는 지역의 다면적 협력 분위기 조성에 기여하고 있다(Anceschi and Paramonov 2020, 5-6).

우즈베키스탄은 2020년 3월에 EEU의 옵저버 지위를 공식적으로 획득하였다. 우즈베키스탄이 EEU의 완전한 회원국이 될 경우 긍정적·부정적 측면들이 혼재한다. 우즈베키스탄의 정회원국 지위는 러시아와 카자흐스탄의 노동 인력 감소 문제를 해소할 수 있는 반면에, 우즈베키스탄의 입장에서는 EEU에서 일하는 2백만 이상의 우즈벡 이주 노동자들의 거주 지위를 합법화할 수 있게 될 것이다. 또, 우즈베키스탄은 EEU 전체 권역의 가치사슬과 연계하여 더 효율적으로 생산을 조직함으로써 경쟁력을 강화하고, 확대된 시장에서 교역의 활성화를 기대할 수 있다. 반면에, 부정적인 영향 요인들도 추론할 수 있다. 지금까지의 EEU의 경제통합 유형은 효율적으로 작동하는 공동시장 형성을 촉진하기보다는 개별 성원 국가들과 러시아와의 양자 간 경제 연계를 강화하는 쪽에 더 가까웠다. 이와 같은 통합의 특성이 우즈베키스탄에도 일어날 개연성이 높다. 말하자면, 러시아, 벨라루스, 카자흐스탄 등의 질 높은 소비재들이 지금까지 잘 보호되어 오던 우즈벡 국내 시장으로 밀려들 것이다. 그리고 숨의 화폐가치 하락이 지속되어 무역 개방과 자유화의 이점을 대부분 상쇄해 버릴 수도 있다. 더 나아가, 기존 우즈베키스탄-러시아 교역에 존재해 왔던 불균형을 더욱 복잡하게 만들 가능성이 높다(Anceschi and Paramonov 2020, 6).

정리하면, EEU를 비롯한 러시아 주도 다자 협력기구에 대한 우즈베키스탄의 전향적 태도와 접근을 러시아 주도의 경제블록에 대한 편입으로, 즉 지나치게 지정학적 관점으로 보는 것은 경직된 해석이다. 러시아 주도 다자주의에 대한 미르지요예프 정부의 과거보다 유연한 접근은 대러 관계의 심화나 30년의 시험을 거친 자립 노선 수정의 한 징표라기보다는 대외정책의 지역화와 글로벌화 벡터에 더욱 능동적으로 대응하려는 시도의 일환으로 보아야 할 것이다. 이 점은 우즈베키스탄과 중국과의 경제협력 심화와 전반적 유대 강화 추세에 대해서도 마찬가지이다. 미르지요예프 정부의 대중·대러 제휴에 대한 유연하며 실용적인 접근은 (독립 초기에 러시아에 대한 경사를 미국 카드를 동원한 헤징으로, 타슈켄트의 자율성을 제약하는 서방의 압박을 러시아 카드를 통한 헤징으로 적정 수준의 자율성을 견지하려고 했던) 카리모프 정부의 헤징 전략의 전통적 지혜를 반추하는 것에 다름 아니다. 이것은 2010년대에 들어 중앙아시아 지역에 대한 중국의 영향력 투사 증대, 이에 대응하는 러시아의 지역 경제통합 기구의 가동 등 지역 범주에서 전개되어 온 국제적 벡터 변화에 대한 새로운 형태의 헤징이다. 과거와 차이점은 헤징의 주 대상이 되는 강대국의 조합이 러시아와 미국(서방)에서 러시아와 중국으로 변화되었다는 사실이다.

독립 이후 30년간 지속되어 온 우즈베키스탄 자립 노선의 핵심 원칙은 자주·자강, 비동맹과 불간섭, 국가 간 평등 원칙 등이다. 대외 정책의 수립과 실천에서 이 핵심 원칙의 준수를 가능하게 하는 국가의 근본 역량은 전략적 자율성이다. 소국과 강대국의 관계에서 소국의 헤징을 초래하는 불가피한 인과관계인 '정책제휴-자율성 교환거래'에 대한 전통적 인식이 미르지요예프 정부에도 계승되고 있다. 중국의 G2 부상과 글로벌 힘의 축 이동, 중앙아시아 지역에 미치는 새로운 국제적 백터 등 변화된 국제환경에서도 우즈베키스탄의 경제·안보 리스크 관리와 적정 수준의 자율성 보존을 위해 헤징이 필수적이며, 타슈켄트가 이를 위해 선제적으로 대응하고 있다는 사실은 새 군사독트린 채택 (2018.01.09)을 통해 잘 나타난다. 어느 강대국에게도 우즈베키스탄의 군사·전략적 종속을 허용치 않기 위해, 새로 채택된 군사독트린은 2012년에 선언된 군사적 중립 원칙을 공식 국제관계 문서로서 확증하였다. 이것이 의미하는 바는 경제뿐만 아니라 군사·안보 영역에서도 '적정 수준의' 자율성 유지가 필수적이며, 자율성의 유지를 위해서는 언제라도 정책 제휴의 강도와 대상을 재조정할 수 있는 모호성을 유지해야 할 필요성에 대해 우즈베키스탄의 대외정책 엘리트 대다수가 합의하고 있다는 것이다.

우즈베키스탄의 강대국 관계에서 미국은, 2000년대 전반에 타슈켄트의 대미 접근을 활용한 전략적 헤징의 사례에서 보듯이, 인접 강대국 제휴가 초래하는 자율성 제약 부담을 완화하기 위한 헤징의 주요 상대국 역할을 해 왔다. 그것은 2005년을 전후한 대러 제휴 강화 추세의 등장 이후 얼마 지나지 않은 2007년 중반에 다시 대미 관계를 복원한 것에서도 잘 예증된다. 특히 미르지요예프 정부가 경제발전을 제1의 우선순위에 두고 있다는 점에서, 그리고 트럼프 전 행정부가 미르지요예프의 개혁을 긍정적으로 평가하고,[23] '자유와 민주주의 증진' 목표를 전면에 부각하지 않았다는 점에서 양국의 동반자 관계는 카리모프 시기와 비교하여 더 유리한 조건을 갖추었다.

---

23   워싱턴은 미르지요예프 정부가 2017년 초 발표한 국가발전5개년전략에 따른 그간의 국내 개혁 조치에 대해 긍정적으로 평가하였다(Valiev 2018). 투자환경 개선, 환전 자유화, 인권 상황 개선 및 사법 독립성 증대 조치 등 개혁 내용들이 미국이 장기간 부여해 왔던 개혁 우선순위에 부응한다고 본 것이다.

미국에 대한 우즈베키스탄의 공식적 정책 목표는 해외 투자 유치와 교역 증대, 기술 이전 등 경제협력 강화 그리고 군사 장비·훈련 제공, 반테러 지원 등 안보협력이 주를 이룬다. 특히 우즈벡 경제 현대화를 위해 첨단기술과 과학·기술 분야 혁신의 선두 주자인 미국의 역할에 대한 기대가 크다. 미국은 수출 시장과 최고의 금융 서비스를 동시에 제공할 수 있는 유일한 국가로서 우즈벡 경제발전에 기여할 것으로 생각하기 때문이다. 우즈베키스탄은 비교적 관점에서 보아, 인접한 러시아와는 안보 영역에서 중국과는 경제 영역에서 긴밀한 관계를 갖는 편이지만, 이러한 인접 강대국과의 관계가 미국과의 협력에 방해가 되거나 그것을 배제하지 않는다고 본다. 타슈켄트의 논리로는 자국이 경쟁하는 강대국들의 "이해관계 사이에서 균형을 유지하여 모든 강대국들과 관계 발전을 추구"하고자 하기 때문이며(Valiyev 2018), 경제 현안을 탈정치화·탈이념화의 관점에서 접근하기 때문이다.[24]

국제경제 현안 문제에서 타슈켄트는 WTO 가입 과정에서 워싱턴의 지원을 희망하는 반면, 미국은 우즈베키스탄의 EEU 가입을 만류하고 있다. 타슈켄트는 설혹 EEU에 가입한다 하더라도, 미국/EU와 어떤 갈등과 충돌을 예상치 않는다. 모든 현 EEU 회원국들이 서방과 정상적으로 경제·비즈니스 협력을 하고 있기 때문이다. 반면에 워싱턴의 시각은 다르다. 일례로, 윌버 로스(W. Ross) 미국 전 상무장관은, (우즈베키스탄의 WTO 가입과 해외직접투자 유입에 대한 기대를 감안하여) 우즈베키스탄의 EEU 가입 노력은 WTO 가입을 복잡하게 만들고, 타슈켄트가 상정한 기한 내에 가입절차 종결을 어렵게 할 수 있다고

---

24 미르지요예프 대통령의 대외정책자문역이자, 상원의원인 사파예프(S. Safayev)는 우즈베키스탄은 "이념이나 배타적 블록의 프리즘을 통해 경제 쟁점에 접근하지 않는다"(Imamova 2019)는 점을 분명히 피력하였다.

경고하였다. EEU 성원이 됨으로써 얻게 되는 단기적 이득이 서방으로
부터 해외직접투자 증대라는 장기적 목표에 장애물이 될 수 있다는 뜻
이다. 이에 대해 대통령 대외정책자문역 사파예프(S. Safayev)는 현재
모든 EEU 성원국들이 모두 WTO 회원국으로서 두 기구 사이에서 잘
해나가고 있기 때문에, 자신은 로스 장관이 말하는 어떤 복잡함도 이
해할 수 없다고 반박하였다(Imamova 2019).

반면에, 타슈켄트의 파트너로서 워싱턴은 종교적 극단주의와 테
러 등 안보 위협 관련해서 우즈베키스탄이 아프가니스탄과 파키스탄
등을 근거로 잔존하고 있는 지하디스트에게 피신처가 되지 않도록 안
정을 유지하는 데 방점을 두고 있다. 강대국 관계에 대해서는, 중앙
유라시아의 지리적 중심에 위치하며 최대 인구 국가인 우즈베키스탄
을 비롯한 중앙아시아 국가들이 지역 영향력을 두고 경쟁하는 인접 강
대국들의 압력에 대해 '잘 견디도록(resilient)' 지원하고자 하며, 미국
의 테러 억지 노력 과정에서 지역 접근성을 보장받고자 한다("National
Security Strategy of the USA" 2017, 50). 대외 영역 전반에서 미국은 우
즈베키스탄이 아프가니스탄을 포함한 남아시아 정책의 강력한 지원
세력이며, 워싱턴의 중앙아시아 협력구도인 'C5＋1(Central Asia＋U.
S.)'의 핵심 지지국가로서 협력해 왔으며, 미래에도 협력의 주요 파
트너로서 역할해 주기를 기대하고 있다(United States Department of
State 2018, 2).

상기한 정황과 인식을 반영하여, 미국은 '신중앙아시아전략(New
Central Asia Strategy)'을 발표하였다(2020.02.05). 동 전략은 중앙아
시아를 독자적인 지전략적 중요성을 가진 지역으로 간주한 최초의 공
식 문서이다. 이 문서를 통해 워싱턴은 중앙아시아에 대해 비중 있는
접근을 천명하였다(Mirovalev 2020). 과거와 구별되는 적극적인 전략

적 관심을 선언한 셈이지만, 현실의 벽은 높다. 중앙아시아 지역에 투입할 수 있는 미국의 군사적·경제적 자산은 러시아와 중국에 비교하여 미약한 편이다. 러시아는 CSTO와 SCO를 통하여 정치·안보 영역에서 주도적 위치에 있으며, 중국은 막대한 인프라 투자와 차관 제공, 핵심 교역국 지위를 통해 경제적 영향력을 행사하고 있다. 미국은 이미 오래전에 하나바드 기지와 칸트 기지에서 철수하였으며, 현지에 새로이 군사력 투사를 위한 명분을 찾기도 어렵다. 대테러 전쟁기의 존재감 회복은 어려운 상황으로 보인다. 또 경제적 측면에서 보더라도, 미국의 대중앙아시아 투자 제안과 규모, 교역액은[25] 중국과 비교할 수 없을 만큼 소규모에 불과하다(Mirovalev 2020). 그럼에도 불구하고, 우즈베키스탄에게 인근 두 강대국, 중국과 러시아에 대한 견제자로서 미국의 효용가치는 여전히 높은 편이다. 타슈켄트는 미국이 러시아의 군사적 영향력과 중국의 증대하는 경제적 침투를 견제하기 위한 제3의 (군사·경제적 지원자이자) 협력자 역할, 그리고 아프가니스탄의 불안정한 정세에 대한 안정자 역할을 해주기를 희망한다. 이 경우, 타슈켄트의 입장에서, 서로 경쟁하는 강대국들을 상대로 전략적 헤징의 효율성을 높이기 위해서는 상당한 수준에서 미국의 존재감 유지가 필수적이다.

지금까지 미르지요예프 정부의 대외 전략을 '헤징'으로 설명하였지만, 이 포스트-카리모프 시기의 헤징은 과거의 그것과 비교하여 그 시각과 접근방법, 대상에서 다소간의 차이점이 있다는 점을 지적하며 마무리하고자 한다. 미르지요예프 대통령은 카리모프 대외정책의 자

---

25   우즈베키스탄은 무역액 기준 미국의 142번째 교역 상대로서 총교역액은 $3억 1500만에 불과하다(2018년 기준). 미국의 입장에서 우즈베키스탄은 119번째 수출국이며 159번째 수입국으로 경제적 의미는 미미한 수준이다.

립 노선과 그 핵심 원칙들을 큰 틀에서 계승하고 그것에 충실하면서도 그 유산의 제약점 타파를 시도하고 있다. 그 주요 접근법은 중앙아시아 역내 협력에 방해물이 되어왔던 국경획정, 수자원 이용 등의 문제 해결을 우선시하고 국제사회로의 문호 개방을 통해 경제성장과 현대화에 유리한 방향으로 국제환경의 변화를 주도하며 종국적으로 자국의 지역적·국제적 위상에 부합하는 입지를 확보하고자 한다. 카리모프 시기 '방어적 자립' 노선은 먼저, 강대국 관계의 헤징을 통한 외세에 대한 자율성 유지, 다음으로 지역의 불안정 요인들의 국내 침투를 차단하여 국내의 안정성 유지와 정권 안보 등을 우선시하였다. 반면에, 미르지요예프 정부는 카리모프 시대의 '방어적' 접근 방식을 우즈베키스탄 "경제 발전과 안보 증진에 대한 주요 제약 요인"(Dadabaev 2019, 165)으로 보았다. 신정부의 개방적·관여적 접근방법은 지역 국가들이 공유한 동질성과 그것에 토대한 협력적 파트너십의 중요성을 강조한다는 점에서 카리모프 시대의 실천과 차이가 있다. 다음으로 중국이 주요 헤징 대상국으로 부각되고 있다. 2008년 글로벌 금융 위기 이후, 세계경제에서 중국의 비중과 위상이 현격히 증대되어 왔으며, GDP 기준 국제적 위상은 2010년 이후 G2로 인정되고 있다. 이미 2000년대 이후 중국은 타슈켄트의 강대국 제휴에서 주요 파트너로 등장하였지만, 특히 중국이 일대일로 프로젝트를 본격 가동한 2014년 이후 중국의 존재감은 크게 증대하였다. 강대국 제휴에 대한 타슈켄트의 헤징 시에 중국은 우선적으로 고려되어야 하는 핵심 행위자로 부상하였다.

V. 맺음말

독립 이후 30년 동안 우즈베키스탄의 대외정책은 장기적 관점에서 자주와 자강에 기초한 '자립' 노선을 유지해 왔다. 독립 초기부터 카리모프 대통령을 정점으로 한 우즈벡 지도부는 자립 노선의 토대로서 외교정책의 독립성과 전략적 자율성 유지를 위해 일관되게 노력해 왔으며, 이것은 초대 카리모프 대통령의 4반세기 통치를 계승한 현 미르지요예프 대통령의 경우에도 마찬가지이다. 우즈베키스탄과 같은 지정학적 요충에 위치한 국가의 입장에서 볼 때, 특히 신생 독립국의 지도부가 강대국의 침략과 침탈, 신식민지화, 구 식민종주국의 네오-콜로니얼 야심 등이 국가의 자주권과 정권 안보를 위협하는 상수로 작용해 왔으며, 작용할 것이라고 인식하고 국가경영의 원칙이자 기둥으로서 '자립'을 강조한 것은 놀라운 것이라기보다는 '전통적 지혜'에 부합되는 것이었다.

우즈베키스탄이 추구한 자립 노선의 정책·전략적 실천 방도를 설명할 수 있는 유력한 해석 중의 하나가 '전략적 헤징'이다. 강대국 관계에서 타슈켄트의 전략적 헤징은 인근의 두 강대국(러시아와 중국)과 미국의 간섭이나 영향력 침투로 인한 잠재적 주권 훼손 가능성을 경계하는 것이며, 신생국 지도부가 선택한 정책·전략적 자율성 보존을 통한 자주성 강화 노력의 일환이었다. 강대국 관계 접근방식에서 카리모프식 헤징의 특성은 자산과 기회의 분산을 통한 리스크 완화 그리고 상충하는 정책·전략의 혼용과 모호한 제휴 신호 발신을 통해 적정 수준의 자율성을 보존하는 데 있었다. 이 메커니즘은 소국과 강대국의 관계에서 소국의 헤징을 초래하는 불가피한 인과관계인 '정책제휴-자율성 교환거래'에 대한 전통적 인식을 반영한다. 우즈베키스탄 국가 형성과 정초기 카리모프 정부의 헤징 전략은, 여러 계기에 형태와 대상의 변화와 부침이 교차하였지만, 전체적으로 보아, 상당 부분 유의미한 성과를 낳았다고 본다.

이러한 대외전략의 핵심은 다음 정부로 계승된다. 미르지요예프 정부는 글로벌/지역적 힘의 배분과 우즈벡 국가발전의 우선적 과제를 고려하여 중국과 러시아를 강대국 관계의 1순위에 두고서, EEU 등 러시아 주도 다자주의에 대해 과거보다 유연함을 보이고 있다. 그러나 이러한 접근법은 대러 관계의 심화 혹은 러시아 주도의 경제블록에 대한 편입, 30년의 시험을 거친 자립 노선 수정 등의 한 징표라기보다는 대외정책의 지역화와 글로벌화 벡터에 더욱 능동적으로 대응하려는 시도의 일환으로 보아야 할 것이다. 이 점은 우즈베키스탄과 중국과의 경제협력 심화와 전반적 유대 강화 추세에 대해서도 마찬가지이다. 미르지요예프 정부의 대중·대러 제휴에 대한 유연하며 실용적인 접근은 (독립 초기에 러시아에 대한 경사를 미국 카드를 동원한 헤징으로, 그 다음에는, 타슈켄트의 자율성을 제약하는 서방의 압박을 러시아 카드를 이용한 헤징으로) 적정 수준의 자율성을 견지하려고 했던 카리모프 정부의 전략적 헤징의 전통적 지혜를 반추하는 것에 다름 아니다. 이것은 2010년대에 들어 중앙아시아 지역에 대한 중국의 영향력 투사 증대, 이에 대응하는 러시아의 지역 경제통합 기구 가동 등 지역 범주에서 전개되어 온 국제적 벡터 변화에 대한 새로운 형태의 헤징이다.

이처럼 현재까지 미르지요예프 정부의 강대국 관계 접근법 역시 '전략적 헤징'으로 설명 가능하지만, 이 포스트-카리모프 시기의 헤징은 과거의 그것과 비교하여 그 시각과 접근방법, 대상에서 다소간의 차이점이 있다. 미르지요예프 대통령은 카리모프 대외정책의 자립 노선과 그 핵심 원칙들을 큰 틀에서 계승하고 그것에 충실하면서도 그 유산의 제약점 타파를 시도하고 있다. 카리모프 시기 '방어적 자립' 노선은 먼저, 강대국 관계의 헤징을 통한 외세에 대한 자율성 유지, 다음으로 지역 불안정 요인들의 국내 침투를 차단하여 국내 안정성 유지와 정권 안보 등을 우선시하였다. 이와 비교하여 미르지요예프 정부의 개방적·관여적 접근방법은 과거의 그것이 우즈벡 경제발전과 안보 증진에 제약 요인이었다고 보고, 지역 국가들이 공유한 동질성과 그것에 기초한 협력적 파트너십의 중요성을 강조한다는 점에서 접근방법 상의 차이가 있다. 또 다른 차이점은 헤징의 주 대상이 되는 강대국의 조합이 러시아와 미국(서방)에서 러시아와 중국으로 변화되었다는 사실이다.

특히 중국의 G2 부상과 일대일로 프로젝트를 통한 경제력 투사는 중앙아시아 지역에 미치는 강력한 국제적 벡터로 작용하고 있다. 중국이 타슈켄트의 강대국 관계에서 핵심 행위자이며 헤징 시 우선적인 고려 대상으로 등장하였다는 것은 2000년대 중반 이후 존재감이 약해져 왔던 미국의 위상을 재조명하게 만든다. 미국은 '신중앙아시아전략'(2020.02.05)에서 중앙아시아를 독자적인 지전략적 중요성을 가진 지역으로 규정하여 전략적 관심을 천명하였지만, 이 지역에 투입할 수 있는 군사적·경제적 자산은 중국과 러시아에 비교하여 미미하다. 그러나 타슈켄트의 관점에서, 러시아와 중국 사이의 헤징에서뿐만 아니라 러–중에 대한 헤징에서, 양국의 견제자로서 역외국가 미국의 효용 가치는 여전히 높다. 여기서 경쟁하는 지역 강대국들에 대한 헤징의 효용성을 높이기 위해서는 상당한 수준의 미국 존재감 유지가 필수적이다.

이처럼 변화된 국제환경에서도 우즈베키스탄의 경제·안보 리스크 관리와 적정 수준의 자율성 보존을 위해 헤징이 필수적이며, 타슈켄트는 이를 위해 선제적으로 대응하고 있다. 새로 채택된(2018.01. 09) 군사독트린은 2012년에 선언된 군사적 중립 원칙을 공식 국제관 계 문서로서 확증하여, 어떤 강대국에게도 우즈베키스탄의 군사·전 략적 종속을 허용치 않을 것임을 천명하였다. 이러한 대비 태세는 자 립 노선의 핵심 역량인 자율성 유지를 위해서는 언제라도 정책 제휴의 강도와 대상을 재조정할 수 있는 모호성을 유지해야 할 필요성에 대해 우즈벡 대외정책 엘리트 대다수의 합의를 의미한다. 이처럼 2020년대 의 글로벌/지역 환경, 우즈벡 대외정책의 전통적 자립 노선 그리고 지 도부의 인식과 입지를 고려하면, 자립 노선의 실천 방도로서 타슈켄트 의 전략적 헤징은 당분간 검증된 유효성을 잃지 않을 것으로 보인다.

참고문헌

강봉구. 2007. "우즈베키스탄 대외정책의 노선 전환: 미국과 러시아 사이에서."『슬라브학보』
    22(1): 47-75.

김진호. 2009. "핀란드의 편승적 중립정책."『세계정치』30(1): 89-126.

성동기. 2009. "우즈베키스탄 대외관계의 특수성 이해: 친(親)과 용(用)의 관계를 통한
    재해석을 중심으로."『중소연구』33(2): 209-235.

조동준. 2009. "안보위협에 대처하는 중소국의 선택."『세계정치』30(1): 7-28.

Муминов, Аскар. 2017. "Почему и зачем Мирзиеев приехал в Астану." *inbusiness.
    kz*. 2017.03.22. http://www.abctv.kz/ru/news/pohemy-i-zahem-Mirzieev-edet-v-
    Astany (검색일: 2020.12.11).

"Об Основных положениях военной доктрины Российской Федерации." Указ
    Президента Российской Федерации от 02.11.1993 г. No 1833.

"Integrated Country Strategy: Uzbekistan." 2018. *U.S. Department of State*, 2018.8.3.
    https://www.state.gov/wp-content/uploads/2019/10/ICS-Uzbekistan_UNCLASS.
    pdf (검색일: 2021.2.20).

"National Security Strategy of the United States of America." 2017. *The White House*,
    2017.12. https://trumpwhitehouse.archives.gov/wp-content/uploads/2017/12/
    NSS-Final-12-18-2017-0905.pdf (검색일: 2021.1.15).

"Uzbekistan, Russia to Cement Strategic Partnership." 2014. *UZA*, 2014.12.11. https://
    uza.uz/en/posts/uzbekistan-russia-to-cement-strategic-partnership-11- 12-2014
    (검색일: 2021.3.10).

"Uzbekistan-Russia: New Stage in Strategic Partnership." 2016. *Embassy of Uzvekistan
    in New Deli*, 2016.04.27. http://www.uzbekembassy.in/uzbekistan- russia-new-
    stage-in-strategic-partnership/ (검색일: 2021.3.10).

"Uzbekistan-US Relations." *GlobalSecurity.org*, 2014.07.30. https://www. global
    security.org/military/world/centralasia/uzbek-forrel-us.htm (검색일: 2020.12.13).

Akbarzadeh, Shahram. 2005. *Uzbekistan and United States*. London: ZED Books.

Anceschi, Luca and Vladimir Paramonov. 2020. "The Pursuit of an Uneasy Balance: post-
    Karimov Uzbekistan and the Great Powers." *The Foreign Policy Centre*, 2020.7.14.
    https://fpc.org.uk/the-pursuit-of-an-uneasy-balance-post-karimov-uzbekistan-
    and-the-grea-powers/ (검색일: 2021.3.17).

Asiryan, Aleksey. 2019. "New Faces, Old Patterns in Uzbekistan's Foreign Policy." *The
    Diplomat*, 2019.8.21. https://thediplomat.com/2019/08/new- faces-old-patterns-
    in-uzbekistans-foreign-policy/ (검색일: 2021.3.17).

Avdaliani, Emil. 2020. "The New China-Kyrgyzstan-Uzbekistan Corridor." *CACI Analyst*,

2020.11.24, https://www.cacianalyst.org/publications/analytical- articles/item/
13649-the-new-china-kyrgyzstan-uzbekistan-corridor.html (검색일: 2021.3.10).

Aziz, Kamilov. 2006. "Republic of Uzbekistan: International Affairs." *Central Eurasia
2005: Analytical Annual*. Sweden: CA & CC Press.

Bekmurzaev, Nurbek. 2019. "What to Expect from Uzbekistan's New Concept of Foreign
Policy." *CABAR*, 2019.2.6, https://cabar.asia/en/what-to-expect-from-uzbekistan-
s-new-concept-of-foreign-policy (검색일: 2021.1.20).

Blua, Antoine. 2004. "Russia/Uzbekistan: Presidents Sign Strategic Partnership
Agreement." *RFE/RL*, 2004.6.17, http://www.rferl.org/featuresarticle/2004/06/
2e728184-fc9f-4e61-ae1e-bf7d01208741.html (검색일: 2020.11.10).

Bush, George W. 2005a. "President Sworn-In to Second Term." *The White House:
President George W. Bush*, 2005.1.20, https://georgewbush-whitehouse. archives.
gov/news/releases/2005/01/20050120-1.html (검색일: 2020.11.20).

_____. 2005b. "State of the Union Address." *The White House: President George W. Bush*,
2005.2.2, https://georgewbush-whitehouse.archives.gov/stateoftheunion/2005/
(검색일: 2020.11.20).

Ciorciari, John D. 2009. "The Balance of Great-Power Influence in Contemporary
Southeast Asia." *International Relations of the Asia-Pacific* 9(1): 157-196.

_____. 2019. "The Variable Effectiveness of Hedging Strategies." *International Relations
of the Asia-Pacific* 19(3): 523-555.

Ciorciari, John D. and Jurgen Haacke. 2019. "Hedging in International Relations: An
Introduction." *International Relations of Asia-Pacific* 19(3): 367-374.

Dadabaev, Timur. 2019. "Uzbekistan as Central Asian Game Changer? Uzbekistan's
Foreign Policy Construction in the post-Karimov era." *Asian Journal of
Comparative Politics* 4(2): 162-175.

Fazendeiro, Bernardo Teles. 2017. "Uzbekistan's defensive self-reliance: Karimov's
foreign policy legacy." *International Affairs* 93(2): 409-427.

_____. 2018. *Uzbekistan's foreign policy: the struggle for recognition and self-reliance
under Karimov*. London and New York: Routledge.

Haacke, Jürgen. 2019. "The Concept of Hedging and its application to Southeast Asia: A
critique and a proposal for a modified conceptual and methodological framework."
International Relations of Asia-Pacific 19(3): 375-417.

Hedlund, Stefan. 2019. "Uzbekistan Emerging from Isolation." *GiS*, 2019.2.15, https://
www.gisreportsonline.com/uzbekistan-emerging-from-isolation,politics, 2801.
html (검색일: 2021.3.10).

Imamova, Navbahor. 2019. "Uzbekistan Faces Choice between Closer Ties to US,
Russia." *Voice of America*, 2019.12.1, https://www.voanews.com/south- central-
asia/uzbekistan-faces-choice-between-closer-ties-us-russia (검색일: 2021.2.11).

Jackson, Nicole J. 2003. *Russian Foreign Policy and the CIS: Theories, Debates and*

Action. London and New York : Routledge.

Jonson, Lena. 2004. *Vladimir Putin and Central Asia: The Shaping of Russian Foreign Policy.* London and New York : I.B. Tauris.

Khamraeva, Mukhabat. 2006. "Republic of Uzbekistan : General Overview." *Central Eurasia 2005: Analytical Annua.*, Sweden : CA & CC Press. pp. 285–288.

Koga, Kei. 2019. "Japan's 'Free and Open Indo-Pacific' Strategy : Tokyo's Tactical Hedging and the Implications for ASEAN." *Contemporary Southeast Asia* 41(2) : 286–313. Singapore : Institute of Southeast Asian Studies.

Kucera, Joshua. 2017. "U.S. Boosts Special Forces Training in Central Asia." *EurasiaNet*, 2017.3.28, http://www.eurasianet.org/node/83021 (검색일 : 2021.1.25).

Kuik, Cheng-Chwee. 2008. "The essence of hedging : Malaysia and Singapore's response to a rising China." *Contemporary Southeast Asia* 30(2) : 159-185. Singapore : Institute of Southeast Asian Studies.

_____. 2016. "How do weaker states hedge? Unpacking ASEAN states' alignment behavior towards China." *Journal of Contemporary China* 25(100) : 500-514.

Laruelle, Marlene. 2012. "Factoring the Regional Impact of Uzbekistan's Withdrawal from the CSTO." *The General Marshall Fund of the United States*, On Wider Europe, 2012.8. file:///C:/Users/User/Downloads/1345830436Laruelle_Uzbekistan_Aug12.pdf (검색일 : 2021.2.15).

Lim, D. J. and Z. Cooper. 2015. "Reassessing hedging : The logic of alignment in East Asia." *Security Studies* 24(4) : 696-727.

Lim, Darren J. and Rohan Mukherjee. 2019. "Hedging in South Asia : Balancing Economic and Security Interests amid Sino-Indian Competition." *International Relations of Asia-Pacific* 19 : 493–522.

McDermott, Roger. 2004. "Russia Signs Strategic Partnership with Uzbekistan." *The Jamestown Foundation*, Eurasia Daily Monitor, 2004.6.23., https://jamestown.org/program/russia-signs-strategic-partnership-with-uzbekistan/ (검색일 : 2020.11.10).

Menteshashvili, A. 1999. "Security and Foreign Policy in the Central Asian and Caucasian Republics." https://www.nato.int/acad/fellow/97-99/menteshashvili.pdf (검색일 : 2021.3.15).

Mirovalev, Mansur. 2020. "Is US Losing the New Great Game in Central Asia." *TRT World*, 2020.2.18, https://www.trtworld.com/magazine/is-us-losing-the-new-great-game-in-central-asia-33873 (검색일 : 2021.2.11).

Plokhy, Serhii. 2014. *The Last Empire: the final days of the Sviet Union*, New York : Basic Books.

Ramani, Samuel. 2016. "The Implication of Tightening Russia-Uzbekistan Ties." *The Diplomat*, 2016.5.11. https://thediplomat.com/2016/05/the-implications-of-tightening-russia-uzbekistan-ties/ (검색일 : 2021.2.15).

Tolipov, Farkhod. 2006. "Uzbekistan and Russian : Alliance against A Mythic Threat?" *CACI Analys*, 2006.1.11., https://www.cacianalyst.org/publications/analytical-articles/item/10561-analytical-articles-caci-analyst-2006-1-11-art-10561.html?tmpl =component&print=1 (검색일: 2020.11.3).

_____. 2012. "Uzbekistan's New Foreign Policy Concept : No Base, No Blocks but National Interests First." *CACI Analyst*, 2012.9.5., http://www.cacianalyst.org/ publications/analytical-articles/item/12557-analytical-articles- (검색일: 2020.12.13).

Valiyev, Sanjar. 2018. "Taking the U.S.-Uzbekistan Relationship to the Next Level : Mirziyoyev's Historic Visit." *CACI Analyst*, 2018.6.11. https://www.cacianalyst. org/publications/analytical-articles/item/13524-taking-the-us-uzbekistan-relation ship-to-the-next-level-mirziyoyevs-historic-visit.html (검색일: 2021.2.20).

Weitz, Richard. 2018. "Uzbekistan's new foreign policy : change and continuity under new leadership." Central Asia-Caucasus Institute and Silk Road Studies Program.

Wong, Edward. 2020. "U.S. Faces Tough 'Great Game' against China in Central Asia and Beyond." *The New York Times*, 2020.2.13, https://www.nytimes.com/2020/ 02/13/world/asia/china-great-game-central-asia-trump.html (검색일: 2021.3.10).

Zakirov, Iskandar and Yulia Nevskaya. 2017. "Uzbekistan's New Foreign Policy Doctrine." *Central Asia-Caucasus Analyst*, 2017.9.18. https://www.cacianalyst. org/publications/analytical-articles/item/13470-uzbekistans-new-foreign-policy-doctrine.html (검색일: 2021.2.15).

제8장

중간국 카자흐스탄의 외교정책

이지은(한국외국어대학교 중앙아시아학과)

I. 들어가며

포스트 소비에트 중앙아시아는 지구상에서 가장 역동적인 '지정학의 귀환'을 목도할 수 있는 공간이다. 이곳은 유라시아 대륙 한가운데 위치하여 강대국 세력들이 서로의 이해관계에 따른 충돌과 상호 견제가 빈번히 발생하는 '지정학적 단층대'로 중앙아시아 국가들은 태생적으로 강대국 사이에 낀 '중간국'[1]의 숙명을 갖고 있다(신범식 2020, 38-39). 2000년대 중반부터는 '다중심적' 세계질서관과 '주권적 국제주의'를 주장하는 러시아를 비롯한 다수 국가의 활동이 두드러지고 있는 지역이기도 하다. 이러한 까닭으로 중앙아시아 국가들의 외교정책 기조와 행위는 자신들이 위치한 역내 환경과 조건에 지속적으로 노출되어 왔으며, 국가 능력이 취약한 상태에서 독립한 대부분의 중앙아시아 국가들은 강대국들의 영향력으로부터 자국의 주권, 안보, 정체성을 지키고 국가 능력을 향상시키는 데 외교정책의 많은 부분을 할애해왔다.[2]

카자흐스탄 역시 지리적으로 경쟁하는 두 개 이상의 강대국(러-중-미) 사이에 놓인 지정학적 중간국으로, 상대적으로 취약한 '물질적 능력/국가 속성'을 지닌 채 독립을 맞이했다. 카자흐스탄은 소연방 시기 중앙아시아로 분류되지 않은 지역이었던 만큼 영토, 민족, 정치, 산업 구조 등 거의 모든 것이 러시아의 일부로 기능했던 카자흐스탄에게 독립은 예상치 못한 충격적인 사건이었다. 카자흐스탄은 그동안과는 전혀 다른 관점에서 국가가 운영되어야 한다는 현실적 고민과 함께,

---

1   중간국이란 경쟁하는 강대국 내지 지정학적 세력이 맞부딪히는 지대, 즉 "지정학적 단층대" 상에 존재하는 국가들을 말한다. "끼인 국가", "사이 국가" 등으로도 불린다. 중간국 개념은 현실주의적 사고를 바탕에 두었지만, "중견국"이나 "완충국" 개념보다는 더 지정학적이며 중립적이며 분석 가능성을 열어주는 개념으로 볼 수 있다.
2   이를 최소화하고자 한 투르크메니스탄의 경우 중립국 노선을 선택하기도 한다.

독립 이후에도 지속된 러시아와의 강력한 연계성으로 인해 자칫 러시아로 흡수될 수도 있다는 불안감에 시달렸다. 또한 외교 경험이 없었던 신생 독립국가인 카자흐스탄에게 국제사회와의 대외관계 구축은 가장 생경한 도전 중 하나였다.

이 글에서는 카자흐스탄을 '강대국들 사이에 끼인 국가'인 지정학적 '중간국'으로 정의하고, 독립 후 중간국 카자흐스탄의 외교정책 형성에 영향을 미친 요인을 크게 외적(중앙아시아 국제질서의 구조적 속성) 환경과 내적(국가 속성과 정체성) 특징으로 구분하여 카자흐스탄의 외교정책에 대해 분석해보고자 한다. 중앙아시아 5개국 모두 지정학적 단층대에 위치하고 시기적으로도 유사한 시기에 독립했음에도 불구하고 지난 30년간 외교 기조, 목표, 내용, 특징을 살펴보면 서로 간의 상이점이 존재한다. 대표적으로 카자흐스탄의 대외정책은 친러시아적 성향을 유지한 채 전방위 실용외교, 다자주의라는 특징으로 요약되며, 중앙아시아 지도국 위상 확립, 신뢰할 수 있는 중견국으로의 부상이라는 일관된 목표를 주창해오고 있다. 우즈베키스탄의 경우, 카리모프 정부 시기(1991-2016) 러시아와의 거리두기를 유지하면서 다소 폐쇄적인 자주-자립의 시기를 추구하다 미르지요예프 정부 취임(2017-) 후에는 상대적으로 개방적 다중벡터론으로 선회하는 중이다(강봉구 2021). 투르크메니스탄은 일찌감치 중립국 노선을 취하며 경제 부문에서는 선택적 협력 관계를 점진적으로 확대하고 있다. 이러한 차이점은 어디서 기인하는 것일까?

중앙아시아 국제관계의 구조적 속성이라는 외적 요인을 한 축으로, 자국의 국가 속성(자원의 규모와 활용능력)과 국가 정체성(지정학적/지리적 위치, 역사적 경험, 민족 구성 등)이라는 내적 요인을 다른 축으로 설정할 때, 카자흐스탄의 외교정책은 양측 요인이 복합적으로 작용한 결과물이다. 카자흐스탄의 외교정책에 영향을 미쳐온 외적 조건, 즉 소련 붕괴 후 현재까지 다극화된 중앙아시아 역내 환경은 중앙아시아 국제관계의 구조적 속성으로, 이것이 카자흐스탄이라는 개별 국가의 외교정책─전방위 실용외교, 외교 다각화 등─에 분명한 영향을 미쳤다. 내적 요인인 '국가 속성(national attributes)'과 카자흐스탄 유라시아주의(Kazakhstan's Eurasianism)로 상징되는 '국가 정체성' 역시 카자흐스탄 대외정책 기조와 목표 설정에서 중요한 역할을 하고 있다. 이 글의 목적은 이러한 대내외적 요인들이 복합적으로 작용하여 독립국 카자흐스탄 외교정책에서 전방위 실용외교 추진과 다자주의적 행보로 이어졌고, 궁극적으로는 중견국으로의 부상이라는 목표를 설정했으며, 구체적인 행위는 나자르바예프 정부의 주요 대외정책에서 나타나고 있음을 확인하는 데 있다. 연구 대상 시기는 1991년부터 현재까지로 하되, 대외정책 분석의 대부분은 나자르바예프 정부 시기(1991-2019)에 할애할 것이다. 토카예프 신정부는 2019년 집권했으며 대외정책 기조의 대부분을 나자르바예프 정부의 그것을 유지하겠다고 밝혔기 때문이다.

II. 카자흐스탄 외교정책에서의 대내외적 요인

1. 외적 요인: 다극화된 중앙아시아 환경 속 러-중의 협력 구도

중앙아시아는 러시아, 중국과 같은 주요 세력 중심들과 터키, 이란 등 중간 규모 국가들은 자국의 고유 영향권을 확보하기 위해 각축전을 벌이는 동시에 카자흐스탄을 비롯한 중소 규모의 중앙아시아 국가들이 중첩된 세력 경쟁 속에서 자국의 정체성과 경제적 이익을 확보하기 위한 다양한 방안이 모색되는 공간이다. 어떤 면에서 중앙아시아는 세계에서도 가장 다극화된 상징적 공간이라 할 수 있겠다. 이 중 유라시아 대륙의 영토 대부분을 차지하고 있는 러시아는 20세기 대부분을 동일한 체제 속에 있었던 많은 구소비에트 국가들에게 여전히 중심적인 영향을 미치고 있다. 따라서 러시아의 세계질서에 대한 인식과 대응은 주변 유라시아 국가들의 대외정책 형성에도 밀접한 영향을 미칠 수밖에 없다.

러시아는 2000년대 중반 이후부터 자유주의 국제질서(LIO)의 수정주의적 일방주의를 비판하는 최전선에 서 왔다(강봉구 2019, 3). '다중심적' 세계질서관을 표방하며 유라시아의 중심축이 되고자 하는 러시아는 '주권적 국제주의'를 강조해 왔는데, '주권적'이라는 단어에서 유추해볼 수 있듯이 국민국가에 의한 정치, 외교, 안보, 경제 등의 주요 영역에서의 주권적 의사결정을, 대외정책에서는 특히 서방/미국에 대한 '전략적 독립성'을 주장한다. 이러한 주장의 배경에는 우선 러시아 독립 초기 유럽 자유주의 모델에 기초하여 유럽의 일원이 되고자 했던 러시아의 희망이 2000년대 중반에 이르러 좌절을 경험했고, 동시에 러시아의 전통적 세력권으로 간주됐던 공간(예, 조지아, 우크라이나 등)으로의 LIO가 공세적 확장을 시작하자 러시아는 이를 위협이라 인식했기 때문이다(이지은 2020, 223). 따라서 러시아의 주권적 국제주의는 이러한 현상을 저지할 수 있는 대안적 질서 모델로서 급부상하게 된 것이다. 러시아의 이런 행보로 인해 중앙아시아는 가장 빠르게 다극적 국제체제와 다중심 질서로의 이행을 경험하고 있으며, 이곳에서의 미국과 유럽의 영향력은 전 세계 다른 지역과 비교할 때 제한적이라 볼 수 있다. LIO가 존재하나 주권적 국제주의와 같은 질서가 러시아, 중국, 중앙아시아, 터키, 이란 등 국가들에게 더 큰 인기를 얻고 있는 곳이 바로 중앙아시아 국제 환경인 것이다(이지은 2020, 223).

이렇게 냉전 붕괴 직후부터 오늘날까지 미국, 러시아, 중국, EU에 의해 중앙아시아에 형성된 다극체제는 상위 행위자들은 물론 중앙아시아 약소국가들까지 세력균형을 통해 안보불안 해소와 실리추구를 위한 중층적 동맹 경쟁에 나서게 됐다. 중앙아시아 다극체제 아래서 중, 러, 미 등 상위 행위자들의 세력 경쟁과 중앙아시아 중간국가들의 실리적 전방위 외교는 현재도 진행 중이다. 중앙아시아 국가들은 다극체제라는 국제정치 구조 속에서 실리에 따라 러, 중, 미를 상대로 다양한 등거리 외교를 전개하고 있다. 그 중 카자흐스탄은 중앙아시아의 다극화된 환경에서 중간국이 어떻게 외교적 자율성과 국제적 위상을 높여왔는지 보여주는 좋은 사례 중 하나이다(박상남 외 2014, 120).

무엇보다도 오늘날 중앙아시아 국제 환경은 러시아와 중국 간의 밀월적 협력 구도가 지배적인 양상으로 나타나는데, 이는 카자흐스탄을 비롯한 중앙아시아 국가들의 대외정책 추진에 있어 비교적 자유롭게 다양한 협력 네트워크 구축을 용이하게 했다(박상남 2021). 이는 미-중의 첨예한 경쟁과 대립 속 대결적 양극 구도가 지배적인 동아시아의 국제질서와는 사뭇 비교된다. 러-중 간 협력적 구도 아래 중앙아시아 국가들은 자국의 대외정책 형성에서 운신의 폭을 보다 넓게 구축할 수 있는 것이다. 오늘날 미국의 대러, 대중 압박이 강해지고 있는 가운데 러, 중 양국은 더욱 밀착하면서 중앙아시아에서는 경쟁보다는 연대를 강화하는 추세이다. 역내 하위 국가인 카자흐스탄은 두 강대국의 협력 분위기 속에서 비교적 자유롭게 다양한 협력 네트워크를 구축해가고 있다. 러시아냐, 중국이냐라는 양자 택일에 대한 낮은 압박은 카자흐스탄 외교정책의 자율성을 증대시켰으며, 이러한 환경이 카자흐스탄 전방위 실용외교, 다자주의 활용에 있어 가장 주요하게 작용한 외부적 요인으로 볼 수 있다.

　독립 30년이 도래한 현 시점에서 카자흐스탄의 대외정책은 전방위 실용외교, 다자주의, 균형외교 등의 수식어가 붙는 등, 중앙아시아 5개국 가운데 가장 성공적이라는 평가를 받고 있으며 스스로도 긍정적인 평가를 하고 있다(Президент Республики Казахстан 2017). 소련 붕괴로 활성화된 중앙아시아 지정학적 단층대가 카자흐스탄으로 하여금 강력한 유대 관계 속에 있던 러시아와의 관계를 유지하면서도 동시에 이외의 협력 파트너를 선택할 수 있는 명분을 제공했기 때문이다. 이후 전방위 실용외교와 다자주의를 활용한 카자흐스탄의 외교전략은 러시아로부터 일정 부분 자주성을 확보할 수 있게 선택지를 넓혀주었고 특히 2000년대 중반 이후 형성되고 있는 러시아-중국 간 상호협력적 구도는 이러한 카자흐스탄의 외교정책적 특징을 더욱 안정적으로 유지시켜주고 있다.

2. 내적 요인

1) 카자흐스탄 국가 속성(national attributes)

국가 속성이라는 관점에서 국가가 가진 속성들—자원의 양(일반적인 세력 기반), 자원의 활용 능력(일반적인 사회경제 개발 수준) 등이 결합해 국가의 행위 능력을 이루게 된다. 이러한 국가 속성은 정부에 국제 문제가 얼마나 두드러지는지, 그 정부가 관심을 기울이는 대외 문제는 무엇인지, 대외 문제에 개입되는 자원의 종류와 양을 규정하는 데 중요하다. 즉, 국가 속성이 외교정책 행위 능력과 외교정책 목적의 선택에 영향을 미치고, 이것은 결국 외교정책 행동으로 이어진다(East

2008, 194). 이와 관련하여 이스트(East 2008, 178-208)가 국가 속성과 외교정책에서 제시한 2가지 명제는 카자흐스탄 외교정책을 설명하는 데 적절한 분석틀로 활용할 수 있다.

국가 속성이 외교정책 행동에 영향을 미치기 위해서는 행위능력과 외교정책 목적의 선택이라는 인과적 기제를 거치게 되는데 여기서 행위능력은 국가가 가진 속성의 영향을 받기 마련이다.[3] 행위능력을 외교정책 행동에 관련시키는 설명 논리는 이것이 규모와 사회 조직화로 이루어져 있기 때문이다. 규모와 사회 조직화는 모두 행위능력에 양적 관계를 가지므로, 만일 규모와 사회 조직화가 높은 국가는 최대 행위능력을 갖고 반대로 규모와 사회 조직화가 낮은 국가들은 최소의 행위능력을 갖는다는 것을 의미한다(이스트 외 2008, 199). 그리고 행위능력이 부족한 국가의 외교정책 행동은 이를 극복하기 위해 필요한 부분에 집중되어야 한다고 주장하는 것이 합리적이다. 이 경우 쟁점과 문제들이 특히 부각될 것이다. 한편, 이러한 국가 속성 변수들은 일반적으로 시간의 경과에도 비교적 안정적인 가치를 지니고, 변화가 있다 하더라도 몇십 년 단위로 발생이 일어날 수 있을 것이다.

카자흐스탄은 국가 속성이라는 측면에서 볼 때, 독립 초기 중앙아시아 상위 행위자들에 비해 행위능력은 현저히 떨어지는 국가로 볼 수 있다. 갑작스런 소연방 붕괴로 마주하게 된 독립으로 카자흐스탄은 1990년대 초반 극심한 경제난을 겪었으며, 안보적으로도 불안한 상태였다. 큰 영토를 가진 것을 제외하고는 자원의 규모로 봤을 때 카자흐스탄은 작은 인구, 유명무실한 군대 등으로 행위능력이 크다고 볼 수 없었다. 또한 이러한 자원을 조직화할 능력 역시 당시의 낙후된 경제

3 행동성향은 어디에, 어떻게 국가의 자원을 활용할 것인가에 대한 국가 지도자의 성향에 영향을 미치는 규범 형성 요소이다.

수준과 과반이 넘는 러시아 민족 구성, 과도한 러시아에 대한 산업/경제 의존도, 불안한 정치 등을 통해 볼 때 역시 낮다고 평가할 수 있다.

독립 후 30년이 지난 현시점에서 우선, 카자흐스탄의 국가 속성의 일부 변화(경제력, 민족 구성 비율 등)가 있었는지 살펴보고, 이에 따라 독립 초–1990년대, 2000년대, 2010년대 이후와 같은 단위로 외교정책 변화가 발생했는지 살펴볼 필요가 있을 것이다. 카자흐스탄의 영토, 군대, 인구 등을 기준으로 국가 속성을 살펴본다면, 독립 초에 비해 인구 이외에는 큰 변화가 없는 것으로 확인된다. 영토는 2,717,300km^{2}로 세계 9위이며(CIA FACTOBOOK 2021), 2020년 기준 인구(1871만 명)는 64위(Wikipedia 2021), 군대는 62위 수준이다(GlobalFirePower 2021). 인구는 독립 초에 비해 소폭 증가했으나 주변 중앙아시아 국가들에 비해서도 큰 규모는 아니기 때문에 행위능력에 영향을 줄 정도의 변화는 아니라고 판단된다. 한편 자원활용 능력에 해당하는 경제개발, 교육, 기술, 조직 능력 등 부분은 1990년대 비해 2010년대 이후 양적인 증가 추세에 있다. 즉 카자흐스탄의 경우 독립 후 지난 30년간 규모(자원)는 큰 변화가 없으나 자원을 활용하고 조직화하는 능력은 독립 초에 비해 상대적으로 높아졌으므로 외교정책에 영향을 미치는 행위능력은 오늘날 높아졌다고 결론 내릴 수 있겠다.

그렇다면 이스트가 제시한 국가 속성과 관련한 명제들 가운데 "국가의 행위능력 수준이 낮을수록 경제적 문제를 포함하는 실체적 문제 영역에 관련된 외교정책 행동의 비율은 그만큼 더 높아진다"를 카자흐스탄에 대입할 경우에는 다음과 같은 설명이 가능하다(East 2008, 203). 모든 국가는 한정된 가용 자원의 양으로 효과적인 외교정책 활동을 해야 하기 때문에, 카자흐스탄 역시 자원 규모에 따라 어떤 사안에 얼마만큼의 자원을 투자하고 수행할 것인가라는 효율성을 따졌을 것이다. 독립 후부터 지금까지 카자흐스탄이 줄곧 목표로 설정한 외교정책은 안보, 경제 협력 루트의 다원화였다. 즉 이 2가지 목표가 카자흐스탄이 외교정책을 수행하는 근본 목적이라고 볼 수 있다. 따라서 이 명제에 따른다면, 1990년대 초반 행위능력이 절대적으로 부족한 시기 카자흐스탄의 외교정책 행동은 이를 극복하기 위해 필요한 부분, 즉 경제성장과 개발 그리고 안보 위협 해결에 집중되었을 것이다. 이때 안보적으로는 러시아와의 협력을 기본으로 하되 다자틀 형태의 아시아 교류 및 신뢰구축회의(CICA) 창설을 주도했다. 또한 상하이-5나 NATO-PfP를 통해 중국, 러시아, 미국과의 안보 협력 기틀도 마련했다. 2000년대에는 적극적 개방경제정책으로 양적 경제성장이 발생한 시기로 이때의 외교정책은 1990년대에 비해서는 외교 주제가 보다 다양해졌을 것이며 동시에 경제성장 속도를 지속시켜주기 위해 경제성장과 개발에 대한 정책 역시 지속, 확대되었을 것이라 예상해볼 수 있다. 안보적으로도 1990년대 구축해 놓은 러시아 주도 CSTO(안보협력기구), 중국과 러시아가 주도하는 SCO(상하이협력기구)의 협력이 꾸준히 증가하였고, 정기적으로 NATO-PfP 프로그램을 통해 군사훈련도 급증했다. 2010년대 후반부터는 세계금융위기 이후 시기로 양적 팽창 속도가 확연히 줄어들었고 카자흐스탄 내 부정부패 문제 등이 발생하면서 근본적으로 경제성장을 이끌 새로운 협력 파트너 모색 등과 같은 대외정책에 집중하고 있는 모습이다. 이런 맥락에서 카자흐스탄이 EAEU(유라시아경제연합)와 같은 역내 경제 블록 창설과 확대에 대단히 적극적으로 나서는 것은 자연스런 행보이다. 안보적으로는 어느 정도 미, 중, 러를 활용하여 안정적인 국면에 있다고 볼 수 있다. 이처럼 30년간의 카자흐스탄의 외교정책은 주로 경제성장, 안보 강화라는 문제들이 특히 부각됐음을 알 수 있다. 카자흐스탄은 전방위 외교정책을 통해 이 두 사안을 해결하고 궁극적으로 자국의 행위능력을 증대시킬 가능성이 높은 다른 국제 행위자들과의 관계를 모색한 것이다.

다음 명제는, "행위능력의 수준이 낮을수록, 다자간 무대를 통해 이루어지는 외교정책 행동의 비율은 더욱 커진다"이다(East 2008, 204). 이 명제는 국가가 목적 달성을 극대화하는 방향으로 행동하게 된다는 가정에 입각한다. 행위능력의 한계를 인식하고 있는 국가는 다자간 대외 문제 활동에 가담할 가능성이 더욱 크다는 것이다. 낮은 능력을 가진 국가는 아마도 외교정책 활동의 상당 부분을 국제기구의 맥락에서 수행하게 될 것인데, 그러한 기구가 각국 간의 접촉을 극대화하는 수단을 제공하면서 동시에 그 입장에 대한 지지를 동원할 수 있게 해주기 때문이다. 이 명제를 카자흐스탄에 대입해보면, 행위능력이 큰 강대국에 비해 상대적으로 더 빈번하게 국가 간 제휴 활동에 임했을 것이며, 실제 외교 행위에서 카자흐스탄이 적극적으로 활용한 수단이 바로 다자주의였음을 알 수 있다. 그동안 카자흐스탄은 지정학적 단층대로 변모한 중앙아시아 국제환경을 활용하여 가능한 다양한 국가들과 관계를 구축하는 데 다자주의를 적극 활용해왔다. 외교정책의 집행에 사용되는 양식과 기술에서도 낮은 수준의 행위능력을 가진 카자흐스탄은 '적은 비용'을 들여 큰 효과를 내는 이른바 가성비가 좋은 집행 방식을 사용한 것이다. 약소국가가 많은 외교정책 활동을 수행하기 위해 국제조직이나 그 밖의 다자간 무대들을 활용하는 경향이 있다(East 2008, 200). 왜냐하면 국제조직들은 범세계적인 것이든 지역적인 것이든 약소국가들이 상대국가와 쌍무적으로 만나기 위해 대표를 파견하는 데 필요한 액수보다 훨씬 적은 비용으로 더 많은 국가들과 의견을 교환할 수 있는 기회를 제공해주기 때문이다(East 2008, 200). 카자흐스탄은 중앙아시아에서도 가장 활발하게 다자주의를 활용한 국가로 안보 강화를 위해 CSTO와 CICA, NATO-PfP, SCO 등을, OIC(이슬람협력기구)나 이후 EAEU 등이 경제 활성화를 위해 대표적으로 카자흐스탄이 제안하거나 참여하고 있는 다자기구이다.

2) 국가 정체성: 카자흐스탄 유라시아주의(Kazakhstan's Eurasianism)[4]

다양한 국내 변수들에 의해 형성된 국가 정체성은 외교정책에 영향을 미치기 마련이다. 카자흐스탄은 1991년 이전까지 근대 국가 경험이 전무했던 까닭에 소연방 독립 후 비로소 국가건설과 민족국가로서의 정체성 형성에 돌입하게 된다. 따라서 포스트 소비에트 카자흐스탄 대내외정책에서 가장 중요한 과업 중 하나로 국가 정체성 구축이 전면적으로 부각됐으며, 이때 등장한 사상이 바로 카자흐스탄 유라시아주의(Kazakhstan's Eurasianism)다.

　나자르바예프 초대 대통령이 주창한 사상인 카자흐스탄 유라시아주의는 양 지역을 상호 보완적이고 공통의 가치와 원칙을 강화하는 이상주의적 가치에 가장 보다 큰 주안점을 두고 있다. 카자흐스탄 스스로를 유럽과 아시아 지역에 뿌리를 둔 국가라는 자기 인식, 카자흐스탄의 지리적 위치, 유목민적 문화, 실크로드와 같은 유구한 역사적 요소가 유라시아주의를 통해 국가 정체성에 중요한 요소로 반영됐다(주미 카자흐스탄 대사 2020). 이러한 카자흐스탄의 유라시아주의는 특정 세력과 대결 구도를 형성하려 하지 않으며 다양한 가치와 경험을 가진 여러 주체와 상호 협력, 소통, 교류하는 데 무게를 두고 있기에 러시아 유라시아주의와는 확연히 차별화된다(장-마리 쇼비에 2014, 19).[5] 이후

4　여기에서 다루고 있는 카자흐스탄 유라시아주의는 이지은(2014)의 일부 내용을 발췌하여 이 글에 맞게 수정 보완하였음을 밝힌다.
5　오늘날 러시아에서 푸틴의 대외정책을 뒷받침하고 있는 알렉산드르 두긴(A. Dugin)에

카자흐스탄 유라시아주의는 중간국 카자흐스탄 외교정책의 특징이라
할 수 있는 전방위 실용외교 추진에 지대한 영향을 미치게 된다.

　　독립 후 카자흐스탄에서 유라시아주의가 등장하게 된 배경에는
대내외적 요인이 각각 존재한다. 우선 외적 요인으로는 소연방 붕괴
라는 세계 근현대사의 변곡점이 된 역사적 사건과 그로 인한 카자흐스
탄의 독립, 이후 러시아 영향력에 대한 불안감 등을 들 수 있다. 특히
1990년대 초반 카자흐스탄은 자국의 영토 주권과 에너지 자원에 공격
적이고 비협조적인 러시아에 대해 큰 불안감을 느끼고 있었다. 이러
한 러시아에 대항할 수 있는 방안 모색이 시급했던 카자흐스탄은 전방
위 외교를 통해 러시아 이외의 국가들과 관계를 구축하여 러시아 의존
도를 낮추고자 했다. 러시아를 크게 자극하지 않으면서 동시에 CIS라
는 기존 경제권을 유지하여 자국 경제에 미치는 변화를 최소화했으며,
러시아의 공세에 적극적으로 응대할 수 있는 레버리지를 제공할 만한
다른 대항 국가로 중국, 미국, 터키, 유럽 등과 양자관계를 구축했다
(Alexandrov 1999 ; Johnson 1998). 즉, 현실적으로 러시아와 대립각
을 세우기 어렵다는 판단 하에 친서구적 노선을 개발하고 다양한 다자
틀에서 러시아와 협력하는 전략을 수립한 것이다. 카자흐스탄은 소비
에트 붕괴와 중앙아시아 국제 환경의 다각화라는 외부적 변화 요인으
로 인해 러시아와의 관계를 '재설정'해야 했고, 나자르바예프 초대 대

　　의해 주창되는 신유라시아주의(neo-Eurasianism)는 개방적이며 유라시아 공간 내 다름
　　의 존재를 받아들이면서도 보수적 '전통(종교, 위계질서, 가족)'에 대한 강조와 구소비
　　에트 공간을 관통하는 초대륙적 결속을 주장하고 있다. 그러면서 그 내면에는 여전히
　　'러시아는 러시아인의 것'으로 상징되는 기독교적, 민족주의적 성향이 자리하고 있다.
　　러시아의 신유라시아주의는 대결적 구도를 기정사실화하여 "해양세력(대서양주의)과
　　유라시아 지상세력 간에 벌어지는 문명 전쟁"으로 인식하면서 전쟁의 중심에 러시아가
　　있다고 본다(장-마리 쇼비에 2014, 19).

통령은 카자흐스탄 유라시아주의를 통해 러시아로부터의 독립성과 차별성을 전면에 내세우고자 했다. 이때 러시아 이외의 다른 국가들과의 관계 구축에 대한 타당한 명분을 제공한 것이 바로 유라시아주의인 것이다.

구체적으로 카자흐스탄의 대외정책에서 나타난 유라시아주의는 인식론적 관점에서 카자흐스탄이 향후 행해야 할 국제사회에서의 '역할(외교, 경제 분야에서의 매개자)'을 규정하고, 행태적으로는 러시아, 중앙아시아와 구소비에트 국가들 및 유럽과 아시아의 다양한 국가 및 국제기구들에 대한 전방위적 대외정책을 통해 유라시아적 연대를 모색할 수 있는 명분을 제공했다. 유라시아주의에서 카자흐스탄은 서로 이질적인 지역, 문화, 경제권을 연결해주고 교류를 촉진하는 '매개자'가 되었으며, 지리적 특성을 활용하여 다양한 종교, 문화, 민족 간 소통, 연대, 협력을 촉진시키는 유라시아의 중간국으로 거듭나고자 했다. 국내정치적으로도 서로 다른 국적, 민족, 종교 집단들의 문화를 연결하면서 조화를 추구하고 다민족성에 근거한 통합된 카자흐스탄 문화를 건설하는 데 중요성을 부여했다. 자칫 신생 독립국가에게 약점으로 작용할 수 있었던 다민족, 다문화성을 유라시아주의라는 프리즘을 통해 국가건설 과정에 유용하게 활용한 것이다. 또한 카자흐스탄 대외정책에 반영된 유라시아주의는 러시아를 비롯한 주변 CIS 국가들과의 관계 정립과 나아가 카자흐스탄으로 하여금 동, 서의 문화 교류, 이슬람과 기독교의 공존을 가능하게 하는 주요 도구로 기능했다.

다른 한편으로는 '유라시아의 심장'으로서의 카자흐스탄은 변방국이 아닌 유라시아의 중심국으로 국제사회에서 맡은 역할에 충실하고 신뢰할 수 있는 중견국가로서의 성장 의지를 유라시아주의를 통해 표출했다. 나자르바예프 초대 대통령은 카자흐스탄이 "세계의 중심"에 위치하며, 신(新)수도인 아스타나(현재 누르술탄)는 "유라시아의 심장"에 위치한다며, 유라시아적 정책을 통해 카자흐스탄은 지리적 한계를 극복하고 자국의 영향력 증대를 도모하면서 세계의 주요 강대국들과의 균형적 관계를 유지하고 정치, 외교적 협력을 주도해 낼 것임을 피력했다(Olcott 2002).

이처럼 독립국 카자흐스탄은 자국이 표방해야 하는 주요 외교 목표, 이를테면 유라시아 외교, 경제 중견국으로의 부상을 구체화하기 위해 카자흐스탄 유라시아주의를 사상적 기저로 활용했다. 카자흐스탄 유라시아주의는 외적 요인과 독립 직후 카자흐스탄이 가지고 있던 내적 문제들을 해결하기 위해 고안해 낸 가치관이자 중간국 카자흐스탄이 가진 다양한 한계를 명확히 인식하고 극복하기 위한 자구책이라 볼 수 있을 것이다. 뿐만 아니라 포스트 소비에트 독립국가들에서 두드러지게 나타나는 경향인 탈러시아주의, 친서방주의가 카자흐스탄 내부에서 크게 상충하지 않고 존재할 수 있었던 배경에도 포용성과 매개자적 역할을 강조하는 유라시아주의가 자리한다. 카자흐스탄의 지리적인 위치, 인구 구성, 산업구조 등을 고려할 때, 카자흐스탄이 갑작스럽게 러시아를 부정한다던가 혹은 러시아와의 연결고리를 끊어내고 무조건적으로 서방으로 이행을 감행할 수 있는 상황이 아니었다. 그렇다고 독립국 지위를 확보한 이상 지나친 러시아 의존은 카자흐스탄 주권에 부정적이며 소연방 시기 종속 관계가 지속될 수 있다는 우려 또한 자아냈다. 이러한 모순적 상황—즉, 러시아와 서방을 모두 취하는 동시에 국가/민족 정체성 확립이 시급한 상황에서 카자흐스탄은 스스로 양쪽을 연결하고 매개하는 국가라는 정체성 구축은 탁월한 선택이었으며, 이러한 유라시아주의의 핵심 사상이 전방위 실용외교를 선두

로 하는 카자흐스탄 대외정책과 국내정책에 여전히 영향력을 미치고
있다.

III. 카자흐스탄 외교정책: 정부별 핵심 개념과 주요 특징

1. 나자르바예프 정부(1991-2019) 외교정책 특징과 '2014-2020 신외교정책개념'

나자르바예프 대통령은 대외정책 속에서 전방위 실용외교와 다자주의
를 활용하여 지정학적 단층대에 위치한, 태생부터 중간국 숙명을 가지
고 태어난 카자흐스탄의 딜레마적 외교 압박을 비교적 잘 해소했다는
평가를 받고 있다.

　독립 후 초대 대통령인 나자르바예프 대통령은 전방위(multi-vec-
tor), 비(非)이념성 추구를 카자흐스탄 대외정책의 핵심 개념으로 설정
했다. 전방위외교에서 중요한 것은 정책상의 목적을 달성하는 데서 자
국의 이익이 무엇인지 명확히 인식하는 것이다. 타 국가와의 관계 형
성은 정부의 성격, 국내정치, 다른 국가들과의 지정학적 관계보다는
자국에 어떤 이익 또는 비용이 발생하는가와 밀접한 관계가 있다. 이
론적으로 전방위외교는 개별 국가가 현실적이고 합리적 행동에 따르
는 것으로, 무엇보다도 자국의 이익과 안보가 국가 간 관계 형성의 가
장 중요한 동기이자 목표라고 할 수 있다. 카자흐스탄은 전방위외교를
통해 국가안보와 경제발전이라는 두 가지 핵심 국가적 목표를 달성하
기 위해 특정 국가의 편에 서기보다는 '양 진영과 협력하는 동시에 이
들을 경쟁하게 하여 그 가운데 자국에 가장 적절한 이득을 취하고자

(play both sides against the middle)' 했다(박상남 외 2014, 122-123).

1992년 나자르바예프 대통령은 카자흐스탄의 외교정책 기본방향을 '주권국가로서의 카자흐스탄 건설과 발전전략'에 담아 발표했는데, 총 다섯 개의 전략지역(CIS권, 유럽, 아시아, 북아메리카, 태평양연안)과 전략 국가(러시아, 중국, 미국) 및 중점외교 대상국/지역을 분류하여 카자흐스탄이 향후 전략적으로 긴밀한 관계를 구축해야 하는 대상을 명확히 구분했다. 이는 외교정책 기조에 대한 별도의 공식적인 발표는 아니지만, 독립 후 카자흐스탄은 국가안보와 경제개혁을 위한 국가전략적 차원에서 동·서의 구분 없이 다양한 국가와 현실적, 실용적 협력을 추진해야 할 필요성에 대해 언급한 최초의 외교 기조로 볼 수 있다. 소비에트 붕괴 후 중앙아시아에서 러시아의 세력은 크게 축소되었고 동시에 미국, 서방, 중국 등 강대국들이 힘의 공백 지대에 자국의 영향력을 확보하려는 시도가 이어지고 있긴 했지만, 1990년대 카자흐스탄은 여전히 러시아와의 강력한 지리적, 인구적, 산업구조적, 정치적 연계성이 유지되어 있던 상태였다. 그러나 독립국 지위를 얻게 된 카자흐스탄에게 러시아와의 과도한 의존은 자칫 주권에 대한 불안으로 이어질 수 있는 상황이었기 때문에 자국 내 러시아 세력을 견제할 다양한 국가와의 협력을 추진, 이른바 전방위 외교가 시작된 것이다. 마침 중앙아시아 국제환경은 급격하게 세계적, 지역적 수준의 강대국들의 각축장이 되면서 지정학적 단층대가 형성되었기 때문에 카자흐스탄은 러시아와의 관계를 유지하면서도 동시에 미국/서방과의 관계 구축을 시도하였고, 새로운 맹주로 떠오른 중국과는 우선적으로 에너지 부문에서 협력을 강화하였다.

카자흐스탄은 전방위 외교정책을 통해 다양한 협력루트와 네트워크를 구축함으로써 '중견국(middle power)' 부상을 위한 노력을 전개해왔다. 동시에 역사적으로 러시아와의 높은 연계 강도에도 불구하고 미국, 중국, 유럽 등 여타 강대국들이 자국의 안보와 경제성장을 위해 중요한 협력대상이라는 점을 분명히 하면서 편승과 균형 전략을 구사 했다. 러시아와는 원유, 가스, 전력 분야에서의 전통적인 경제협력을 유지했으며, 중앙아시아의 군사안보적 측면에서도 러시아와의 협력이 필수적이라는 인식하에 CSTO를 중심으로 군사, 안보 분야의 협력관 계를 계속하고 있다. 그러나 카자흐스탄은 과거 러시아의 지배에 대한 경계심이 있기 때문에 구소련 체제와 같은 종속관계에서 탈피하기 위 해 다양한 국가와 다양한 차원의 양자, 다자 관계를 구축하면서 협력 루트를 다원화, 복합화했다. 특히 안보, 경제 협력루트의 다원화를 동 시에 추진하는 전략을 펼쳤는데, 예를 들어 첫째, 러시아와의 관계를 유지하면서 CIS 회원국과의 협력 강화, 둘째, 언어, 민족, 문화적 유사 성을 바탕으로 터키 등 이슬람 국가들과의 협력 추진, 셋째, 러시아와 중국 견제를 위한 미국과의 협력 방안 강구, 넷째, EU 및 아시아 국가 들(일본, 한국, 인도 등)과의 협력 모색 등이다(박상남 외 2014, 122).

　이러한 카자흐스탄의 행보는 일찍이 중앙아시아에 형성된 다극 체제/지정학적 단층대 아래서 안보적 불안을 해소하기 위한 중간국 전략으로 설명할 수 있다. 나자르바예프 대통령은 러시아에 과도하게 의존한 자국의 안보 체계를 다각화하기 위해 아시아 국가들과의 안 보 다자기구 설립을 본격화한 결과 1992년 '아시아 교류 및 신뢰구축 회의(CICA)'의 창립이라는 주요 결실을 만들어냈다(박상남 외 2014, 122).

　경제 부문에서 카자흐스탄은 러시아로 편중된 유가스 파이프라인 을 한시라도 빠르게 다각화하는 것이 자국의 이익을 확보하고 경제성 장을 도모할 가장 효과적인 길이었다. 나자르바예프 전 대통령은 러시아와 파이프라인 연장에 합의하는 동시에 자국의 풍부한 유가스 자원이 러시아 영토를 통하지 않는 루트 개발 역시 모색하여 2006년에는 서방의 지원을 받아 건설된 BTC 파이프라인 개통이라는 성과를 거두었다. 2005년에는 중국으로 연결되는 파이프라인 건설이 완료되면서 에너지 정책은 그야말로 전방위적으로 전개됐다.

한편 카자흐스탄은 유라시아 대륙 내 경제통합의 필요성을 지속적으로 제기하면서 러시아 주도하에 2015년 출범한 '유라시아경제연합(EAEU)'을 구체화하는 데 중추적인 역할을 담당했다. 중앙아시아, 나아가 유라시아 대륙에서 진행되고 있는 이러한 일련의 움직임 속에서 카자흐스탄은 꾸준히 자국의 역량을 키워나며 실리와 국제적 위상 제고를 동시에 추구한 것으로 평가된다. 토카예프 신정부가 들어선 이후에도 EAEU에 대한 카자흐스탄의 관심은 지속적으로 높아지고 있으며 2020-2021년 사이 이 경제블록을 활성화시키기 위한 카자흐스탄의 활발한 행보가 관찰되고 있다.

그런데 그동안 카자흐스탄의 외교정책은 나자르바예프 초대 대통령의 연두교서나 2030 장기국가발전전략 등에서 일부분으로 다루어진 적은 있었지만 외교정책에 대한 별도의 공식적 발표는 2014년이 최초로 볼 수 있다. 카자흐스탄의 대외정책 기조와 관련하여 최초 공식 발표는 2014년 1월, 나자르바예프 대통령의 『2014-2020 카자흐스탄 신외교정책개념』(이하 2014 외교정책)을 통해서 이루어졌다. 신외교정책개념은 몇 가지 기본 목표를 제시한다. 여기에는 특히 포괄적인 국가 안보, 주권 및 영토 보전 및 보장에 대한 내용이 포함되어 있다. 세계 및 지역 평화와 안정 강화, 기존의 글로벌 질서에서 유엔의 중심적 역할 지지, 카자흐스탄의 산업 경제 다각화, 해외 카자흐스탄 국민의 법적 보호와 특히 유럽, 미국 및 동아시아에서 카자흐어 사용 커뮤

니티에 카자흐어 문화, 언어 및 전통의 적극적인 대중화 등도 들어 있다. 또한 그동안 중앙아시아 주변국과의 관계 개선이나 협력에 큰 관심을 기울이지 않았던 카자흐스탄이 2014 외교정책을 통해서는 앞으로 중앙아시아 이웃국가들과의 외교 활동에 방점을 둘 것을 표명하고 있다. 이와 관련하여 카자흐스탄은 아프가니스탄에서 발생하고 있는 초국경 조직 범죄, 마약 거래, 테러 및 종교적 극단주의에 맞설 것이며, 동시에 남부 이웃국가들과 문화, 경제 교류에서 긴밀한 관계를 발전시키는 것을 목표로 했다. 특히 이 2014 신외교정책개념에서 카자흐스탄은 중앙아시아 역내에서 지도국 지위를 강화하고 중앙아시아의 미래 지정학적 환경 구성에서 핵심적인 역할을 지속할 것을 표명하고 있다(2014-2020 카자흐스탄 신외교정책개념 2014).

2014 외교정책 발표 후, 카자흐스탄은 유라시아 통합과 관련한 주요 흐름의 중심에 서게 된다. 이듬해인 2015년 1월 러시아, 카자흐스탄, 벨라루스가 창립 회원국으로 EAEU가 출범했기 때문이다. 이때부터 유라시아 통합은 카자흐스탄 외교의 우선 중점 분야로 자리 잡게 된다. 이는 향후 중앙아시아, 유라시아 미래 통합 블록의 기반이 될 수 있기 때문이다. 이와 동시에 카자흐스탄은 러시아가 유라시아경제연합을 통해 경제, 정치적 수준에서도 긴밀한 통합을 추진하고 있다는 점을 예의 주시하면서 자국의 정치, 경제 주권을 보장할 다른 방안들도 함께 모색해야 했다.

또한 이 2014 외교정책에서 카자흐스탄은 다자주의를 자국의 외교정책에 적극 활용할 것을 지속적으로 언급하고 있다(2014-2020 카자흐스탄 신외교정책개념 2014). 카자흐스탄은 여러 차례 CIS, SCO, OSCE 및 ICO에서 의장국을 수임했으며, 대화와 조정을 기반으로 한 적극적인 외교에 더욱 참여하기 위해 이들과 다양한 대화 플랫폼을 사용할 의사를 적극적으로 보였다. 이후로부터 카자흐스탄이 다자간 안보, 비확산 및 평화적 분쟁 해결 등의 이슈를 카자흐스탄 외교정책 의제의 우선순위로 다루고 있는 모습을 종종 목격할 수 있다.

나자르바예프 정부 시기 외교정책을 요약하면, 실리추구형 전방위 외교정책(Multi vector Foreign Policy)이라고 할 수 있다. 1991년 독립 이후 카자흐스탄은 유럽과 아시아의 연결자로서의 '유라시아 국가(Eurasian State)'를 표방하면서 두 대륙의 가교이자 매개자로서의 자국의 역할에 주목한 점 역시 눈에 띈다. 경제발전을 이룩하기 위해 러시아, 미국, 중국과 긴밀한 협력 관계를 추구하였으며, 경제우선정책(先경제, 後정치)' 모토 하에 아시아와 유럽을 포용하는 '유라시아 전략'을 전개했다. 즉, 국가안보와 경제발전을 위해 서방, 동방을 구분하지 않고 현실주의적이며 실용주의적인 외교정책을 추진한 것이다. 나자르바예프 통치기 러시아와는 우호동맹에 관한 조약에 의거하여 유대관계를 강화했으며, 중국과는 에너지, 투자, 기술, 무역 및 경제, 문화 및 인도적 협력을 발전시키며 상호 교류를 증진시키 위해 고위급 수준의 대화구조를 적극 활용했다. 한편, 미국과는 무역, 투자, 에너지 등에 협력 목표를 두고 전략적 동반자관계 강화에 주력했으며, 유럽은 카자흐스탄에게 미래 최대 시장이자 무역 및 투자 부문에서 주요 협력자이기에 포괄적 관계로의 발전을 최종 목표로 설정됐다. 중앙아시아 역내 국가들 및 CIS권역 국가들과는 국내외적 위협에 대한 지역 차원의 공동대응을 강화하고, 정치, 경제, 문화적 협력 향상 및 다자협력의 틀 내에서 관계 증진을 모색해왔다.

이처럼 독립 이후 나자르바예프 정부는 유라시아, 중앙아시아 통합과 중앙아시아 지도국으로서의 성장, 외교다변화에 주력했다. 이를 실현하기 위해 카자흐스탄은 지리적 위치를 감안하여 CICA, SCO,

CSTO, EAEU 등 지역통합에 적극 참여하여 중앙아시아의 중심국가로 발돋움하기 위한 다각적인 노력을 기울였다. 외교다변화 정책을 통해 러시아에 지나치게 의존하는 상황을 모면하고, 외교 지평을 미국을 위시한 서방세계와 중국 등 아시아로 넓히는 데 역점을 둔 것으로 평가된다. 특히, 카자흐스탄 장기 발전전략인『카자흐스탄 2050』(2013)에 의하면, 2013년 이후부터 카자흐스탄의 대외정책은 기존의 다변화 정책을 유지하면서, 질적으로 향상된 유라시아주의 실현을 추구하여 국제사회에서 중견국으로서의 카자흐스탄 위상과 영향력을 강화하는 것에 초점을 맞추고 있다. 2017년 6월, 카자흐스탄의 25년간의 외교정책 자평에 의하면, 독립 이후 나자르바예프 정부의 전방위 외교정책은 카자흐스탄이 국제사회에서 독립적이고 정치력 있는 국가로 발돋움하는 데 큰 역할을 한 것으로 평가하고 있다(Президент Республики Казахстан 2017).

2. 토카예프 정부의 2020–2030 신외교정책개념

대통령이 되자마자 경제성장이라는 권위주의 정부 숙명 과제를 떠안은 토카예프 정부는 대외정책을 비롯한 사실상 모든 정책의 목표에 경제성장을 연계하고 산업구조 다각화나 무역 대상국 확대 등의 정책을 반드시 추진하여 국가산업구조상의 체질을 개선해야 하는 상황이다. 이러한 배경 속에서 2015년 출범한 EAEU의 창립국 회원국인 카자흐스탄에게 지역 경제 블록의 활성화는 가장 시급한 과제일 것이다.

　　2020년 상반기, 정권 교체 이후 처음으로 카자흐스탄 토카예프 신임 대통령은 대외정책과 관련한 새로운 개념을 구체화한『외교정책 개념 2020–2030(Kazakhstan's Foreign Policy 2020–2030)』(이하 2020

외교정책)을 발표했다(President of the Republic of Kazakhstan 2020). 여기서 카자흐스탄은 중앙아시아 역내 '지도국(leading state)' 위상을 확고히 할 것을 천명했으며, 초대 대통령 나자르바예프가 주창한 '전 방위 실용외교', '다자주의'는 그대로 유지됨을 공식화했다(DOC Research Institute 2019). 신외교정책개념의 주요 지향점은 경제성장, 국 제사회에서의 카자흐스탄 위상 제고, 중앙아시아 역내 주도국으로서 의 카자흐스탄 입지 강화로 요약된다. 그동안 카자흐스탄은 전방위 실 용외교정책을 추진하면서 안보, 협력, 개발 분야에서 글로벌 및 지역 수준에서의 의제를 형성하고 추진해왔다는 평가를 받고 있다. 성과 여 부를 떠나 시리아 사태 해결을 위해 카자흐스탄이 제안한 아스타나 프 로세스 등을 대표적인 사례로 볼 수 있다. 2020 신외교정책개념에서 도 역시 정치, 경제적 영향력과 국제 시장, 투자 흐름에 발맞춰 나가는 한편, 유라시아 대륙의 지정학적·지리적 경제적 핵심국으로의 지위를 가지고 있다고 인식하는 카자흐스탄은 역내 주도국이자 국제사회의 참여자로서의 지위를 공고히 할 필요가 있음을 피력하고 있다.

요약하자면, 독립 후 카자흐스탄은 전방위 실용외교를 통해 러시 아에 한정됐던 자국의 외교 지평을 대폭 확대하고자 노력했으며, 다자 주의를 통해 다수의 다자기구를 조직하거나 혹은 참여를 독려하여 역 내외 주요 이슈들에 목소리를 내면서 자국의 역내, 글로벌 수준에서의 위상을 높이고자 했다. 독립국 카자흐스탄의 이러한 대외정책 형성의 중심에는 강력한 리더십을 보유한 나자르바예프 초대 대통령의 영향 력이 막대했으며, 2019년 토카예프에게 정권 이양 이후에도 카자흐스 탄의 대외정책은 초대 정부가 추진해 온 전방위 실용외교, 다자주의는 그대로 유지되는 가운데 경제발전을 위한 대외정책 행보가 강조될 것 으로 전망된다.

IV. 나가며: 카자흐스탄 중간국 외교

이 글은 중간국 카자흐스탄의 외교정책형성에 영향을 미친 요인을 크게 외적(중앙아시아 국제관계의 구조적 속성) 환경과 내적(국가 속성과 정체성) 특징으로 분류하여, 외적으로는 중앙아시아의 다극화된 국제환경 속 러시아-중국 간 협력 구도의 영향을 받았으며, 내적으로는 자국의 국가 속성(자원의 규모와 활용능력), 그리고 지정학적/지리적 위치, 역사적 경험, 민족 구성 등으로 형성된 국가 정체성이 복합적으로 상호작용한 영향을 받았음을 확인했다.

  카자흐스탄의 외적 환경은 소연방 붕괴 이후 매우 역동적으로 다극화를 경험하고 있는 공간이다. 냉전 붕괴 직후부터 오늘날까지 러시아, 중국, 미국, EU 등에 의해 중앙아시아에 형성된 다극적 질서는 상위 행위자들은 물론 중앙아시아 약소국가들까지 세력균형을 통해 안보 불안 해소와 실리 추구를 위한 중층적 관계 맺기를 가능하게 했다. 이러한 환경 속에서 미, 중, 러 등 상위 행위자들의 세력 경쟁과 중앙아시아 중간국가들의 실리적 전방위 외교는 현재도 진행 중이다. 중앙아시아 국가들은 다극화된 환경 속에서 실리에 따라 러, 중, 미를 상대로 전방위 실용외교를 전개하고 있다. 카자흐스탄은 강대국들의 경쟁 속에서 지리적으로 러시아, 중국과 국경을 공유하고 있다는 중간국이 가진 한계에도 불구하고, 다극화된 환경과 러-중 간의 협력 무드를 활용하여 자국의 외교적 자율성과 국제적 위상을 높여가고 있다. 특히 중앙아시아 국제 환경은 2000년대 이후부터는 중앙아시아 전통적 세력 국가인 러시아와 신흥 강국인 중국이 상호 첨예한 대립각을 세우기보다는, 협력적 우호 구도를 형성함으로써 카자흐스탄은 외교정책에서 유연하고 자유로운 선택과 행보가 가능했다. 동아시아에서 중국과 미국 사이 대립적 갈등 구도 속 한국의 외교 선택의 폭이 얼마나 제한적인지와 비교해 볼 때 국제관계의 구조적 속성이 카자흐스탄이나 한국과 같은 중간국 외교정책에 결과적으로 어떠한 영향을 미치고 있는지 알 수 있다.

'국가 속성'과 '국가 정체성' 역시 카자흐스탄 전방위 실용외교와 다자주의 행보를 이어가는 데 유의미한 영향을 주었다. 우선 '국가 속성'과 관련하여, 모든 국가는 한정된 가용 자원의 양으로 효과적인 외교정책 활동을 해야 하기 때문에 카자흐스탄 역시 자원 규모에 따라 어떤 사안에 얼마만큼의 자원을 투자하고 수행할 것인가라는 효율성을 따질 수밖에 없다. "국가의 행위능력 수준이 낮을수록 경제적 문제를 포함하는 실체적 문제 영역에 관련된 외교정책 행동의 비율은 그만큼 더 높아"지기 때문이다. 독립 후부터 지금까지 카자흐스탄이 줄곧 목표로 설정한 외교정책은 안보, 경제 협력 루트의 다원화였다. 즉 이 2가지 목표가 카자흐스탄이 외교정책을 수행하는 근본 목적이라고 볼 수 있다. 따라서 독립 직후 1990년대 초반 행위능력이 절대적으로 부족한 시기 카자흐스탄의 외교정책 행동은 경제성장과 개발 그리고 안보 위협 해결에 집중되었다. 안보적으로는 러시아와의 협력을 기본으로 하되 다자틀 형태의 "아시아 교류 및 신뢰구축회의(CICA)" 창설을 주도하면서 러시아, 중국, 미국 등으로 안보 협력 대상을 확대했다. 세계금융위기 이후 시기로 양적 팽창 속도가 확연히 줄어들자 근본적으로 경제발전을 이끌어 줄 새로운 협력 파트너 모색 등과 같은 대외경제정책에 집중하는 모습을 보인다. 이런 맥락에서 EAEU의 창설과 확대에 카자흐스탄이 적극적인 것은 대단히 자연스러운 현상이다. 이처럼 30년간의 카자흐스탄의 외교정책은 주로 경제성장, 안보 강화라는 문제들이 특히 부각됐음을 알 수 있다. 다자주의 활용과 관련해서, 그

동안 카자흐스탄은 지정학적 단층대로 변모한 중앙아시아 국제환경을 활용하여 가능한 다양한 국가들과 관계를 구축하는 데 적극적이었다. 이는 외교정책의 집행에 사용되는 양식과 기술에서 독립 초 낮은 수준의 행위능력을 가진 카자흐스탄은 '적은 비용'을 들여 큰 효과를 내는 이른바 가성비가 좋은 외교정책 집행 방식을 선택한 것으로 이해할 수 있다.

한편, 카자흐스탄 유라시아주의(Kazakhstan's Eurasianism)로 상징되는 카자흐스탄의 '국가 정체성'은 지금까지의 외교정책형성과 행위에 사상적 기저로 작용했다. 독립 후 카자흐스탄은 러시아와의 관계 '재설정'이 필요했으며, 나자르바예프 초대 대통령은 자국의 유라시아주의를 통해 러시아로부터의 독립성과 차별성을 전면에 내세우고자 했다. 동시에 자국의 영토 주권과 에너지 자원에 공격적이고 비협조적인 러시아에 대항할 수 있는 대안으로서 전방위 외교를 활용하여 중국, 미국, 터키, 유럽 등을 선택하여 양자관계 구축에 적극적으로 임했다. 현실적으로 러시아와 대립각을 세우기 어려웠기 때문에 카자흐스탄은 친서구, 이슬람, 아시아 등과의 외교 노선을 개발했고, 러시아와의 협력이 필요하다면 가급적 다자기구 틀에서 협력하는 전략을 추진했다. 이때 러시아는 과거 소비에트 시기처럼 유일의 외교대상이 아니며 카자흐스탄이 러시아 이외의 다른 국가들과의 관계 구축에 대한 타당한 명분을 제공한 것이 바로 카자흐스탄 유라시아주의인 것이다. 카자흐스탄 유라시아주의는 소연방 붕괴로 촉발된 중앙아시아 역내 변화라는 '외부' 요인과 더불어, 이제 막 국제사회에 첫발을 내딛은 신생국 카자흐스탄이 국제사회에서 어떤 '역할'을 통해 자국의 위상을 정립할 수 있을지에 대한 '내적' 고민을 담았다. 그 결과 유라시아주의는 카자흐스탄이 러시아를 비롯한 주변국들과 양자, 다자 관계에서의 목표, 의지, 방향을 결정하는 정책적 독트린으로 발전될 수 있었다.

오늘날까지 카자흐스탄은 유라시아 내륙국가라는 한계를 전방위 실용외교를 통해 극복하고, 동시에 유라시아 대륙의 중심에 위치한 지리적 이점을 자국에게 유리하도록 적극 활용하는 외교정책을 추진해 왔다. 지정학적 단층대에 위치하여 강대국들의 상충하는 요구 사이에서 '중간국'의 숙명을 안고 있음에도 불구하고 그것이 주는 한계와 가능성을 명확히 인식한 카자흐스탄은 중앙아시아에서 균형외교를 성공적으로 추진해온 국가라는 평가를 받고 있다.

참고문헌

강봉구. 2019. "자유주의 국제질서의 균열과 러시아의 주권적 국제주의."『슬라브연구』
  35(4): 1-33.
_____. 2021. 지정학적 중간국의 외교 비교 연구: 중부 유라시아. 강봉구 발표 중. https://
  www.youtube.com/watch?v=72tmMh9aOAs (검색일: 2021.3.12).
모리스 A. 이스트 외 . 2008.『비교외교정책론』. 최성권 옮김. 한울아카데미.
박상남 외. 2014.『한국의 유라시아 협력 전략 연구: 중견국 전략의 사례와 EEU가 한국에
  주는 함의를 중심으로』. KIEP(대외경제정책연구원).
박상남. 2021. "중앙아 국가들의 대외정책 동향─ 카자흐스탄, 우즈베키스탄의 대러 및
  대중관계를 중심으로." 외교부 간담회 자료 인용(2021.4.16).
신범식. 2020. "지정학적 중간국 우크라이나의 대외전략적 딜레마."『국제·지역연구』29(1):
  37-69.
이지은. 2011. "카자흐스탄 정책결정과정에서의 대통령 요소."『슬라브학보』26(1): 101-127.
_____. 2014. "카자흐스탄의 유라시아주의와 대외정책."『한국이슬람학회논총』24(3):
  117-147.
_____. 2020. "글로벌 질서 변동 속 터키의 유라시아 지향성."『자유주의국제질서의 균열과
  유라시아 지역의 대응』. 한양대학교 아태지역연구센터 HK 러시아─유라시아
  연구시리즈 20/35. 민속원.
이홍섭. 2007. "카자흐스탄의 대외정책: "전방위 외교정책"의 모색."『슬라브연구』23(2): 87-
  107.
장─마리 쇼비에. 2014. "유라시아주의, 러시아판 '문명의 충격'."『르몽드 디플로마티크』
  6월호: 19.

Alexandrov, Mikhail. 1999. *Uneasy Alliance: Relations Between Russia and Kazakhstan
  in the Post-Soviet Era, 1992-97.* Greenwood Press, Westport, CT.
Demographics of Kazakhstan. Wikipedia Kazahstan. https://en.wikipedia.org/wiki/
  Demographics_of_Kazakhstan.
East, Maurice A., Stephen A. Salmore, and Charles F. Hermann (eds). 1978. *Why Nations
  Act: Theoretical Perspectives for Comparative Foreign Policy Studies.* Beverly Hills,
  Calif.: Sage Publications.
Johnson, Lena. 1998. *Russia and Central Asia: A New Web of Relations.* Royal Institute for
  International Affairs, London.
Kazakhstan. CIA FACTOBOOK 2021. https://user.iiasa.ac.at/~marek/fbook/01/geos/
  kz.html
Kazakhstan Foreign Policy. Embassy of the Republic of Kazakhstan to Washington, D.C.
  https://kazakhembus.com/foreign-policy/ (검색일: 2020.9.9).

"Kazakhstan to arrange multi-vector consistency". DOI Research Institute. https://doc-research.org/2019/02/kazakhstan-arrange-multi-vector-consistency/ (검색일: 2021. 3.17).

On the Concept of the Foreign Policy of the Republic of Kazakhstan for 2020–2030. President of Kazakhstan. http://www.akorda.kz/en/legal_acts/decrees/on-the-concept-of-the-foreign-policy-of-the-republic-of-kazakhstan-for-2020-2030 (검색일: 2020.11.17).

Olcot, M. B. 2002. *Kazakhstan: Unfulfilled Promise*. Washington D.C.: Carnegie Endowment for International Peace.

2021 Kazakhstan Military Strength. GlobalFirePower. https://www.globalfirepower. com/country-military-strength-detail.php?country_id=kazakhstan (검색일: 2021.4. 20).

Президент Республики Казахстан. Выступление Президента Республики Казахстан Нурсултана Назарбаева на встрече с главами дипломатических миссий и представительств международных организаций, аккредитованных в Казахстане (2017-07-03). https://www.akorda.kz/ru/speeches/internal_political_affairs/in_speeches_and_addresses/vystuplenie-prezidenta-respubliki-kazahstan-nursultana-nazarbaeva-na-vstreche-s-glavami-diplomaticheskih-missii-i-predstavitelstv-mezh dunaro (검색일: 2021.4.10).

제9장

조지아 대외정책의 방향성*
―조지아의 對EU, 러시아 관계 및 나토 가입 이슈를 중심으로―

정세진(한양대학교 아태지역연구센터)

*   이 글은 『中蘇硏究』 44-4(2020-2021 겨울호), 285-327쪽에 수록된 내용임을 밝힙니다.

I. 머리말

조지아 대외정책 기조는 2003년 장미혁명의 결과로 그 결정적 변화를 맞이하였다. 2004년 새로운 인물인 사카쉬빌리가 대통령이 되면서 조지아는 친서방 대외정책을 확실히 표명하고 추진했다. 그리고 그 기조는 지금까지 유지되고 있다. 장미혁명 이후로 조지아 친서방 대외정책의 최우선 목표는 EU와 나토 가입이었다. 사카쉬빌리 정권 초기, 조지아는 러시아로부터의 안보 위협에 대처하기 위해 EU(유럽연합, 이후 EU로 표기) 가입보다도 나토(NATO: 북대서양조약기구, 이후 나토로 표기) 가입을 더 우선적으로 원했다.

조지아 대외정책 기조에 결정적인 전기가 있었는데, 2008년 러시아-조지아 전쟁이었다. 조지아의 자치공화국인 남오세티야를 둘러싸고 발생한 전쟁 이후 러시아는 압하지야와 남오세티야 독립을 전격적으로 승인했다. 이로써 조지아 국내 정책의 최우선순위인 '영토 통합성' 정책에 균열이 일어났다. 2008년 전쟁 직전 부쿠레슈티에서 열린 나토 정상회담에서 나토는 조지아와 우크라이나에 나토 가입을 약속했다. 그러나 나토의 동진 확대 정책에 반발한 러시아는 2008년 당시도 그렇고 현재 시점에서도 나토의 팽창이 러시아 안보와 국제질서를 무너뜨릴 것이라고 경고해왔다. 러시아는 조지아의 나토 가입 시도에 대해 제동을 걸어왔다.

이런 상황에서 조지아의 나토 가입에 대해 근본적인 질문을 제기할 수 있다. 조지아가 가입에 필요한 나토 규준을 충족하고 시행하더라도 자국 영토 중 20%에 해당하는 지역을 점령당하고 있는 국가에 나토가 안보 보장을 해줄 수 있는 것일까? 하는 문제이다. 압하지야와 남오세티야를 사실상 점령하고 있는 지역강대국인 러시아의 존재는 나토 가입의 결정적인 방해 요소였다. 이러한 관점에서 본다면, 조지아의 대외정책은 러시아의 영향력에서 벗어날 수 없고 정책 추진도 한계에 부닥칠 수밖에 없다. 사카쉬빌리 정권 초중반기, EU 가입보다 나토 가입을 더 강력히 원한 조지아 정부는 이제 현실적으로 나토 가입보다는 EU 가입에 더 적극적이고 이에 맞는 전략을 강구하고 있다. 2014년 EU와 조지아는 '협력협정(Associate Agreement)'을 체결했다. 그 직전에 DCFTA(포괄적 자유무역협정, 이후 DCFTA로 표기)를 체결하면서 조지아는 러시아의 안보 위협에 대처하기 위해 EU 가입을 적극적으로 추진하고 있다.

2012년, 사카쉬빌리가 이끌던 '국민운동연합(UNM)'이 총선에서 '조지아의 꿈(Georgian Dream: 이후 GD로 표기)'에 패배했고, 2016년 총선에서도 GD가 전체 의석수의 75% 이상을 획득했다. 2020년 총선에서도 승리했다. 2012년 총선 이후 친러시아 경향의 비드쥐나 이바니쉬빌리(Bidzina Ivanishvili)가 총리가 되었다. 그는 러시아와 협상에 나서는 등 양국 외교 관계 회복을 위해 노력했지만, 양국 관계는 복원되지 않고 있다. 2008년 러시아-조지아 전쟁 이후 외교 관계가 단절되었다. 2012년 신정권이 들어섰음에도 조지아는 친서방 대외정책 기조를 지속하고 있다. 조지아의 EU와 나토 가입은 포기할 수 없는 국가전략이기 때문이다. 러시아는 2008년 전쟁을 감행하고 압하지야와 남오세티야 등 조지아로부터 분리 독립을 주장했던 자치공화국의 독립을 공식 승인하면서 이 지역에 군대를 주둔시켰다. 러시아는 조지아를 정치적, 군사적으로 압박해왔다. 앞으로도 이런 기조는 지속될 것이다. 조지아에 있어 영토 통합성은 매우 중요하며, 정부는 러시아가 조지아의 핵심 국가전략인 영토 통합성을 방해하고 있는 국가로 인식하고 있다. 이런 상황에서 조지아가 서방과의 통합에 나서는 길은 매우 요원해 보인다. 당분간 EU 가입과 나토 가입의 현실화는 어렵다는 것이 국제전문가들의 공통된 견해이다. 러시아의 존재 자체가 너무나 강력하기 때문이다.

　　국내 선행연구에서는 조지아 관련 연구 중 일련의 국내정치 및 조지아 자치공화국과 관련된 연구 내용이 진행되었다(현승수 2013; 이상준 2011). 그리고 조지아와 러시아의 일반적 관계와 분쟁 등을 다룬 연구가 있다(김혜진 2009; 우평균 2014). 이외에 조지아 대외정책의 방향성에 대해 분석한 논문들이 있다(엄구호 2007; 정세진 2019). 그러나 그동안 국내의 논문들은 최근 조지아의 국내정치 변화와 국제관계를 충분히 다루지 않아 이 논문과 관련된 조지아 대외정책의 방향성을 전체적으로 파악하기에는 부족한 측면이 있었다. 특히 기존 연구에서는 조지아의 대외정책을 2008년 전쟁에 국한하는 경향이 있었으므로 이 글에서는 조지아 대외정책의 다양한 변수들을 분석하고 2010년대 이후의 대외정책 내용을 다루었다. 이 글은 조지아와 EU 관계, 조지아와 러시아 관계, 그리고 조지아의 나토 가입에 관련된 내용을 전체적으로 분석하면서, 조지아 독립 이후의 조지아 대외정책의 방향성을 규명하는 내용으로 구성되었다.

　　이 글은 2절에서 독립 이후 현재까지 조지아 대외정책의 변동과 그 지향성을 분석한다. 3절에서는 조지아 대외정책의 친서방 지향성을 대EU 관계를 중심으로 서술할 것이다. 4절에서는 조지아와 나토 : 조지아의 나토 가입, 그 실행과 변수 요인을 규명한다. 5절에서는 조지아-러시아 관계, 그리고 조지아 대외정책의 성격을 서술할 것이다.

II. 독립 이후 조지아 대외정책의 변동과 그 지향성

1. 1991년 독립 직후 조지아 대외정책

조지아 대외정책을 분석하기 위해서는 조지아-EU, 조지아-러시아, 조지아의 역내 분쟁 지역인 압하지야와 남오세티야 공화국과의 관계, 조지아 내부 정치 세력의 변동성 등을 종합적으로 고려할 필요성이 있다. 조지아 대외정책은 1991년 독립 이후 상기에 열거한 모든 요소의 종합 분석으로 도출된다.

먼저 소련 해체 이후 조지아 국내외 정책의 기본적인 흐름을 본다면 다음과 같다.

즈비아드 감사후르디아(Zviad Gamsakhurdia, Звиа́д Гамсаху́рдия) 대통령은 독립 이후 단기간 대통령직을 수행했다. 그는 조지아 내 소수민족 정책에 제대로 대응하지 못하면서 국가 내부 혼란을 초래하였다. 그의 정책 기조는 이상주의와 민족주의 형태를 띠면서 국내정치에 커다란 난맥상을 드러내었다. 가장 심각한 문제는 중앙정부와 압하지야 공화국 간 정치적 갈등으로 내전이 발생하였다는 점이다. 지도부의 강력한 민족주의 열망과 그에 따른 정책 추진으로 조지아 민족 중심의 편향된 정책이 시행되면서 소수민족과의 갈등이 양산되었다. 대외정책의 뚜렷한 방향성도 없었다. 압하지야는 1917년 러시아혁명으로 독립했다가 1931년에 조지아 내 자치공화국이 되었다. 압하지야는 소련 해체가 정식 선언되기 이전인 1991년 7월에 이미 분리 독립 선언을 하였는데, 결국 중앙정부와의 내전으로 이어졌다(Atilgan and Feyerabend 2015, 38).

감사후르디아는 소련 해체 이전부터 내정의 핵심 인물이었다.

1990년 12월, 조지아 최고 소비에트는 남오세티야 자치주를 전격적으로 폐지하는 결정을 내렸다. 이후 유혈 충돌이 민족분쟁으로 확대되었다. 1992년 러시아의 중재로 중앙정부와 남오세티야 간 정전협정이 체결되었다. 감사후르디아는 정치 반대파들을 혹독하게 탄압하면서 내전을 초래하였으며, 1992년 1월에 축출되었다(현승수 2013, 221-222).

에두아르드 셰바르드나제(Eduard Shevardnadze)가 조지아의 두 번째 대통령이 되었다. 그는 1992-2003년 동안 대통령직을 수행했다. 셰바르드나제는 전임 대통령의 실패한 정책을 이어받았고, 혼란한 정치 유산을 물려받았다. 1990년 이후에 정부와 2개 자치공화국 간에 내전이 발생하였고. 이후 셰바르드나제 대통령 통치 시기인 1992년 8월에도 정부와 압하지야 공화국 간 분쟁이 발생, 1993년까지 지속되었다. 조지아와 자치공화국 간의 정치적 관계가 대외정책에서 중요한 이유는 러시아의 개입이 이후에 지속되었기 때문이다.

셰바르드나제는 대외정책의 핵심을 다중벡터 정책으로 설정하였다. 러시아와 유대 관계를 유지하면서 친서방 전략을 선택하였다. 1993년 가을에 내전은 종식되었고, 독립국가연합(CIS)의 명령으로 승인된 러시아 평화유지군이 이 지역에 주둔하였다. UN '옵저버 미션(Observer Mission)'이 창출되었다. 조지아는 1993년에 CIS 회원국이 되었다. 지리적 상황, 경제적 상호관계, 안보 의존의 필요성이 있었기 때문이었다. 1995년에 조지아-러시아 우정 조약이 체결되었다. 독립을 주장하던 압하지야, 남오세티야 공화국에 러시아 평화유지군이 주둔하였다. 조지아 영토 내 러시아군 기지도 조지아 정부의 허락으로 세워졌다.

셰바르드나제 통치 초기 조지아-러시아 관계는 전반적으로 '모호성(ambivalence element)'으로 정의될 수 있다. 독립 초기부터 조지 아는 친서방 경향을 보여왔다. 조지아는 나토의 'PfP(평화를 위한 파 트너십, Partnership for Peace)' 프로그램에 참여하였다. 그리고 유럽 평의회(Council of Europe), '세계은행(World Bank)', '국제통화기금 (IMF)' 등의 국제기구에 가입하면서 활동했다. 1990년대 중반 조지아 는 국제 지원을 받는 주요 국가였다. 소로스 재단과 NGO 등의 민간 자금원, 그리고 미국과 유럽의 원조를 받았다. 조지아는 러시아와도 유대 관계를 지속하면서도 셰바르드나제 시기에 친서방 기조를 가졌 다. 이후 사카쉬빌리 대통령은 전임 대통령이 터놓은 길을 따라 친서 방 정책을 유지하였다(Shevardnadze 2006, 432-433).

조지아는 친서방 기조를 가지고 있었지만, 지역강대국인 러시아 의 존재는 무시할 수 없었으며, 러시아의 요구를 수용하는 태도를 보 여주었다. 대외정책의 균형 외교를 취할 수도 없었다. 당시 대외정책 의 요체는 러시아와의 관계였다. 조지아는 러시아에 순응할 수밖에 없 었다. 그렇다면 그 시기 조지아가 러시아와의 관계에서 취한 정책은 무엇이었을까? 첫째, 조지아는 독립을 주장한 자치공화국과의 내전 에서 러시아가 중재한 휴전협정을 수용하였다. 둘째, 내전 중단을 골 자로 하는 평화 유지 작전을 받아들였다. 셰바르드나제는 회고록에서 "조지아는 파국적 상황에 직면했다. 그런 상황 때문에 나는 어쩔 수 없 이 타협을 찾아야만 했다. 조지아는 러시아가 주도하는 CIS 회원국이 될 수밖에 없었다"(Shevardnadze 2006, 432-433)고 밝혔다. 소련 해체 직전 고르바초프 서기장이 통치하던 시기, 외무장관으로 재직한 셰바 르드나제는 2003년까지 조지아의 대통령으로 재직했다. 그가 전언한 말이다. "조지아는 태양의 나라라고 알려져 있다. 그러나 우리에게 진 정한 태양은 동쪽에서 떠오르는 것이 아니라 북쪽이다. 그 국가는 러

시아이다. 바로 레닌의 사상이라는 태양이다"(Nalbandov 2016, 191)
라고 언급하였다. 조지아는 러시아 및 소련의 유산을 물려받았다는 것
을 강조한 내용이었다고 하겠다.

2. 친서유럽 정책으로의 전환 시기: 사카쉬빌리 정부의 대외정책

미하일 사카쉬빌리(Mikheil Saakashvili)는 2003년 장미혁명 이후 단
행된 2004년 1월 대선에서 대통령에 선출되었다. 그는 친서방 대외정
책을 분명하게 선언하고 재임 내내 그 정책을 실행했다. 조지아 대외
정책의 새로운 독트린이었다. 그 배경은 '아랍의 봄'에서 시작되어 유
라시아에 등장한 색깔혁명이었다. 2003년 조지아 장미혁명, 2004년
우크라이나 오렌지혁명이 그 전환점이 되었다. 색깔혁명은 유라시아
에 민주주의가 도입되고 정착되기를 원한 서방에 매우 긍정적인 사건
이었다. 소련 해체 이후 신생 독립국으로 출범한 동유럽 국가의 민주
화 과정으로 인식되었다. 2000년 푸틴 정부가 들어서면서 러시아에
있어 과거 옛 소련 공간은 '사활적 이익' 지대였다. 색깔혁명은 러시아
국경 경계에 대한 위협이었다. 러시아는 미국의 NGO(비정부기구)가
색깔혁명을 부추긴다고 간주했다. 2000년대 초반까지 미국과 러시아
는 전략적 파트너(strategic partner)였지만, 색깔혁명 이후 전략적 경
쟁자(strategic competitor)가 되었다(Ondrejcsák 2014, 125).

장미혁명 이후 사카쉬빌리가 권력을 쟁취하면서, 민주주의, 경제
개혁이 시작되었다. 조지아는 나토, EU와 급격히 가까워졌다. 그는 분
리 독립을 주장하는 자치공화국에 대해 중앙정부가 정치적 권위와 통
제권을 되찾기를 원했다. 그러나 이 과정과 노력은 러시아에 의해 결
정적으로 방해받았다. 러시아는 소련 해체 이후 상실한 제국의 위치와

권위를 복원하기를 원했으며, 특히 이는 옛 소련 공간 내에서 펼쳐졌
다. 러시아는 목표 달성을 위해 모든 수단과 가능한 방법을 활용, 최종
적인 모범 답안지에 도달했다. 분쟁 지역 자치공화국의 러시아화가 그
해답이었다. 러시아의 그러한 대외정책은 2014년에 크림반도와 우크
라이나에도 적용되었다(Studzińska 2015, 25).

    정부가 대외정책 방향성을 확실히 정하면서, 러시아로부터 외교
압력이 증가되었다. 2004년 겨울, 러시아는 상징적이고 외형적인 조
치를 취했다. 조지아로 향하던 천연가스 공급을 일시적으로 중단시켰
다. 러시아는 에너지 자원을 대외정책으로 활용했으며, 조지아를 압
박했다. 이러한 정책은 이후 우크라이나와 아르메니아에도 적용되었
다(Atilgan and Feyerabend 2015, 40). 2006년 봄, 러시아는 조지아산
농산물, 미네랄 워터, 와인류에 대한 수입 금지령을 내렸다. 11월에는
에너지 가격을 인상하였다. 조지아 내에서 발생한 러시아 간첩 사건
도 양국 관계를 악화시켰다. 조지아가 사건에 관련된 러시아 장교를
체포했다. 푸틴은 이에 대응하기 위해 압하지야, 남오세티야 지도자
들을 소치로 초청하고 비공식회담을 열었다. 러시아는 조지아 시민들
에게 비자 발급을 중단했다. 군사적 긴장이 고조되었다. 그러자 분리
주의 지역에 대해 완전한 주권을 회복하기 위한 야심이 강한 사카쉬
빌리는 외교 분쟁이 커질 것을 우려, 러시아를 직접 방문하고 유화적
태도로 이 문제를 해결하고자 했다(Spetschinsky and Bolgova 2014,
115). 사카쉬빌리가 친서방 정책을 펼치면서 러시아의 대조지아 영향
력도 급속히 감소했다. 터키의 세이한, 아제르바이잔의 바쿠, 조지아
트빌리시는 BTC 송유관으로 연결되었다. 조지아가 BTC 송유관 건설
에 나서고 친서방 정책을 추진하면서 러시아의 조지아 영향력이 줄어
든 측면이 있다. 에너지 수송로가 러시아를 패싱한 사건이었다. 러시

아는 이후 소련 지역에서의 서방의 영향력에 대해 매우 경계하는 모습을 보였다.

　양국 관계가 경색 국면으로 치달은 것은 2006년 봄 이후였다. 그해 9월 유엔 총회를 통해 양국은 돌아올 수 없는 강을 건넌 것처럼 보였다. 사카쉬빌리는 UN 연설에서 조지아를 "미해결 분쟁의 잔인한 유산을 물려받은 유럽 국가"로 묘사했다. 그는 러시아가 조지아의 자치공화국을 점령하고 있다고 비난하면서, 국제사회에 경고했다. 사카쉬빌리는 "… 러시아 관리들이 코소보 합의에 대한 교환 조건으로 영토 거래를 시도하는 행위는 19세기식의 분쟁 해결책으로 이는 낡은 방식이며, 비도덕적인 행위"임을 강조했다. 그는 러시아 행위는 폭력의 분리주의라는 판도라의 상자를 열게 되는 일이 될 것이라고 비난했다(Spetschinsky and Bolgova 2014, 116). 러시아가 코소보 사태를 조지아의 영토 통합성과 연계하여 거래를 시도한다면, 양국 관계가 위험한 교착 상태에 빠지게 된다는 점을 경고했다. 조지아는 코소보 독립 승인과 나토 가입 의지를 강력히 표방했다. 러시아는 이에 반발했다.

　이러한 갈등은 2008년 8월 러시아-조지아 전쟁으로 이어졌다. 처음에 이 전쟁은 내전 성격이었다. 즉 조지아 중앙정부와 남오세티야 간의 분쟁 양상이었다. 많은 사상자, 난민, 경제적 피해가 발생했다. 단 5일간 벌어졌던 전쟁이라 이를 '5일 전쟁'이라고 명명하기도 한다. 러시아가 전쟁에 개입했다. 러시아와 조지아 정부 간에 군사 충돌이 벌어졌다. 이 갈등은 공식적으로 평화협정으로 종식되었다. 그러나 이 전쟁은 해결되지 않은 채 종료되었다고 보는 것이 맞다. 전쟁으로 외교관계가 단절되었다. 조지아는 CIS를 탈퇴했다. 군사 충돌로 2개 자치공화국과 관련된 정부의 노력은 어려움을 맞이하였다. 전쟁 이후 2개 자치공화국은 러시아로부터 독립 승인을 받았다.

러시아-조지아 간 외교관계의 단절로 "제네바 회담"의 메커니즘
이 촉진되었다. 이는 모든 갈등 대상국들이 미국, OSCE(유럽안보협력
기구), EU, UN 등과 안보 및 안전 이슈 등을 논의하는 유일한 포럼이
다. 주요한 목표는 신뢰 구축과 인도주의 문제의 해결이다. 2012년
조지아에서 신정권이 출범할 때까지 이 포럼은 정기적으로 개최되었
지만, 양국 관계는 회복되지 못하였고, 이에 관련된 공식 결과를 창출
하지 못했다. 이 회담은 러시아와 조지아의 유일한 외교 소통의 통로
였다.

3. 조지아 신정권의 출범: EU와 러시아 사이에서

조지아 대외정책도 당연히 국내정치 세력의 변동과 판도 변화에 큰 영
향을 받을 수밖에 없을 것이다. 2012년 조지아에 새로운 정부가 출범
하였다. 그해 총선을 앞두고 억만장자인 비드쥐나 이바니쉬빌리가 창
당한 GD는 2012년 총선 승리와 2013년 대선에 승리했다. 총선 승리
이후 이바니쉬빌리가 총리로 국정을 이끌었다. 그러나 그의 정치적 경
쟁자인 사카쉬빌리는 2013년까지 대통령직을 수행하고 있었기 때문
에 총리와 대통령은 다른 정당이면서 정치적으로 공존하는 시스템이
었다. 사카쉬빌리는 2013년에 대통령직에서 물러났다.

이바니쉬빌리는 친러시아 경향으로 러시아 정부와의 관계 개선을
시도했다. 주러시아 조지아 전권특명대사인 주라브 아바쉬제는 2012
년 11월 양국 관계의 플랫폼을 위한 프라하 대화를 열었는데, 파트너
는 기오르기 카라신 러시아 외교부 차관이었다. 이들은 양국 관계의
복원을 위한 회담을 여러 차례 가졌다. 아바쉬제와 카라신이 협상을
벌였지만, 양국 관계의 한계가 명확히 드러났다. 러시아가 2006년에

조지아에 단행한 포도주와 미네랄 워터 수출 금지 조치를 양국은 협상
을 통해 해제하는 등, 무역 관련 현안에는 일정한 진전이 있었다. 그러
나 러시아가 조지아 내 2개 자치공화국에 러시아군 주둔을 고수하면
서 외교관계 회복에는 이르지 못했다.

GD는 친서방과 친러시아 정책 간에 균형적 대외정책을 추구하고
자 했다. 사카쉬빌리가 추구한 일방적인 친서방 기조에서 일종의 변
화가 모색되었다. 양자 관계에서 공식적으로 반복된 용어는 "정상화
(normalization)", "실용주의(pragmatism)" 등이었다. 조지아는 2014
년 러시아가 크림반도를 점령한 이후 러시아에 대한 서방의 제재에 동
참하지 않았다. 경제 제재 방식이 위기 해법이 아니라는 점에서였다.
조지아는 러시아와의 무역 총량이 많은 편이 아니었다. 정부는 대러시
아 경제 제재는 국가 의제에 속하지 않는다고 강조했다.

2013년 기오르기 마그벨라쉬빌리(Giorgi Margvelashvili)가 대통
령이 되면서 사카쉬빌리가 이끌던 정당인 '국민운동연합(UNM)'은 집
권당의 위치에서 완전히 물러나게 되었다. 그러나 의회를 장악한 GD
의 이바니쉬빌리는 대러시아 관계를 정상화하는 데는 실패했다. 이바
니쉬빌리 정부의 대외정책 기조는 "협력을 통한 참여" 전략이었다. 한
때 러시아와의 경제 교류도 활발히 이루어졌다. 그러나 그렇다고 친서
방 정책이 친러시아 정책으로 전격적으로 전환되지 않았다. EU 및 나
토와 연대를 펼쳐온 대외정책의 기본 골격은 유지되었다. 국민 대다수
가 여전히 지지하는 외교정책이었기 때문이다. 그리고 조지아는 영토
통합성 원칙에서도 물러나지 않았다. 2개 자치공화국의 독립 선포를
전혀 인정하지 않았다. 2008년 이후 러시아가 압하지야와 남오세티야
에 군대를 주둔시키고 있었다(Menabde 2013, 3).

2013년 11월, 빌니우스(Vilnius) '동유럽파트너십(EaP)' 정상회

담에서 조지아는 EU와 DCFTA 협정에 서명했다. 2014년 6월 27일, 조지아와 EU는 협력협정(Associate Agreement)을 공식적으로 체결했다. 협력협정의 체결로 정부 내에 남아 있던 친러시아 기류에도 변화가 생겼다. 당시 가리바쉬빌리 총리도 조지아는 유럽 가족이 되었으며 이는 조지아의 확고한 국가 목표였다는 점을 재확인했다(정세진 2019, 259). 조지아는 러시아에 대해 의심의 눈길을 거두지 않았다. 러시아는 2014년 우크라이나의 크림반도에 군대를 파병했다. 그리고 동부 우크라이나의 반군에게 군사 지원을 하던 러시아의 행위를 목격한 조지아는 러시아가 협력협정의 실행을 방해할지도 모른다는 우려감을 가지고 있었다(Studzińska 2015, 29)

동시에 러시아의 대조지아 대외정책에도 뚜렷한 변화 조짐이 없었다. 러시아는 조지아-EU 간에 DCFTA 협약이 체결된 이후 조지아와의 FTA 협정을 연기한다고 즉시 발표했다. 양국 FTA는 1994년에 이미 실효되어 가동되고 있었다(Aprasidze 2014, 71). 러시아의 결정으로 수출 해제와 관련된 양국의 유일한 합의 사항에 균열이 일어났다. 조지아가 EU 가입과 친EU 정책을 고수하는 한 양국 관계 개선은 어려웠고 2021년 현재도 동일하다. 대외정책에 일정한 한계점을 가지고 있는 조지아 입장을 고려해본다면, 양국의 대외정책 벡터는 배타적이다. GD는 2012년부터 2020년 총선까지, 3번이나 내리 승리하면서 집권당이 되었지만, 대러시아 관계 개선에 성공적인 결실을 얻지 못했다.

조지아의 유럽 통합은 피할 수 없는 정책이며, 동시에 이러한 정책 기조가 러시아와의 정상적인 관계에 갈등을 불러일으키지 않아야 한다는 것이 조지아 정부의 희망 사항이었다. 그러나 이러한 접근법이 효과적인 결과를 가지기 위해서는 러시아-조지아 간 현안이 해결되어야 한다는 전제가 따를 수밖에 없을 것이다. 상호 간 안보 문제가 얽혀 있으며, 이를 해결하기 위한 별다른 대책이 현재로서는 보이지 않는다. 양국 관계가 복원되거나 우호적 관계로 발전하는 정상화의 길은 요원하다. 그 이유는 무엇일까?

첫째, 압하지야와 남오세티야에 대한 독립 승인은 자연스럽고 견고한 러시아 대외정책이다. 러시아는 확실히 독립을 승인했다. 이런 상황에서 조지아가 영토 통합의 원칙을 유지한다는 자체가 러시아와 평행선을 달릴 수밖에 없다는 점이다. 둘째, 러시아는 제국의 위용을 자랑했던 국가이다. 국가 자존심이 있는 러시아는 조지아 문제를 회피하고 우크라이나 문제에 접근할 수 없는 상황이다. 셋째, 조지아가 EU와 협력협정을 체결한 사건은 확실히 조지아가 러시아 주도의 EAEU에 가입할 가능성보다는 친서방 대외정책의 방향성을 확실히 정했다는 증거이기 때문이다.

III. 조지아 대외정책의 친서방 지향성: 대EU 관계

1. 2003년 장미혁명 이후 조지아 대외정책의 우선순위

2절에서 언급하였듯이, 2003년 장미혁명 이후 대외정책은 친서방 기조로 확실하게 방향타를 설정했다. 조지아 대외정책에 근본적인 변화가 있었던 시점이 2005년이었다. 당시 친EU, 친나토 전략을 채택하였다. 그 배경에는 조지아에서 민주주의가 작동하고 있었다는 점을 들 수 있다. 조지아가 서방의 민주주의를 수용하는 정책을 적극적으로 추진했기 때문이다. 대외정책의 균형점이 변동하였다. 국내정책 실행도 대외정책에 종속되었다. 정책 이니셔티브는 외교 목표의 강화를 위해 수행되었다. 국내외 정책 변화가 감지되었다. 그런데 대외정책의 균형점 이동으로 러시아가 반발하였다. 조지아와 러시아 관계에 긴장이 고조되었다. 러시아는 조지아에 수출금지 조치를 내렸다. 조지아 경제가 어려움을 겪었다. 조지아는 비즈니스 친화적인 환경을 마련하고 효율적인 행정 절차를 통해 해외 투자 유치를 받기 시작했다. 관광 시장 활성화를 위해 여행 규정을 완화하는 조치가 따랐다(Zguladze 2018, 85).

조지아와 EU 관계의 결정적인 전환점은 러시아-조지아 전쟁이었다. 전쟁 이후 EU는 러시아에 대한 제재를 내리지 않았다. 그렇다면 이 전쟁을 통해 러시아와 EU의 관계는 어떻게 진행되었을까?

첫째, EU는 동유럽파트너십 국가들에 DCFTA를 포함한 협력협정을 체결할 기회를 부여하고 실제적으로 EU와 조지아는 2014년 6월 27일, 협력협정을 체결했다. 이 협정은 조지아 대외정책의 핵심적인 사건이었다. 이 협정은 정치 통합이라기보다는 경제 통합의 성격을 지녔다. EU는 전쟁 이후 조지아를 지원하기 위한 가장 현실적인 방법이 협력협정 체결이라고 판단했다. EU는 조지아와 우크라이나 등 러시아와 분쟁 상태에 있던 국가를 지원하기 위한 활동을 전개했다. 2013-2014년 유로마이단 사태 이후 우크라이나 정부군과 반군의 내전이 격화되면서 러시아-우크라이나 관계가 경색되었다. 소위 "러시아 탱크"와 "유럽 법"이 충돌하였다. 2008년 전쟁 이후 동유럽 분쟁 성격은 탱크와 법의 대립이었다(Duleba 2014, 63-64). EU는 2009년부터 동유럽파트너십 프로젝트를 추진하면서 해당 국가들을 지원하였다. 우크라이나, 벨라루스, 조지아, 몰도바, 아르메니아, 아제르바이잔 등 모두 6개국이다.

둘째, 조지아 대외정책의 핵은 EU와 나토 가입을 통한 유럽으로의 통합이다. 장미혁명 이후 조지아 대외정책의 우선순위는 서방 및 중앙 유럽 국가들, 그리고 미국과의 협력을 강화하는 방식으로 이루어졌다. 조지아의 EU 가입 프로세스는 전쟁으로 탄력을 받았다. 5일 전쟁 이후 조지아에서 EU 역할이 현저히 강화되었다. 당시 프랑스가 EU 의장단을 이끌고 있었는데, 니콜라스 사르코지 대통령이 2008년 8월 12일 체결된 6개항의 정전협정을 중재하였다. 프랑스는 조지아 중앙정부가 2개 자치공화국에 대한 독립선언을 인정하지 않겠다는 소위 '비(非) 인정' 정책에 동조했다. EU는 조지아를 지원하기 위해 전쟁 복구 재원을 준비하면서 기부자를 모았는데, 약 45억 달러의 후원금을 마련하였다. 'EU 감시단(European Union Monitoring Mission)'이 조지아에 설립되었는데, 이 감시단은 정전협약이 제대로 이행되고 있는지를 면밀하게 조사했다(Chkhikvadze 2019, 59).

EU의 강화된 역할과 활동은 조지아 정책 입안자들에게 EU와의 정치적 연계를 확립하는 촉매제가 되었다. 전쟁 이전에 조지아 지도자들은 안보상의 문제로 나토 가입을 추진했다. 그러나 전쟁 이후 이들은 EU와의 정치적 연대가 국가 정책 실행에 더 효과적인 것으로 판단했다. 사카쉬빌리 대통령이 이를 확인해주었다. 그는 2009년에 발표한 성명서에서 "EU로의 참여가 나토의 일원이 되는 것보다 더 핵심적인 사항이다. 유럽 회원국이 된다는 의미는 고향으로 돌아가는 것이기 때문이다"는 입장을 피력했다.[1]

그 이후로 EU 통합은 2012년 총선 이후 새로운 정권이 들어서면서 국내정치 동학의 변화가 있었지만, 모든 정치 세력이 동의하는 단

---

1 "Saakashvili in Barcelona Calls for Investing in Georgia," Civil.ge (February 18, 2009), https://old.civil.ge/eng/article. php?id=20444 (검색일: 2020.12.21).

일 목표가 되었다. 현재 거의 모든 정치 당파가 이를 추구하고 있다. 2016년 12월 29일, 의회는 외교정책 우선순위는 EU로의 완전한 통합이라는 결의안을 통과시켰다. 조지아는 'EU 조약 제49조'에 근거, EU 회원국 가입을 목표로 한다고 강조했다.[2] 2018년 12월, 조지아 헌법 개정안이 발효되었다. 헌법 78조에 따르면, 헌법 구성 기관은 EU와 나토로의 통합을 완전하고 명확하게 구현하기 위해 모든 역량을 집중하고 가능한 조치를 취한다고 규정되어 있다.[3] 2009년 이후 EU 가입 국민 여론조사에서도 찬성이 많았다. 2009년 첫 번째 조사에서는 79%, 2011년 80%, 2013년 83%, 2015년 61%, 2017년 71%였다. 이 수치는 동유럽파트너십 국가 중 가장 높다. EU 가입은 잠재적으로 안보 보장책이라고 인식되어 있다. 앞으로 발생할 수도 있는 러시아와의 적대 행위를 방어하기 위해서도 EU 가입은 조지아에 매우 중요하다. EU는 압하지야, 남오세티야와 국경에서 발생하는 긴장을 관리하고 사건을 해결하는 데 중재자이기 때문이다(Chkhikvadze 2019, 60).

2. EU-조지아 연대 방식과 그 과정

조지아가 EU 회원국으로 가입하는 최우선 대외정책을 추진하는 가운데, 이에 대한 EU의 대응은 무엇이고 EU와 조지아의 연대 방식과 그 과정은 어떻게 진행되었을까?

---

2   Parliament of Georgia, Resolution of the Parliament of Georgia on the Foreign Policy of Georgia, December 29, 2016. http://parliament.ge/uploads/other/53/53452. pdf (검색일: 2020.11.20).

3   Constitution of Georgia, Article # 78. Vano Chkhikvadze, "Georgia, Overcoming the libertarian legacy," The Eastern Partnership a decade on: Looking back, thinking ahead (European Union Institute for Security Studies (EUISS) (2019), p. 59. 재인용.

EU-조지아 연대에 관여되는 협력 방식은 대체적으로 동유럽파트너십, 협력협정, DCFTA 협정, EU 가입 등으로 요약할 수 있다.

첫째, 동유럽파트너십(EaP)의 참여국인 조지아와 EU의 연대 방식에 관련된 내용은 아래와 같다. EU는 2009년 5월, 동유럽파트너십 이니셔티브를 프라하에서 출범시켰다. 동유럽파트너십은 실질적 혜택이 부여되는 프로그램이었다. EU와 동유럽파트너십 국가 간에 정치 협력과 경제 통합의 기반을 마련하고자 시행된 조치였다. 시민의 자유로운 이동을 지원하고, 비자 자유화 보장 방안도 이 프로그램을 통해 시행되었다. 2011년 바르샤바 동유럽파트너십 정상회담에서 이 약속은 재확인되었다. 특히 비자 자유화 보장 방안이 매우 중요한 이슈였다. 비자 취득 및 재갱신 계약이 비자 면제 실행 목표의 첫째 단계였으며, 다양하고 점진적인 단계가 사례별로 이루어졌다. EU는 동유럽 파트너 국가와 양자 및 다자 차원의 2가지 형식을 제안했다. 조지아는 EU와 양자 차원의 협력 방안에 관심을 가져왔다. 조지아는 EU와 긴밀한 경제 관계를 구축하고 양자 대화를 최대한 활용하는 연대 방식을 추진했다. 동유럽파트너십 프로그램이 가동되었던 직접적인 원인은 2008년 전쟁 때문이었다. 이 전쟁으로 EU와 동유럽 국가 간에 활발한 정책 협상이 시작되었다. 회원국은 과거 옛 소련 국가였다. '맞춤 국가' 프로젝트였다.

2017년 11월 브뤼셀에서 열린 동유럽파트너십 정상회담에서는 당시 직면하고 있던 일련의 문제를 해결하는 좋은 기회였다. EU가 이 국가들과의 관계에서 가장 역점을 둔 목표는 첫째, 동유럽 국가의 전환 과정(transformation process)을 지원하고 둘째, 정치적, 경제적으로 이 국가들과 EU 간에 연대를 더 강화하는 정책 목표를 설정했다(Sarjveladze 2017, 1). 러시아는 당시 EU의 정책에 반발하였는데, EU

가 동유럽 국가에 지정학적 영향력을 미치려는 시도라고 판단했다. 러시아는 동유럽 국가와 EU의 연대를 저지하고자 했으며, EU와 동유럽 파트너십 간의 갈등 유발 전략을 추구했다.

둘째, EU-조지아 협력협정에 관련된 내용이다.

조지아는 사카쉬빌리 대통령 재임 시에 이미 EU와 협력협정 협상에 들어갔으며, 2012년 총선에서 승리한 GD의 이바니쉬빌리 행정부 통치 때인 2014년에 협력협정을 체결하였다. 협력협정의 주요 요소는 DCFTA였다. 규제 완화에서 정부 기관으로의 급진적 전환이 매우 어려웠고 시간이 걸렸다. EU 유럽위원회는 DCFTA 협상이 진행되던 2008년 10월, 조지아 식품 안전 시스템에 대한 사실 조사 거래를 권고하고 협상 전제조건으로 일련의 권장 사항을 전달했다. EU는 관련 국가 내에 온전하고 올바른 입법부가 있는 한에서만 DCFTA 협정이 유효하다고 강조했다. 권고안은 무역, 식품 위생 조치, 지적 재산권, 기술 장벽과 관련된 문제 등이 다루어졌다. 조지아 정부는 EU의 권고안에 따라 규정에 부합하는 법과 표준을 적용하려고 했다. 조지아는 협력협정과 DCFTA 협상 과정에서 단순한 전략을 추구했다. 가능한 범위 내에서 EU 규정에 맞게 실행이 가능한 영역부터 제한 완화 정책을 유지하는 목표를 정했다(Chkhikvadze 2019, 62).

협력협정과 '비자자유화실행계획(VLAP)'은 조지아가 수년간 시행해 온 규정 철폐 정책의 핵심 사항이었다. 협력협정에는 조지아와 EU 간의 주요 무역 요소, 즉 DCFTA의 정착과 실행이 포함되어 있다. 조지아 의회는 2014년 7월에 협력협정을 정식 조인했고, EU 의회도 2014년 12월에 정식 승인했다. 최종적으로 2016년 7월 1일에 정식 발효되었다(정세진 2019, 259).

협력협정은 EU 가입을 위한 주요 단계이다. 그러나 협력협정은

EU 가입을 위한 마지막 단계는 아니다. 조지아는 EU와 연대하고 있다. 그러나 그렇다고 동유럽파트너십, 협력협정, DCFTA 협정 체결 등이 EU 가입의 화룡점정은 아니라고 할 수 있다. 조지아는 EU의 규정에 맞는 법적 규정을 완벽하게 갖추고 있지 못하다. EU 지도자들은 동유럽국가는 여전히 회원국으로서의 가입 조건을 충분히 갖추고 있지 못하다고 판단하고 있다.

그러므로 EU의 모든 법령과 부합되도록 조지아 법령이 개선될 필요성이 제기된다. 협력협정은 광범위한 영역을 다루고 있으며, 국민의 삶에 직결된다. 예를 들어, 2019년 1월 1일부터 조지아는 모든 유형의 차량에 대한 의무 검사를 재도입했다. 이는 2004년 9월, 사카쉬빌리 정부에 의해 중단된 사안이었다. 내무부 공식 통계에 따르면, 2018년 현재, 121만 대의 차량이 등록되어 있다. 조지아 인구 3명 중 1명꼴이다. 국가 감사 보고서에 따르면 등록 차량의 46%는 20년 연식 이상, 45%는 10년 연식 이상으로 차량이 매우 노후화되어 있다. 대부분 이런 경우 유해 배출을 제한하는 촉매 변환 장치가 장착되어 있지 않아 환경 기준을 충족하지 못한다.[4] 의회 환경위원회에 따르면 트빌리시의 주요 대기 오염원은 바로 자동차 배기가스이다. 트빌리시 환경 문제의 큰 문제점이 배기가스 배출이다.

그러나 조지아의 EU 가입이 완전히 불가능한 것은 아니라는 점도 무시할 수 없다. 아직도 정비되어야 할 미비한 규정이 많이 남아 있지만, EU 가입 관련, 조지아가 협력협정 및 DCFTA를 체결했다는 점은 매우 고무적이다. EU는 조지아 국민이 자유롭게 비자 없이 EU 셍겐

---

4   State Audit Office of Georgia, "State Audit Report of Effectiveness", January 31, 2018, https://sao.ge/files/auditi/auditisangarishebi/2018/atmosferuli-haeris-dabi-nzureba.pdf (검색일: 2020.11.30).

국가에 여행할 수 있는 비자 면제 조치를 발동했다(정세진 2019, 260-262). 조지아는 민주주의, 법률 통치, 인권, 훌륭한 거버넌스를 갖출 수 있는 계기를 마련했다(Shavtvaladze 2018, 44).

IV. 조지아와 나토: 조지아의 나토 가입, 그 실행과 변수 요인

1. 나토 가입에 대한 조지아의 입장과 러시아의 대응

1999년에 셰바르드나제는 대선 캠페인을 벌이면서, 그가 대통령이 된다면, 2005년까지 나토에 가입하겠다는 공약을 하였다. 조지아가 나토 가입을 공공연히 천명한 것은 이때가 처음이다(Nalbandov 2016, 191). 2008년 4월, 부쿠레슈티 나토 정상회담에서 나토는 필요한 모든 요건을 충족한다면 조지아가 나토 회원국이 될 것에 동의했다. 그해 여름 러시아-조지아 전쟁이 끝난 직후 나토와 조지아는 나토-조지아 위원회(NATO-Georgia Commission)를 설립했다. 위원회는 정치 협의 및 실질적 협력의 형태로 나토 가입 준비 과정에서 조지아를 지원하기 위해 결성되었다(Kuimova and Wezeman 2018, 5).

나토 가입을 위해 조지아는 어떻게 대응하며 정책을 추진하였을까?

조지아는 1991년 독립 이후 나토 가입을 천명해왔다. 나토 가입을 위해 조지아는 나토 표준 규약과 관련된 상호 운용성을 개선하고 방위 부분 개혁을 실행해왔다. 조지아는 나토의 표준에 맞는 군 현대화를 진행하였다. 그리고 흑해 지역의 나토 활동에 적극적으로 참여했으며, 나토 및 나토 파트너 국가와 대규모 훈련을 주최하기도 했다. 나토 가입의 전제 조건은 민주주의의 발전이다. 조지아는 정상적인 민주주의 체제로 나가기 위한 과정에 서 있었다. 정부는 민주적으로 선출되었다. 정권 반대파도 존재하며 활발히 활동 중이다. 물론, 현시점에서 조지아 민주주의도 더 발전될 필요성은 있다. 설문에 의하면, 2008년, 나토 가입에 찬성하는 조지아인은 68.9%였다. 사카쉬빌리는 대통령으로 선출되기 이전부터 나토 가입을 희망하는 의견을 피력하였다. 그는 러시아의 콤소몰스카야 프라브다와 가진 2003년 인터뷰에서 "나토 가입을 위한 조지아의 정책은 역사적으로 정당화되었다. 현재 이 지역의 진공 상태는 다른 국가들이 채워줄 것이다. 미국과 서방이 안보 보장을 해주는 유일한 보증자라고 인식하고 있다"라고 강조한 바 있다(Nalbandov 2016, 255).

조지아의 나토 가입은 가능한 것일까? 그러나 조지아가 원하는 시기보다 나토 가입은 훨씬 더 요원한 일이 될 수도 있다(Roscoe 2012, 3). 나토 가입을 세바르드나제가 천명한 때로부터 20년 이상 지나갔다. 나토 가입에는 여러 불투명한 장애 요소가 있다. 그중에서도 러시아의 존재가 가장 큰 변수라고 하겠다. 2011년 12월 의회를 통과한 조지아의 신국가안보개념(National Security Concept)에는 러시아에 대한 부정적인 언급이 많다. 의회는 1800년대 코카서스(Circassians)인에 대한 제정러시아의 대량학살에 관한 내용을 결의문으로 채택하였다. 당시 사카쉬빌리가 정권을 장악하고 있던 시절이었는데, 러시아는 조지아 의회의 의결에 대해 분노의 감정을 숨기지 않았다. 이 개념에는 러시아와 선린 관계를 구축할 가능성에 대해서도 언급되었다. 이에는 전제조건이 있다. 조지아의 주권과 영토 통합성을 존중하고 러시아 군대가 조지아 영토로부터 철수해야 한다는 것이다.[5] 조

---

5   Georgian Ministry of Defence (note 8), p. 12.

지아는 나토 가입을 위해 러시아와 일정한 거리를 두고 있다는 점을 나토 측에 꾸준히 제시해왔다. 이 개념은 조지아의 전략 파트너인 미국, 우크라이나, 터키 및 아제르바이잔과의 국가 관계 발전을 강조하고 있다.

2012년에 집권한 GD도 신국가안보개념과 2013년의 위협 평가 문서(threat assessment document)를 기반으로 '국가 군사 전략(national military strategy)'을 2014년 6월에 승인했다. 이에는 조지아 안보에 대한 모든 주요 도전과 위험을 강조하는 내용이 적시되어 있다. 다른 전략 문서들과 함께 '국가 군사 전략'에는 러시아에 의한 조지아 영토의 점령과 지역 불안정성이 언급되어 있다.[6] 동시에 이 문서에는 국방 능력의 증진과 더불어 잠재적 침략을 저지하기 위한 군대 임무가 적시되었다. 이 전략의 주요 목표를 성취하기 위해 2017-20년 국방백서(defense white paper) 및 전략 국방 리뷰(strategic defense review)가 국방부의 지침으로 제시되었다.[7] 이 문서들은 '총체적 방어(total defense)' 시스템 구축을 위해 제공되었다. 시민 방어, 군대 훈련 시스템의 확립, 새로운 징병 개념, 예비 및 동원 시스템 개발 등이 포함되어 있다. '전략 국방 리뷰'에는 공식적으로 러시아의 소프트 파워(Soft Power)가 국가안보의 주요 도전으로 열거되었다. 2017년, 정부에서 발표한 2번째 문서에는 러시아 소프트 파워 영향에 관한 내용이 담겨 있다.

2017년 4월 13일 정부는 2017-2020 커뮤니케이션 전략을 채택했

---

6 Georgian Ministry of Defence (MOD), National Military Strategy (MOD: Tbilisi, 2014), pp. 3-4.
7 Georgian Ministry of Defense Strategic Defence Review 2017-2020 (note 13), pp. 53-54.

다. 이 전략에 관련된 문서에 국방부와 군대에 관련된 내용이 적시되어 있고, 조지아의 나토 통합 전략에 대해 중점적으로 기술되어 있다. 그런데 이 문서에 러시아의 소프트 파워 행동의 실제적 내용이 열거되었다. 즉 러시아가 조지아의 나토 가입 노력을 방관하고 있는 것이 아니라 이를 저지하기 위해 적극 대응하고 있다는 점을 이 문서에는 명시하고 있다. 이에는 러시아가 조지아 정부를 약화시키기 위한 다양한 전략 등이 소개되어 있다. 조지아 정부 기관의 약화, 조지아가 추구해온 유로-대서양 통합에 대한 부정적 내용 등이다.[8]

전체적으로 조지아의 모든 전략적 문서는 흑해와 코카서스 지역의 평화와 안정을 보장하는 나토와 EU로의 통합의 중요성이 강조되었다. 이 문서들을 통해 조지아는 나토 가입에 대한 적극적 의사를 표명해왔으며, 조지아가 EU 가입에 국가적 총력을 기울이고 있지만, 여전히 나토 가입에 대해서도 전력을 다하고 있다는 점을 알 수 있다.

그렇다면 조지아의 나토 가입에 대해 러시아의 대응은 어떤 형태로 나타날까? 2008년 러시아-조지아 전쟁은 이를 이해하는 핵심 키워드가 될 것이다. 이 사건은 러시아가 조지아의 나토 가입에 대한 의지에 찬물을 끼얹는 사건이 되었으며, 러시아가 의도적으로 이 전쟁에 개입했다는 것으로 판단할 수 있다. 즉 이 전쟁으로 조지아 국내 정책의 숙원이던 영토 통합성에 균열이 일어났다. 이에 더해 조지아의 나토 가입은 결정적으로 방해를 받았다. 나토 가입이 실제적인 어려움을 겪게 된 것이다. 러시아는 과거 옛 소련에서 독립한 국가가 EU, 나토로 가입하고자 하는 행위에 극도의 긴장감을 보였다. 특히 발트해의 리투아니아, 에스토니아, 라트비아의 EU, 나토 가입에 러시아는 서방

8　Agenda.ge, 'Georgia adopts communication strategy for EU, NATO membership', 13 Apr. 2017.

이 나토 가입을 적극적으로 용인하고 있는 것으로 판단했다. 러시아는 줄곧 나토 팽창이 러시아 안보와 국제질서를 무너뜨릴 것이라고 경고해왔다. 특히 조지아의 나토 가입 시도에 제동을 걸어왔다. 나토 가입 의제 자체를 조지아가 추진하지 않아야 한다는 것이다. 조지아가 나토 가입을 검토 중이라는 발표 정도로 그쳐야 하며, 이 문제 자체를 거론하지 않고 조용히 있어야 한다고 러시아는 주장해왔다.

조지아의 나토 가입 변수는 러시아 대외정책의 방향성과도 밀접히 관련이 있다. 조지아의 미래는 나토의 정책과 행동 반경에 관계없이 러시아 대외정책의 결정 사항에 달려 있다고 주장하는 논자들이 많다. 2008년 전쟁이 일어났으므로 조지아의 나토 가입은 나토 헌장에 근거해서도 어려운 상황이 되어버렸다. 전쟁 이후 조지아의 나토 가입 자체가 매우 험난해졌다. 나토 동맹국들의 정책입안자들은 발칸 서부 국가들에 대해서는 나토 가입이 허용될 수 있다는 입장을 가지고 있었다. 조지아가 나토 회원국으로 수용될 수 있다는 2008년 나토 정상회담의 약속에도 불구하고 전문가들은 조지아의 나토 가입에 대해 의구심을 가진다. 즉 러시아 군대가 조지아 영토에 주둔하는 한 나토 가입은 불가능하다는 입장이다. 전쟁으로 러시아 군대가 조지아의 자치공화국에 주둔하는 상황이 되었다. 조지아 정부 측에서 본다면, 러시아가 압하지야와 남오세티야를 점령하고 있는 형국이다. 그리고 이러한 점령이 종식되기 이전에 나토 가입은 난망하다는 의미이다.

러시아는 2개 자치공화국에 관련된 제네바 회의를 무력화하는 데에도 성공했다. 제네바 회의는 2008년 전쟁을 종식하기 위한 국제 협정의 일환으로 실시된 외교 회담이었다. 나토 지도자들이 장기적으로 러시아의 점령지에 대한 진전된 협상력을 가지기 위해서는 단기간에 상황 변화를 도출할 확장 어젠다를 진척시킬 필요성이 대두된다.[9]

서방은 조지아가 나토 회원국으로 가입할 것이라는 데에 동의했다. 그래서 러시아는 이런 사실 때문에라도 조지아가 나토에 가입하지 못하도록 모든 가능한 대외정책 수단을 강구했다. 조지아의 나토 가입을 약속한 부쿠레슈티 나토 정상회담 직후 2008년 4월 8일에 라브로프 러시아 외무장관은 '모스크바 소리' 라디오 방송에서 "러시아는 조지아와 우크라이나가 나토에 가입하는 것을 막기 위해 모든 가능한 수단을 가동할 것이다"라고 단언한 바 있다(Cornell and Starr 2015, 17). 조지아의 나토 가입 정책에 대한 실제적인 반응이었다. 이후 러시아와 조지아의 갈등은 전쟁으로 비화했다. 러시아는 나토에 대해 확실한 입장을 취했다. 러시아의 군사력 행사가 조지아에서 실행되었으며, 서방이 러시아 인근 국가에서 특별히 할 수 있는 일이 없다는 것을 보여준 사건이었다.

러시아 대외정책의 핵심은 나토와 EU의 확장을 막는 조치이다. 그러므로 러시아의 대조지아 대외정책은 명백하였다. 러시아는 서방이 러시아의 특별한 위치를 인정하도록 압력을 가했다. CIS를 러시아의 특권 지역으로 인정해줄 것을 힘으로 밀어붙인 사건이 2008년 전쟁이었다. 러시아는 서방과 공동으로 정치적, 경제적, 군사적인 유럽적 질서의 제반 어젠다를 결정하기를 원했다. 동시에 국제 안보에 관련된 다양한 이슈에 대한 공동의 결정 권리를 요구했다(Kaczmarski 2009, 5). 전쟁 이후에도 2014년 3월의 크림반도 합병, 2014년 4월부터 시작된 우크라이나 사태 개입 등이 군사력 사용의 대표적인 실례이다. 러시아 대외정책은 일관적이고 집중적인 양상으로 진행되었다.

러시아는 주권국가의 국경 경계를 강제로 변화시키면서 제국 전

---

9   Damon Wilson, "Georgia's Path to NATO," Atlantic Council (2014), p. 2. http://www.jstor.com/stable/resrep03414 (검색일: 2020.12.10).

략을 고수하였다. 러시아의 국익 보호를 위해 언제라도 군사력을 행사할 준비가 되어 있다는 것을 서방에 경고했다. 조지아에서의 러시아의 행동은 기타 포스트 소비에트 국가에도 구사할 수 있다는 경고이다. 러시아의 군사 개입으로 조지아의 나토 가입은 많이 지연될 것이다. 이는 2008-2012년 대통령직을 수행한 메드베데프에 의해 공개적으로 확인되었다. 그는 2008년 전쟁 목표는 나토의 지역 확장을 방어하는 데 있었다고 공공연히 밝혔다.

2. 조지아의 나토 가입에 대한 나토의 입장 및 대응

조지아의 나토 가입에 대한 나토의 입장 및 대응은 무엇일까?

조지아가 나토 회원국이 되기 위해서는 무엇보다도 신뢰할 수 있는 민주주의 제도와 관행, 매우 활발한 시민사회 및 독립 언론 활동이 지속적으로 보장되고 구축되어야 한다는 것이 나토의 입장이다. 나토 동맹국의 표준을 충족하는 모든 개혁이 실행되어야 하고, 규준과 법령이 이미 동맹국 수준인 상태로 유지되어야 한다. 조지아는 MAP(회원 실행계획; Membership Action Plan)프로그램에 참여하고 있는데, 이는 향후 어느 시점에는 회원국으로 가입할 가능성이 있다는 의미이다. 알바니아도 나토 가입 직전 10년간 이 프로그램에 참여했다. MAP는 나토 회원국을 보장하는 프로그램이다. 나토로서도 조지아를 회원국으로 받아들여야 할지, 아니면, 조지아에 소위 '그린 라이트(green light)'를 부여, 조지아의 나토 가입 준비 과정을 확보해줄지를 숙고해야만 한다(Wilson 2014, 2).

나토 확장과 관련해, 1995년에 민족 분쟁이나 영토 분쟁이 해결되어야만 회원국 가입 요소가 된다는 논의와 결정이 있었지만, 이는 정식으로 채택되지 않았다. 회원국 가입의 확고한 범주가 정해지지도 않았다. 도리어 나토 확장은 사안별로(case-by-case basis) 이루어진다는 결정이 내려졌다.[10]

조지아가 언제 회원국이 되는지, 또 어떤 방식으로 가입이 이루어질지 명확한 것은 없다. 2021년 현재 이를 전망하는 것 자체가 부자연스럽다. 2008년 전쟁 이후 조지아와 관련된 나토의 정책 결정에는 상당한 분쟁을 유발할 가능성이 높다. 조지아의 나토 가입 사안은 지금까지의 나토 가입의 다양한 예들을 보면서 참고할 필요가 있다. 나토 헌장 5조에는 나토 회원국을 군사적으로 공격하는 행위는 모든 회원국에 대한 동일한 행동으로 간주한다는 1949년 워싱턴 조약(Washington Treaty)이 있다. 이 조항에 근거한다면, 영토 분쟁이 있는 국가를 나토 회원국으로 수용하기가 쉽지 않다. 5조의 '보호 보장(protection guarantees)' 때문이다(O'hanlon 2017, 68). 나토의 상호 방어조약 등의 실제적인 보호가 현재, 혹은 가까운 미래에 작동할지는 아직도 불투명하다. 북유럽 국가를 제외하고 우크라이나, 조지아 등은 아직 정치적, 안보적, 경제적, 지전략적 불투명성으로 나토 가입이 전격적으로 이루어지기는 어렵다. 현실적 상황이다.

제6조는 조약이 유럽과 북미에 적용하는 가능성을 명시하고 북대서양 북회귀선 북쪽의 모든 당사국의 관할 지역을 명시하면서 보장 영역을 구체적으로 제한하는 조항이다. 1994년 많은 토론 끝에 알제리를 포함해야 한다는 프랑스의 요청에 동의했는데, 콩고를 포함하자는 벨기에의 요청은 거부되었다. 알제리와 비슷한 지위를 누린 프랑스 관할 지역도 제외되었다. 그런데, 6조 조약이 적용하는 지역이 정의되는

10   NATO, "Study on NATO Enlargement," (September 3, 1995), http://www. nato.int/cps/en/natolive/official_texts_24733.htm (검색일: 2020.12.15).

선례가 있었다. 2차 세계대전 이후 독일연방공화국(Federal Republic of Germany)은 미국, 영국, 프랑스 군대가 관할했다. 1952년에 터키가 나토 회원국으로 가입하던 당시에 아시아 지역으로 간주된 터키 영토의 대부분이 나토의 확대 공간이 되었다. 물론, 이는 조지아의 상황과 유사하지는 않다. 과거에는 나토 가입에 대해 유연하게 접근한 방식도 있었다는 점을 나토도 고려하지 않을 수 없다. 나토 헌장 5조에따르면 민주화된 조지아도 나토 가입 조건이 충족될 가능성은 있다. 워싱턴 조약이 압하지야와 남오세티야의 점령된 지역을 적용하느냐하지 않느냐의 문제이다.[11]

현실적 관점에서 러시아도 2개의 자치공화국이 독립국가로서 서방이 인정을 하지 않을 것이라는 사실을 잘 알고 있다. 이런 점에서러시아와 조지아 간 관계 개선의 여지도 상존한다. 조지아 중앙정부도 향후 압하지야, 남오세티야인과 직접 교류에 나설 가능성이 있다. 1990년대 나토 확장 문제에 있어서 미국을 포함한 동맹국들의 정책입안자들은 발트해 국가들의 나토 가입에 관한 아이디어를 비판한 적이 있었다. 그들은 옛 소련 국가의 나토 가입이 도발적이고 불안정한요소가 될 것이라고 간주했다. 그러나 발트해 국가들은 나토에 가입했다. 즉 나토와 옛 소련 공화국과의 관계 정상화가 이루어졌다. 소련 해체 이전에 발트해 국가에는 러시아 군대가 주둔해 있었다. 에스토니아는 러시아와 국경 조약을 체결하고 있었다. 나토는 조지아의 견고한개혁을 지원할 수 있으며, 흑해 지역의 안정화에 기여할 수 있다. MAP프로세서는 조지아와 나토의 입장에서는 가입을 향한 최선의 출발이다. 효과적인 외교 협상의 일환이다(Wilson 2014, 4).

---

11   Damon Wilson, "Georgia's Path to NATO," Atlantic Council (2014), p. 3. http://www.jstor.com/stable/resrep03414 (검색일: 2020.12.23).

2008년 4월, 나토 정상회담 때에 조지아와 우크라이나는 나토 회원국으로 수용될 것이라는 약속을 받았다.[12] 조지아 지도자들은 이 사건 이전, EU 가입보다 나토 가입을 우선순위에 두었다. 조지아의 나토 가입은 미 행정부에 의해 지지를 받았다. 미국은 사카쉬빌리의 개혁주의 정책을 지원하고 있었다. 그해 조지 부시 대통령의 키예프 방문은 그러한 미국 지지의 일환이었다. 그는 당시 우크라이나와 조지아를 강력히 지지한다고 밝혔다. 당시 조지아가 EU 가입을 나토보다 더 강력히 원하지 않았던 이유는 2003년에 출범한 EU의 ENP가 구체적인 실익이 없다고 판단했기 때문이다. 2006년에 합의된 5년간의 실행계획이 조지아에 혁신적인 프로그램이라기보다는 이미 조지아에 필요한 우선순위 정책에 초점이 맞추어져 있었다. EU는 1996년 조지아와 체결한 '연대 파트너협정(PCA)'을 갱신하는 데에도 특별한 관심을 보이지 않았다. 1999년 실행에 들어간 이 협정은 현실적 방안을 제시하지 못해 이미 사문화되었다(Chkhikvadze 2019, 58).

나토 가입을 원하는 국가에 최우선적인 가입의 전제조건은 정치적, 경제적 임무를 완성하는 일이다. 즉 부패와의 전쟁, 제도적, 정치적, 경제적, 법적 개혁을 실천하는 과정이 필요하다. 그렇지 않으면, 나토 가입은 성취되기 어렵다. 러시아의 지속적인 압력에서 스스로 군사적으로 방어할 수 없다면, 해당 개별 국가의 노력도 나토 가입에 결정적인 요소로 작동되지 못한다. 크리스토퍼는 몇 년 전에 조지아와 우크라이나의 나토 가입은 한 세대의 시간을 필요로 할지도 모른다고 언급했다(Chivvis 2016, 4). 나토가 중점을 가지는 부분 중의 하나가 가입 희망국들이 스스로 안보를 확실히 수호할 수 있는 것인가 하

---

12   NATO, "Bucharest Summit Declaration," April 3, 2008, https://www.nato.int/cps/us/natohq/official_texts_8443.htm (검색일: 2020.12.23).

는 점이다. 방어 시스템이 허약하다면, 조지아의 희망이 좌절될 수도 있다. 나토는 스스로 정치적, 경제적으로 강해지고 독립적으로 방어가 가능하도록 조지아의 노력을 지원해줄 의무가 있다. 그러나 국가 방위 능력이 떨어진다면 정치적, 경제적 도약을 이루고자 하는 최근 노력은 의미 없는 일이 될지도 모른다.

조지아의 나토 가입은 실제적으로 완수되기는 어렵지만, 양 당사자는 꾸준하게 협의를 이어나갔다. 나토-조지아 협력 증진의 주요 단계는 2014년 9월 웨일즈 뉴포트(Newport)의 나토 정상회담에서 '실질적인 나토-조지아 패키지(Substantial NATO-Georgia Package, SNGP)' 채택이었다. 이에는 조지아의 방어 능력과 나토 간의 상호 운용성 조치가 포함되었다. 전략 및 운영 계획, 획득 및 조달, 항공, 항공 방위 및 해상 보안을 포함한 14개 분야에서 동맹국 및 파트너 국가 간의 지원 내용이 포함되었다. 2015년 8월 협력 패키지의 일환으로 나토-조지아의 공동 교육 및 평가 센터(Joint Training and Evaluation Center, JTEC)가 트빌리시 근처의 크르차니시(Krtsanisi) 군 기지에 개설되었다. 이 센터는 조지아와 나토 회원국의 관리들이 주체가 되어 조지아 군대와 나토 군대 사이의 상호작용을 개선하기 위한 목적으로 개설되었다. 조지아 및 나토 군대를 위한 훈련 프로그램을 제공해준다.

2016년 7월 폴란드 바르샤바에서 열린 27회 나토 정상회담에서 나토 회원국과 조지아는 새로운 협력 이니셔티브를 채택했다. 나토는 조지아의 항공 방어, 항공 감시 및 군사 훈련 수행을 지원하기로 약속했다. 나토 회원국은 흑해 지역에서의 조지아의 군사적 참여에 대해 협의했다. 조지아도 흑해 지역에서의 나토 군대 활동을 지원하겠다는 입장을 표명했다.[13] 2017년 5월 트빌리시에서 열린 나토 의회에서 나토는 조지아의 대서양 통합에 대한 광범위한 지원을 재확약했다.

2017년 10월 부쿠레슈티에서 개최된 나토 의회 세션의 주요 의제는 흑해 안보와 러시아와의 관계였다. 이 회의의 결의안에는 나토 활동에 조지아 참여를 늘리고, 흑해 안보에 대한 정책적 논의를 확대하기로 한다는 내용이 포함되었다. 흑해 전략 대화에 조지아의 적극적인 참여는 2018년 7월 브뤼셀에서 개최된 나토 정상회담에서도 반복되었다 (Kuimova and Wezeman 2018, 6).

V. 조지아-러시아 관계, 그리고 조지아 대외정책의 성격

사카쉬빌리 대통령은 장미혁명을 통해 친서방 정책을 채택하였지만, 러시아의 존재를 부정할 수 없었다. 사카쉬빌리는 통치 초기에 러시아와 관계 개선을 시도하였다. 조지아는 러시아와 정교 문화를 공유하는 종교적 유사성이 있다. 사카쉬빌리는 조지아는 보편적이고 공동의 세계에 살고 있으며, 러시아와는 문화 공유를 하고 있다고 언급하였다(Spetschinsky and Bolgova 2014, 116).[14] 조지아 국가 정체성이 러시아와 이질적이지 않다는 점을 강조하기 위함이었다. 조지아는 한때 러시아가 조지아를 지원할 것이라는 희망을 지닌 적이 있었다. 하나의 예증이 있는데, 2004년 봄에 아자리아 공화국이 분리 독립을 주장하였을 때 중앙정부가 취한 일련의 정책을 러시아가 암묵적으로 지원해주었다. 이 지원으로 조지아는 아자리아를 통제할 수 있었고, 국

---

13   Civil Georgia, "Georgian leaders address NATO Parliamentary Assembly," 30 May 2017 (검색일: 2020.12.14).

14   "우리는 공동 문화의 일부분이다. 공동의 인류 세계에 거주하고 있다. 이렇게 연결된 실을 끊어버리는 것은 비극적인 실수가 될 것이다. 그것은 우리의 삶을 찢어버리는 것이기 때문이다."

가 주권은 유지되었다. 분리 독립을 주장한 자치공화국 중에서 조지아가 통제했던 유일한 지역이 아자리아였다. 러시아와 관계 개선을 위해 2006년 초에 모스크바를 방문했을 때 사카쉬빌리는 러시아 지원을 받기 위한 발언을 하였다. 사카쉬빌리는 조지아가 역사적으로 어려운 상황을 맞이했을 때 양국은 공동으로 코카서스 문제를 정확히 해결하였다고 강조했다.

2003년 장미혁명으로 조지아 정치 지형도에 급진적 변화가 발생했다. 셰바르드나제가 물러났으며, 국가 개혁이 시작되었다. 민주주의 담론이 새롭게 제기되었다. 러시아와의 관계도 근본적인 전환점을 맞이했다. 사카쉬빌리는 대외정책의 핵심 사항을 분명히 결정했다. 친서방 정책을 통한 EU와 나토 가입이었다. 국내정책의 핵심은 영토 통합성의 회복이었다. 그런데, 이 영토 통합성도 러시아가 조지아 내 자치공화국과 깊숙이 관련되어 있어 실상 대외정책에 연관된 사항이었다. 사카쉬빌리는 영토 통합성 회복이 삶의 목표라고 언급한 적이 있었다. 장미혁명은 국민의 지지를 받았으며, 그는 이에 힘입어 과감하게 3가지를 약속하였다. 첫째, 민주화, 둘째, 법의 지배 강화, 셋째, 영토 통합성의 회복이었다. 이를 실현할 대외정책의 방향성은 무엇이었을까? 그것은 미국, 나토 등과 긴밀한 연대를 통한 정책 실행이었다. 조지아는 소련 해체 이후 소련의 역사, 지리, 문명적 공간에서 벗어나기 위해 노력해왔다(Kakachia 2012, 6).

러시아는 전통적으로 대외정책에 있어 2가지 이념을 발전시키고 실행해왔다. 이를 통해 러시아 국가 권력을 강화하고 영향력을 유지해왔다. 첫째, 러시아는 강대국이 되어야 하며 미국 등 서방에 의해 야기되는 혁명, 카오스, 그리고 자유사상에 대항해 싸우는 모든 보수 세력들을 위한 받침대의 역할을 감당해야 한다. 대외정책의 두 번째 핵심은 국가 정체성과 국가사상의 형성과 관련이 있다. 러시아는 러시아라는 위대한 세계와 독특한 문명의 신념에 뿌리를 두고 있다. 러시아는 서유럽 문명과는 다양한 영역에서 변별성이 있다. 서구 문명은 기본적으로 러시아 국가 정체성의 위협적 요소이다. 러시아 문명은 러시아의 지리적 경계를 뛰어넘는다(Novikova 2015, 38). 이 개념을 통해 러시아는 문명의 보호자임을 강조하고 있다.

러시아와 조지아 관계의 핵심적인 사건은 2008년 러시아-조지아 전쟁이었다. 양국 관계의 기본 골격은 당시의 기조가 그대로 이어지고 있다. 이 전쟁을 통해 러시아는 조지아를 비롯한 남코카서스 지역으로 진출하고자 하는 외교정책을 보였다. 그 동기는 지정학적 이유 때문이다. 러시아는 코카서스(캅카스)의 경계를 남코카서스, 북코카서스, 그리고 러시아연방 내 크라스노다르와 스타브로폴 등으로 설정하고 있다. 조지아가 포함된 남코카서스는 러시아 연장선이다. 역사적으로 보아서도 그렇다. 러시아 엘리트들은 전통적으로 코카서스를 러시아의 변방 지역으로 간주하지 않았다. 코카서스는 흑해, 아조프해, 카스피해, 더 넓게는 중앙아시아, 실크로드, 남아시아, 동아시아와 더불어 유럽을 연결하는 유라시아 대륙의 다리로 인식하였다. 코카서스의 역사적, 정치적 의의는 무엇일까? 이 지역은 중앙아시아 및 중앙 유라시아로 영향력 투사가 가능한 공간적 함의를 지닌다. 체첸을 비롯한 북코카서스가 분쟁지로 혼란을 겪으면서, 남코카서스는 사회적, 경제적으로 민감한 정치 공간이었다(Nation 2015, 6).

러시아와 조지아의 국가 역량의 현저한 차이점을 무시할 수 없다. 조지아-서방 관계와 더불어 조지아-러시아 관계도 논쟁의 여지없는 조지아 정치 체제의 핵심 의제이다. 그러나 조지아와 달리 러시아는 폭넓은 국제관계를 지닌 국가이다. 2008년 전쟁 이후 러시아는 굳이 조지아와 화해 전략으로 나갈 필요성을 가지고 있지 못하다. 그런 자세가 러시아 대외관계에서 부정적인 영향력을 가질 수 있어서 러시아가 도리어 이를 원하지도 않는다(Spetschinsky and Bolgova 2014, 119).

2008년 전쟁 이후 조지아 내 분리 상태는 이전보다 더 심화되었다. 전 세계에서 러시아 이외에 베네수엘라(Venezuela), 니카라과(Nicaragua), 그리고 나우루(Nauru) 등 태평양의 몇몇 소국만 분리 독립을 승인했다. 이 정도 규모의 국제사회의 공식 승인으로 압하지야와 남오세티야는 주권국가라고 할 수 없다. 엄밀하게 본다면, 정치적, 군사적, 경제적으로 러시아에 의존하는 위성국가이다. 혹은 러시아연방 내 자치공화국의 성격도 있다. 전쟁 이후 대부분 주민이 러시아 국적을 취득했다. 러시아는 인도주의적 근거로 전쟁이 정당화되었다고 주장하였다. 즉 러시아 시민을 보호한다는 명분이 마련되었고 전쟁은 이를 단지 외부적으로 더 명확히 밝힌 것에 불과한 것이었다. 2014년 크림반도의 점령도 유사한 논리와 근거로 행해졌다(Studzińska 2015, 23). 2008년 전쟁은 근원적으로 따져본다면, 장미혁명으로 촉발되었다. 조지아의 친서방 노선이 이 시기부터 명확해졌기 때문이다. 그러므로 조지아가 서방과 연대를 가지면서부터 러시아-조지아 관계는 악화되었다.

러시아는 조지아가 체첸 분리주의자들을 지원하고, 코카서스의 지역 이슈를 연대하여 러시아에 맞서고 있다고 간주하였다. 러시아는 조지아를 전략적 뒤뜰로 생각했다. 이런 상황에서 다른 정치 행위자들이 조지아에서 주요 역할을 맡는 것을 허락할 수 없었다. 무엇보다 조지아의 나토 가입 추진은 러시아를 향한 전략적 도전이었다. 조지아와 미국이 안보 연대를 추구한 것도 유사한 행동으로 해석했다. 러시아는 처음에는 비공식적으로, 이후에는 조지아 내 분리주의 운동을 지지하였고, 오히려 2개 자치공화국의 안보를 지키는 결정적 역할을 맡았다(Godzimirski 2012, 28).

2008년 전쟁으로 나토 등 서방은 옛 소련 국가에서 실질적인 손실을 얻게 되었다. 러시아는 2008년 전쟁에 의구심을 가졌는데, 자신이 전쟁 당사국이었는데도 그러한 태도를 가졌다. 즉 2008년 전쟁을 서방의 직접적인 나토 확장 프로그램으로 해석했다. 옛 소련의 지정학적 공간으로 서방이 조지아를 활용하여 군사적 선택을 감행했다는 것이 러시아 측의 일관된 주장이었다(Zakharov and Areshev 2010, 6). 러시아는 매우 빠른 행보를 보였다. 러시아가 직접 조지아 사태에 개입했다. 러시아에 도전하는 그 어떤 지역에서도 러시아가 대국의 자격으로 필요하다면, 독립적인 정치적 행위자로 출현할 수 있다는 점을 시연했다. 그러나 러시아도 대외정책에서 늘 성공을 거둔 것만은 아니었다. 러시아의 행동은 실질적인 고립을 낳게 되었다. 놀랍게도 러시아가 주도하는 다자 유라시아 포럼들, 즉 SCO(상하이협력기구), CSTO(집단안보조약기구) 등은 압하지야, 남오세티야 공화국의 독립을 인정하지 않았다.

VI. 결론

조지아는 2003년 장미혁명 이후 친서방 대외정책을 추진해왔다. 1991년 독립 이후 조지아는 줄곧 나토 가입을 추진해왔다. 2008년 러시아-조지아 전쟁 이후에도 조지아는 나토 가입을 위해 나토 표준 규약에 부합하도록 국내 정책 기조를 변화하면서 군 현대화를 진행하였다. 흑

해의 나토 활동에도 적극 참여하는 등 노력을 기울였지만 나토 가입은
매우 힘든 과제가 되었다. 러시아-조지아 전쟁으로 조지아 내 영토의
20%에 속하는 2개의 자치공화국이 독립을 공식 선포하고 러시아가
이를 승인하고 군대를 주둔함으로써, 조지아 정부의 숙원이던 영토 통
합성 정책에 어려움을 겪었다. 지역 불안정성으로 인해 나토가 조지아
의 가입을 수용하기에는 어려운 상황이 되었다. 2008년 전쟁은 조지
아의 나토 가입 방해 요소였다.

조지아는 현재 나토 가입보다는 EU 가입에 더욱더 적극적으로 나
서고 있다. 장미혁명 이후로 집권한 사카쉬빌리 대통령이 EU 가입을
가장 적극적으로 추진한 인물이었다. 사카쉬빌리는 탈러시아, 친EU
정책을 강력히 추진하였다. 그의 대통령 집권기에는 이루어지지 않았
지만, 사카쉬빌리 이후 등장한 새로운 정당인 GD가 2014년에 EU와
'협력협정'과 'DCFTA' 협정을 체결하면서 EU 가입에 더 가까이 다가
섰다는 평가를 받았다. EU 가입을 위한 핵심적인 사항은 국내 민주주
의의 발전이다. 사카쉬빌리 정권 이후 통치적 차원에서 민주주의가 가
동되었으며, 절차적 민주주의가 진행되고 있다. 2012년 사업가인 이
바니쉬빌리가 GD당을 창설하고 그해 총선에서 승리함으로써 정권 교
체가 있었고, 조지아 민주주의는 비교적 순항 중이라는 평가를 받고
있다. 정권 교체 자체가 민주주의가 제대로 작동되고 있다는 증거이
다. 신정권도 전임 정권처럼 EU 가입에 총력을 기울이고 있다. GD당
의 총재였던 이바니쉬빌리는 친러시아 경향을 가진 인물이지만, GD
당은 전임 정권의 친서방 대외정책을 따르고 있다.

그러나 조지아의 EU 가입이 언제 이루어질지는 불명확하다. '협
력협정' 체결 자체가 EU 가입을 확실히 확약해주는 보증서가 될 수 없
다. 조지아 정부가 선택하고 있는 친서방 대외정책은 지역 강대국인

러시아의 반대에 부닥치고 있으며, 이는 러시아의 국가 이익과도 부합
하지 않으며 러시아 대외정책의 방향성과도 일치하지 않는다. 한때 소
련의 구성 공화국이던 조지아의 EU 가입이 현실적인 어려움에 부닥치
는 이유도 러시아의 존재 때문이다. 이 사실이 조지아 대외정책의 방
향성의 변수로 작동하고 있다.

러시아-조지아 관계는 2008년 전쟁의 분위기가 현재까지 이어지
고 있다. 강력한 반러시아 정책을 추진한 사카쉬빌리 정권이 물러나고
새로운 정권이 시작되면서 국교 회복 협상이 진행되었지만, 외교관계
복원까지는 아직 더 많은 시간이 필요할 것이다. 조지아는 EU 가입이
라는 분명한 대외정책을 가지고 있고 이를 포기하지 않을 것이다. 그
리고 러시아가 주도하는 EAEU 가입을 전혀 고려하지 않고 있다. 이
것이 러시아-조지아 관계의 결정적인 한계로 작용하고 있다. 양국 관
계는 현재 2008년 전쟁 전후의 상황에 머물고 있다고 해도 과언이 아
니다.

소련 해체 이후 소련의 공식 계승국인 러시아연방의 정치 담론은
"러시아 국경의 확장"이라는 이념이다. 러시아는 전통적인 주권국의
개념을 가진 국가였다. 러시아는 여전히 소련제국의 기억으로 근린 국
가들을 대하고 있다. 소련의 구성 공화국은 대부분 제정러시아 시기
에 러시아 군대가 정복한 민족에 속했다. 조지아도 그렇다. 이러한 역
사적 사실이 조지아가 러시아의 영향력으로부터 완전히 벗어나기 어
려운 상황이 되고 있다. 현실 담론에서 조지아는 과거 옛 소련 공간의
'사활적 이해' 지역에서 펼치고 있는 러시아의 강력한 영향력을 받을
것이고, 현실적으로 이에서 벗어나기도 어렵다.

조지아의 과거의 정권도, 새로운 정권도 대외정책의 방향성은 친
서방 기조였으며, 특별한 변수가 작동하지 않는 한 이 기조는 오랫동

안 이어질 것으로 보인다. 국민도 정부의 대외정책에 공감하고 있다. 조지아 대외정책의 변수는 서방, 러시아 등 국제정치 행위자들의 국제관계에 연동받을 것이다. 이는 조지아 대외정책의 불안정성 요소가 될 것이다. 이런 점에서 조지아의 EU와 나토 가입은 여전히 불투명하며, 이는 국가 역량의 한계점이라고 볼 수 있다.

참고문헌

김혜진. 2009. "러시아와 그루지야의 관계: 남오세티야 분쟁을 중심으로." 『슬라브연구』 25(2): 33-63.

엄구호. 2007. "남코카서스의 '신거대 게임'과 그루지야의 친서구 정체성." 『중소연구』 31(1): 125-164.

우평균. 2014. "유라시아 분쟁에서의 러시아의 개입: 조지아 전쟁과 우크라이나 사태." 『국제정치연구』 17(2): 73-97.

이상준. 2011. "조지아의 체제전환과 경제발전: 개혁의 성공 조건." 『슬라브학보』 26(3): 189-214.

정세진. 2019. "조지아 친서방 정향성의 특성과 함의: 국제관계 및 국내정치적 상황을 중심으로." 『러시아연구』 29(1): 247-282.

현승수. 2013. "포스트소비에트 조지아의 국가 건설: 국민주의와 제도화, 분쟁의 상관관계를 중심으로." 『동유럽연구』 29: 211-238.

Aprasidze, David. 2014. "Democratization's Vicious Circle or How Georgia Failed to Change." *Connections* 13(4): 67-74.

Atilgan, Canan and Florian C. Feyerabend. 2015. "Georgian-Russian Relations between necessity and ambivalence." No. 7. in KAS International reports (Security policy and crisis management. Ed: Konrad Adenauer Stiftung.

Cornell, E. Svante and Frederick S. Starr (eds.) 2015. *The Guns of August 2008: Russia's War in Georgia*. Abingdon: Routledge.

Chkhikvadze, Vano. 2019. "Georgia. Overcoming the libertarian legacy." *The Eastern Partnership a decade on: Looking back, thinking ahead*. European Union Institute for Security Studies (EUISS).

Chivvis, Christopher S. 2016. "NATO's New Challenges." in *Beyond NATO's Eastern Border: Georgia, Ukraine, Moldova*. Eds. Christopher S. Chivvis, Shevchenko, Andriy, Tkeshelashvili, Eka, Munteanu, Igor. German Marshall Fund of the United States.

Duleba, Alexander. 2014. "Russian-Ukrainian crisis." *International Issues & Slovak Foreign Policy Affairs* 23(3-4): 57-70.

Georgian Ministry of Defence (MOD). 2011. National Security Concept of Georgia. MOD: Tbilisi.

Georgian Ministry of Defence (MOD). 2014. National Military Strategy. MOD: Tbilisi.

Godzimirski, Jakub M. 2012. "What makes dialogue work or not? The Russia-Georgia Case." in *Inter-cultural dialogue in international crises*. Eds. Rieker, Pernille, Jacob, Ole. Norwegian Institute for International Affairs (NUPI).

Independent International Fact-Finding Mission on the Conflict in Georgia. Report. 2009. Brussels: Sept.

Kaczmarski, Marcin. 2009. *Russia's Revisionist Policy Towards the West*. Warsaw: Center for Eastern Studies.

Kakachia, Kornely. 2012. "Georgia's Identity-Driven Foreign Policy and the Struggle for Its European Destiny." Caucasus Analytical Digest. N. 37, 29.

Kuimova, Alexcandra and Siemon T. Wezeman. 2018. "Georgia and Black Sea Security." Stockholm International Peace Research Institute.

Menabde, Giorgi. 2013. "Georgian defense minister unveils plans to create entirely professional army compatible with NATO forces." *Eurasian Daily Monitor* 10(7): 3.

Nalbandov, Robert. 2016. "Russia and Its Near Abroad." Not by Bread Alone: Russian Foreign Policy under Putin. Nebraska: University of Nebraska Press.

Nation, Craig R. 2015. "Russia and the Caucasus." *Connections* 14(2): 1-11.

Novikova, Gayane. 2015. "The South Caucasus Between Russia and the West: How Pragmatic are the Stakeholders' Approaches?" *Connections* 14(2): 37-50.

Ondrejcsák, Robert. 2014. "Partnership for stability: How to connect the strategic futures of central Europe and the EaP." *The Polish Quarterly of International Affairs* 23(4): 1-9.

O'hanlon, Michel E. 2017. "The Case for a New Security Architecture." Beyond NATO: A New Security Architecture for Eastern Europe. Brookings Institution Press.

Roscoe, Christopher. 2012. "Georgia Again in Putin's Shadow." *Connections* 11(2): 1-4.

Sarjveladze, Mikheil. 2017. "The South Caucasus in the Context of the EU-Russia Crisis." Security Policy Working Paper. No. 28. Federal Academy for Security Policy.

Shavtvaladze, Mikheil. 2018. "The State and Ethnic Minorities: The Case of Georgia." *Region* 7(1): 43-68.

Shevardnadze, Eduard. 2006. *Thoughts on the Past and Future* (Размышления о прошлом и будущем). Тбились: Политрал.

Spetschinsky, Laetitia and Irina V. Bolgova. 2014. "Post-Soviet or Post-Colonial? The relations between Russia and Georgia after 1991." *European Review of International Studies* 1(3): 110-122.

Studzińska, Zofia. 2015. "How Russia, step by step, wants to regain an imperial role in the global and european security system." *Connections* 14(4): 21-41.

Whitman, Richard G. and Stefan Wolff. 2010. "The EU as a conflict manager? The case of Georgia and its implications." *International Affairs* 86(1): 87-107.

Zakharov, V.A. and A.G. Areshev. 2010. Caucasus after 08.08.08: Old Players in the New Power Layout (Kavkaz posle 08.08.08: Starye igroki v novoi rasstanovke sil). Moscow: Kvadrila.

Zguladze, Ekaterine. 2018. "The third powers and Georgia." *Third Powers in Europe's East*. EUISS.

Agenda.ge, "Georgia adopts communication strategy for EU, NATO membership." 13
    Apr. 2017. (검색일: 2020.11.19).

Civil Georgia, "Georgian leaders address NATO Parliamentary Assembly." 30 May 2017.
    (검색일: 2020.12.14).

NATO, "Study on NATO Enlargement." (September 3, 1995). http://www.nato.int/cps/
    en/natolive/official_texts_24733.htm (검색일: 2020.12.15).

NATO, "Bucharest Summit Declaration." April 3, 2008. https://www.nato.int/cps/us/
    natohq/official_texts_8443.htm (검색일: 2020.12.23).

Parliament of Georgia, Resolution of the Parliament of Georgia on the Foreign Policy of
    Georgia, December 29, 2016. http://parliament.ge/uploads/other/53/53452.pdf
    (검색일: 2020.11.20).

"Saakashvili in Barcelona Calls for Investing in Georgia." Civil.ge. February 18, 2009.
    https://old.civil.ge/eng/article. php?id=20444 (검색일: 2020.12.21).

State Audit Office of Georgia, "State Audit Report of Effectiveness." January 31,
    2018. https://sao.ge/files/auditi/auditisangarishebi/2018/atmosferuli-haeris-
    dabinzureba.pdf (검색일: 2020.11.30).

Wilson, Damon. 2014. "Georgia's Path to NATO." Atlantic Council. p. 2. http://
    www.jstor.com/stable/resrep03414 (검색일: 2020.12.10).

찾아보기

지은이

신범식　서울대학교 정치외교학부 교수
모스크바 국제관계대학(MGIMO) 정치학 박사
2020, "지정학적 중간국 우크라이나의 대외전략적 딜레마." 『국제·지역연구』
2020, 『중앙아시아 이슬람의 현재: 정치·사회·경제적 선택』 (파주: 한울아카데미)
2020, 『(북·중·러 접경지대를 둘러싼) 소지역주의 전략과 초국경이동』 (서울: 도서출
　판 이조)

윤민우　가천대학교 경찰안보학과 교수
서울대학교 외교학과 국제정치학 박사
샘 휴스턴 주립대학교 형사사법대학 범죄학 박사
2021, "러시아 사이버 안보의 국내적 기반과 체제." 『러시아의 사이버 안보』 (서울: 사
　회평론아카데미)
2020, "신흥군사안보와 비국가행위자의 부상: 테러집단 해커 국제범죄네트워크." 『4
　차 산업혁명과 신흥군사안보』 (파주: 한울아카데미)
2019, "미러 사이버 안보경쟁과 중러협력." 『사이버 안보의 국가전략 2.0』 (서울: 사
　회평론아카데미)
2017, 『폭력의 시대: 국가안보의 실존적 변화와 테러리즘』 (서울: 박영사)

김규남　바르샤바국립대학교 국제관계연구원 연구박사
바르샤바국립대학교 정치학 박사
2022, "폴란드와 한국 관계 – 양국 정부기록문서 분석을 중심으로." 『유럽연구』
2021, "체제속성에 따른 폴란드와 북한 관계 – 폴란드 외교문서 분석을 중심으로."
　『EU연구』
2018, *Stosunki Polski z Państwami Półwyspu Koreańskiego* (Warszawa: Instytut
　Nauki o Polityce)

최경준 건국대학교 정치외교학과 조교수

미국 워싱턴대학교(University of Washington, Seattle) 정치학 박사

2020, "핀란드와 에스토니아의 중간국 외교: 국가 정체성과 안보·경제 정책." 『유럽연구』

2019, "Democratic Constitutions Against Democratization: Law and Administrative Reforms in Weimar Germany and Implications for New Democracies." *The Korean Journal of International Studies*

2018, 『법집행의 정치: 신생민주주의 국가의 법집행과 공권력의 변화』 (서울: 도서출판 이조)

박정후 서울대학교 아시아연구소 객원연구원

몽골국립대학교(National University of Mongolia) 정치학 박사

2020, 『신북방시대 한국·몽골 미래협력의 비전』 (서울: 대외경제정책연구원)

2020, 『뉴노멀 시대, 아시아의 뉴데모크라시』 (서울: 성균관대학교출판부)

강봉구 한양대학교 아-태지역연구센터 교수

러시아학술원 '세계경제/국제관계연구원(IMEMO, RAS, Moscow)' 정치학 박사

2022, "첨예화하는 미중 가치 갈등과 러시아의 전략 입지." 『중소연구』

2021, "남북한 연성통합의 딜레마와 한러협력의 기회·공간." 『대한정치학회보』

2021, "지정학적 중간국 우즈베키스탄의 대외전략: 전략적 헤징의 시각." 『러시아연구』

2020, "Understanding the Ukrainian conflict from the perspective of post-Soviet Decolonization." *Region*

2019, "자유주의 국제질서의 균열과 러시아의 주권적 국제주의." 『슬라브연구』

이지은 한국외국어대학교 중앙아시아학과 부교수

우즈베키스탄 타슈켄트 국립동방학대학교 정치학 박사

2021, "리더십 교체 이후 카자흐스탄 대외정책." 『한국아시아학회』

2021, "카자흐스탄 전방위 외교와 다자주의."『슬라브연구』

2020, "에르도안 집권기 터키 대외정책의 유라시아 지향성 강화."『슬라브 연구』

2019, "우즈베키스탄 새로운 리더십과 변화, 그리고 권위주의 향방."『한국중동학회
　　　논총』

정세진　한양대 아태지역연구센터 교수

모스크바 국립대학 역사학 박사

2022,『코카서스 국가 조지아 – 역사·종교·국내정치·국제관계』(과천: 진인진)

2022,『쉽게 읽는 중앙아시아 이야기 – 역사·문명·이슬람』(서울: 민속원)

2012,『중앙아시아 민족정체성과 이슬람』(서울: 한양대학교출판부)

2014,『러시아 이슬람: 전쟁·역사·이념』(서울: 민속원)